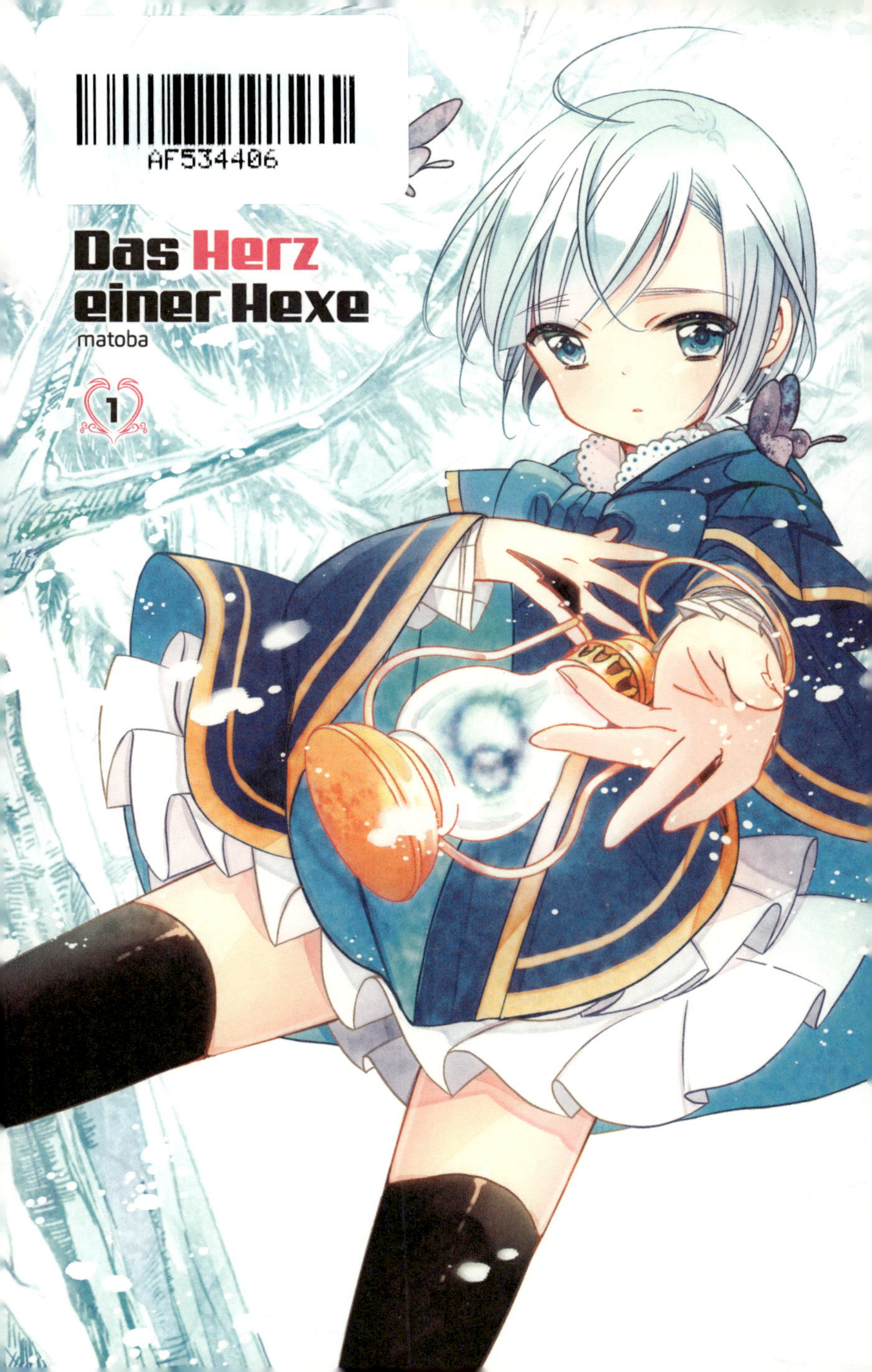
AF534406
Das Herz
einer Hexe
matoba
1

Inhalt

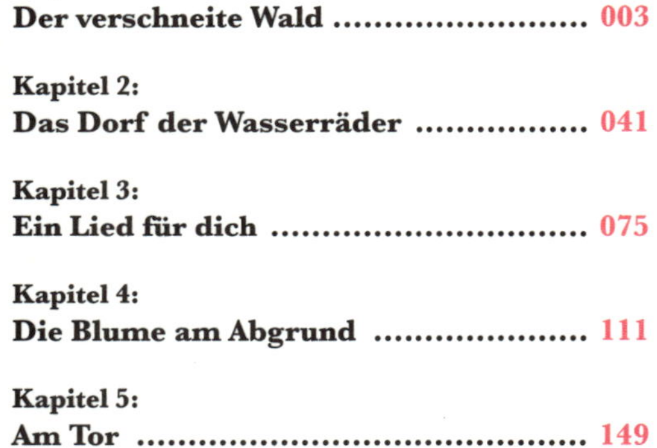

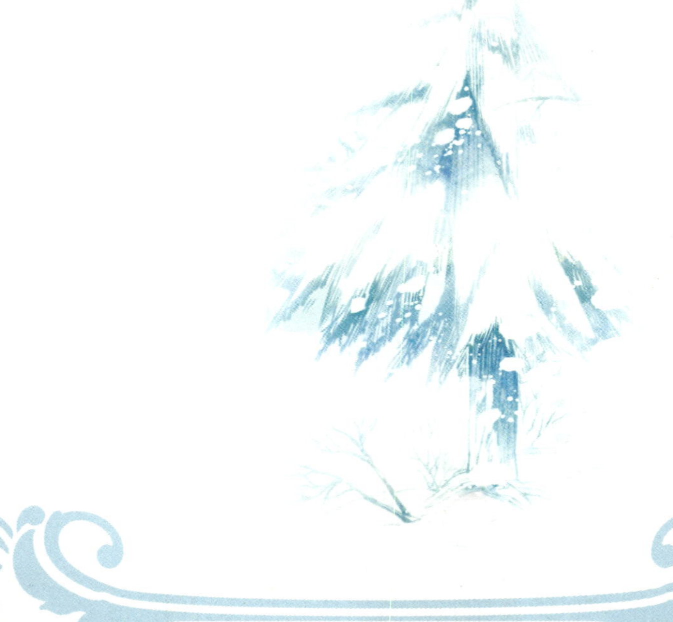

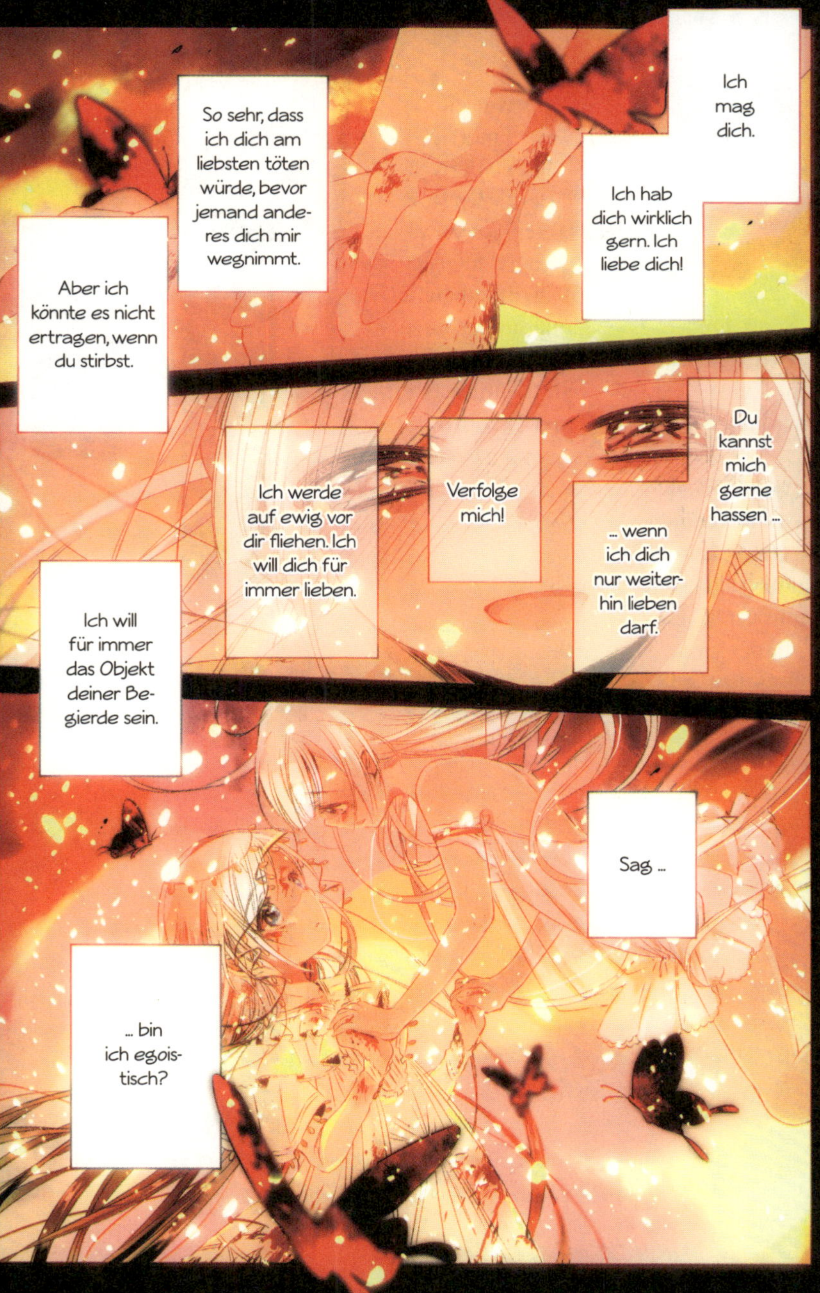
Ich mag dich.
Ich hab dich wirklich gern. Ich liebe dich!
So sehr, dass ich dich am liebsten töten würde, bevor jemand anderes dich mir wegnimmt.
Aber ich könnte es nicht ertragen, wenn du stirbst.
Du kannst mich gerne hassen ...
... wenn ich dich nur weiterhin lieben darf.
Verfolge mich!
Ich werde auf ewig vor dir fliehen. Ich will dich für immer lieben.
Ich will für immer das Objekt deiner Begierde sein.
Sag ...
... bin ich egoistisch?

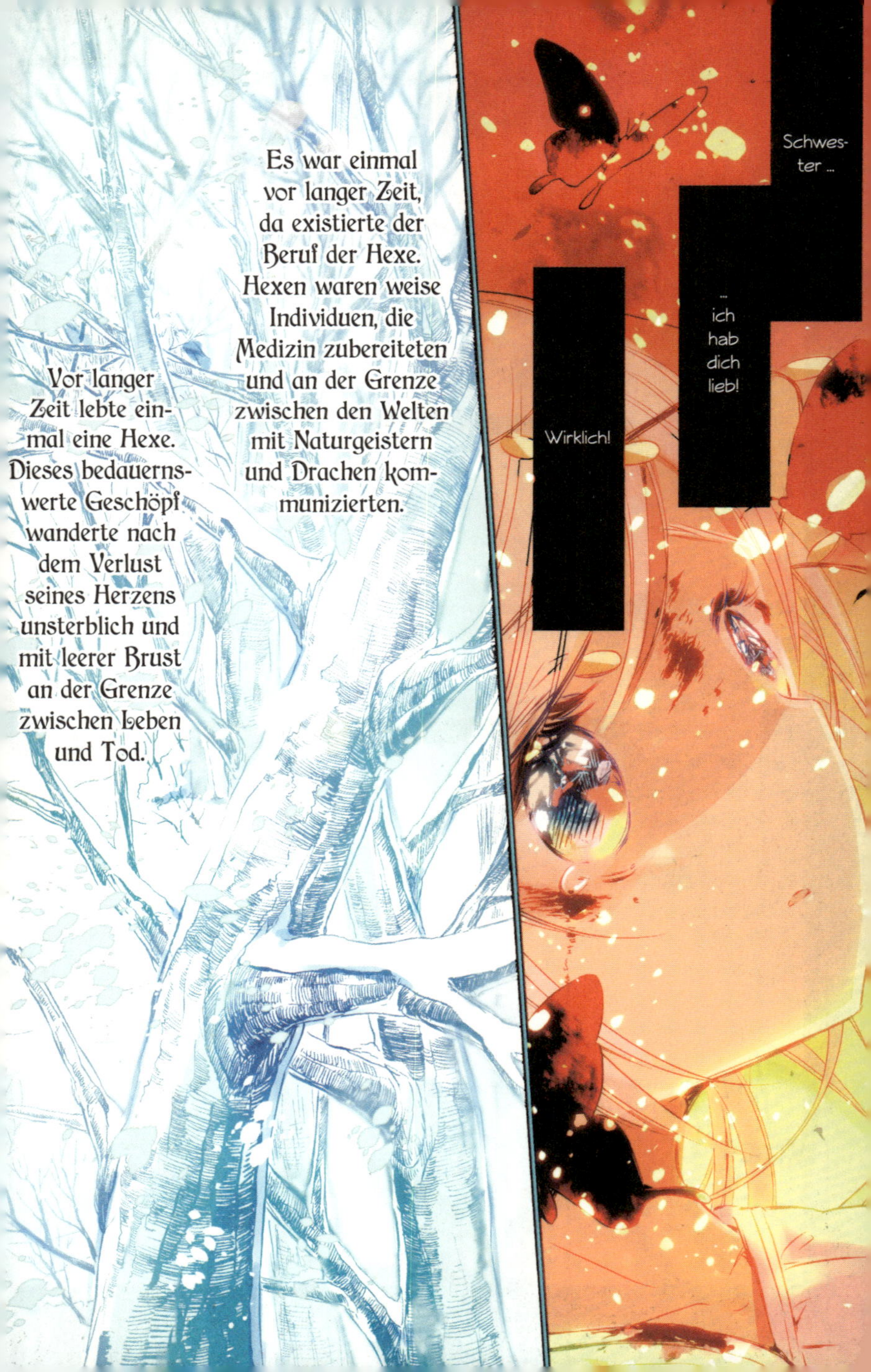
Es war einmal vor langer Zeit, da existierte der Beruf der Hexe. Hexen waren weise Individuen, die Medizin zubereiteten und an der Grenze zwischen den Welten mit Naturgeistern und Drachen kommunizierten.
Vor langer Zeit lebte einmal eine Hexe. Dieses bedauernswerte Geschöpf wanderte nach dem Verlust seines Herzens unsterblich und mit leerer Brust an der Grenze zwischen Leben und Tod.
Schwester ...
... ich hab dich lieb!
Wirklich!

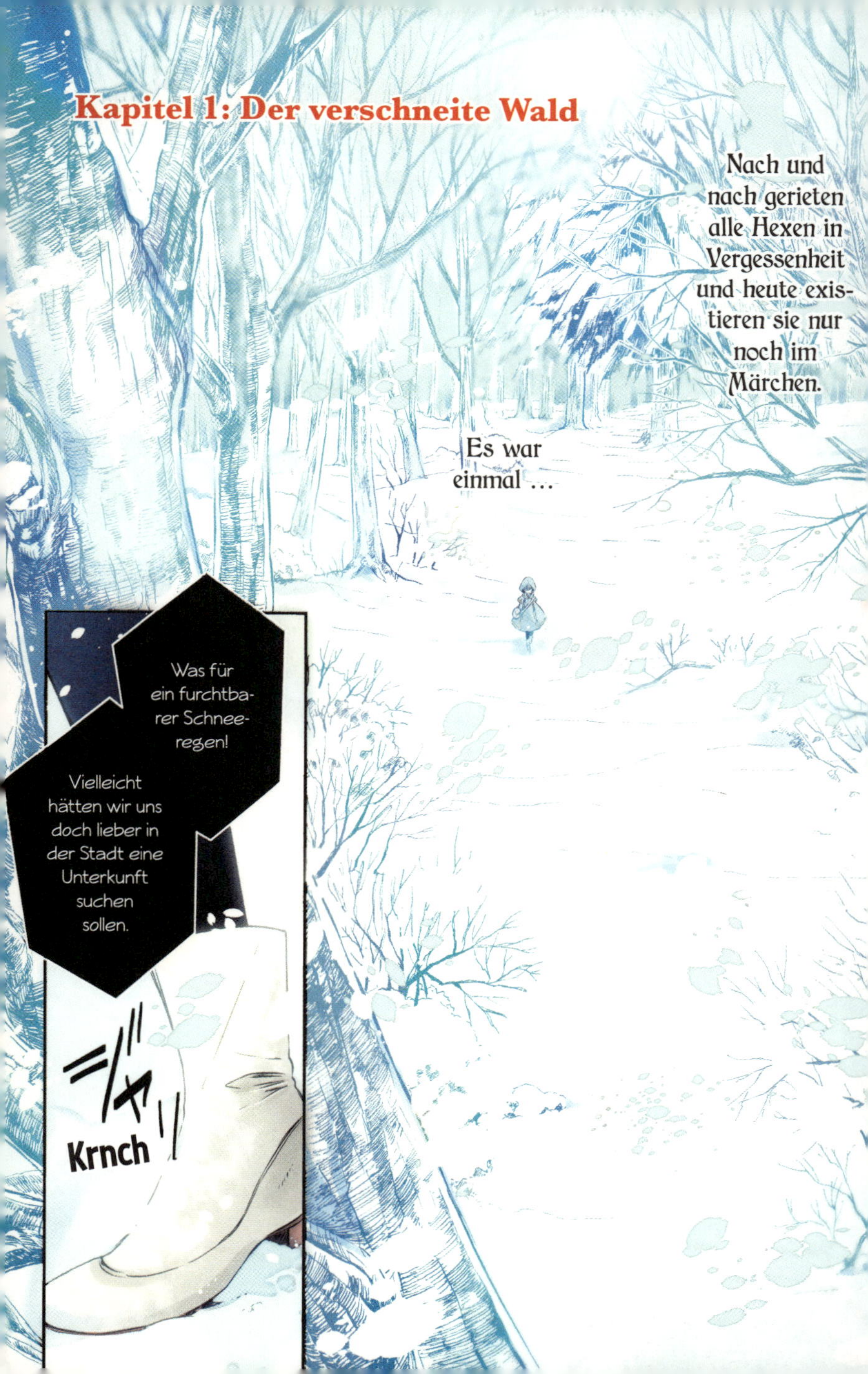
Kapitel 1: Der verschneite Wald
Nach und nach gerieten alle Hexen in Vergessenheit und heute existieren sie nur noch im Märchen.
Es war einmal …
Was für ein furchtbarer Schneeregen!
Vielleicht hätten wir uns doch lieber in der Stadt eine Unterkunft suchen sollen.
Krnch

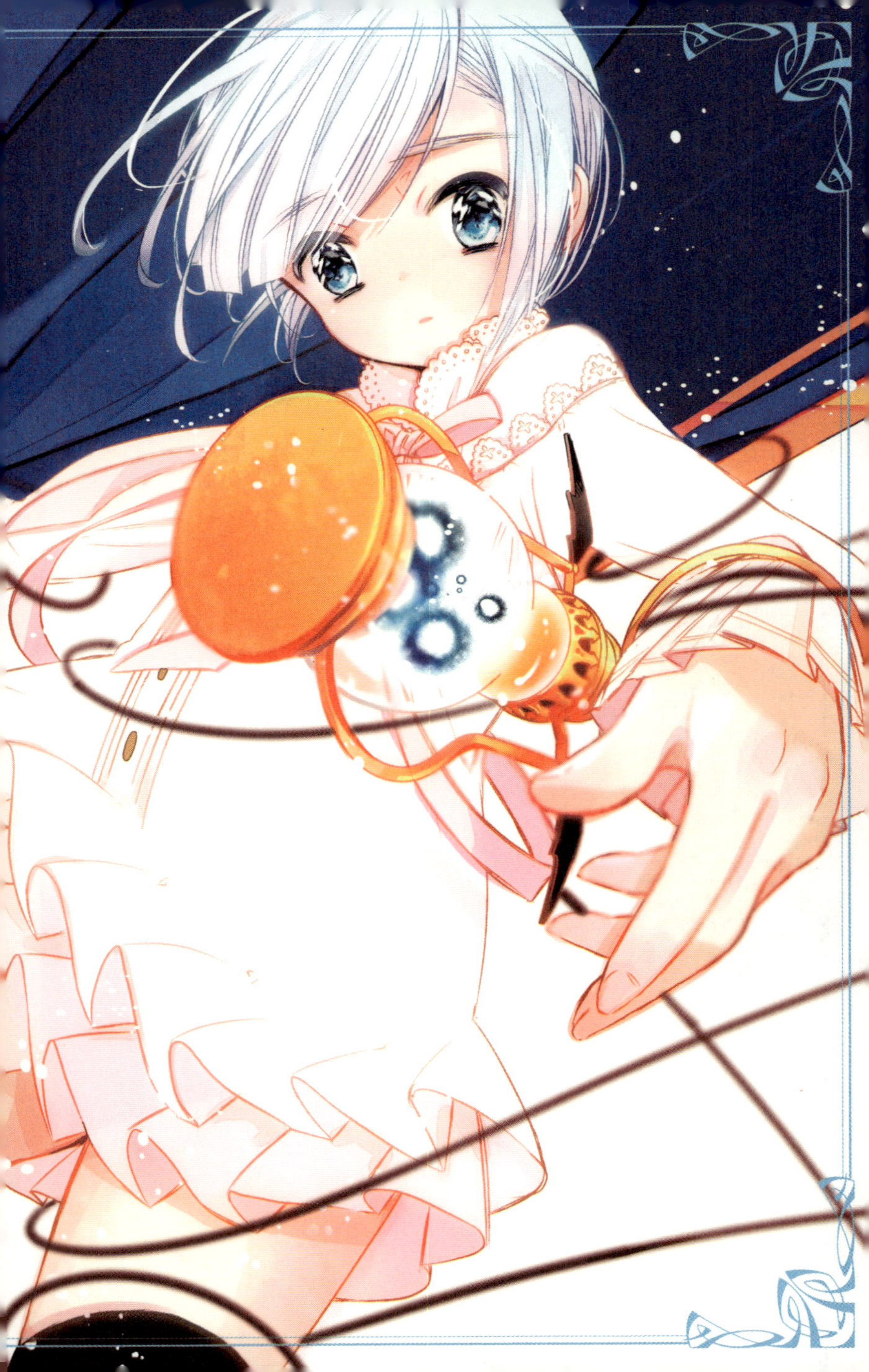

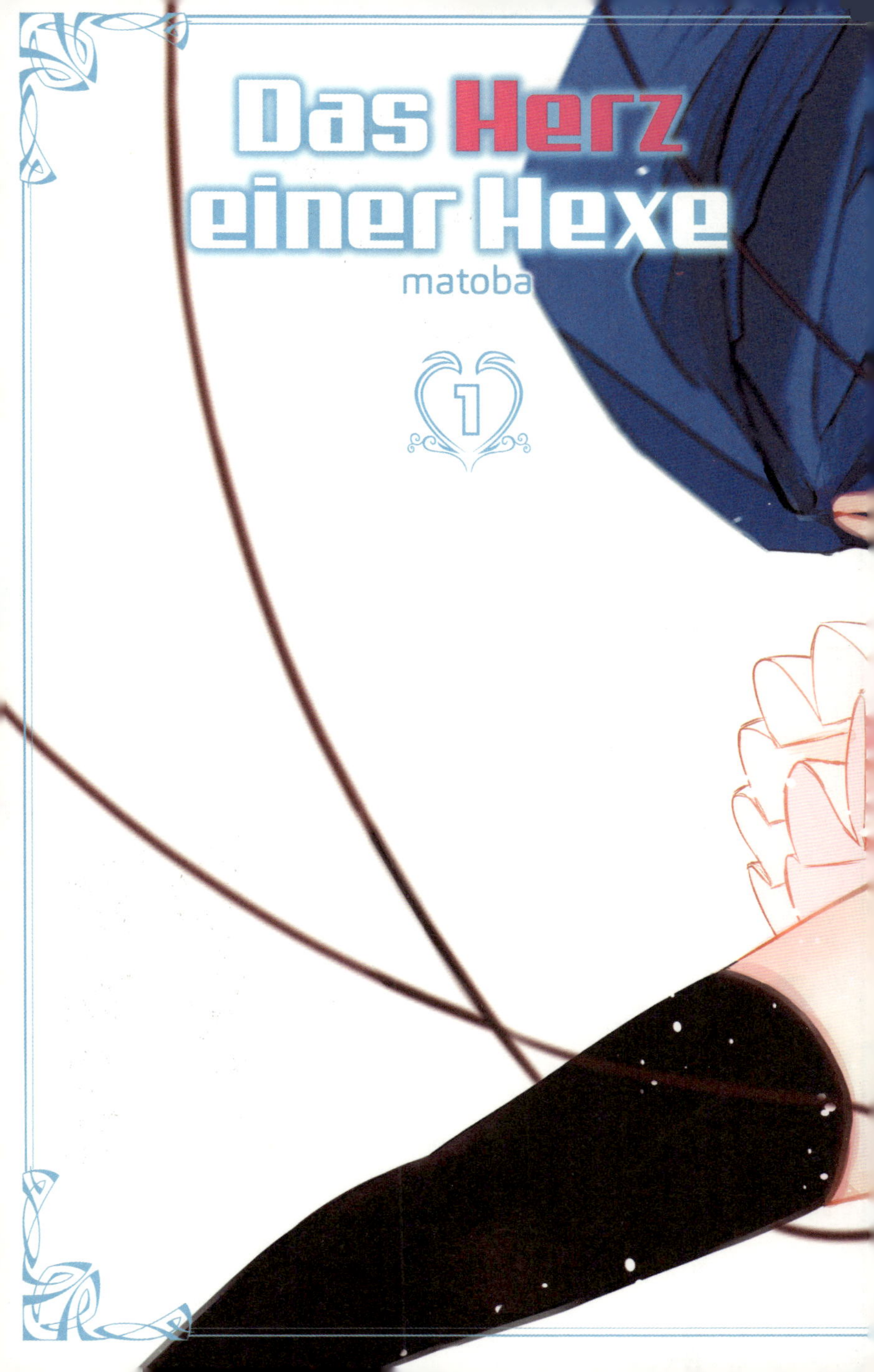
Das Herz
einer Hexe
matoba
1

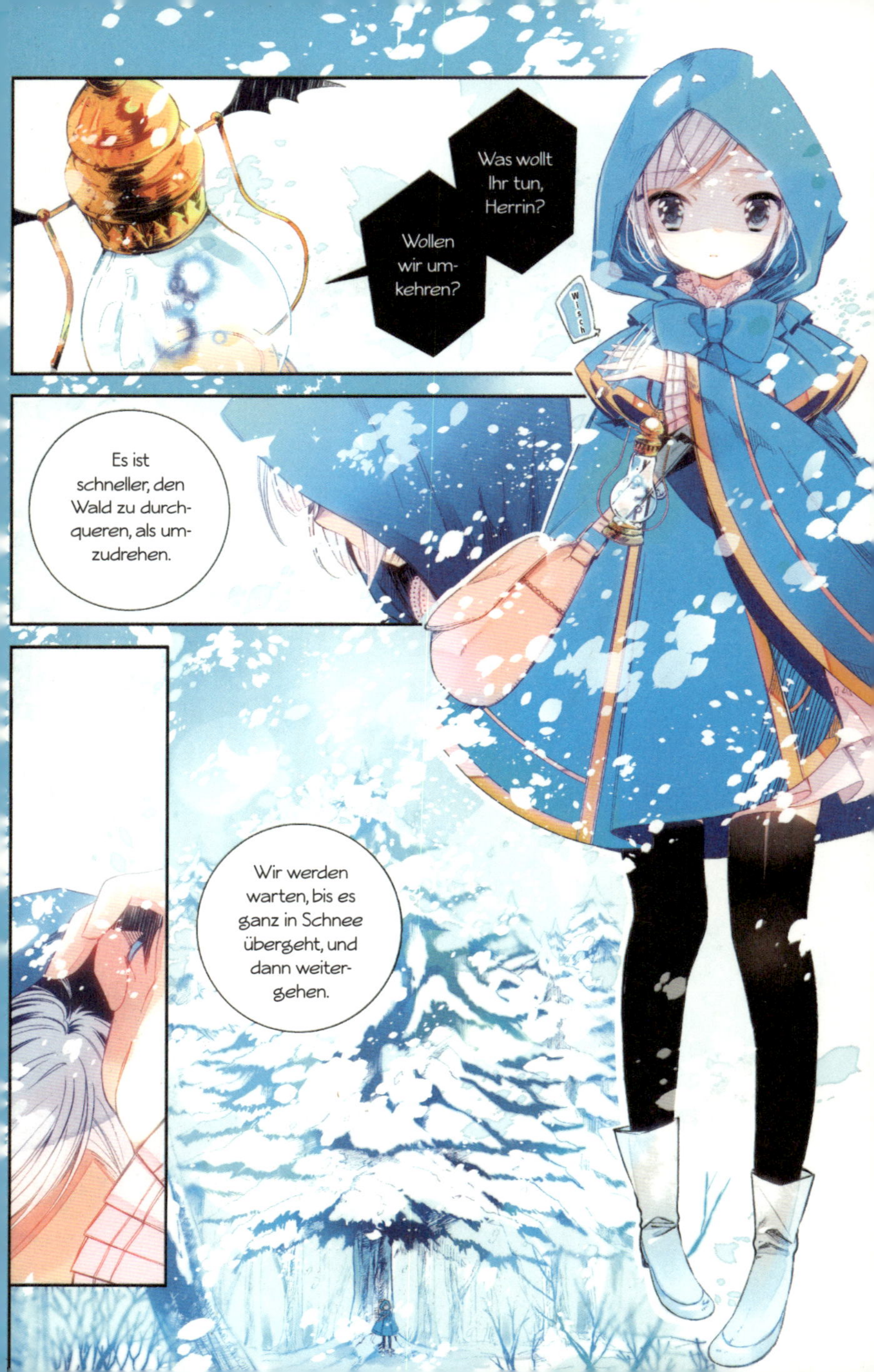
Was wollt Ihr tun, Herrin?
Wollen wir umkehren?
Wisch
Es ist schneller, den Wald zu durchqueren, als umzudrehen.
Wir werden warten, bis es ganz in Schnee übergeht, und dann weitergehen.

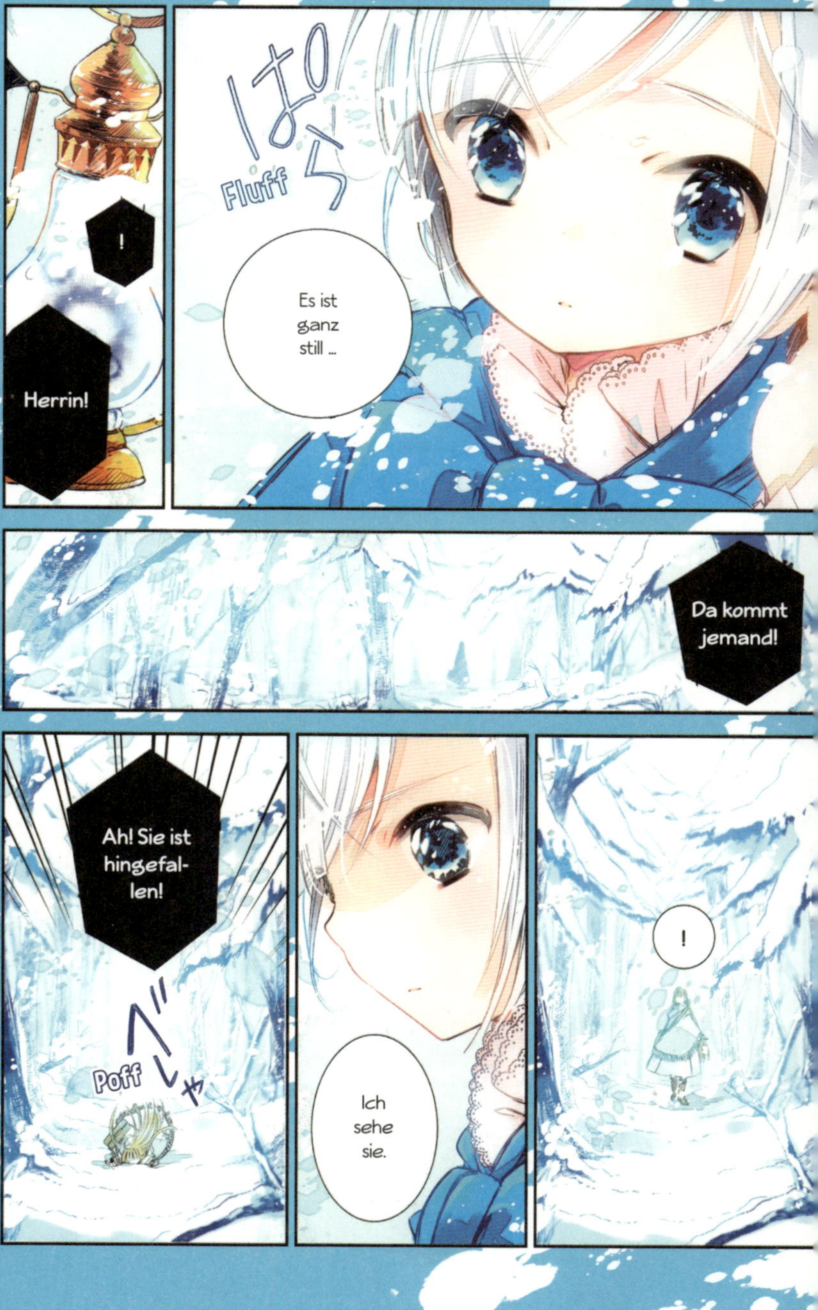

ぱら
Fluff
Es ist ganz still ...
!
Herrin!

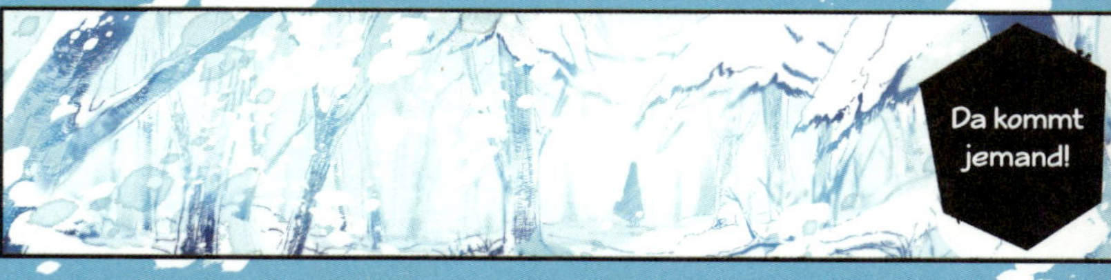

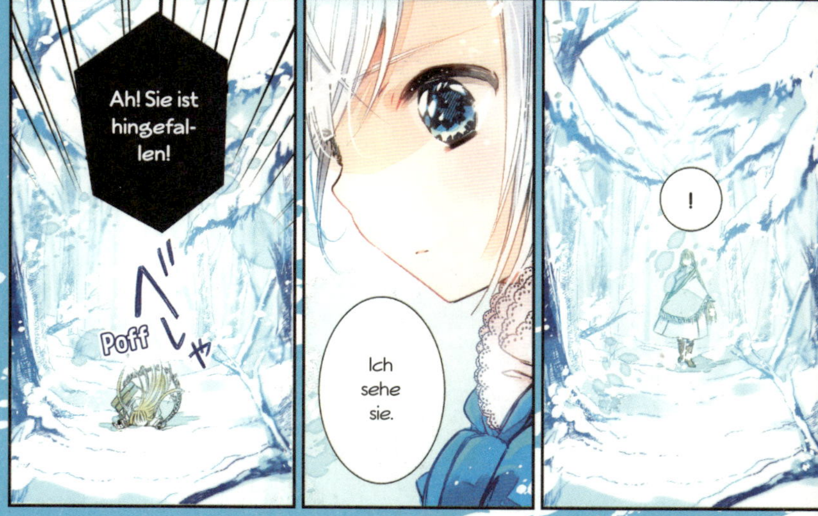

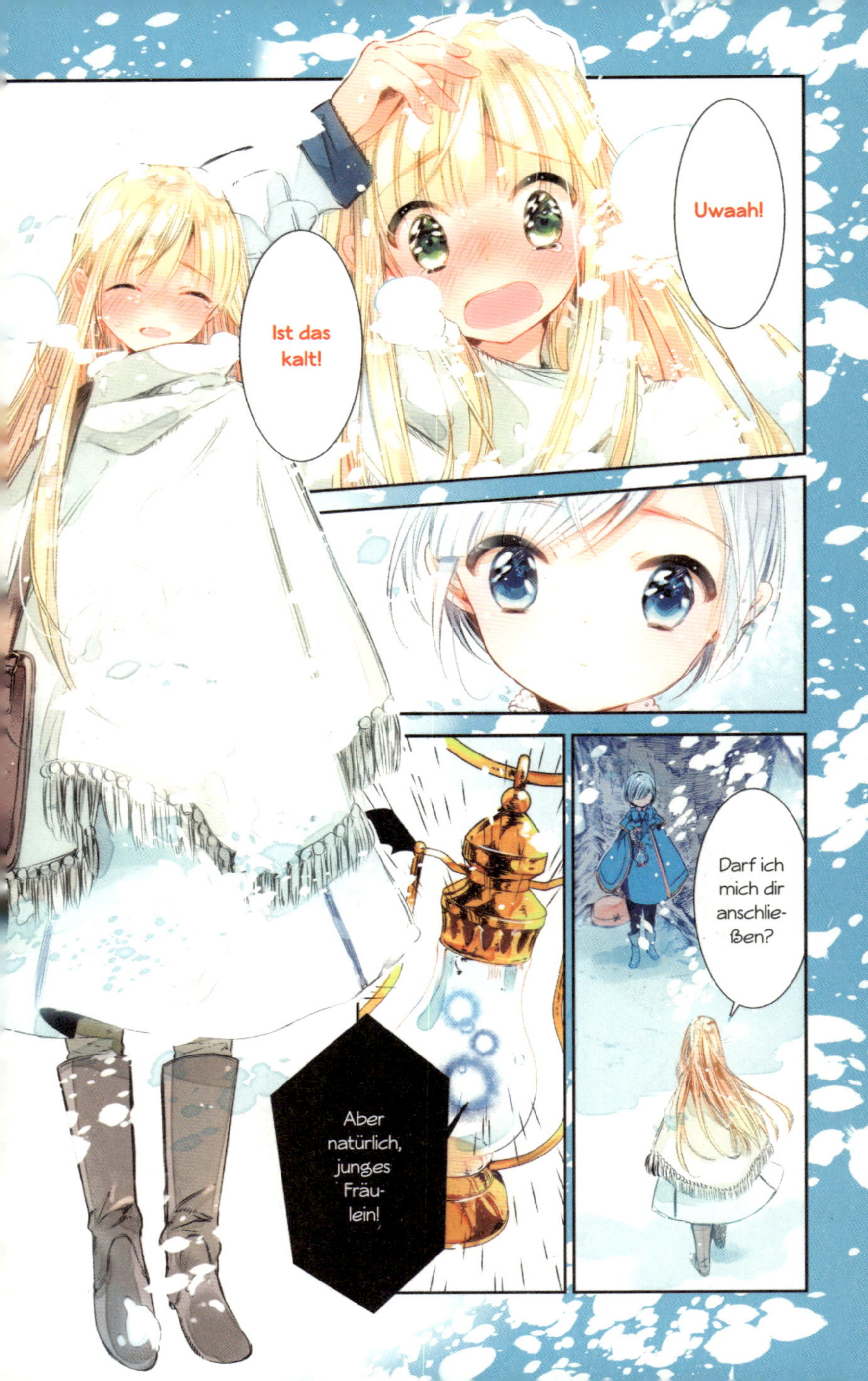
Uwaah!
Ist das kalt!
Darf ich mich dir anschließen?
Aber natürlich, junges Fräulein!

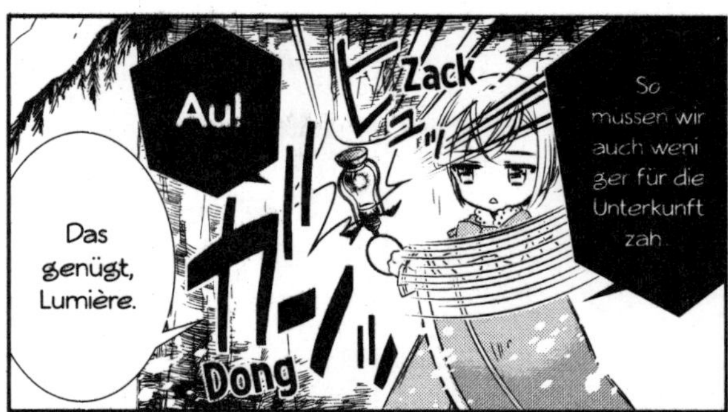
So mussen wir auch weni ger für die Unterkunft zah...
Zack
Au!
Dong
Das genügt, Lumière.

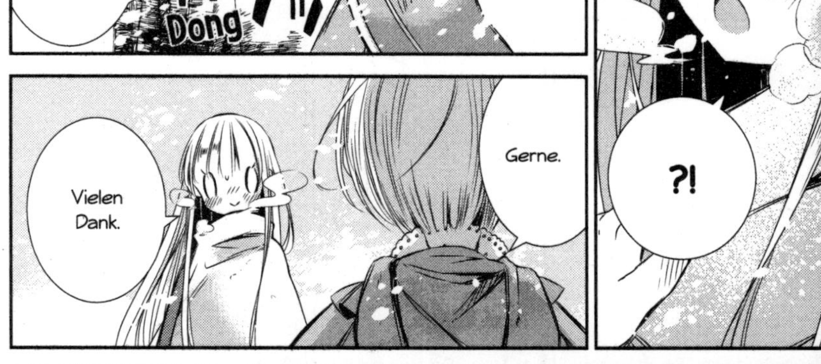
?!
Gerne.
Vielen Dank.

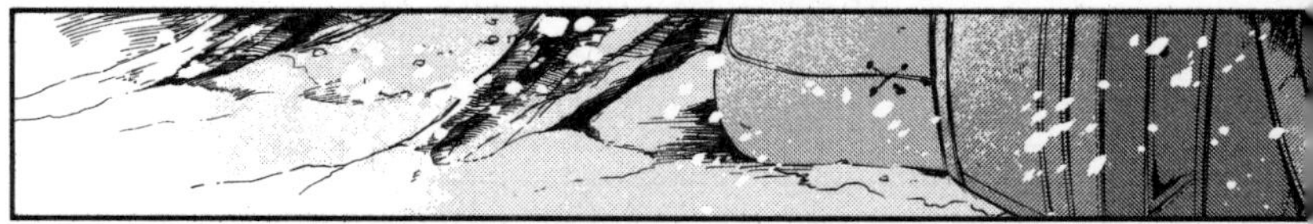

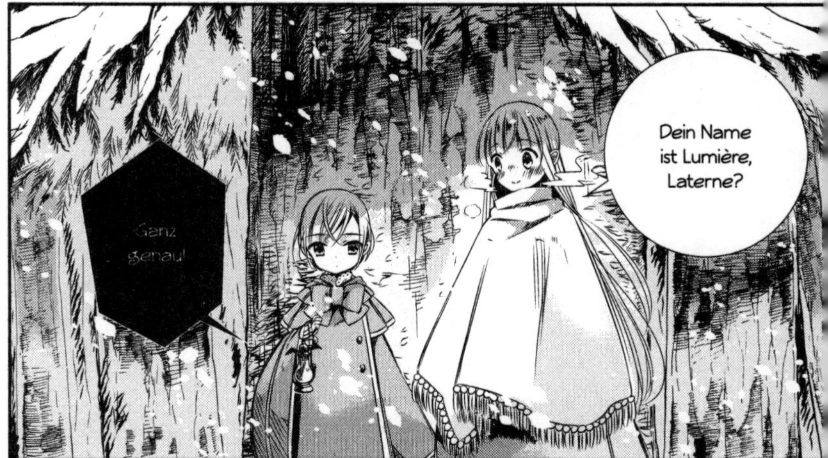
Dein Name ist Lumière, Laterne?
Ganz genau!

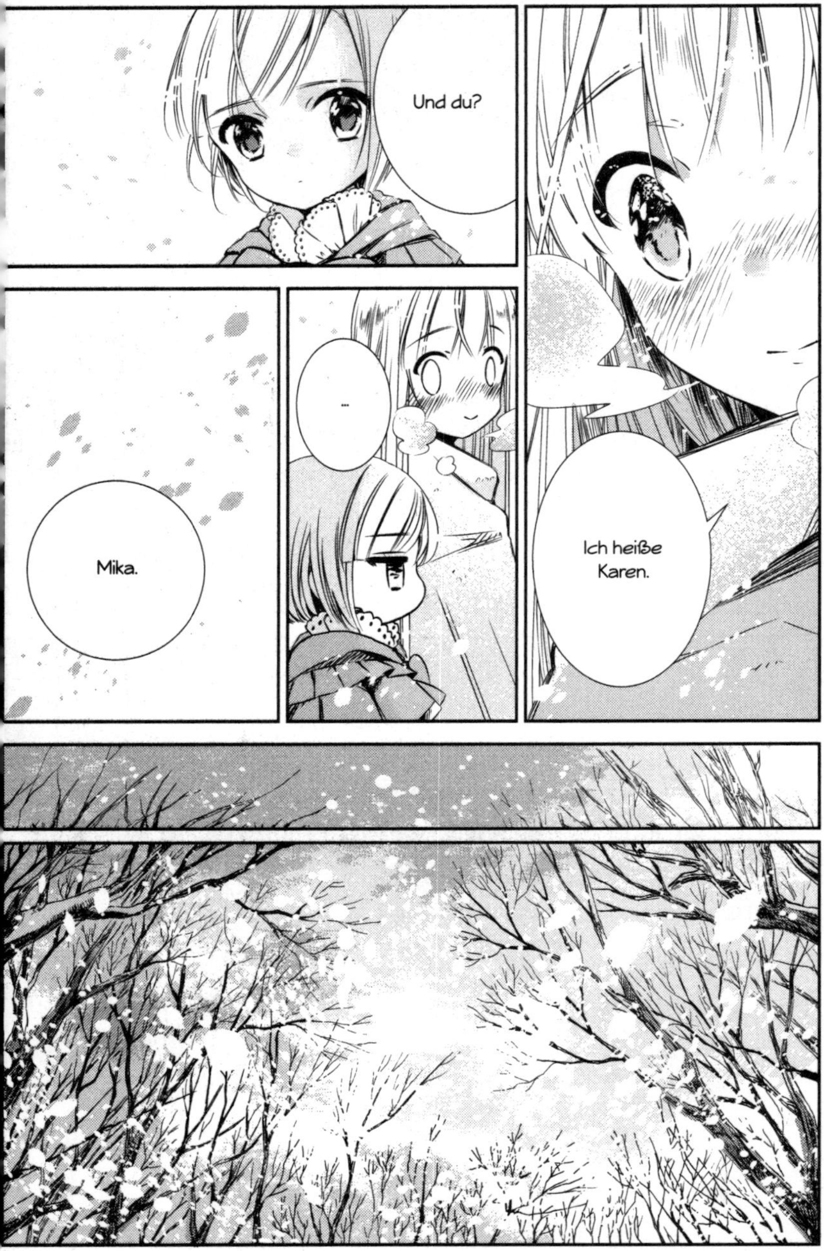

Ich heiße Karen.

Und du?

...

Mika.

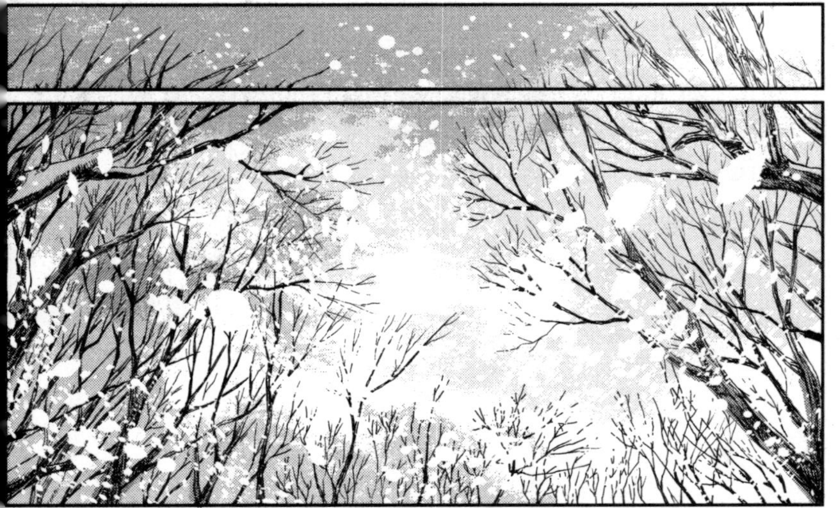

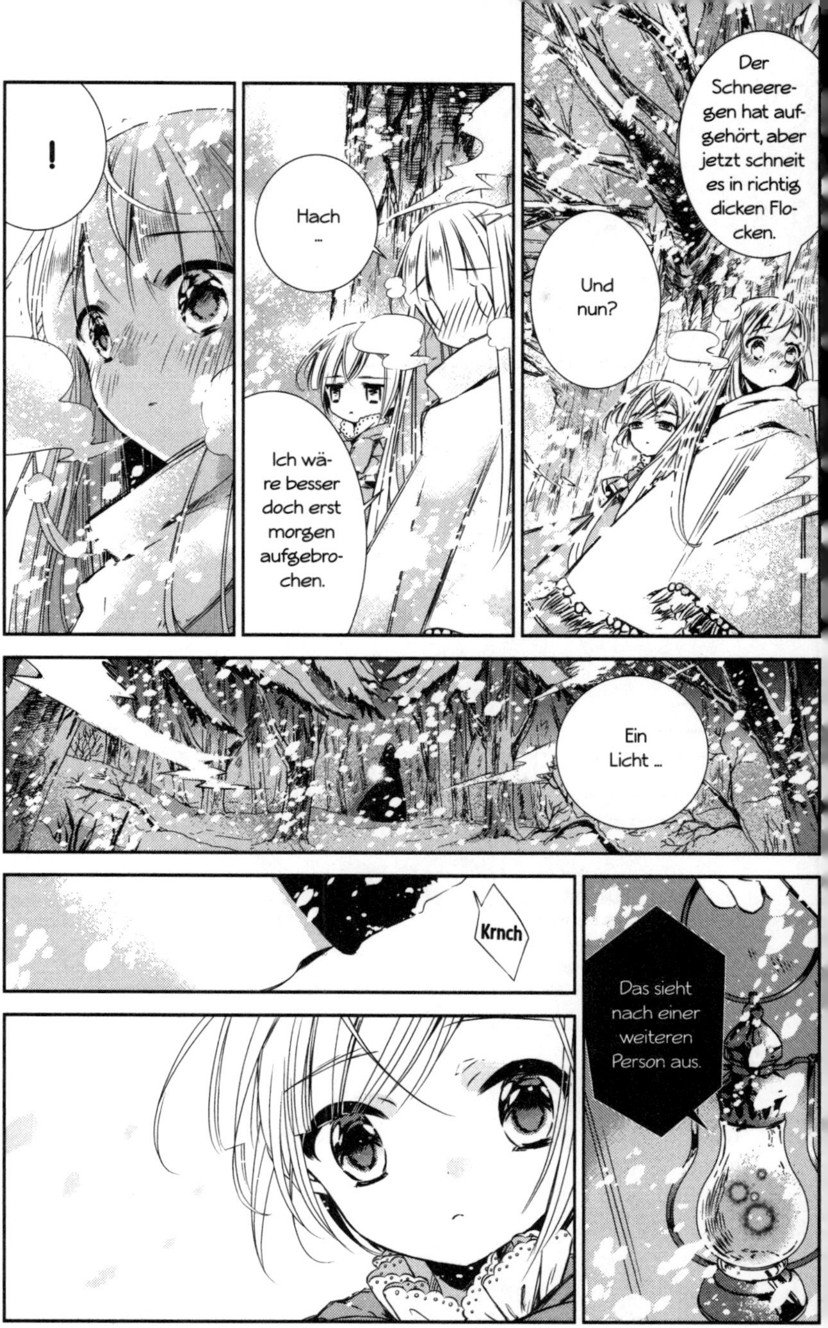

Der Schneeregen hat aufgehört, aber jetzt schneit es in richtig dicken Flocken.
Und nun?
Hach ...
Ich wäre besser doch erst morgen aufgebrochen.
!
Ein Licht ...

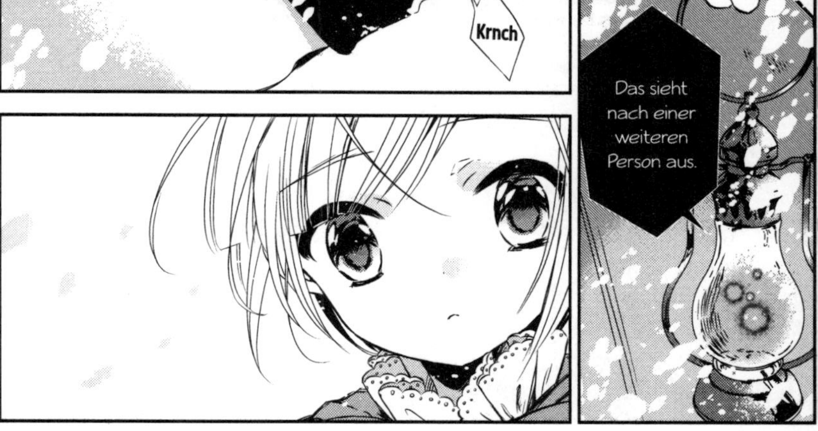

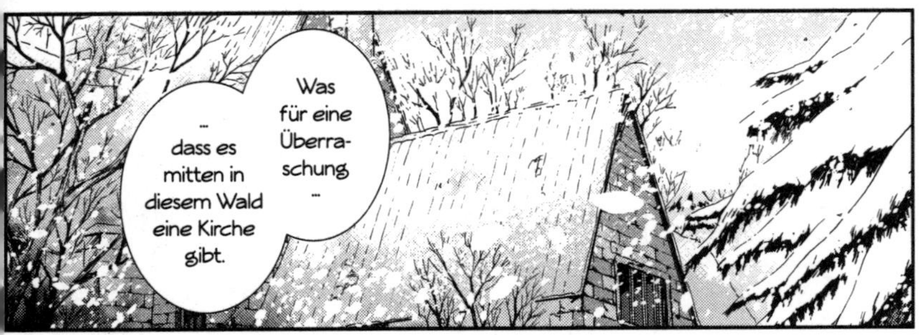

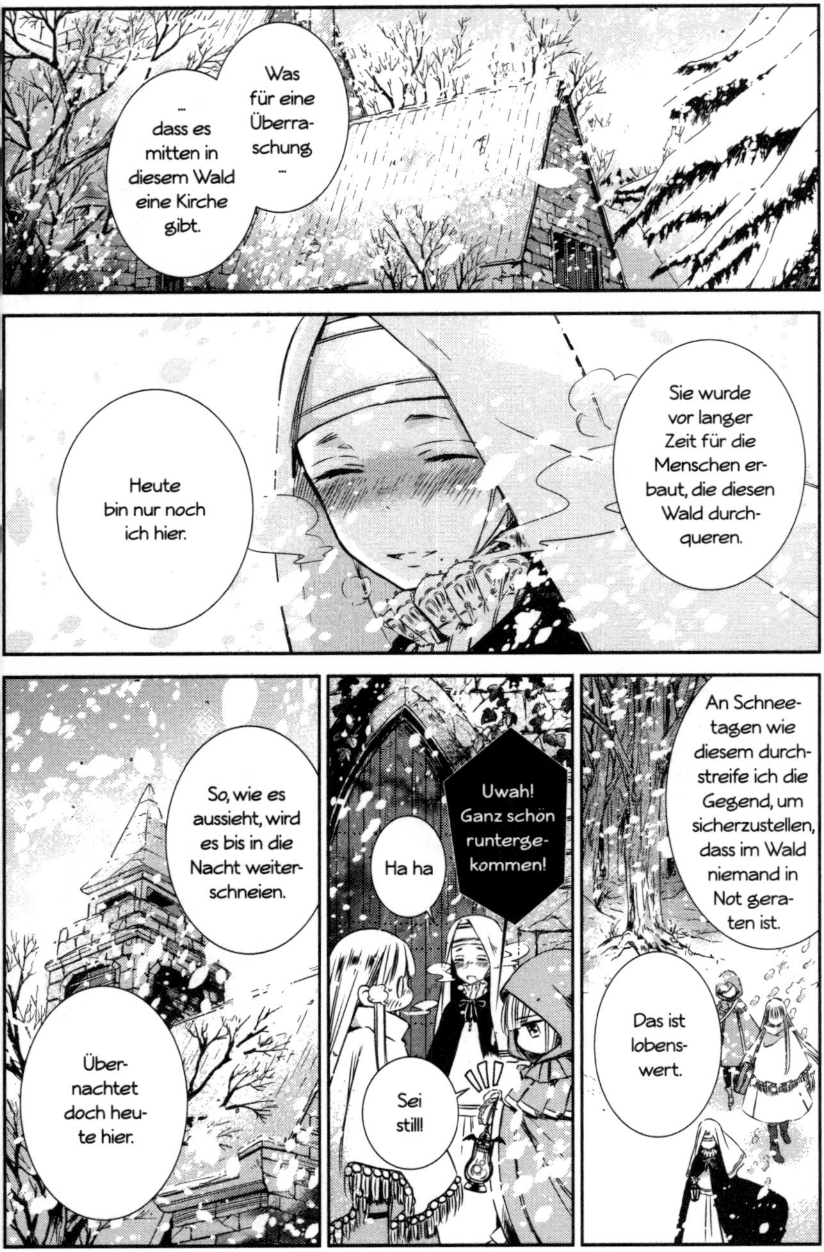

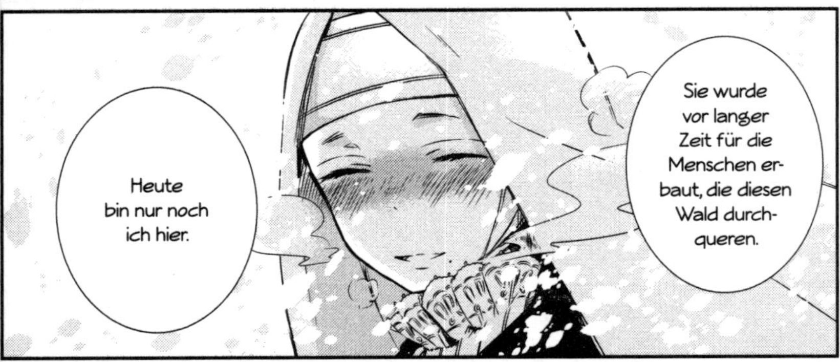

An Schneetagen wie diesem durchstreife ich die Gegend, um sicherzustellen, dass im Wald niemand in Not geraten ist.

Das ist lobenswert.

Uwah! Ganz schön runtergekommen!

Ha ha

Sei still!

So, wie es aussieht, wird es bis in die Nacht weiterschneien.

Übernachtet doch heute hier.

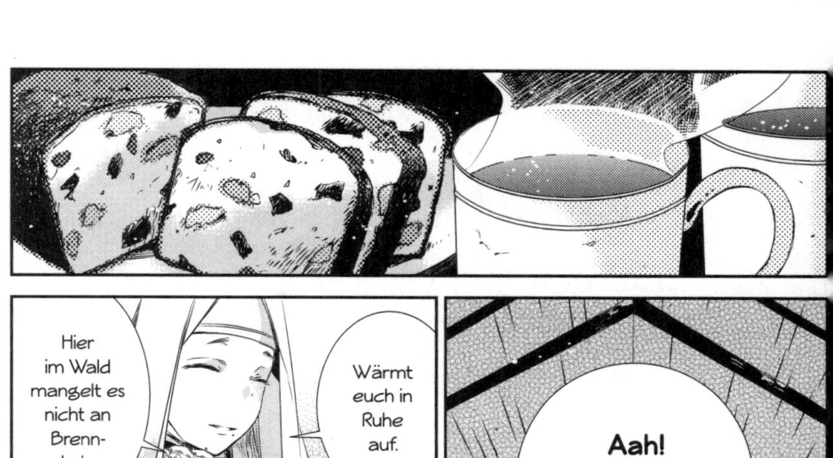

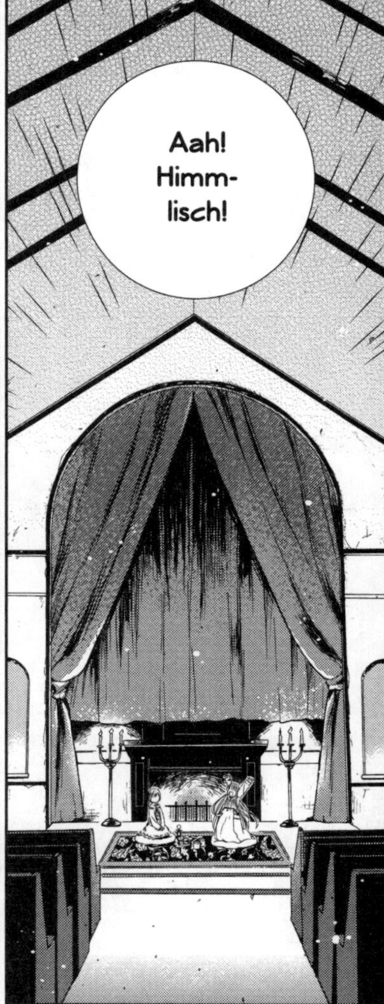

Aah! Himmlisch!

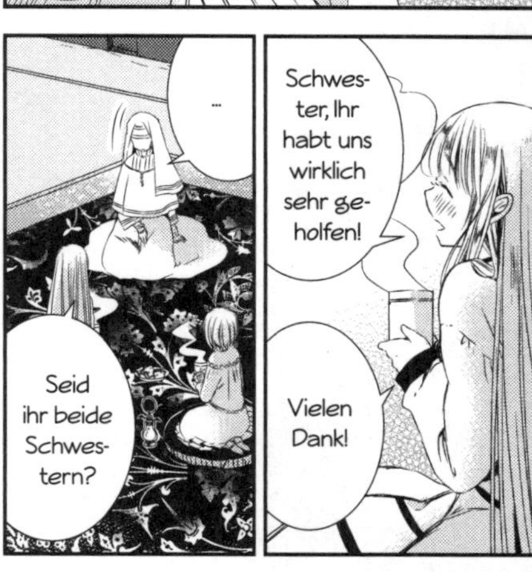

Wärmt euch in Ruhe auf.
Hier im Wald mangelt es nicht an Brennholz.
Schwester, Ihr habt uns wirklich sehr geholfen!
Vielen Dank!
...
Seid ihr beide Schwestern?

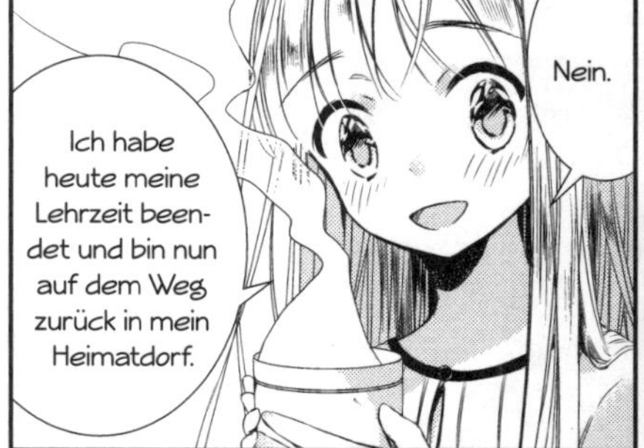

Nein.
Ich habe heute meine Lehrzeit beendet und bin nun auf dem Weg zurück in mein Heimatdorf.

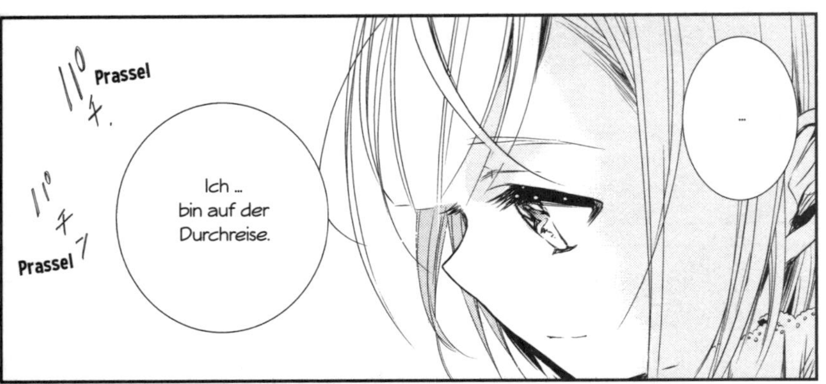
...
Ich ... bin auf der Durchreise.
Prassel
Prassel

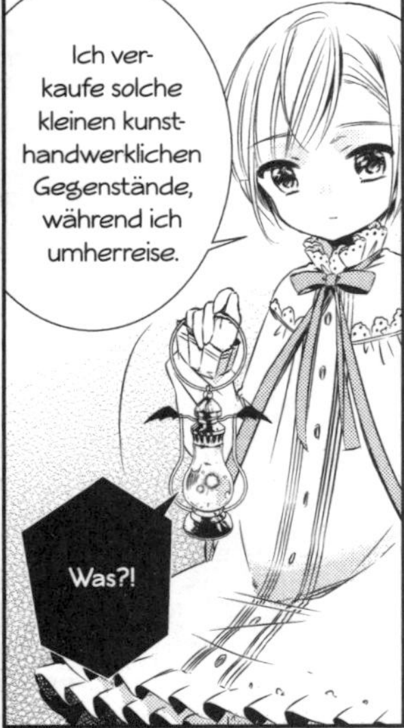
Ich verkaufe solche kleinen kunsthandwerklichen Gegenstände, während ich umherreise.
Was?!

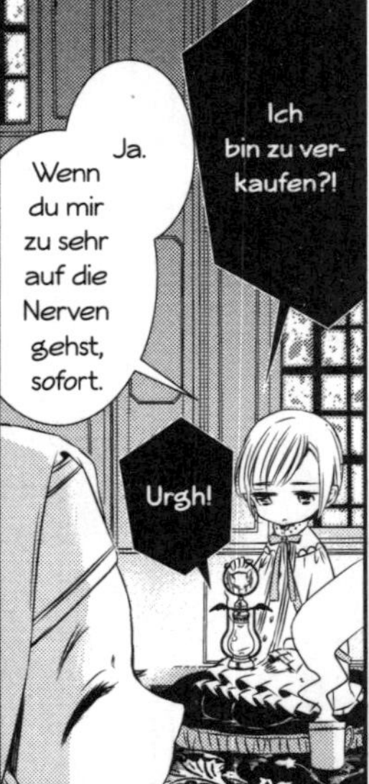
Ich bin zu verkaufen?!
Ja. Wenn du mir zu sehr auf die Nerven gehst, sofort.
Urgh!

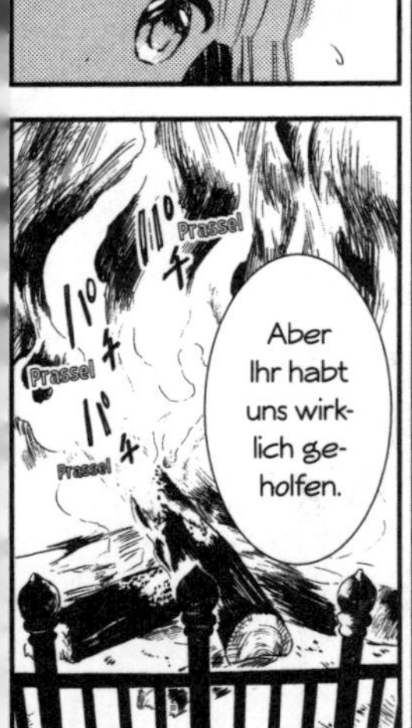
Prassel
Prassel
Prassel
Aber Ihr habt uns wirklich geholfen.

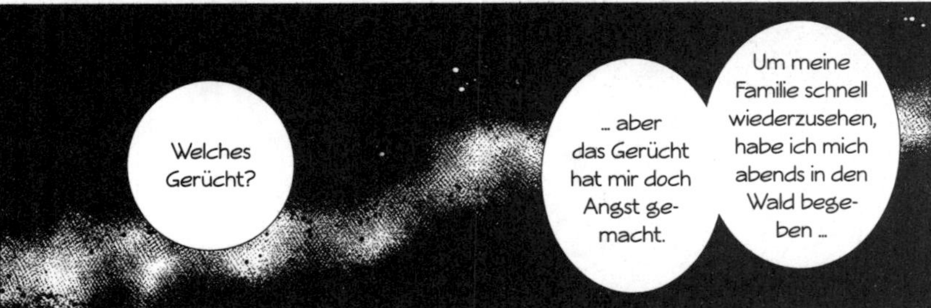
Um meine Familie schnell wiederzusehen, habe ich mich abends in den Wald begeben ...
... aber das Gerücht hat mir doch Angst gemacht.
Welches Gerücht?

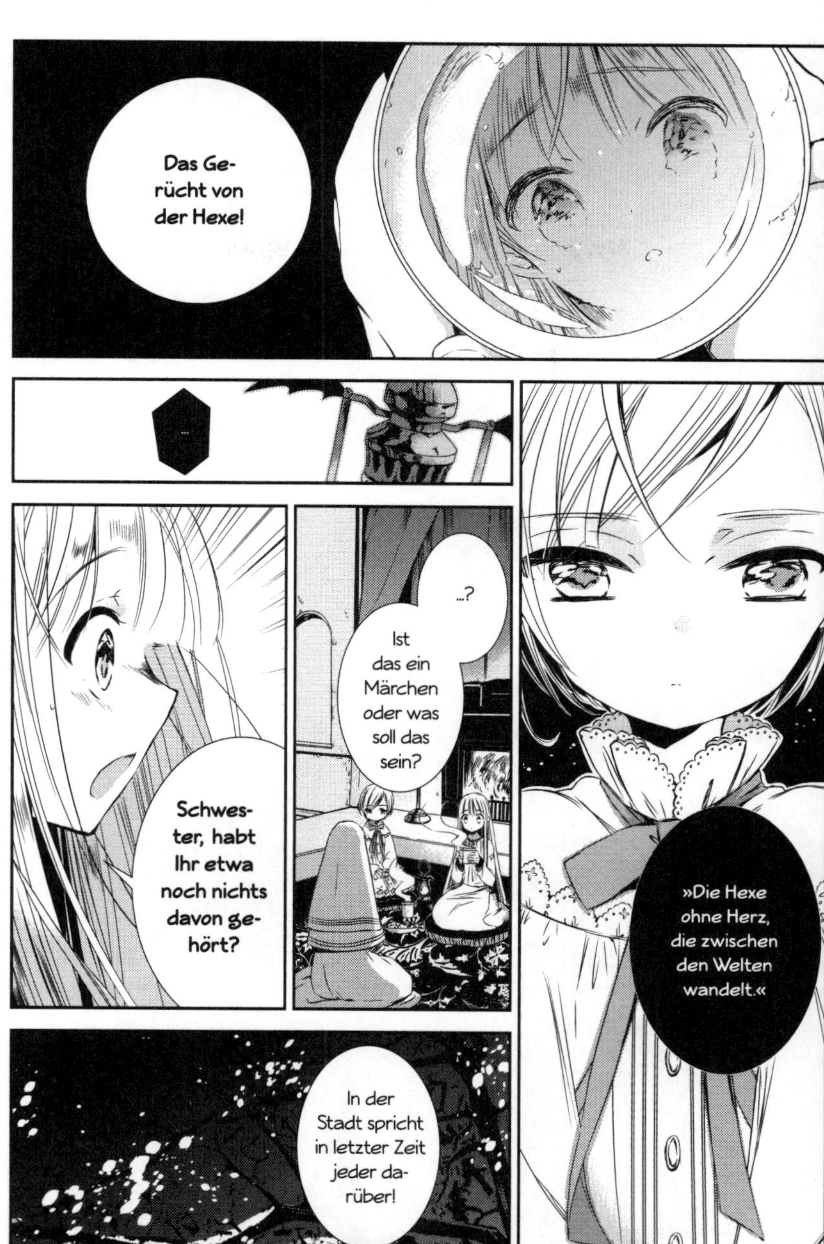
Das Gerücht von der Hexe!
...
...?
Ist das ein Märchen oder was soll das sein?
»Die Hexe ohne Herz, die zwischen den Welten wandelt.«
Schwester, habt Ihr etwa noch nichts davon gehört?
In der Stadt spricht in letzter Zeit jeder darüber!

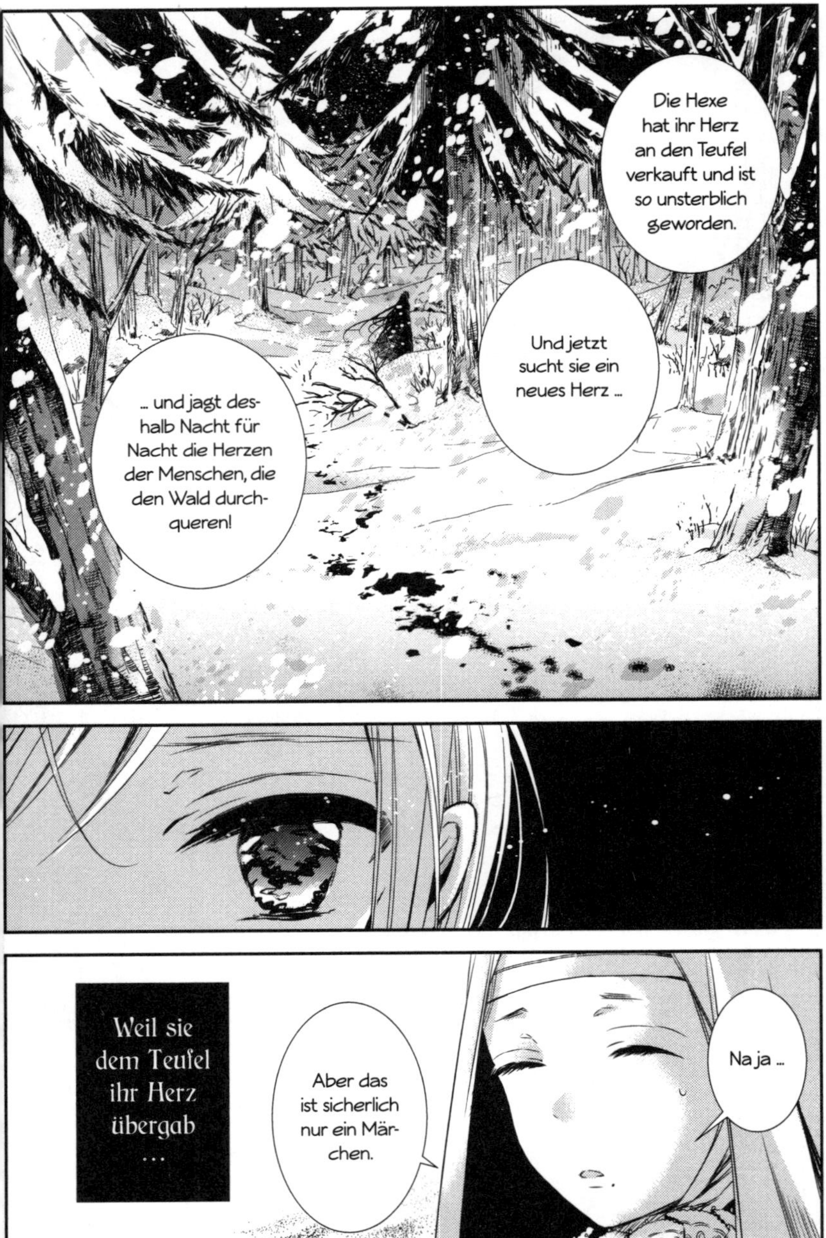

Die Hexe hat ihr Herz an den Teufel verkauft und ist so unsterblich geworden.

Und jetzt sucht sie ein neues Herz ...

... und jagt deshalb Nacht für Nacht die Herzen der Menschen, die den Wald durchqueren!

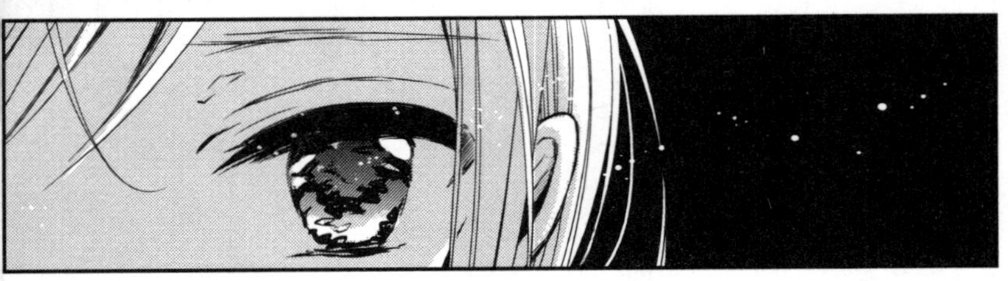

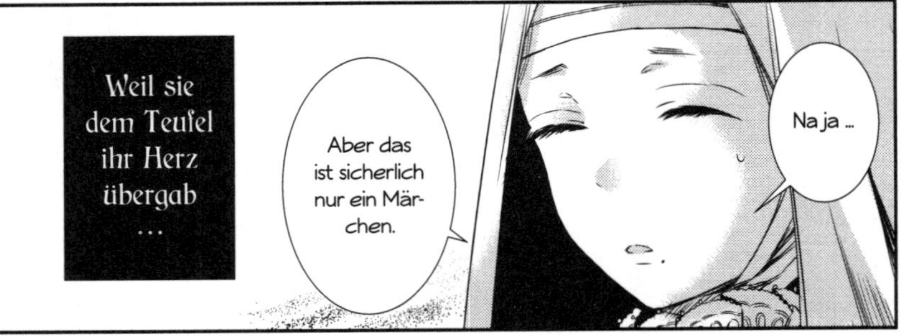

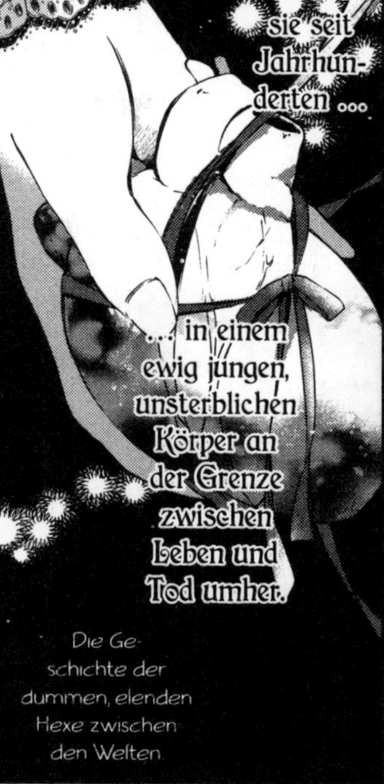
... irrt sie seit Jahrhunderten ...
... in einem ewig jungen, unsterblichen Körper an der Grenze zwischen Leben und Tod umher.
Die Geschichte der dummen, elenden Hexe zwischen den Welten.

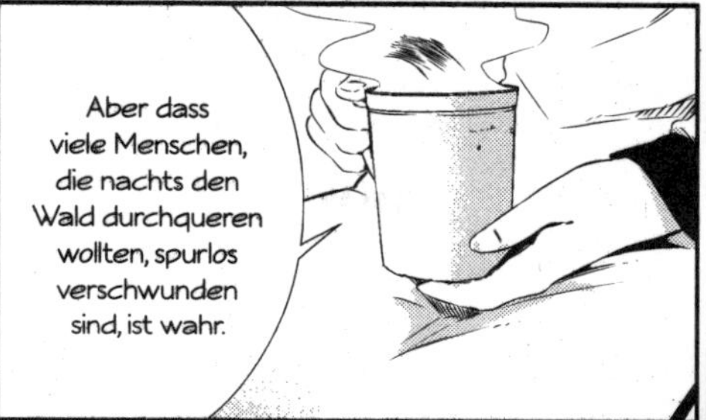
Aber dass viele Menschen, die nachts den Wald durchqueren wollten, spurlos verschwunden sind, ist wahr.

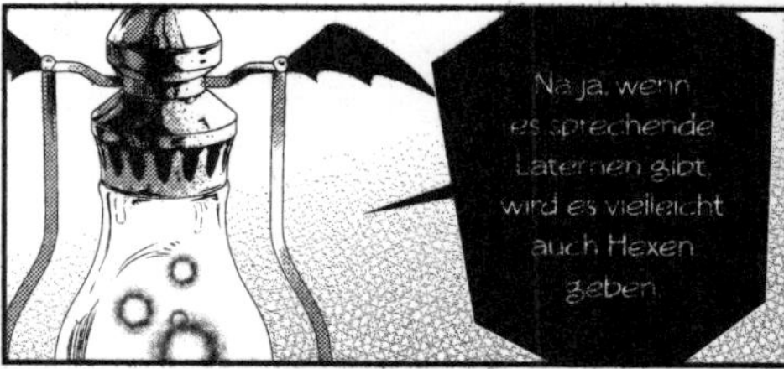
Na ja, wenn es sprechende Laternen gibt, wird es vielleicht auch Hexen geben.

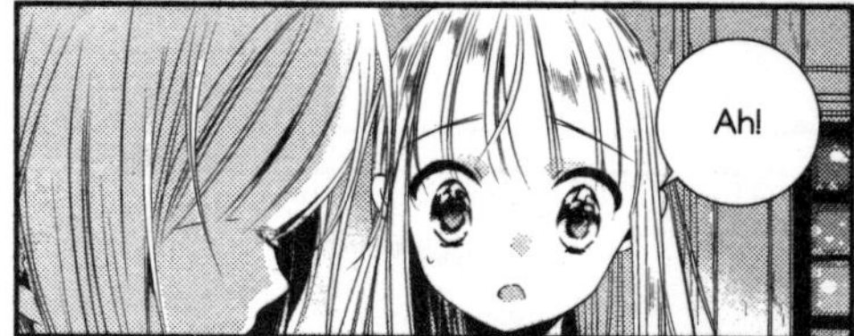
Ah!

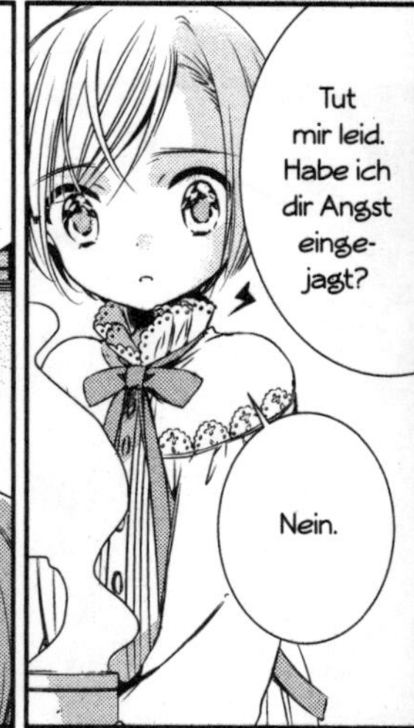
Tut mir leid. Habe ich dir Angst eingejagt?
Nein.

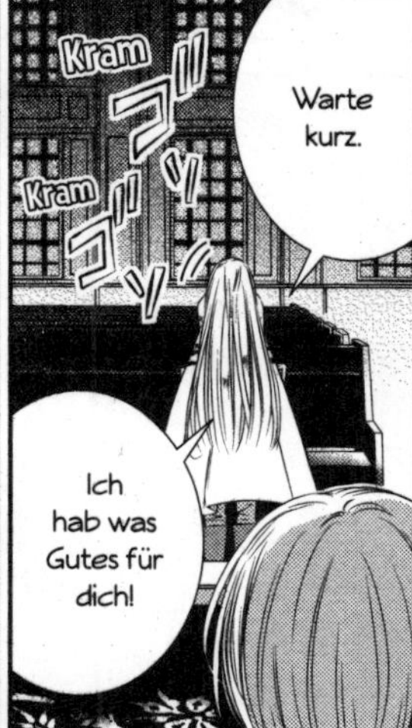
Warte kurz.
Kram
Kram
Ich hab was Gutes für dich!

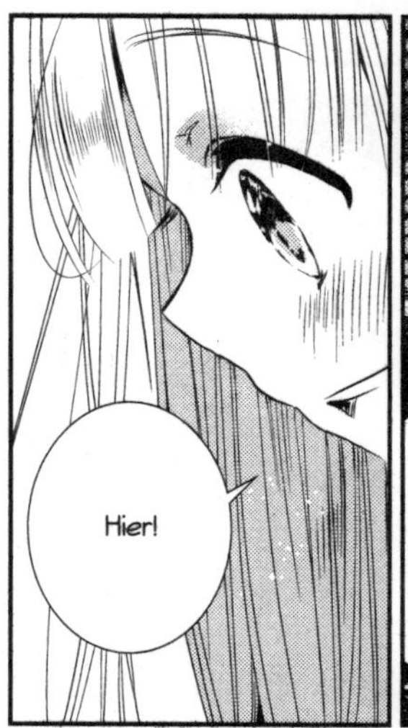
Hier!

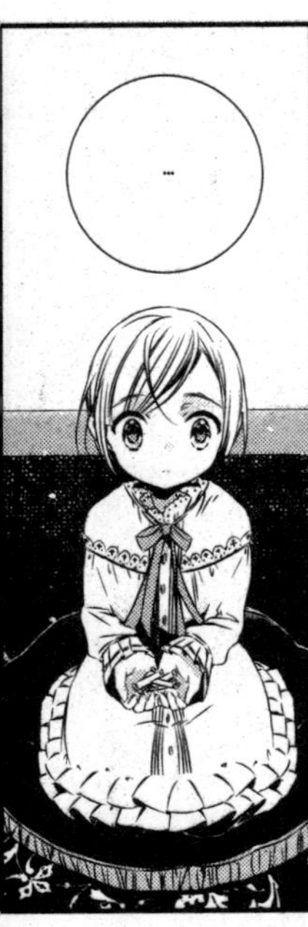
...

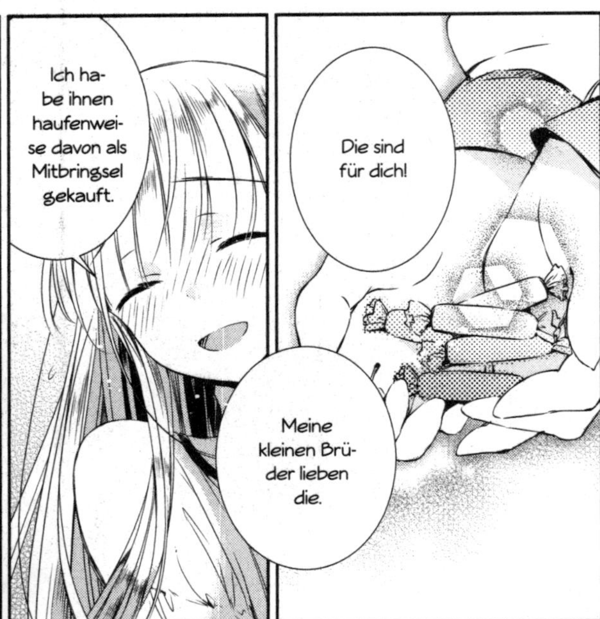
Die sind für dich!
Ich habe ihnen haufenweise davon als Mitbringsel gekauft.
Meine kleinen Brüder lieben die.

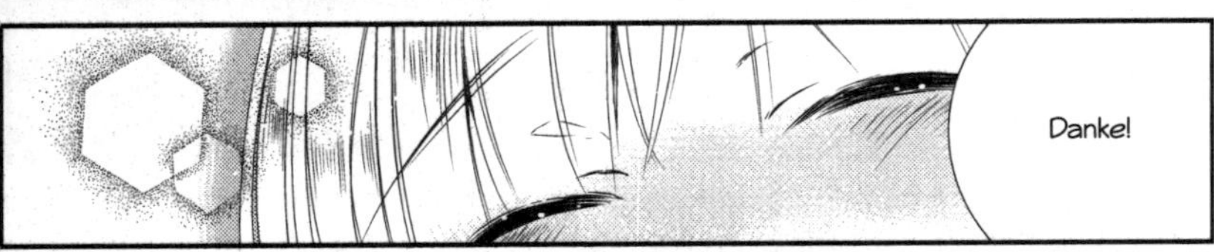
Danke!

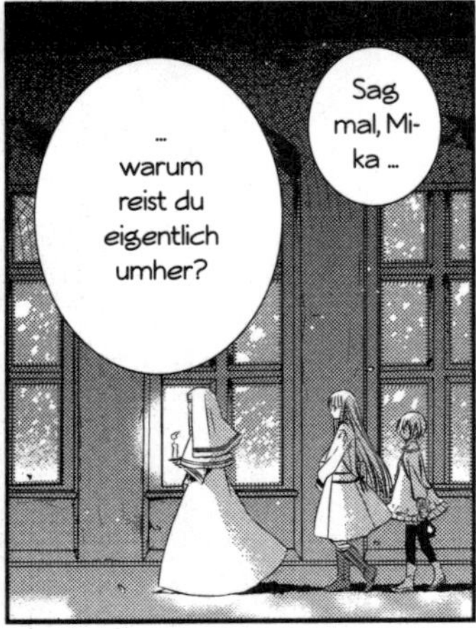
Sag mal, Mika ...
... warum reist du eigentlich umher?

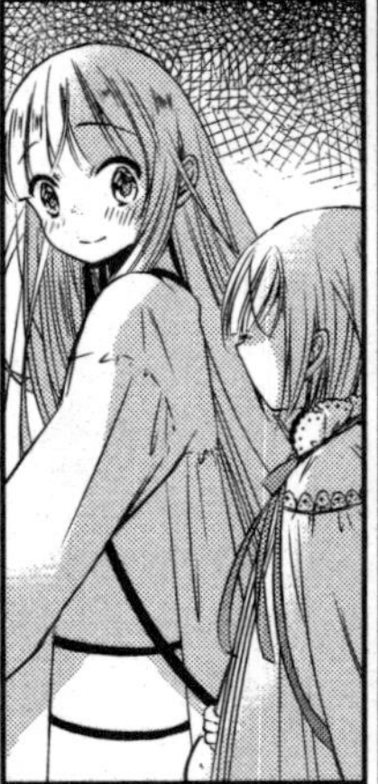

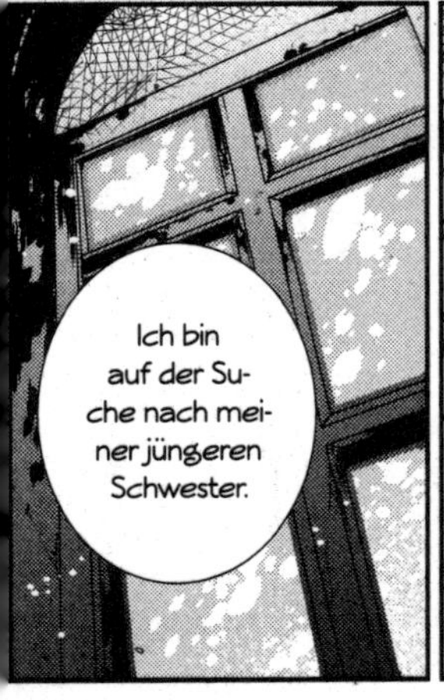
Ich bin auf der Suche nach meiner jüngeren Schwester.

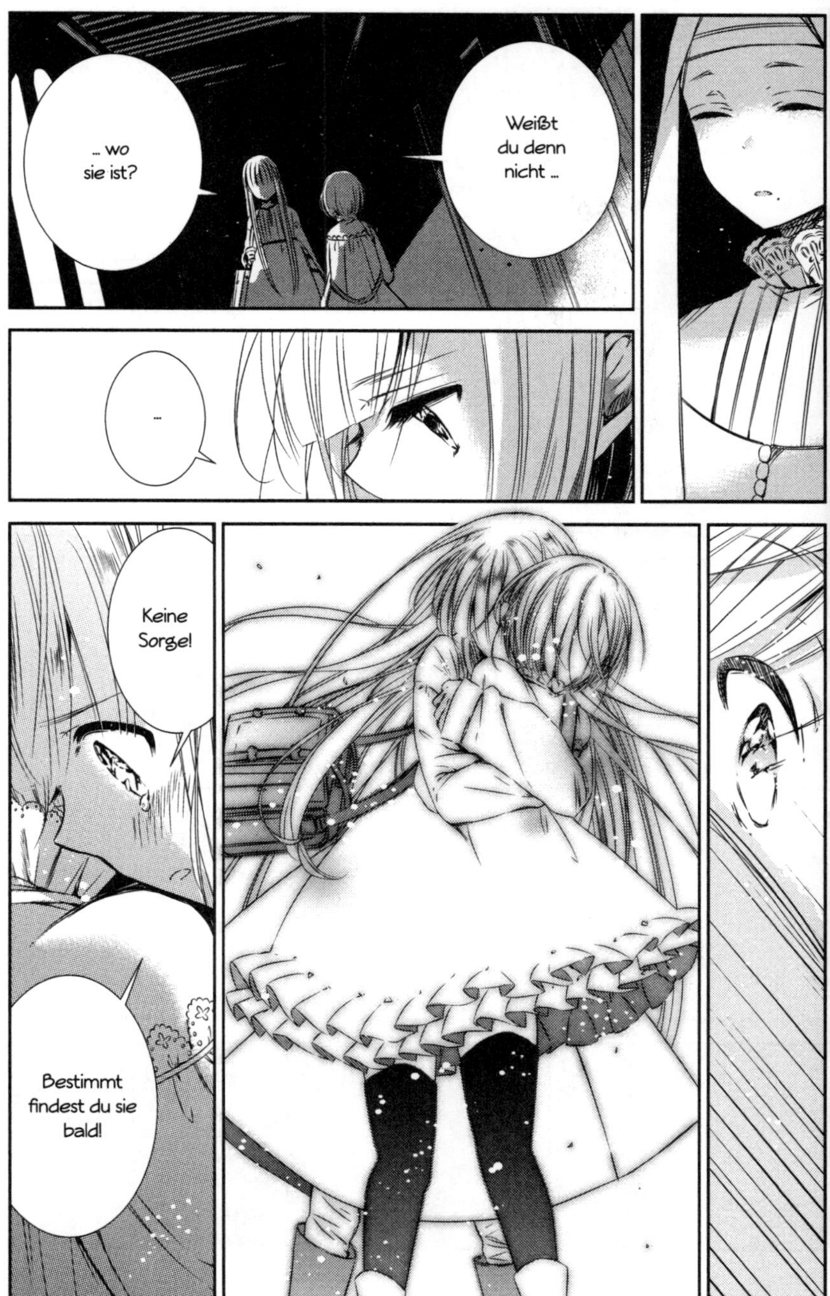
Weißt du denn nicht ...
... wo sie ist?
...
Keine Sorge!
Bestimmt findest du sie bald!

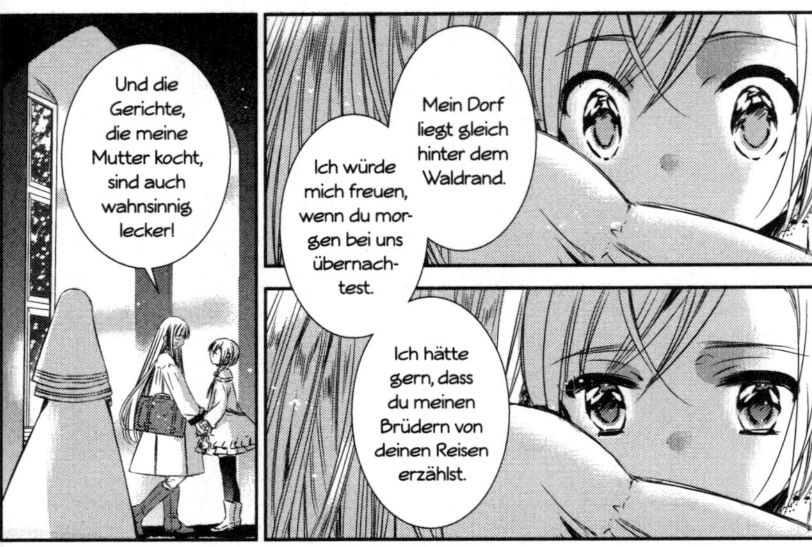
Mein Dorf liegt gleich hinter dem Waldrand.
Ich würde mich freuen, wenn du morgen bei uns übernachtest.
Ich hätte gern, dass du meinen Brüdern von deinen Reisen erzählst.
Und die Gerichte, die meine Mutter kocht, sind auch wahnsinnig lecker!

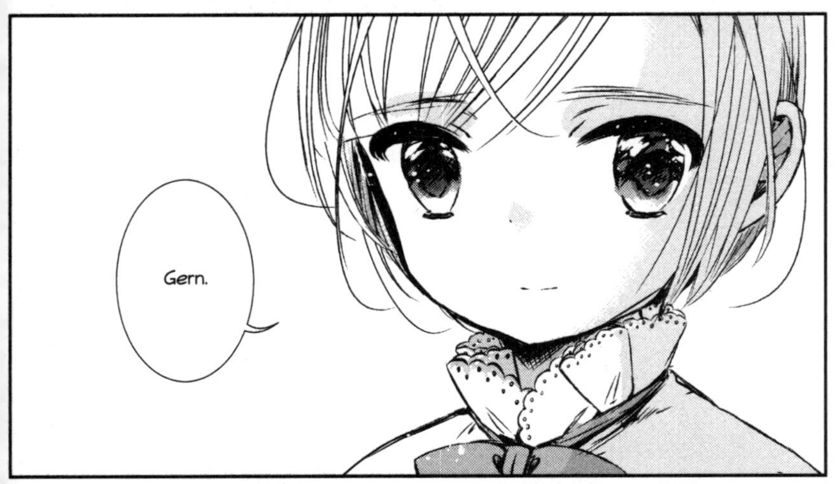
Gern.

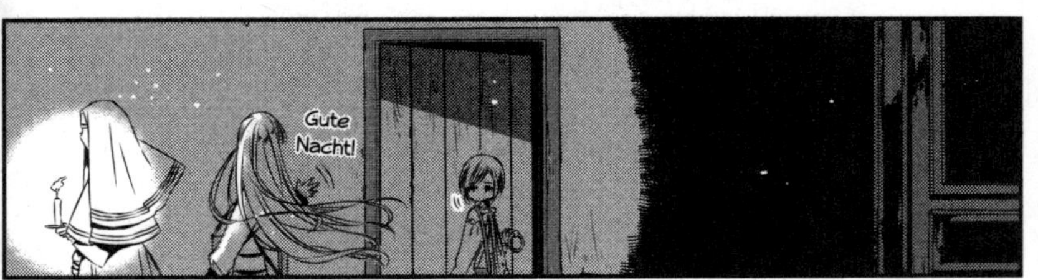
Gute Nacht!

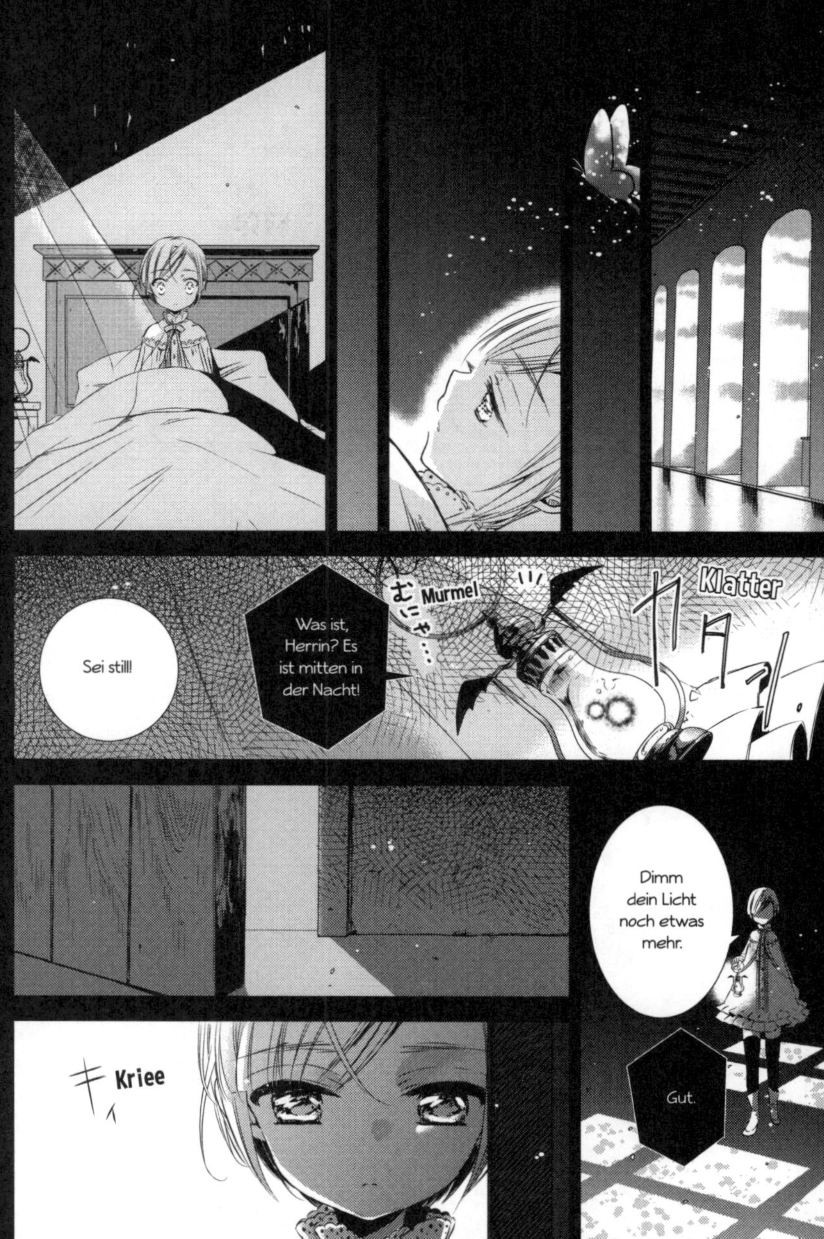

Klatter
Murmel
Was ist, Herrin? Es ist mitten in der Nacht!
Sei still!
Dimm dein Licht noch etwas mehr.
Gut.
Kriee

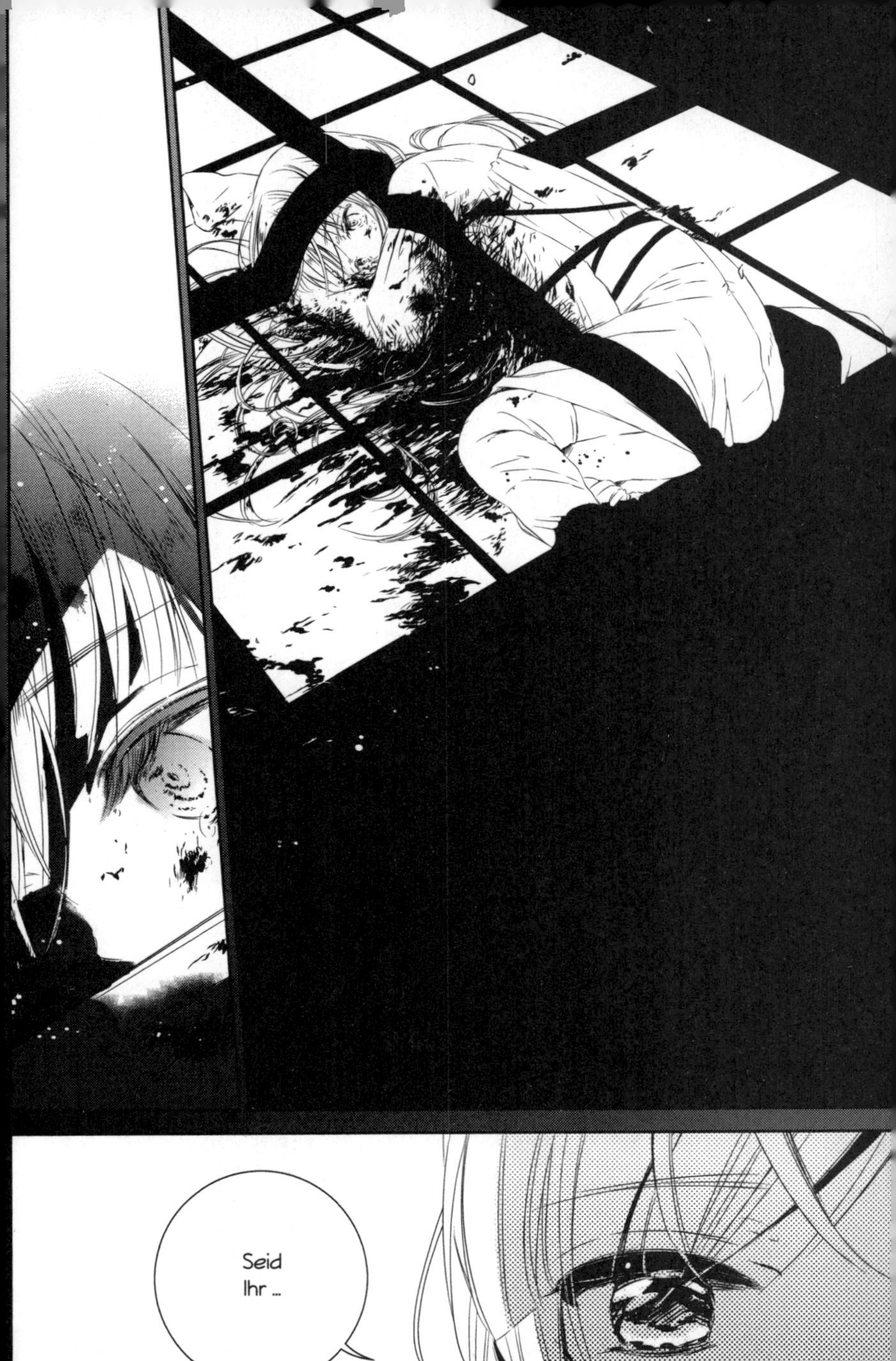
Seid
Ihr ...

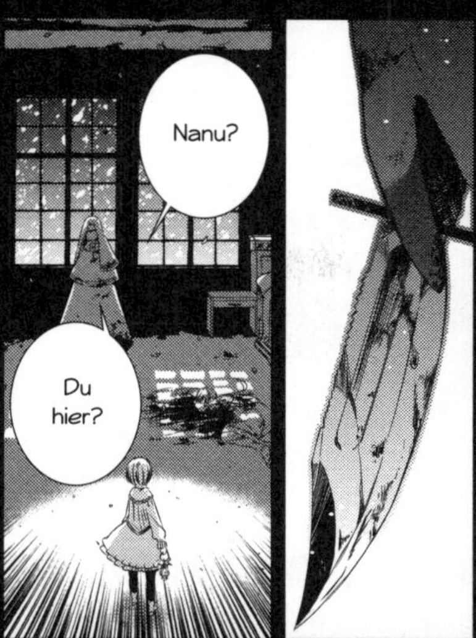
Nanu?
Du hier?

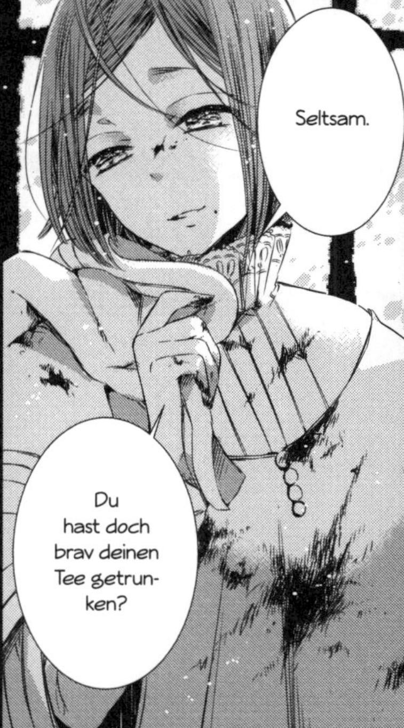
Seltsam.
Du hast doch brav deinen Tee getrunken?
... Schwester?
... eine Hexe ...

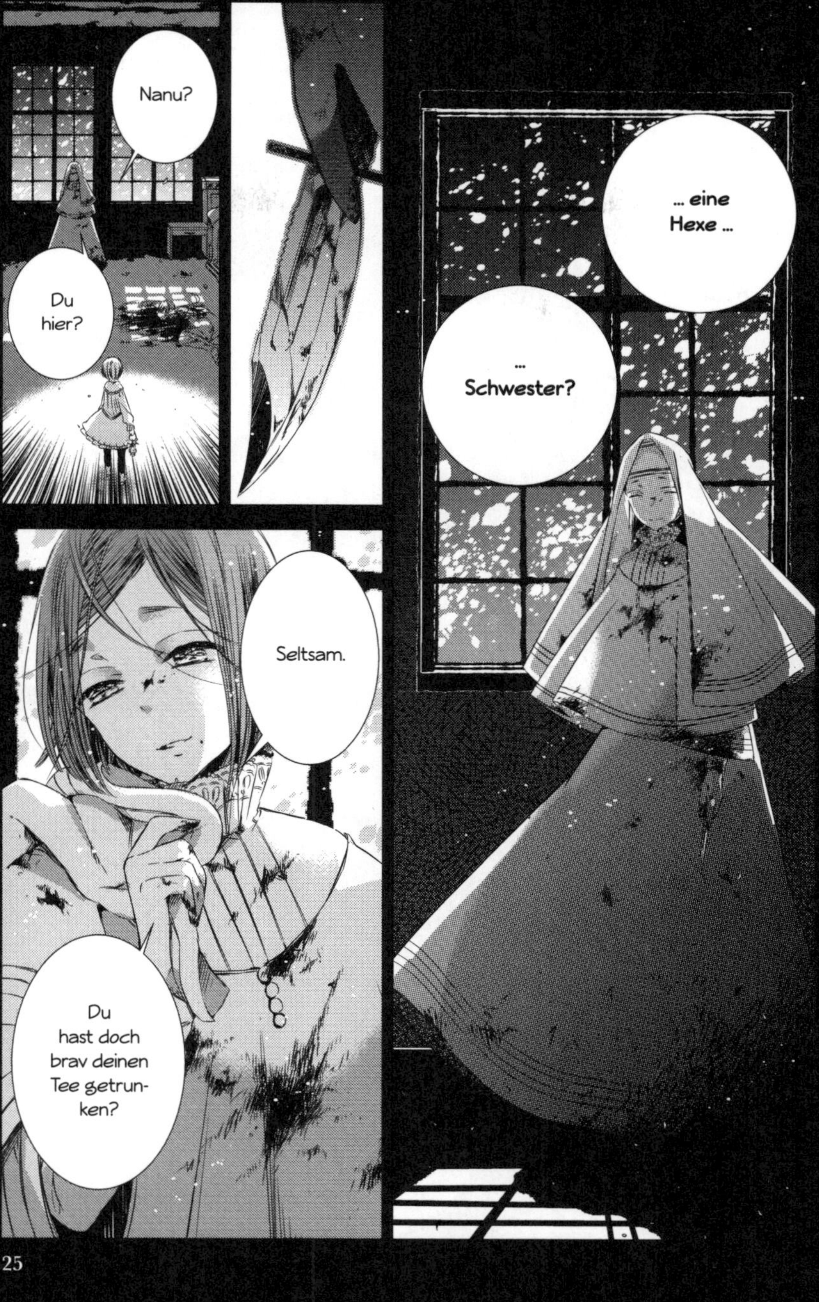

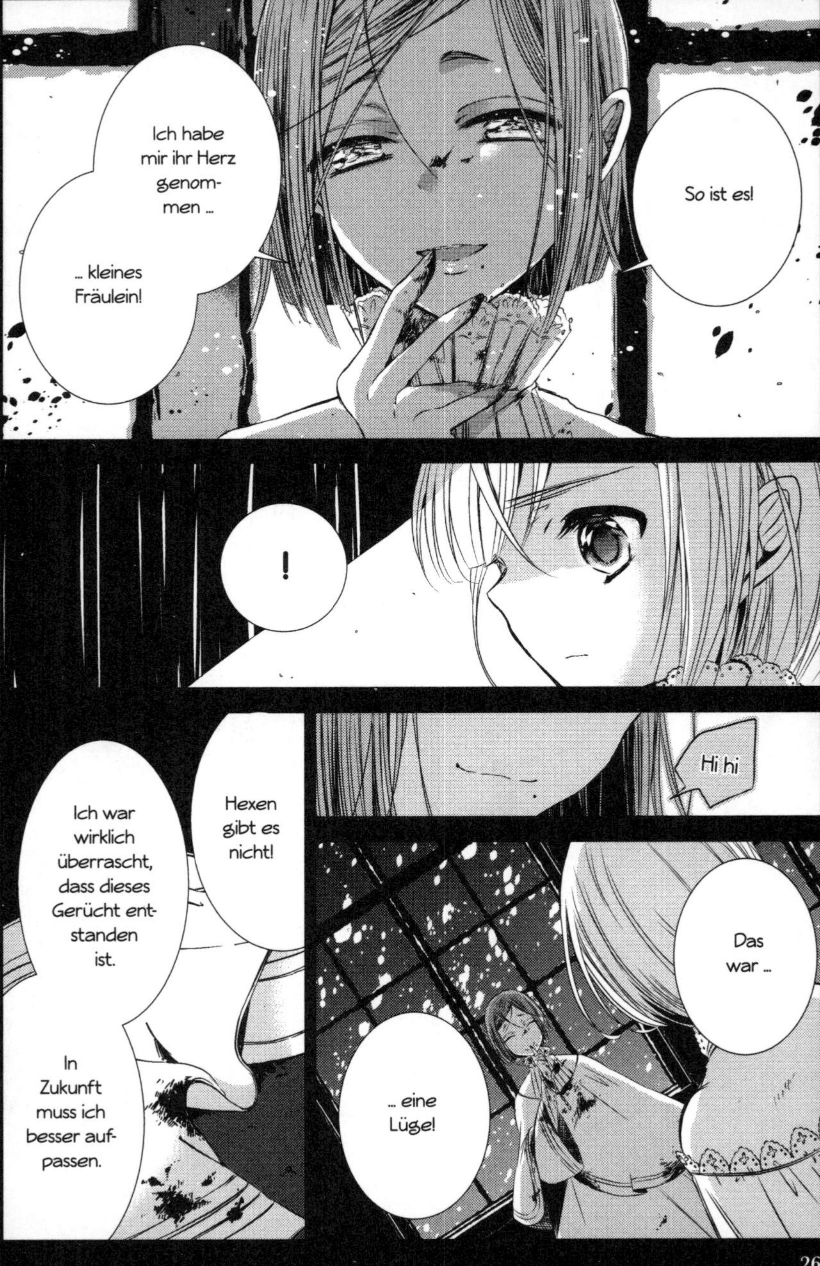
So ist es!
Ich habe mir ihr Herz genommen ...
... kleines Fräulein!
!
Hi hi
Das war ...
... eine Lüge!
Hexen gibt es nicht!
Ich war wirklich überrascht, dass dieses Gerücht entstanden ist.
In Zukunft muss ich besser aufpassen.

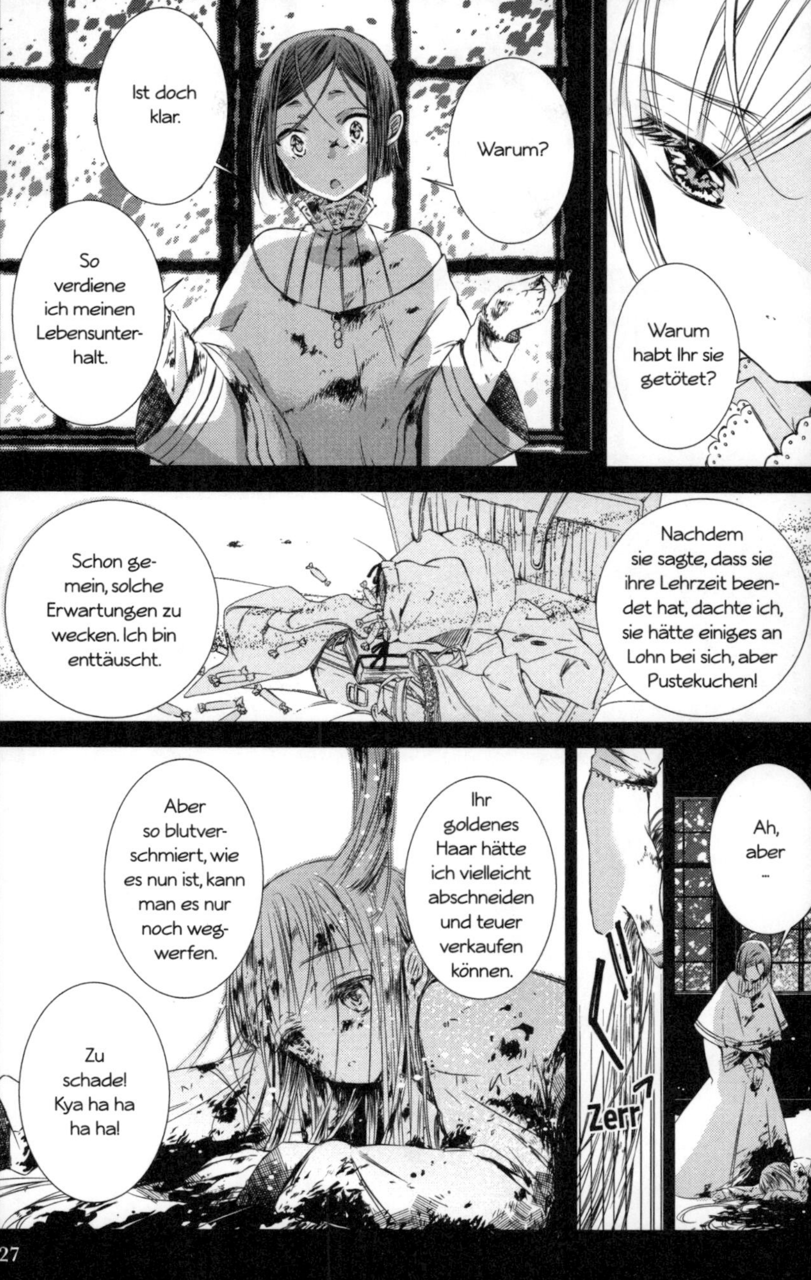
Warum habt Ihr sie getötet?
Warum?
Ist doch klar.
So verdiene ich meinen Lebensunterhalt.
Nachdem sie sagte, dass sie ihre Lehrzeit beendet hat, dachte ich, sie hätte einiges an Lohn bei sich, aber Pustekuchen!
Schon gemein, solche Erwartungen zu wecken. Ich bin enttäuscht.
Ah, aber ...
Zerr
Ihr goldenes Haar hätte ich vielleicht abschneiden und teuer verkaufen können.
Aber so blutverschmiert, wie es nun ist, kann man es nur noch wegwerfen.
Zu schade! Kya ha ha ha ha!

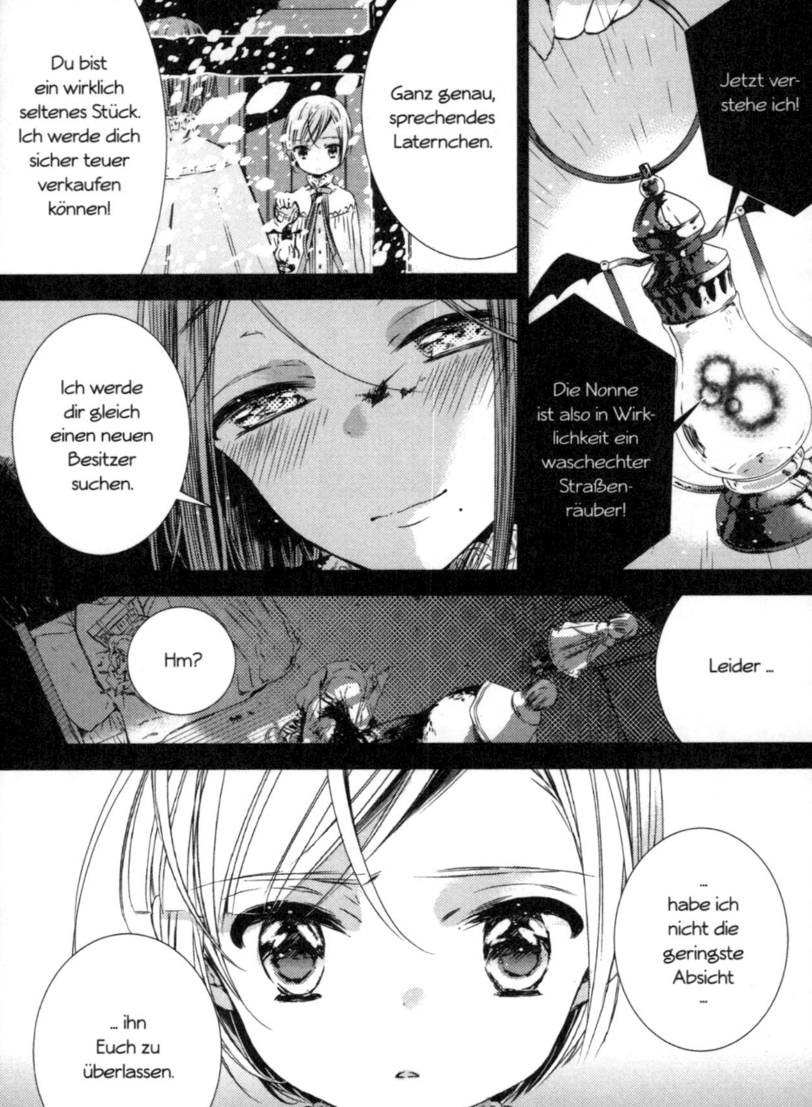
Jetzt verstehe ich!
Die Nonne ist also in Wirklichkeit ein waschechter Straßenräuber!
Ganz genau, sprechendes Laternchen.
Du bist ein wirklich seltenes Stück. Ich werde dich sicher teuer verkaufen können!
Ich werde dir gleich einen neuen Besitzer suchen.
Leider ...
Hm?
... habe ich nicht die geringste Absicht ...
... ihn Euch zu überlassen.

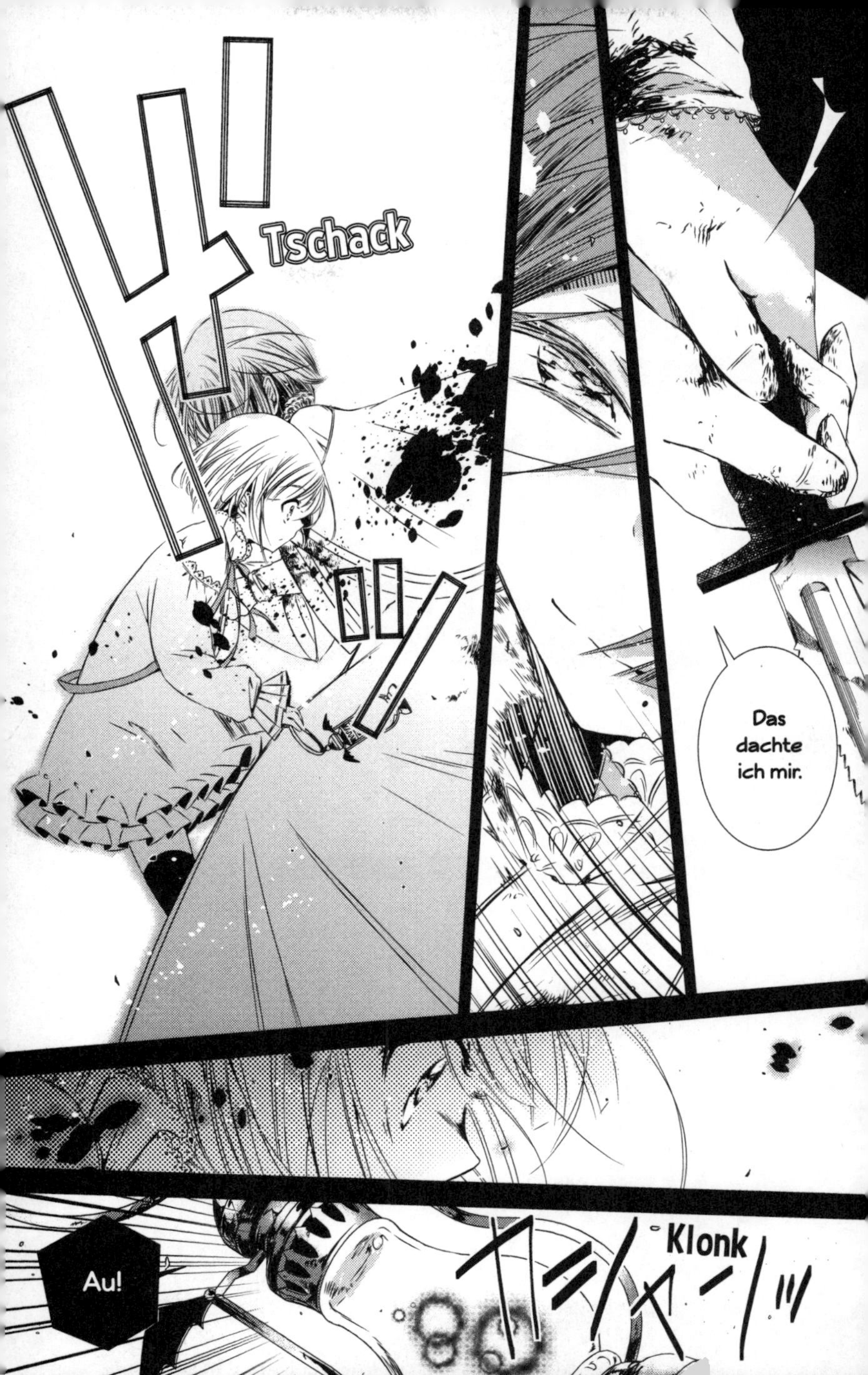
Das dachte ich mir.
Tschack
Klonk
Au!

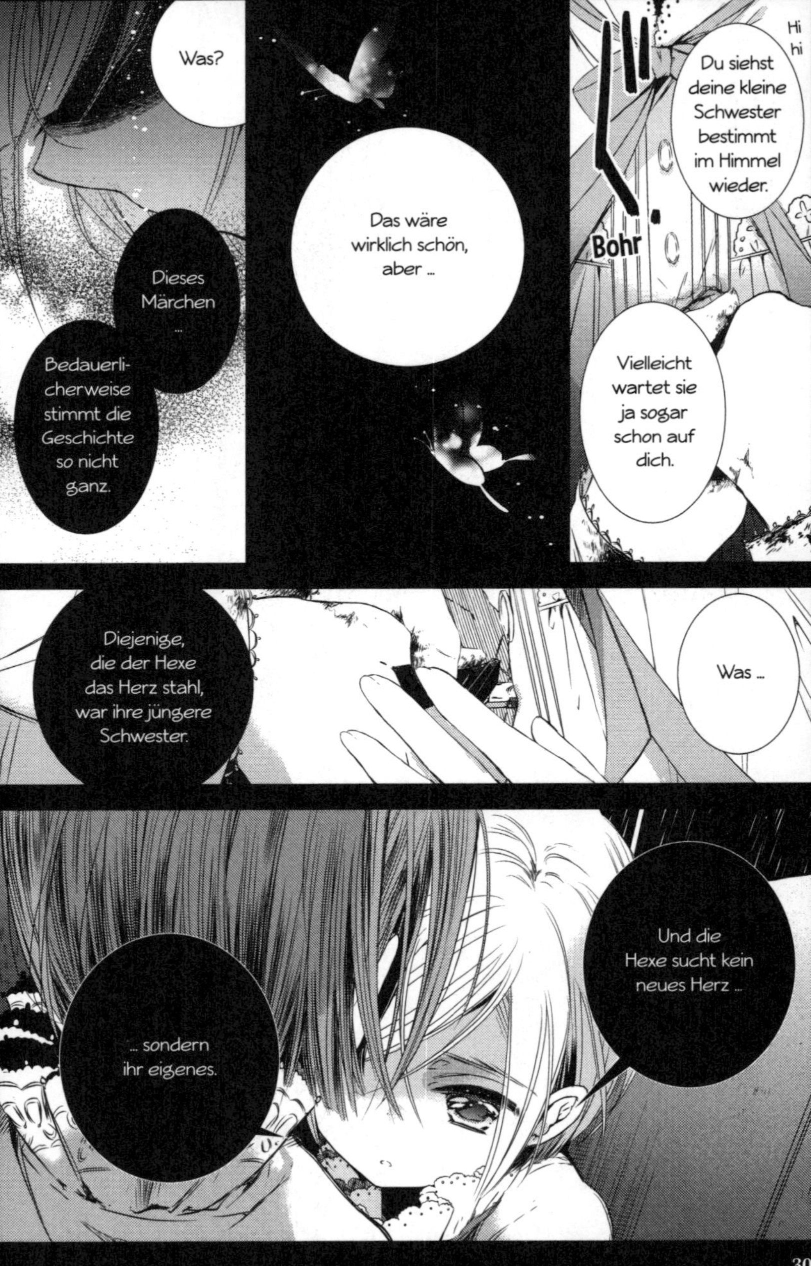
Hi hi
Du siehst deine kleine Schwester bestimmt im Himmel wieder.
Bohr
Vielleicht wartet sie ja sogar schon auf dich.
Das wäre wirklich schön, aber ...
Was?
Dieses Märchen ...
Bedauerlicherweise stimmt die Geschichte so nicht ganz.
Was ...
Diejenige, die der Hexe das Herz stahl, war ihre jüngere Schwester.
Und die Hexe sucht kein neues Herz ...
... sondern ihr eigenes.

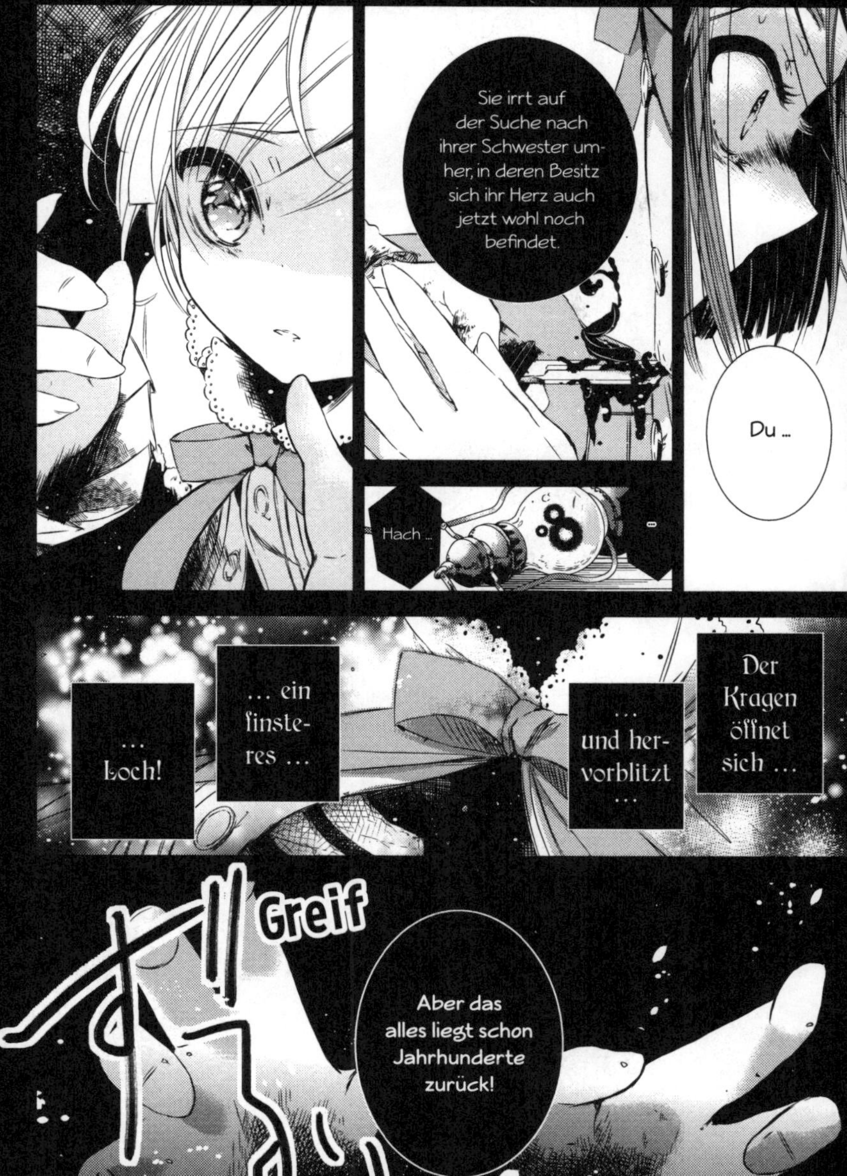
Du …
Sie irrt auf der Suche nach ihrer Schwester umher, in deren Besitz sich ihr Herz auch jetzt wohl noch befindet.
…
Hach …
Der Kragen öffnet sich …
… und hervorblitzt …
… ein finsteres …
… Loch!
Greif
Aber das alles liegt schon Jahrhunderte zurück!

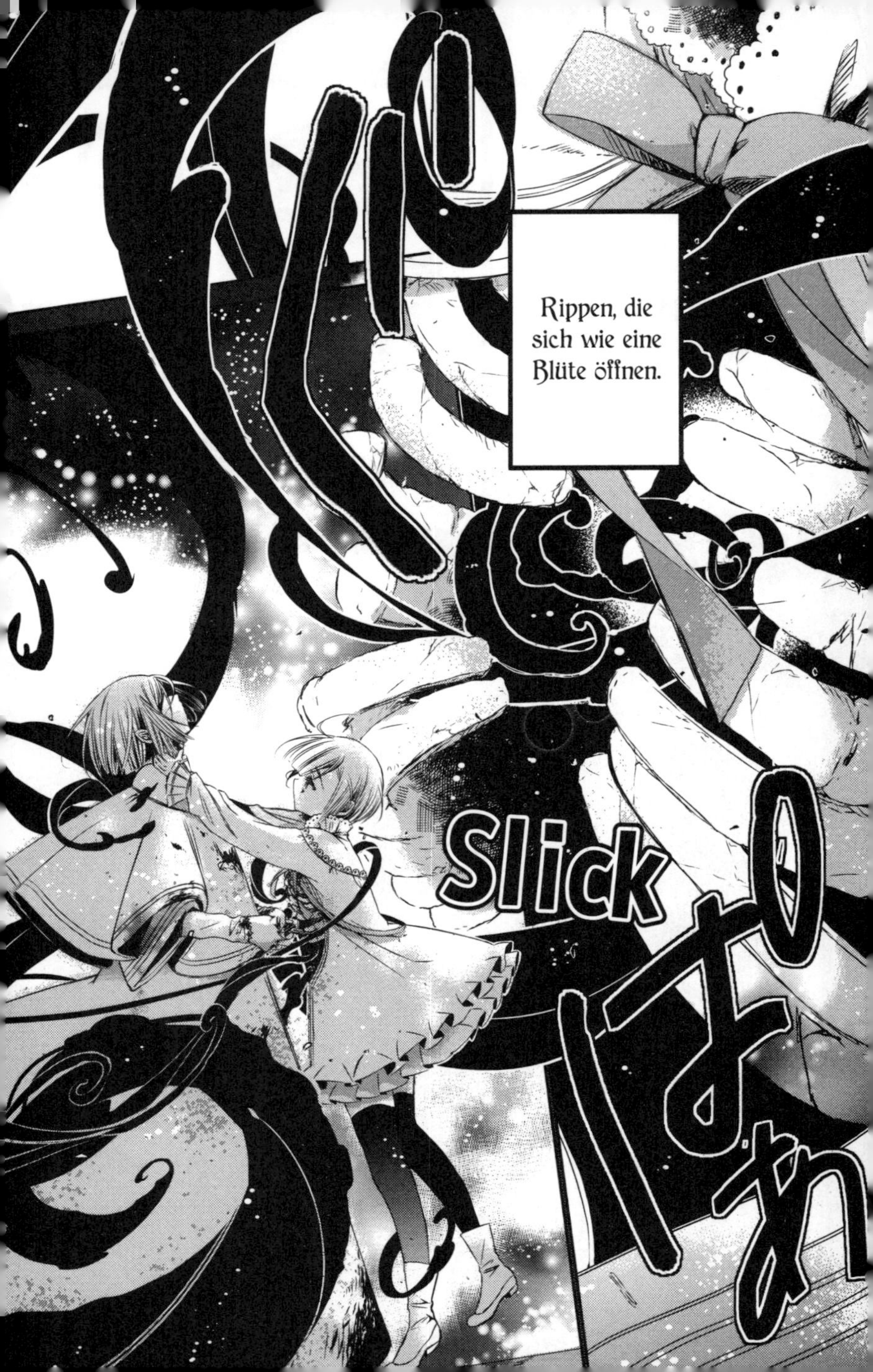
Rippen, die sich wie eine Blüte öffnen.
Slick

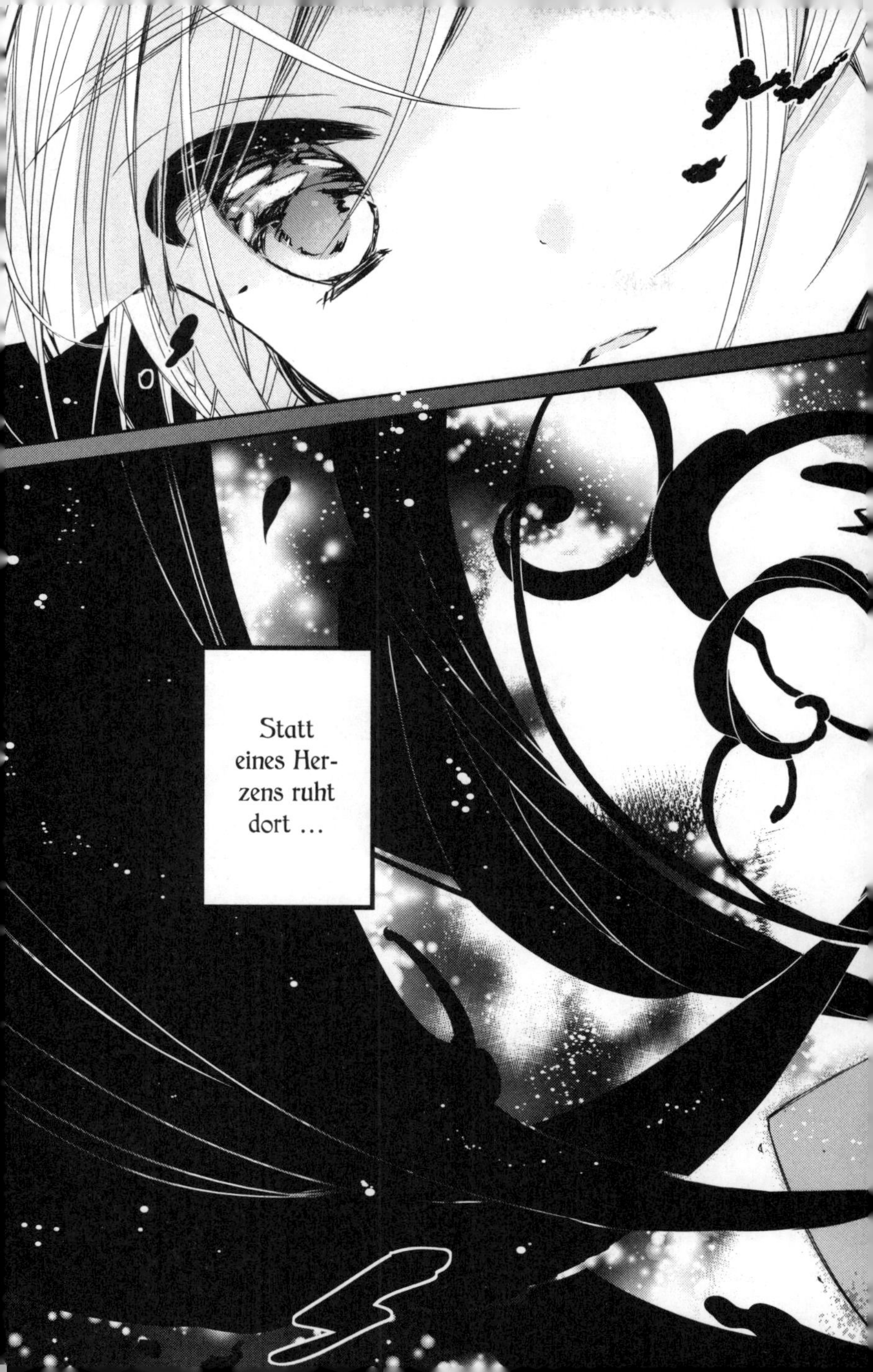
Statt eines Her-
zens ruht
dort …

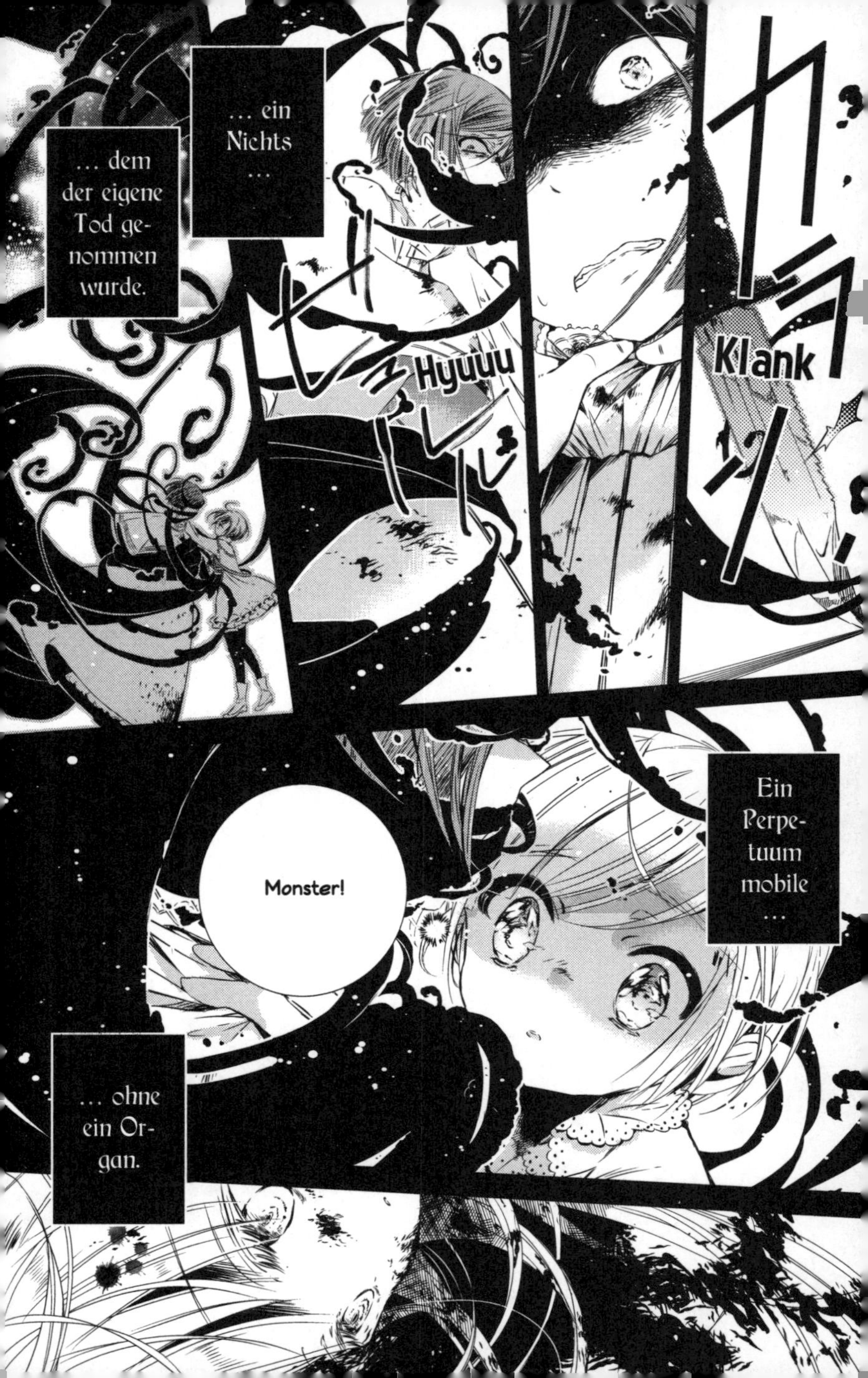
… ein Nichts …
… dem der eigene Tod genommen wurde.
Klank
Hyuuu
Ein Perpetuum mobile …
Monster!
… ohne ein Organ.

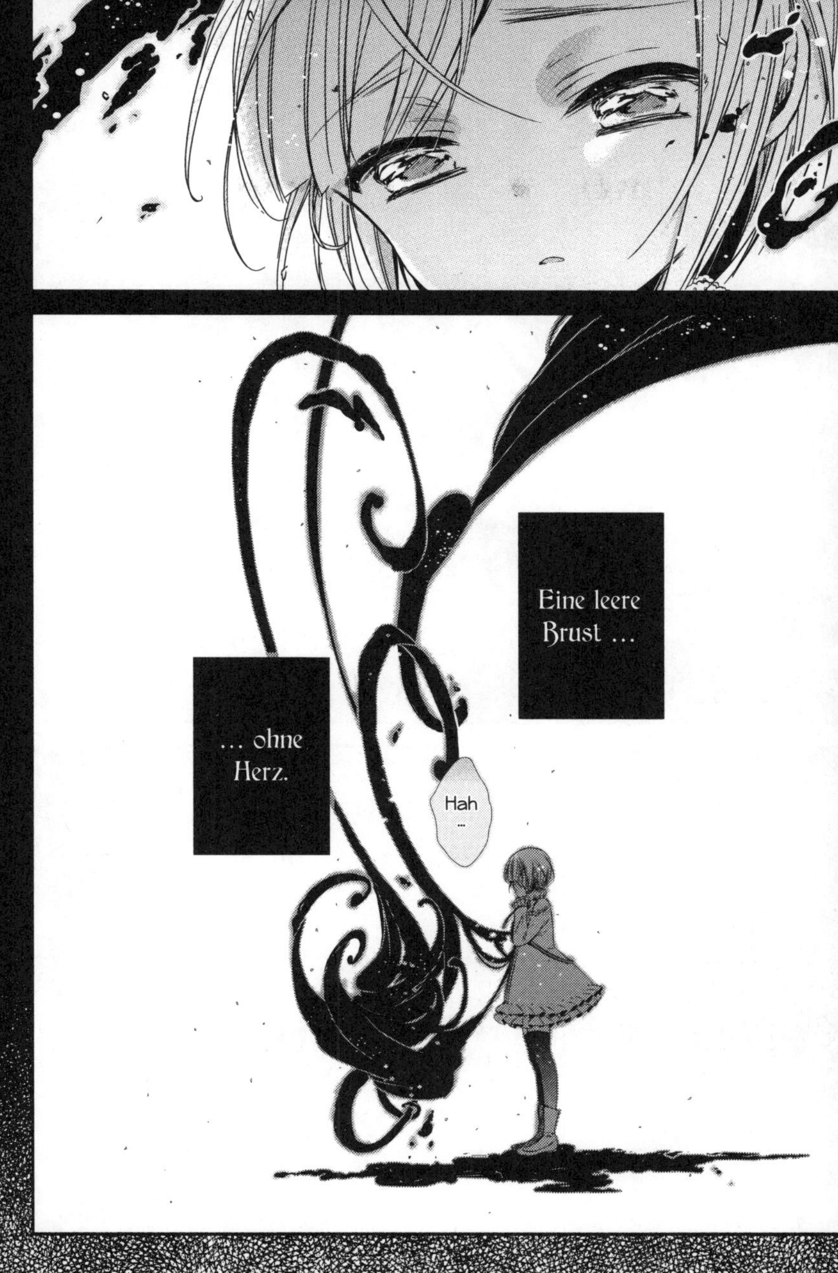
Eine leere Brust …
Hah …
… ohne Herz.

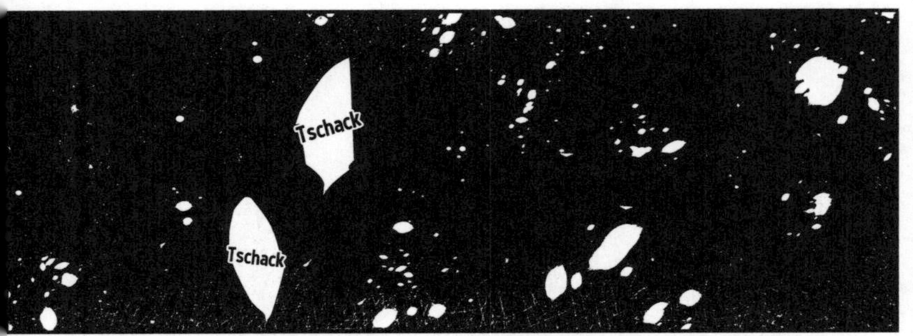
Tschack
Tschack

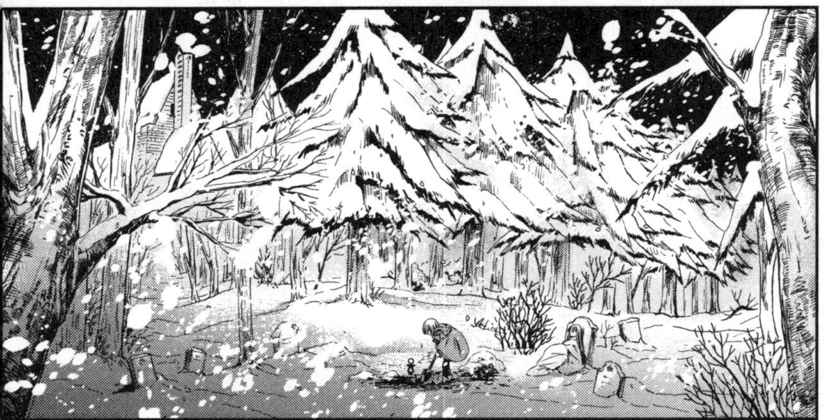

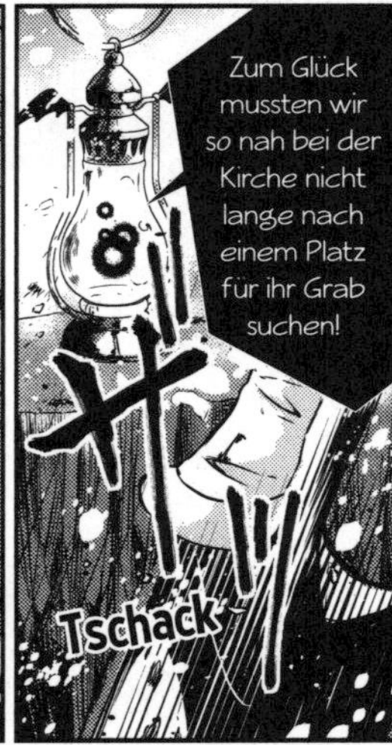
Zum Glück mussten wir so nah bei der Kirche nicht lange nach einem Platz für ihr Grab suchen!
Tschack

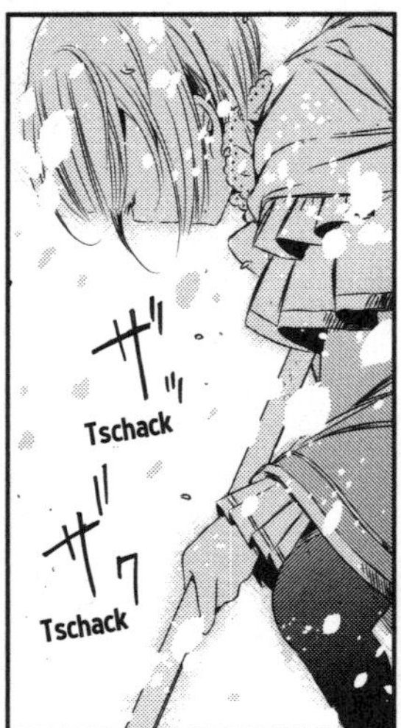
Tschack
Tschack

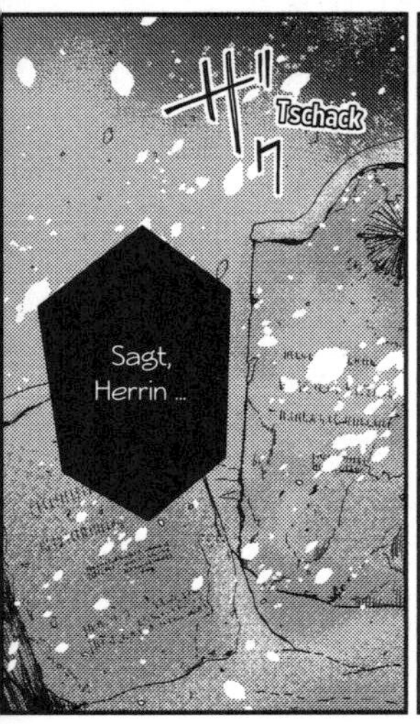
Tschack
Sagt, Herrin ...

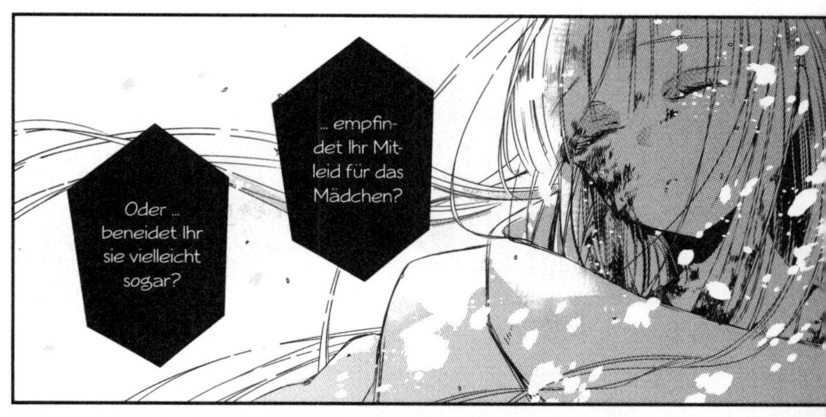
... empfindet Ihr Mitleid für das Mädchen?
Oder ... beneidet Ihr sie vielleicht sogar?

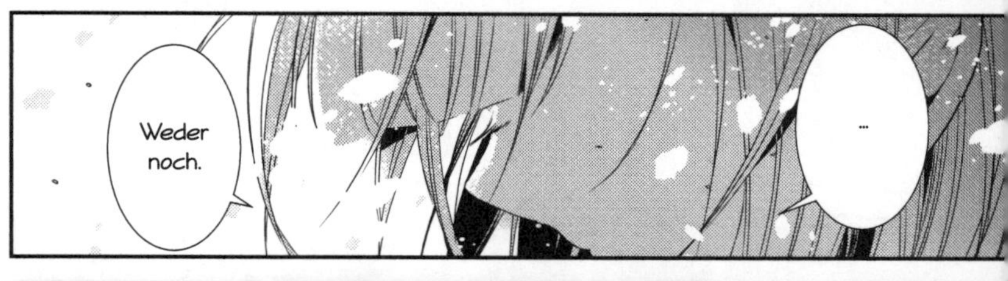
...
Weder noch.

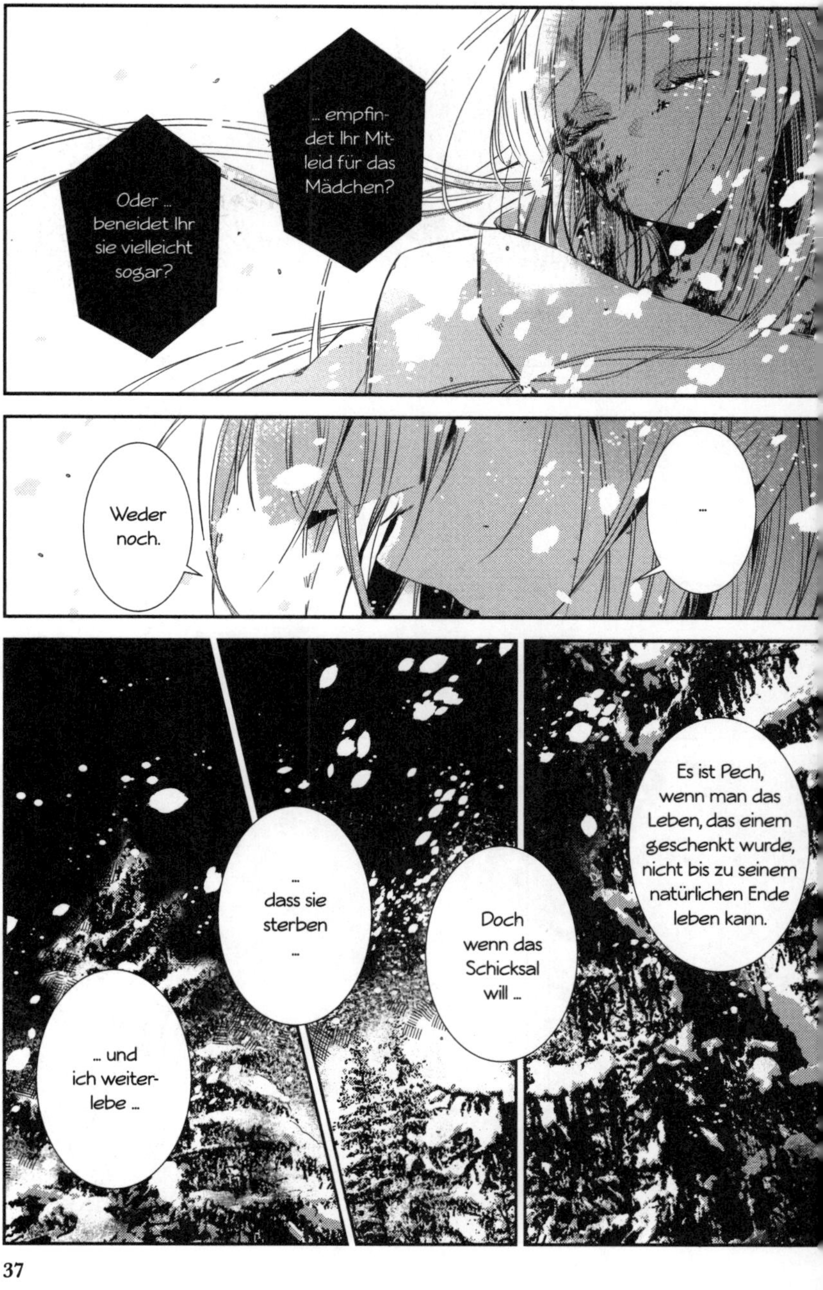

Es ist Pech, wenn man das Leben, das einem geschenkt wurde, nicht bis zu seinem natürlichen Ende leben kann.
Doch wenn das Schicksal will ...
... dass sie sterben ...
... und ich weiterlebe ...

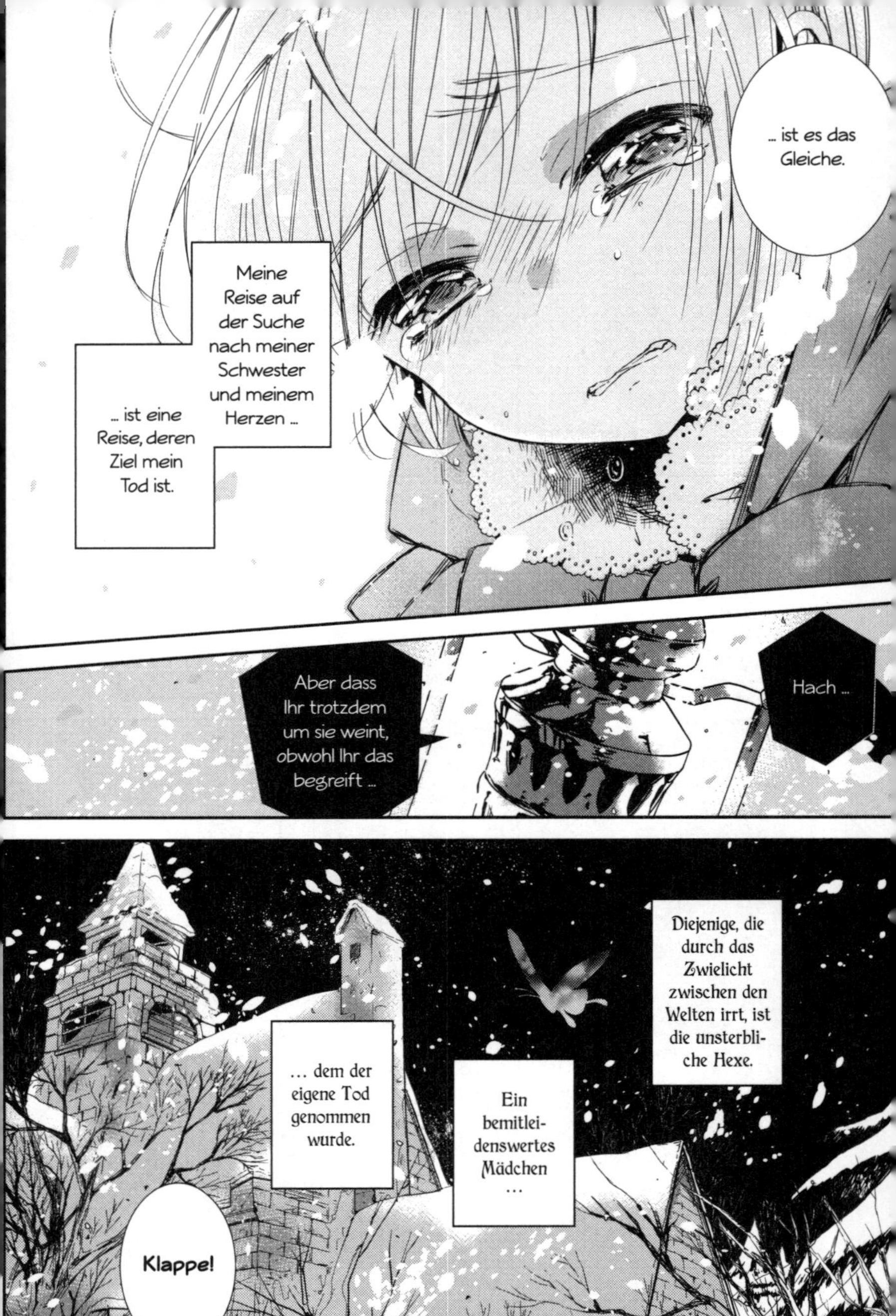

... ist es das Gleiche.
Meine Reise auf der Suche nach meiner Schwester und meinem Herzen ...
... ist eine Reise, deren Ziel mein Tod ist.
Hach ...
Aber dass Ihr trotzdem um sie weint, obwohl Ihr das begreift ...
Diejenige, die durch das Zwielicht zwischen den Welten irrt, ist die unsterbliche Hexe.
Ein bemitleidenswertes Mädchen ...
... dem der eigene Tod genommen wurde.
Klappe!

Das Herz einer Hexe

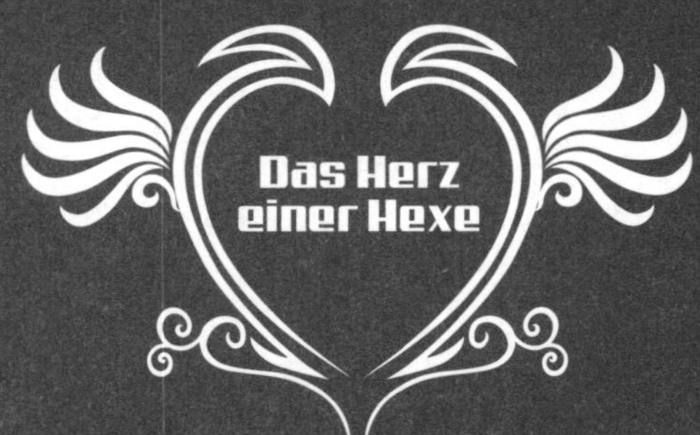
Das Herz
einer Hexe

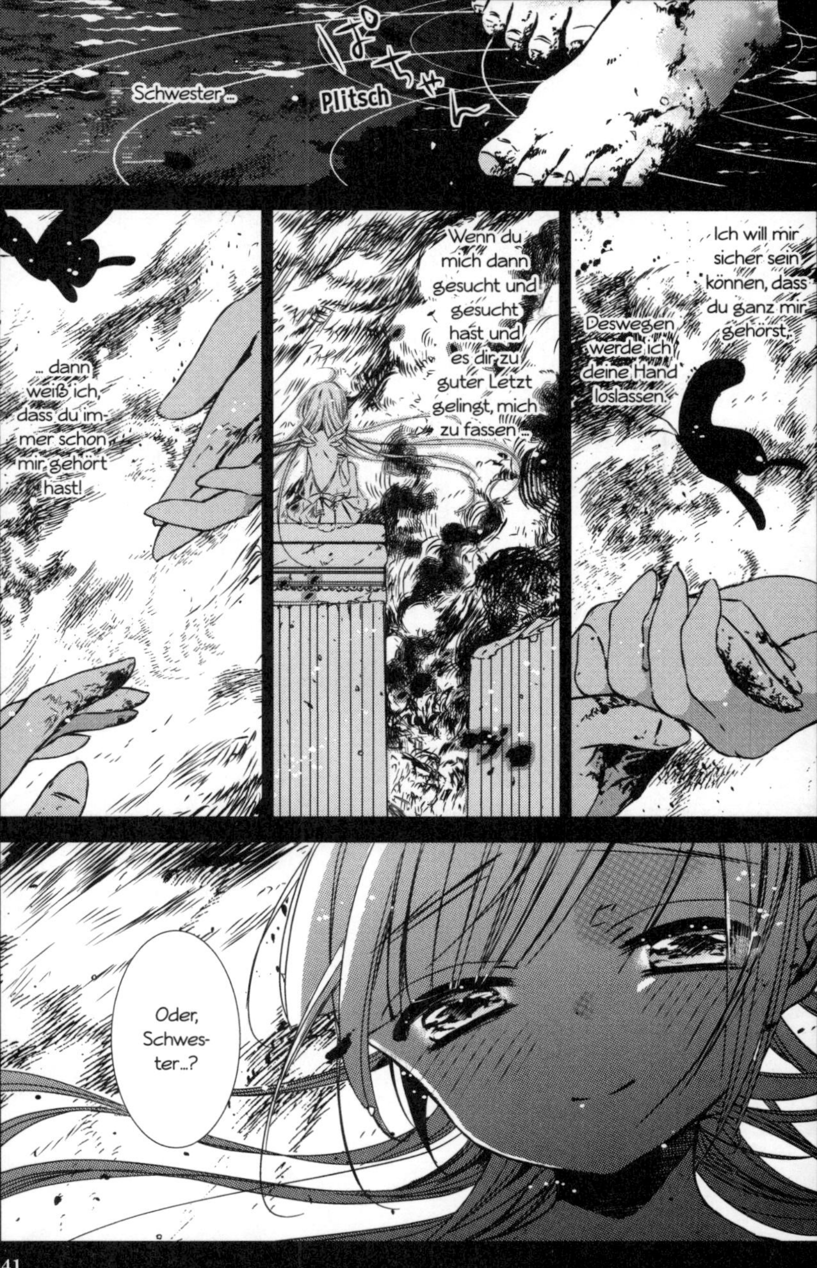
ぽちゃん
Plitsch
Schwester ...
Ich will mir sicher sein können, dass du ganz mir gehörst.
Deswegen werde ich deine Hand loslassen.
Wenn du mich dann gesucht und gesucht hast und es dir zu guter Letzt gelingt, mich zu fassen ...
... dann weiß ich, dass du immer schon mir gehört hast!
Oder, Schwester...?

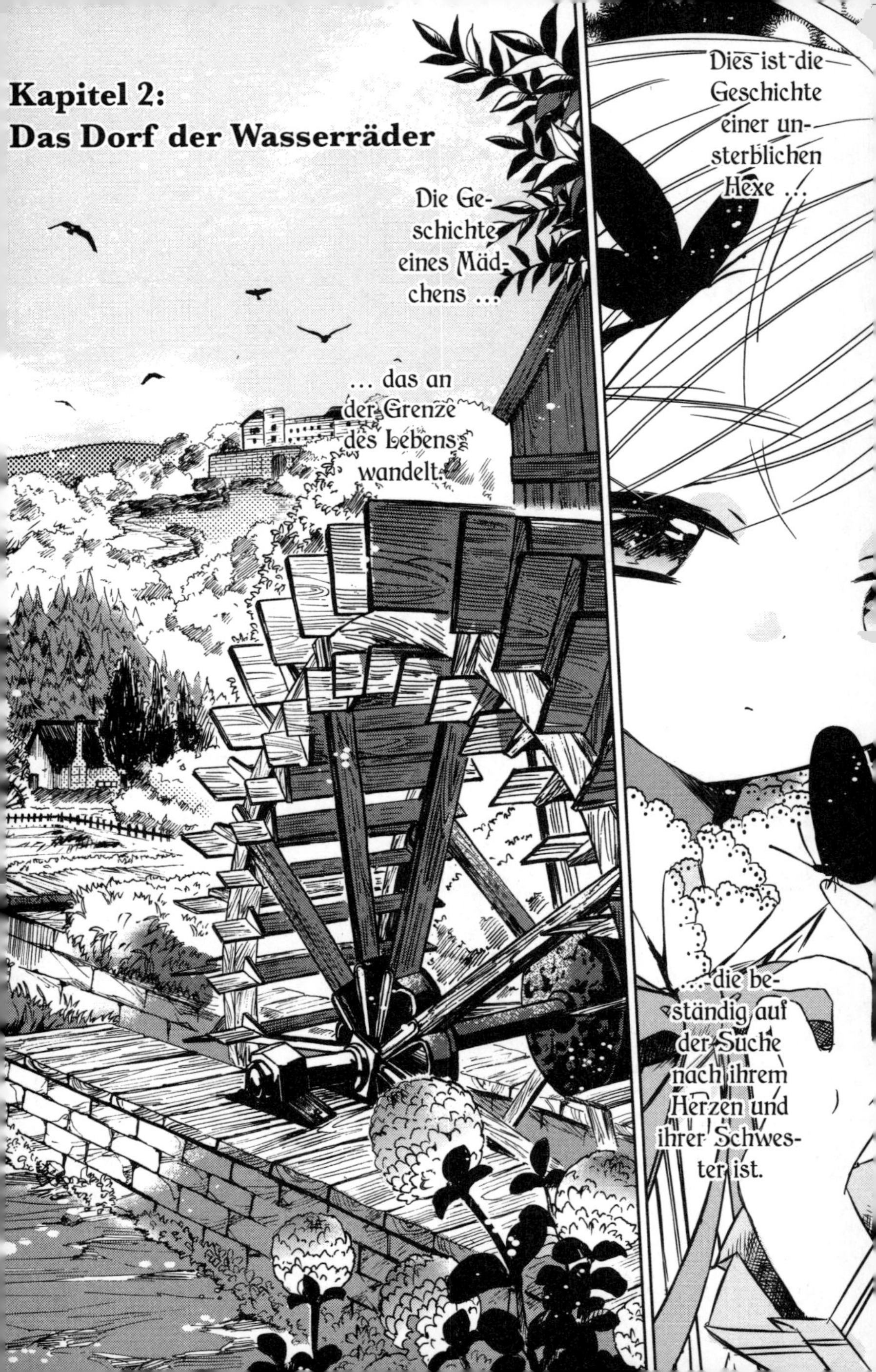
Kapitel 2:
Das Dorf der Wasserräder
Dies ist die Geschichte einer unsterblichen Hexe …
Die Geschichte eines Mädchens …
… das an der Grenze des Lebens wandelt.
… die beständig auf der Suche nach ihrem Herzen und ihrer Schwester ist.

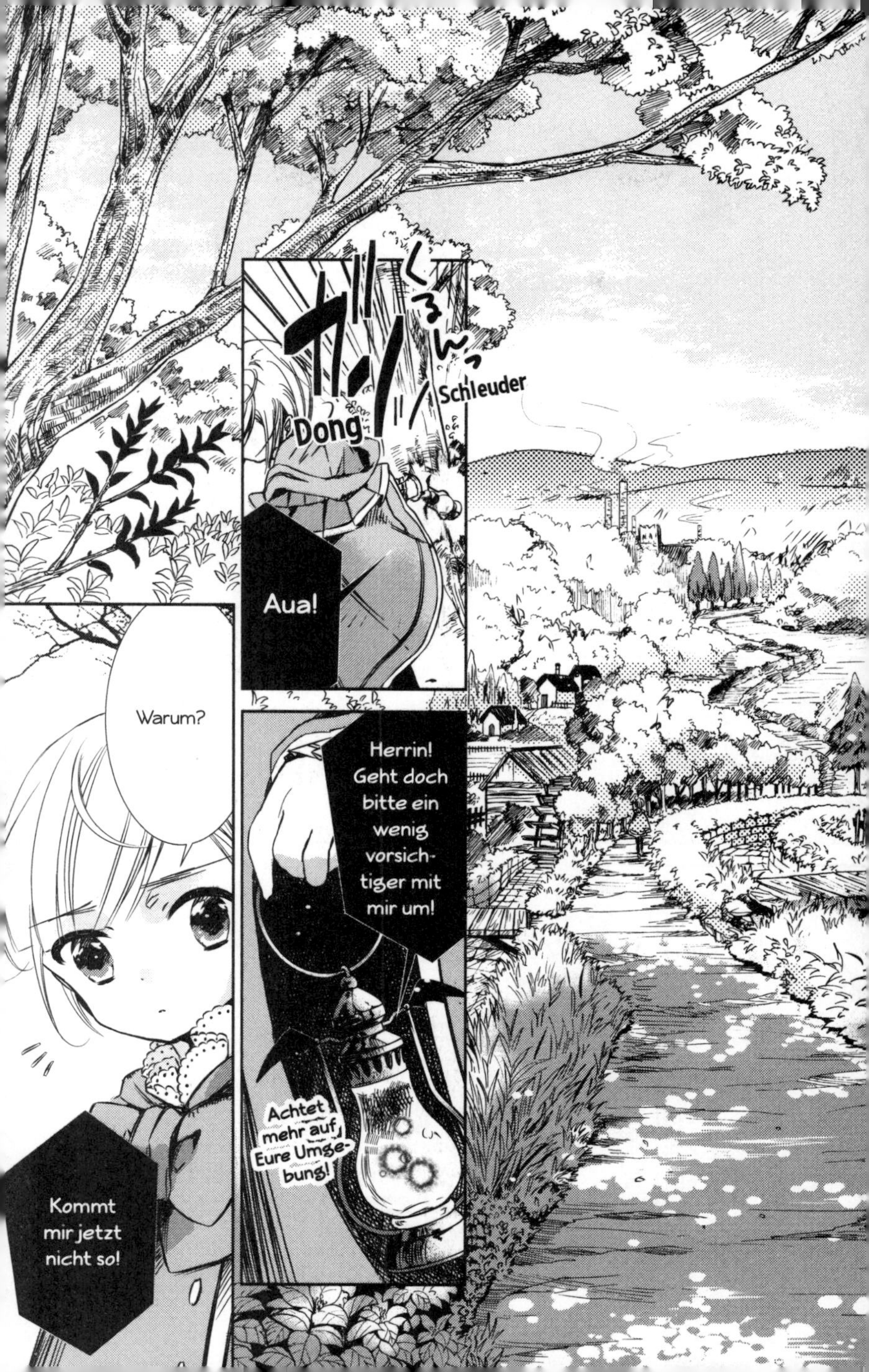
Schleuder
Dong
Aua!
Herrin! Geht doch bitte ein wenig vorsich-tiger mit mir um!
Achtet mehr auf Eure Umge-bung!
Warum?
Kommt mir jetzt nicht so!

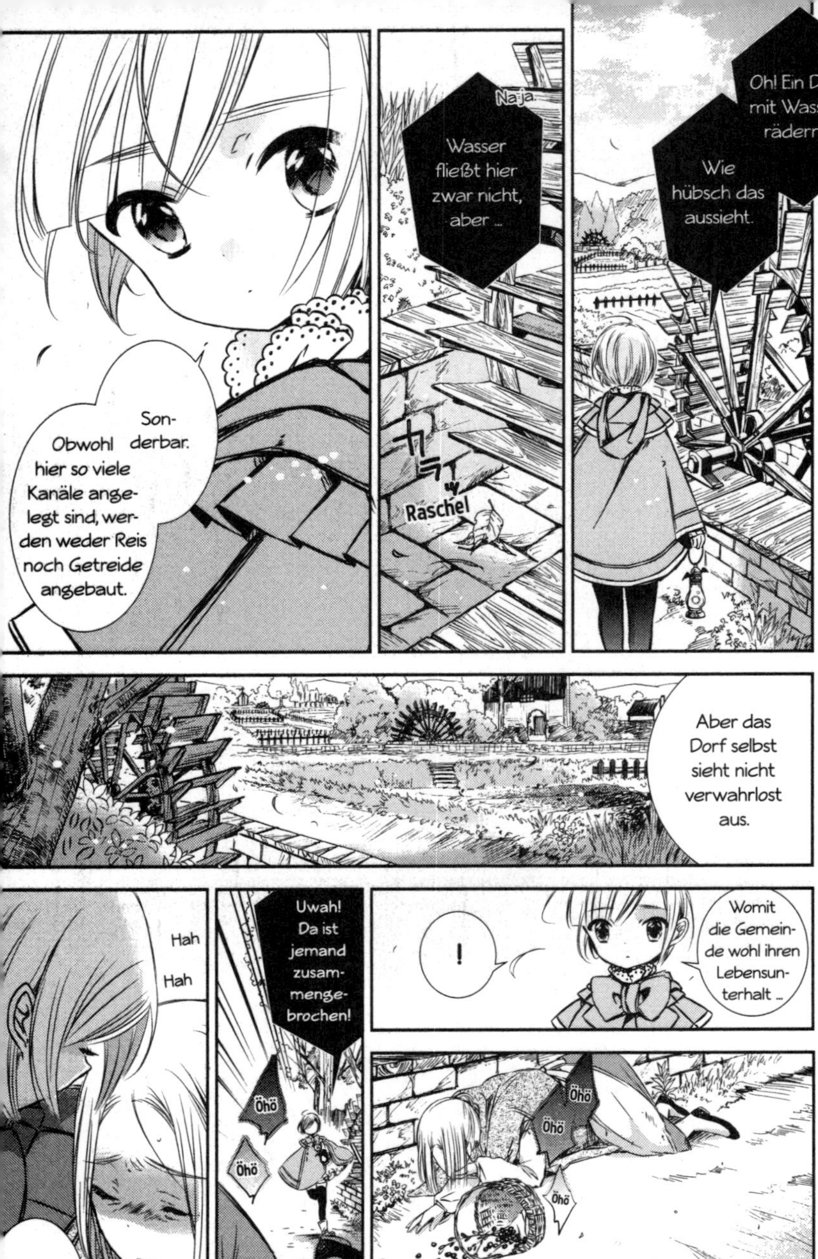

Oh! Ein Dorf mit Wasserrädern?
Wie hübsch das aussieht.
Naja.
Wasser fließt hier zwar nicht, aber ...
Raschel
Sonderbar.
Obwohl hier so viele Kanäle angelegt sind, werden weder Reis noch Getreide angebaut.

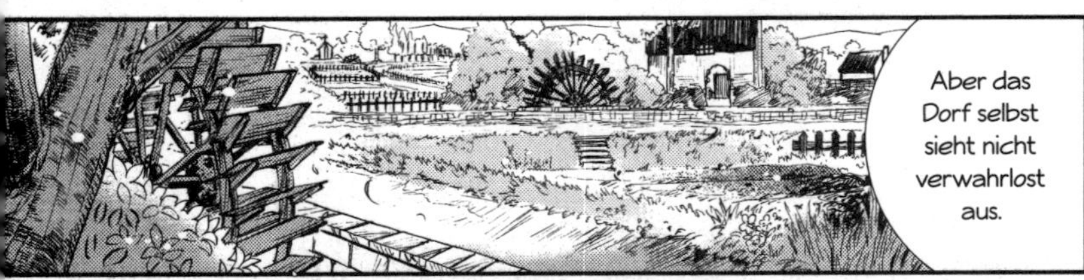

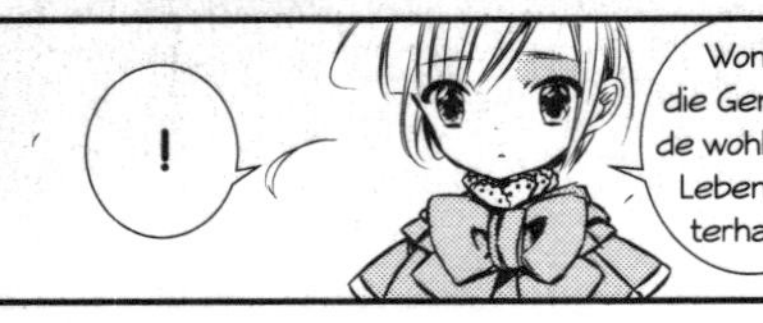

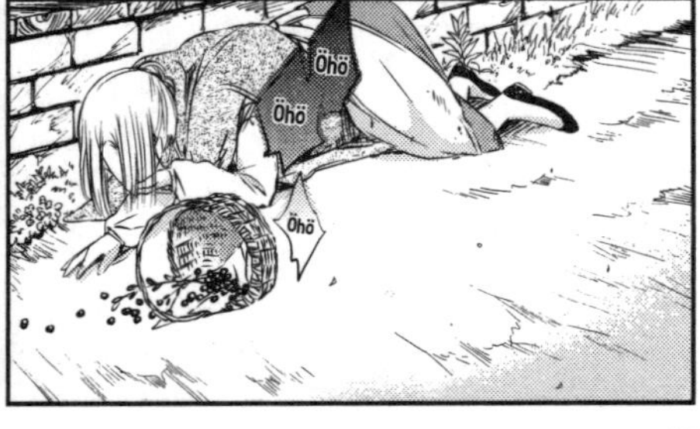

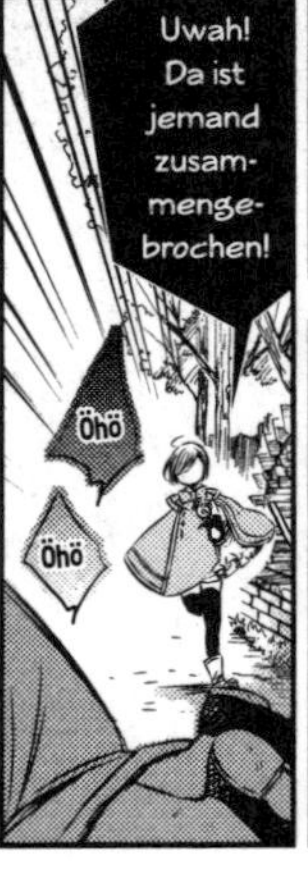

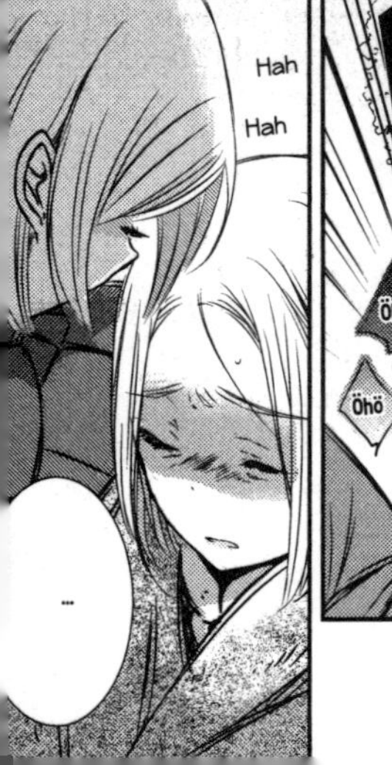

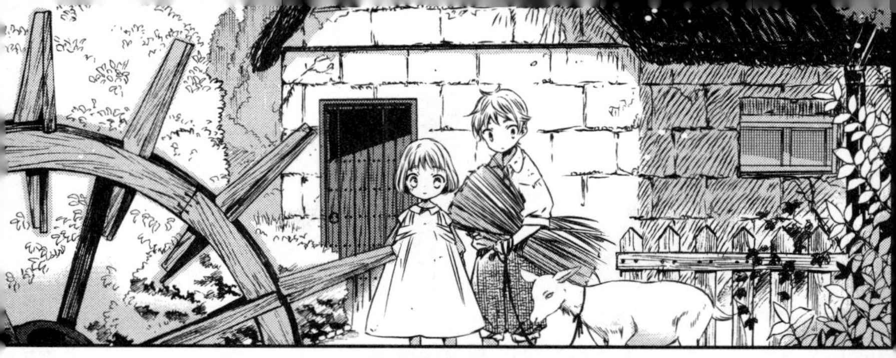

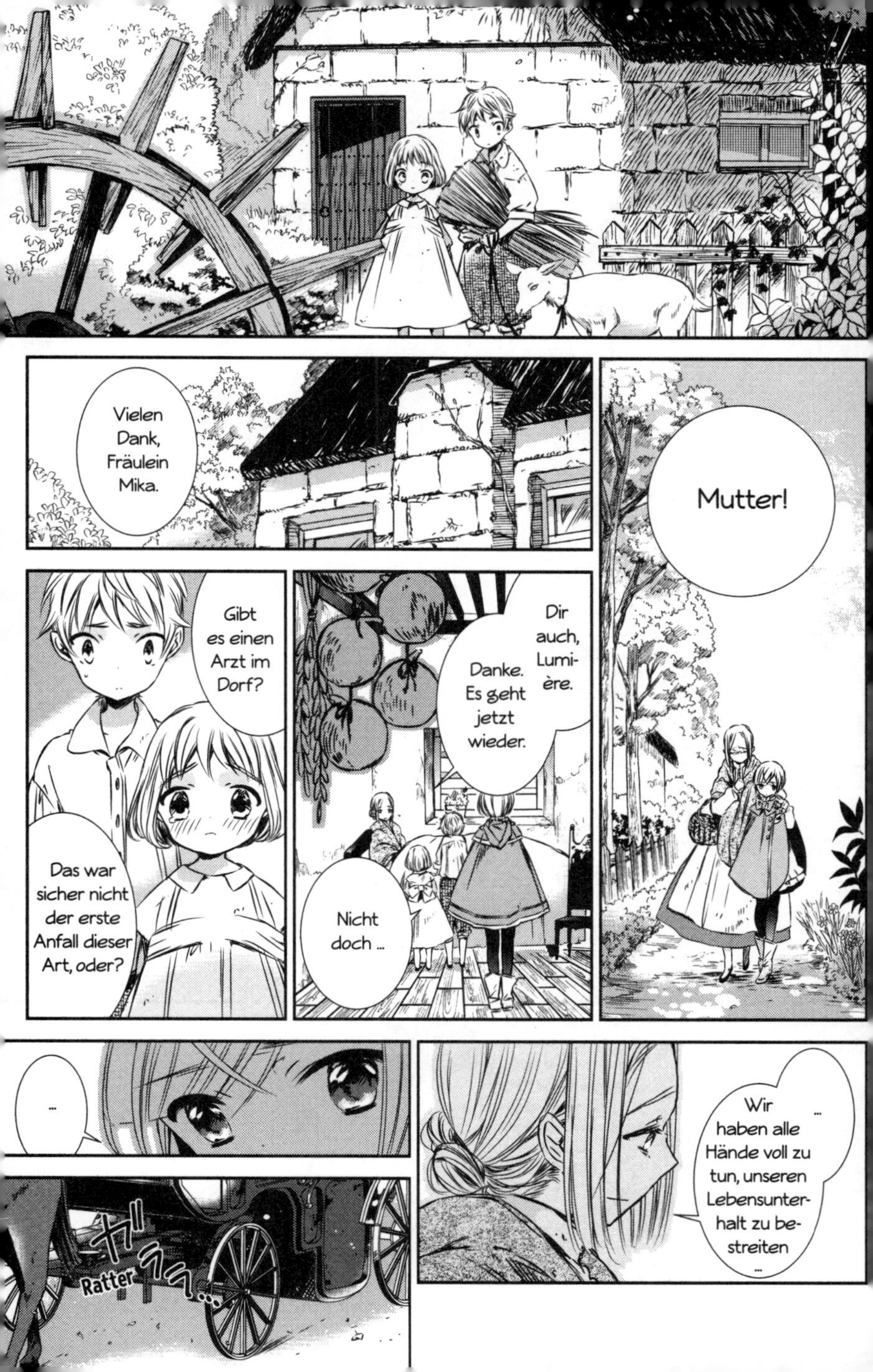

Mutter!

Vielen Dank, Fräulein Mika.

Dir auch, Lumière.

Danke. Es geht jetzt wieder.

Nicht doch ...

Gibt es einen Arzt im Dorf?

Das war sicher nicht der erste Anfall dieser Art, oder?

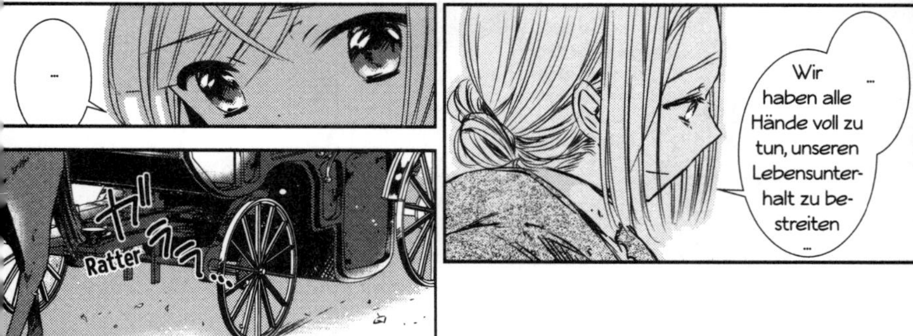

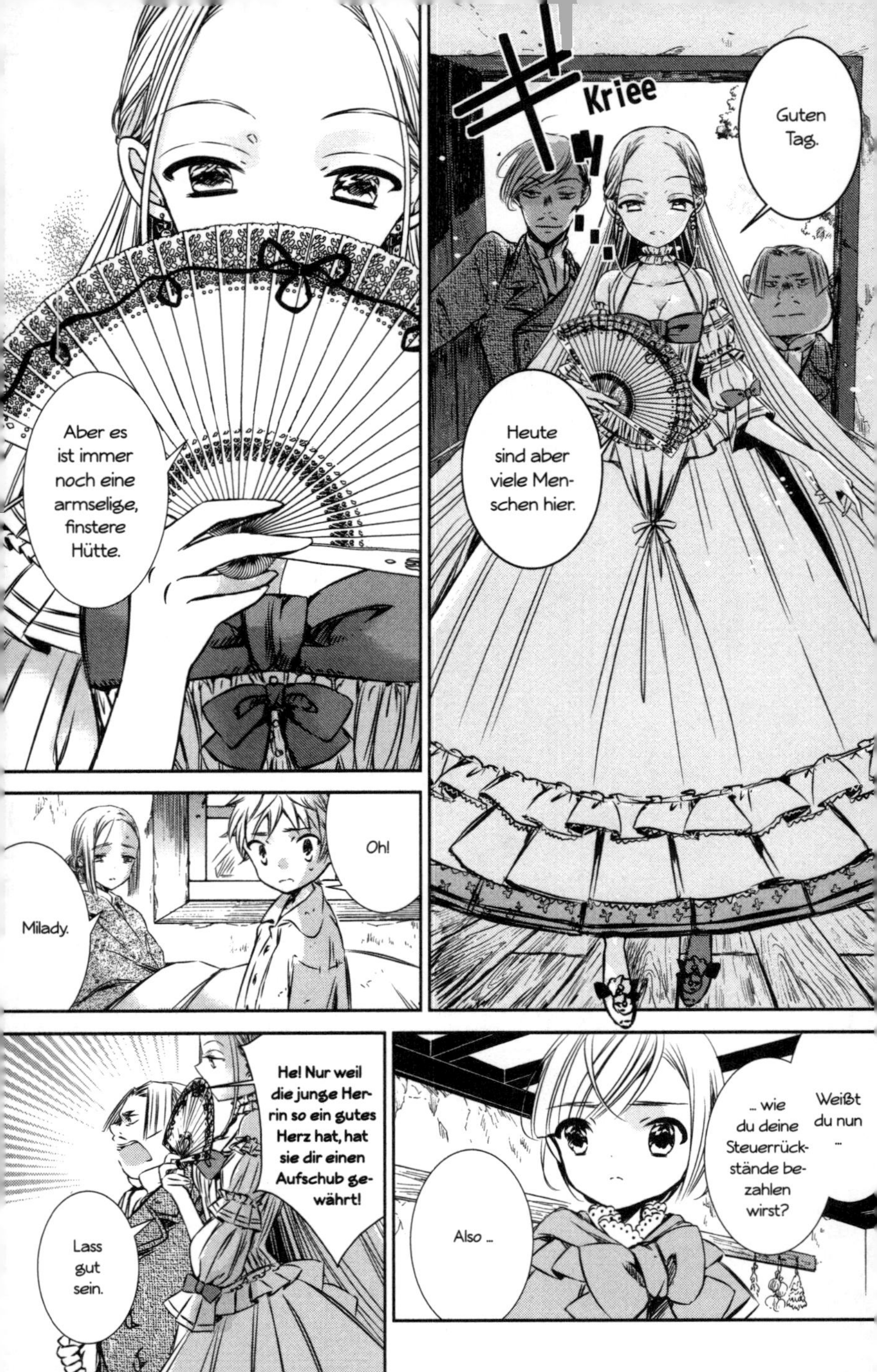

Kriee
Guten Tag.
Heute sind aber viele Menschen hier.
Aber es ist immer noch eine armselige, finstere Hütte.
Oh!
Milady.
Weißt du nun ...
... wie du deine Steuerrückstände bezahlen wirst?
Also ...
He! Nur weil die junge Herrin so ein gutes Herz hat, hat sie dir einen Aufschub gewährt!
Lass gut sein.

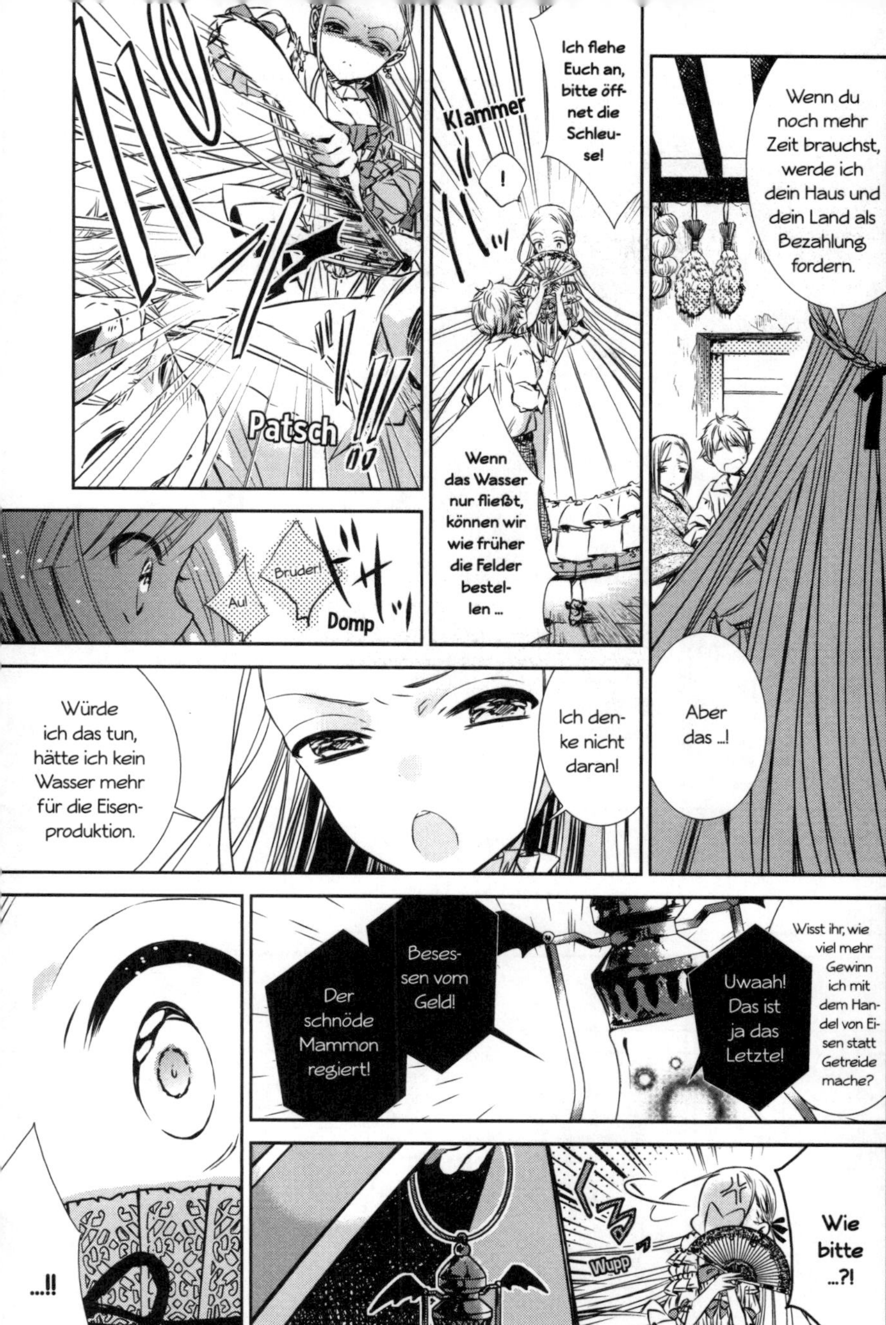
Wenn du noch mehr Zeit brauchst, werde ich dein Haus und dein Land als Bezahlung fordern.
Ich flehe Euch an, bitte öffnet die Schleuse!
Klammer
!
Wenn das Wasser nur fließt, können wir wie früher die Felder bestellen ...
Patsch
Bruder!
Au!
Domp
Aber das ...!
Ich denke nicht daran!
Würde ich das tun, hätte ich kein Wasser mehr für die Eisenproduktion.
Wisst ihr, wie viel mehr Gewinn ich mit dem Handel von Eisen statt Getreide mache?
Uwaah! Das ist ja das Letzte!
Besessen vom Geld!
Der schnöde Mammon regiert!
...!!
Wie bitte ...?!
Wupp

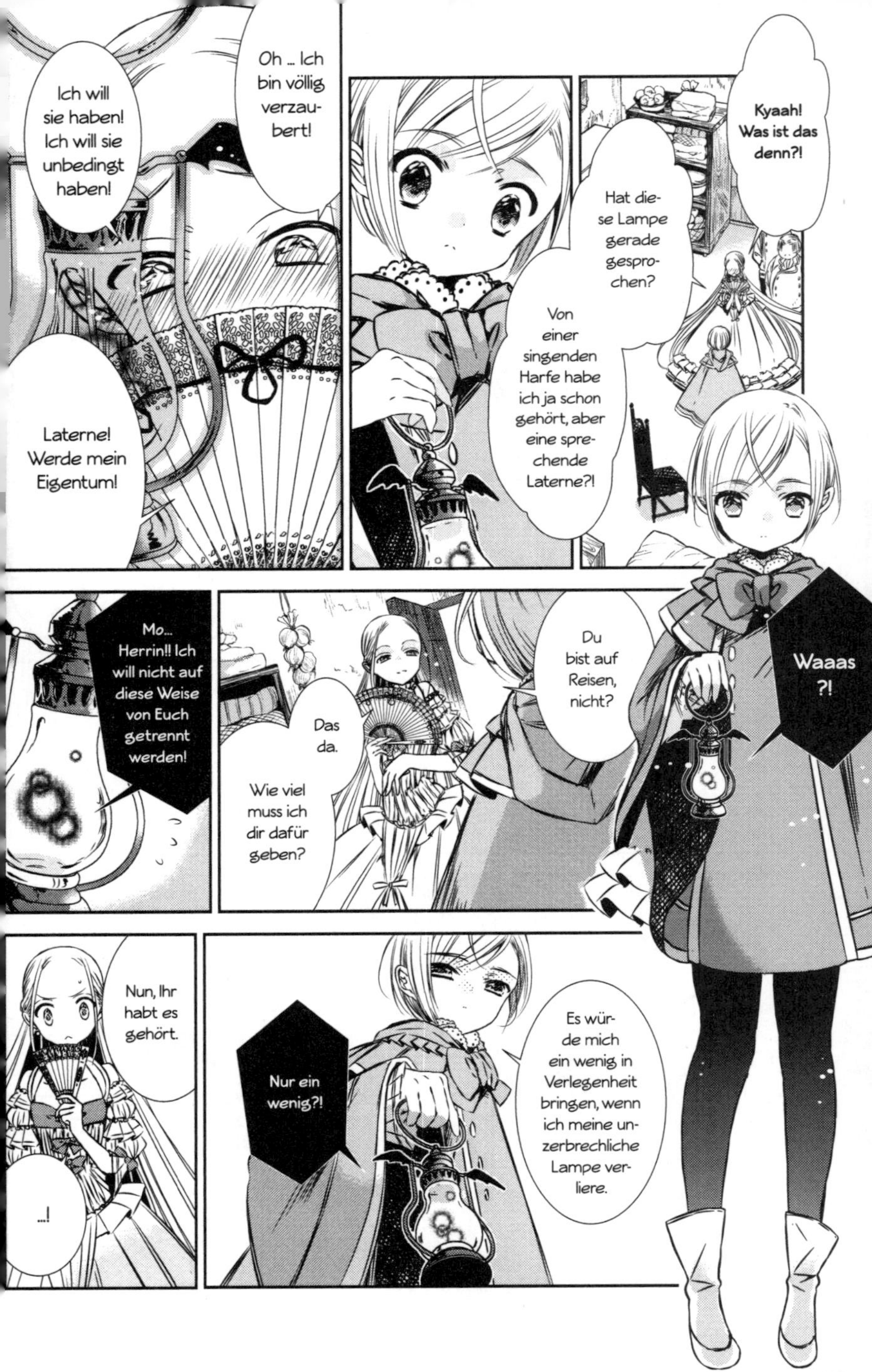
Kyaah! Was ist das denn?!
Hat diese Lampe gerade gesprochen?
Von einer singenden Harfe habe ich ja schon gehört, aber eine sprechende Laterne?!
Oh ... Ich bin völlig verzaubert!
Ich will sie haben! Ich will sie unbedingt haben!
Laterne! Werde mein Eigentum!
Waaas?!
Du bist auf Reisen, nicht?
Das da.
Wie viel muss ich dir dafür geben?
Mo... Herrin!! Ich will nicht auf diese Weise von Euch getrennt werden!
Es würde mich ein wenig in Verlegenheit bringen, wenn ich meine unzerbrechliche Lampe verliere.
Nur ein wenig?!
Nun, Ihr habt es gehört.
...!

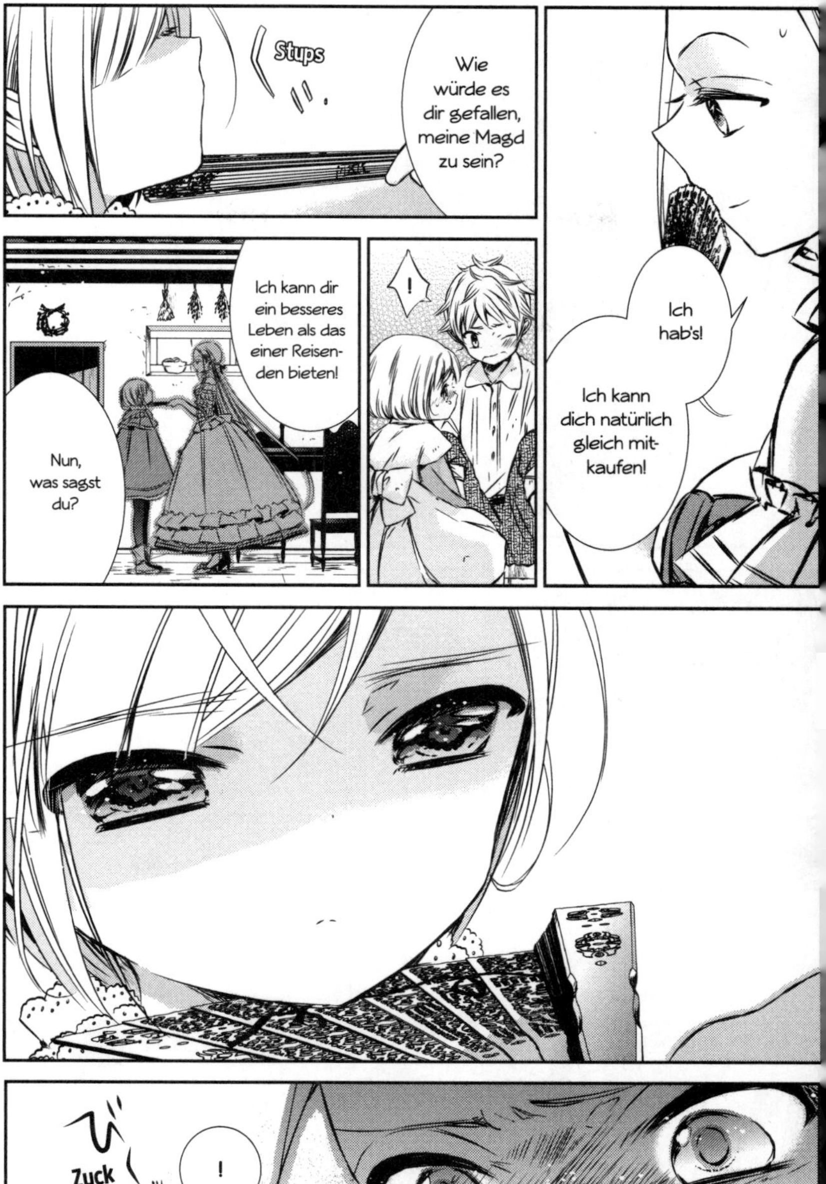

Ich hab's!
Ich kann dich natürlich gleich mitkaufen!
Stups
Wie würde es dir gefallen, meine Magd zu sein?
!
Ich kann dir ein besseres Leben als das einer Reisenden bieten!
Nun, was sagst du?

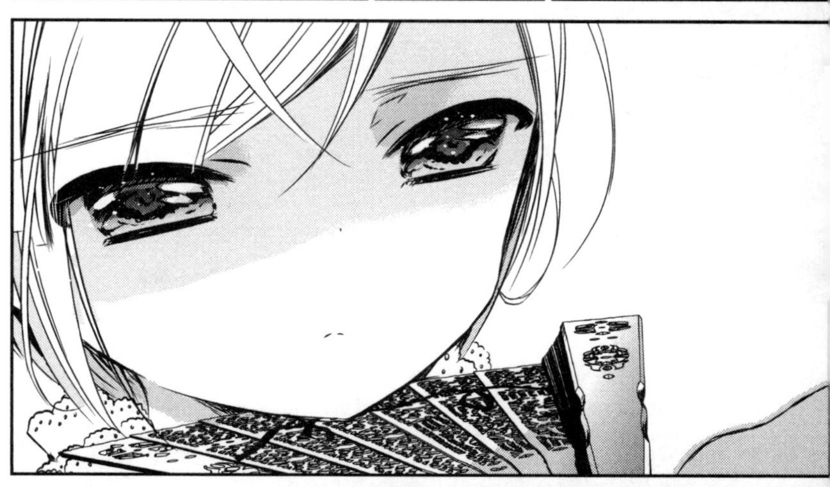

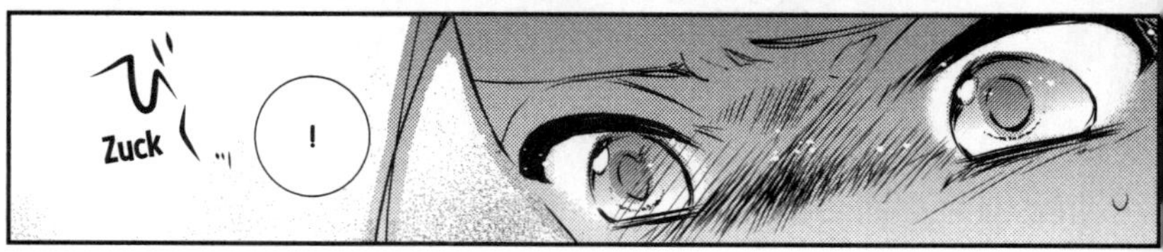

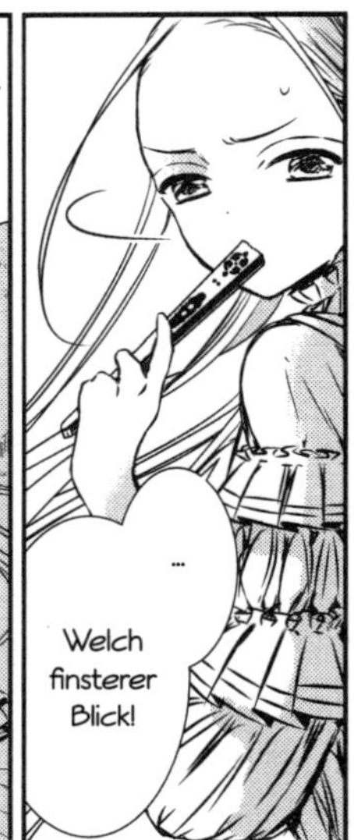
…
Welch finsterer Blick!

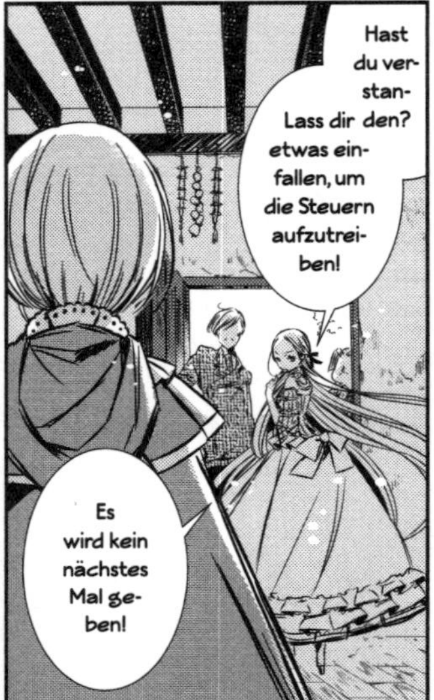
Hast du verstanden?
Lass dir etwas einfallen, um die Steuern aufzutreiben!
Es wird kein nächstes Mal geben!

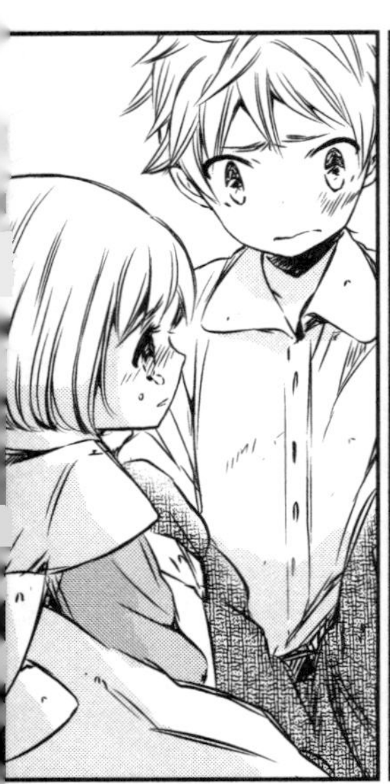

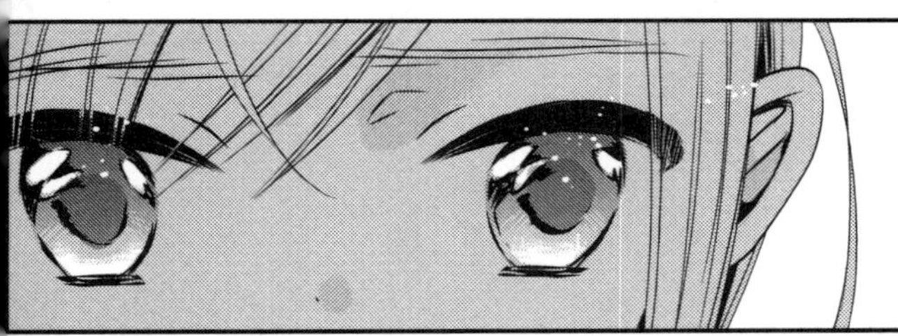

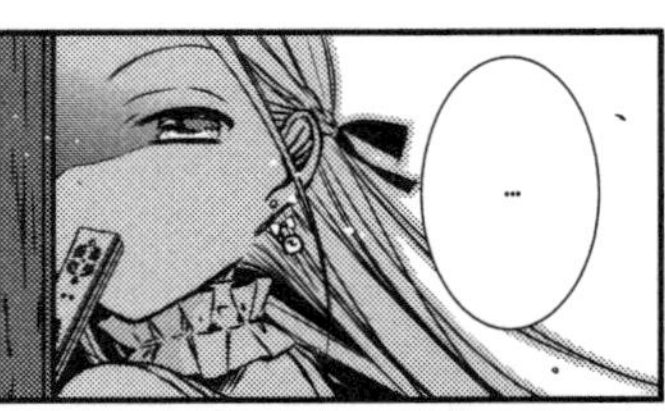
…

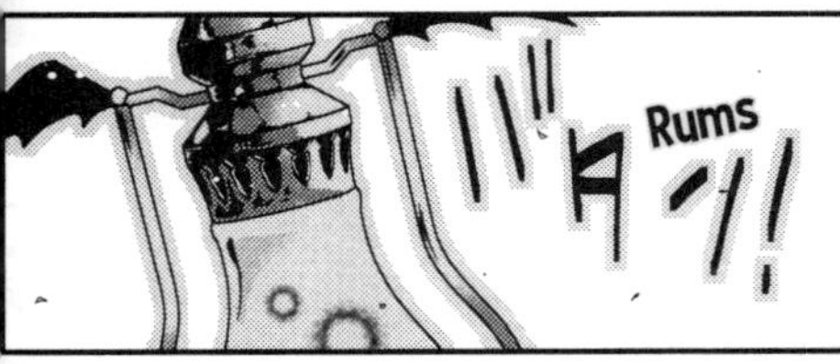
Rums

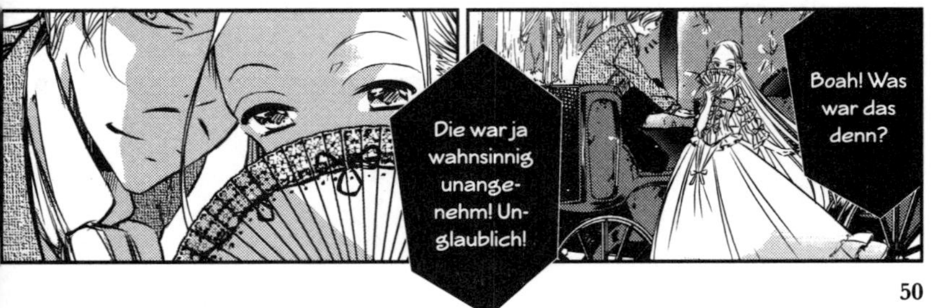
Boah! Was war das denn?
Die war ja wahnsinnig unangenehm! Unglaublich!

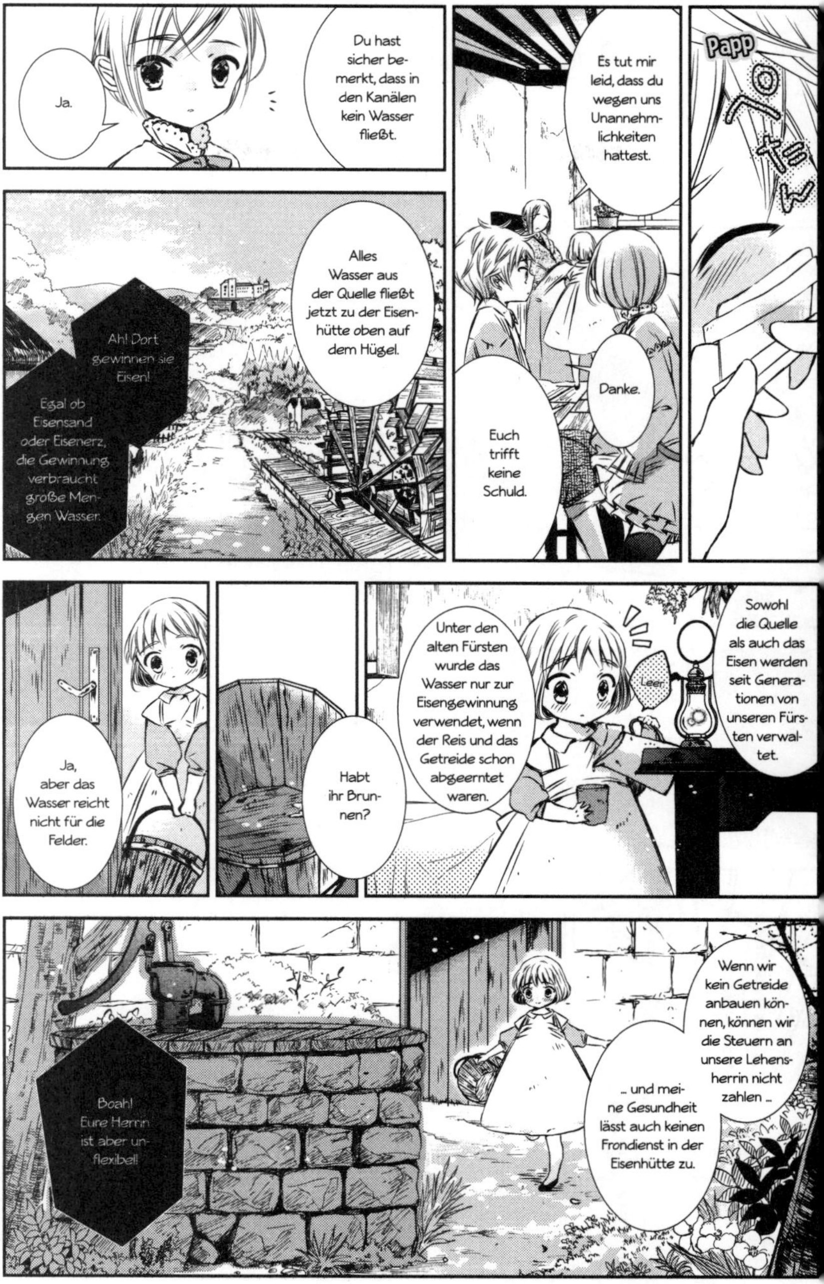

Papp

Es tut mir leid, dass du wegen uns Unannehmlichkeiten hattest.

Danke.

Euch trifft keine Schuld.

Du hast sicher bemerkt, dass in den Kanälen kein Wasser fließt.

Ja.

Alles Wasser aus der Quelle fließt jetzt zu der Eisenhütte oben auf dem Hügel.

Ah! Dort gewinnen sie Eisen!

Egal ob Eisensand oder Eisenerz, die Gewinnung verbraucht große Mengen Wasser.

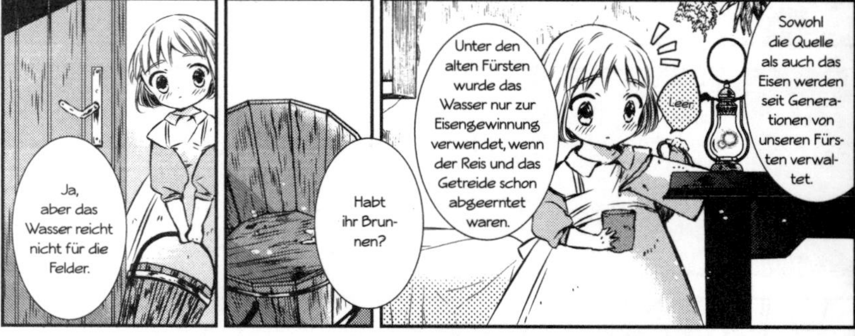

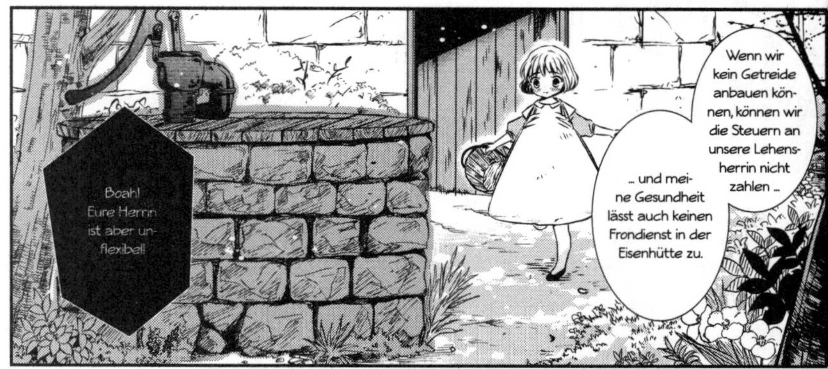

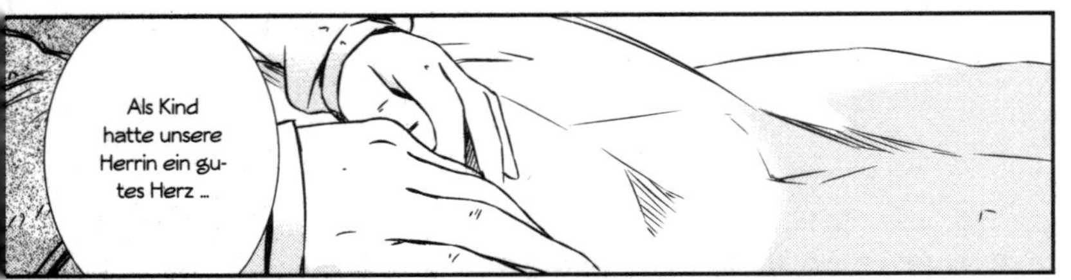
Als Kind hatte unsere Herrin ein gutes Herz ...

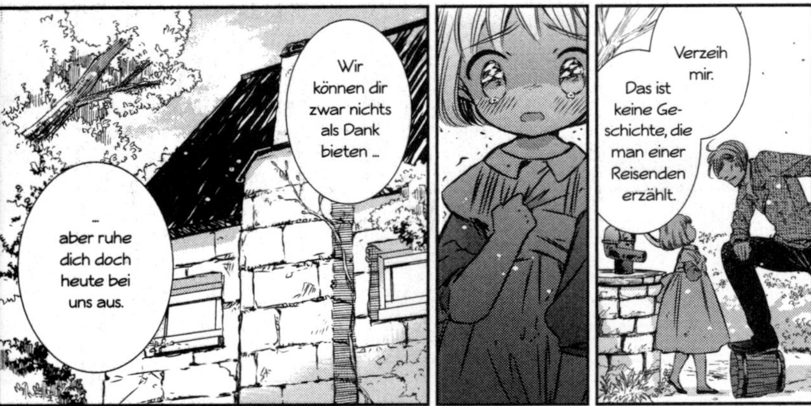
Verzeih mir.
Das ist keine Geschichte, die man einer Reisenden erzählt.
Wir können dir zwar nichts als Dank bieten ...
... aber ruhe dich doch heute bei uns aus.

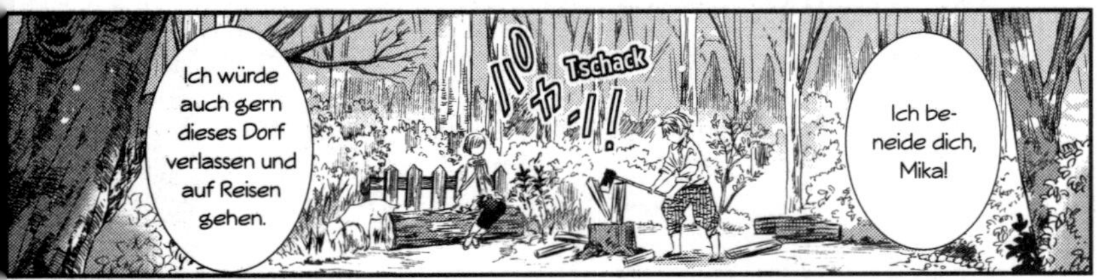
Ich beneide dich, Mika!
Tschack
Ich würde auch gern dieses Dorf verlassen und auf Reisen gehen.

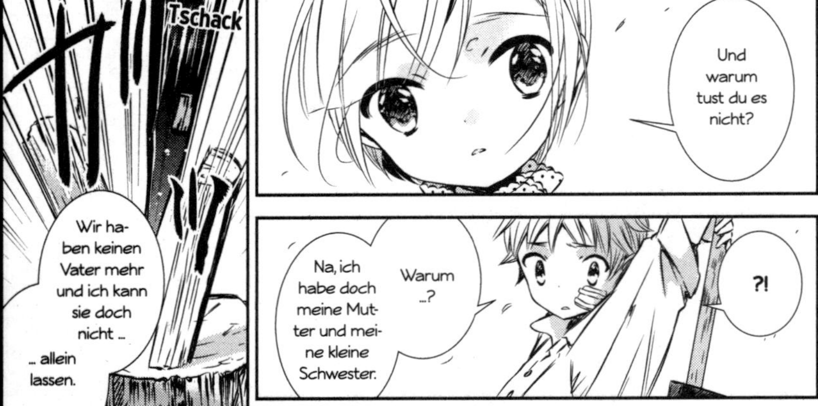
Und warum tust du es nicht?
?!
Warum ...?
Na, ich habe doch meine Mutter und meine kleine Schwester.
Tschack
Wir haben keinen Vater mehr und ich kann sie doch nicht ...
... allein lassen.

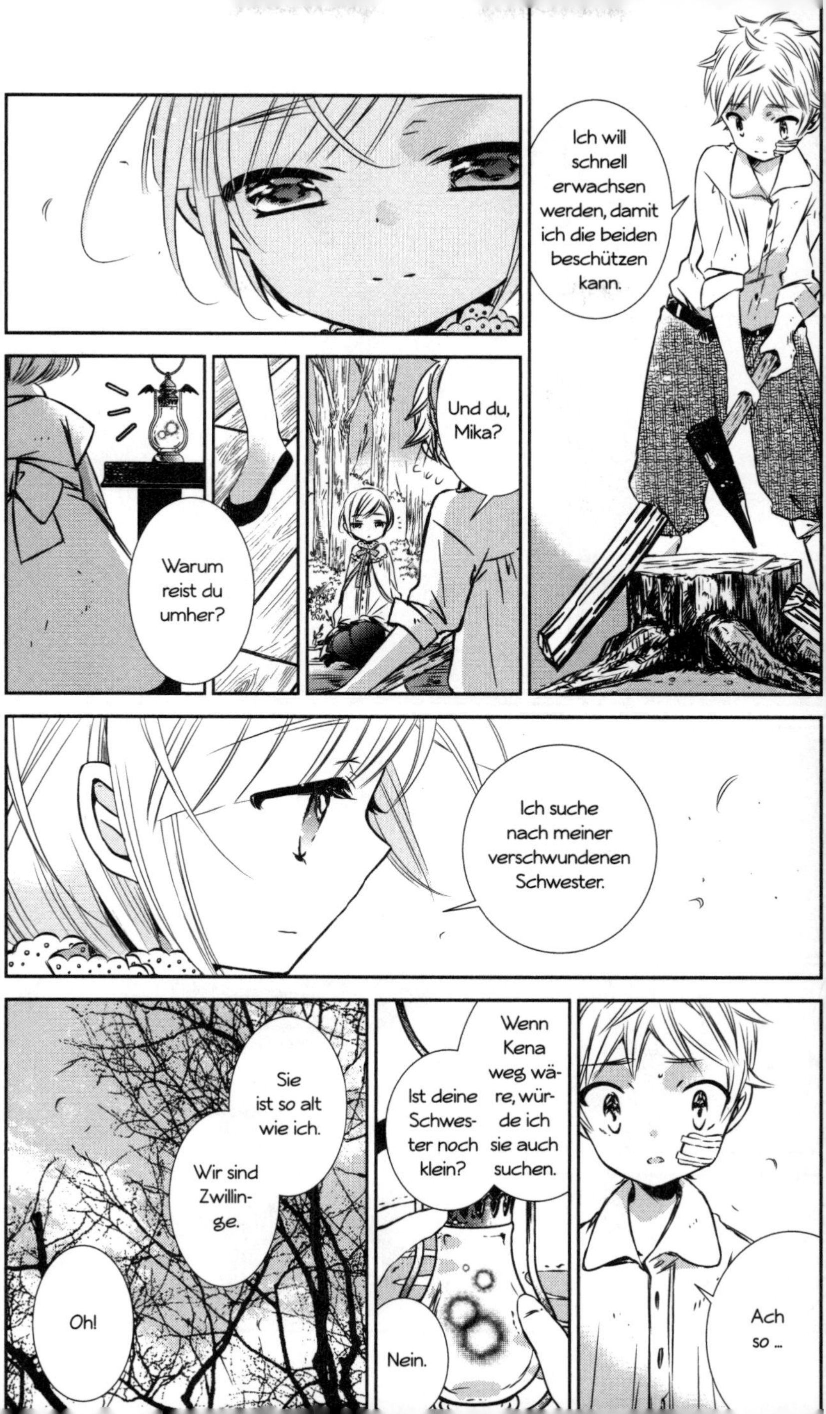

Ich will schnell erwachsen werden, damit ich die beiden beschützen kann.

Und du, Mika?

Warum reist du umher?

Ich suche nach meiner verschwundenen Schwester.

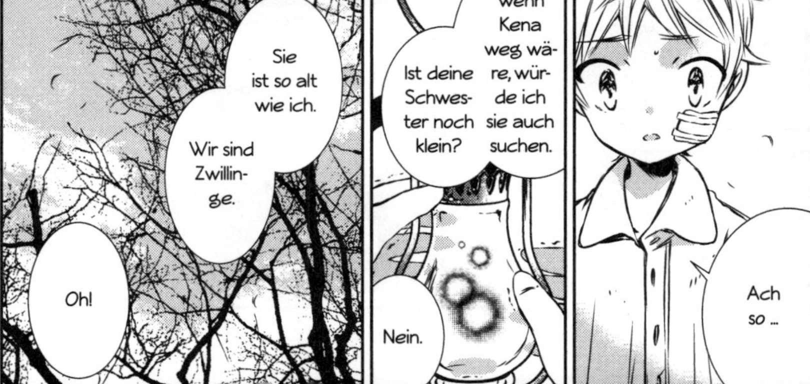

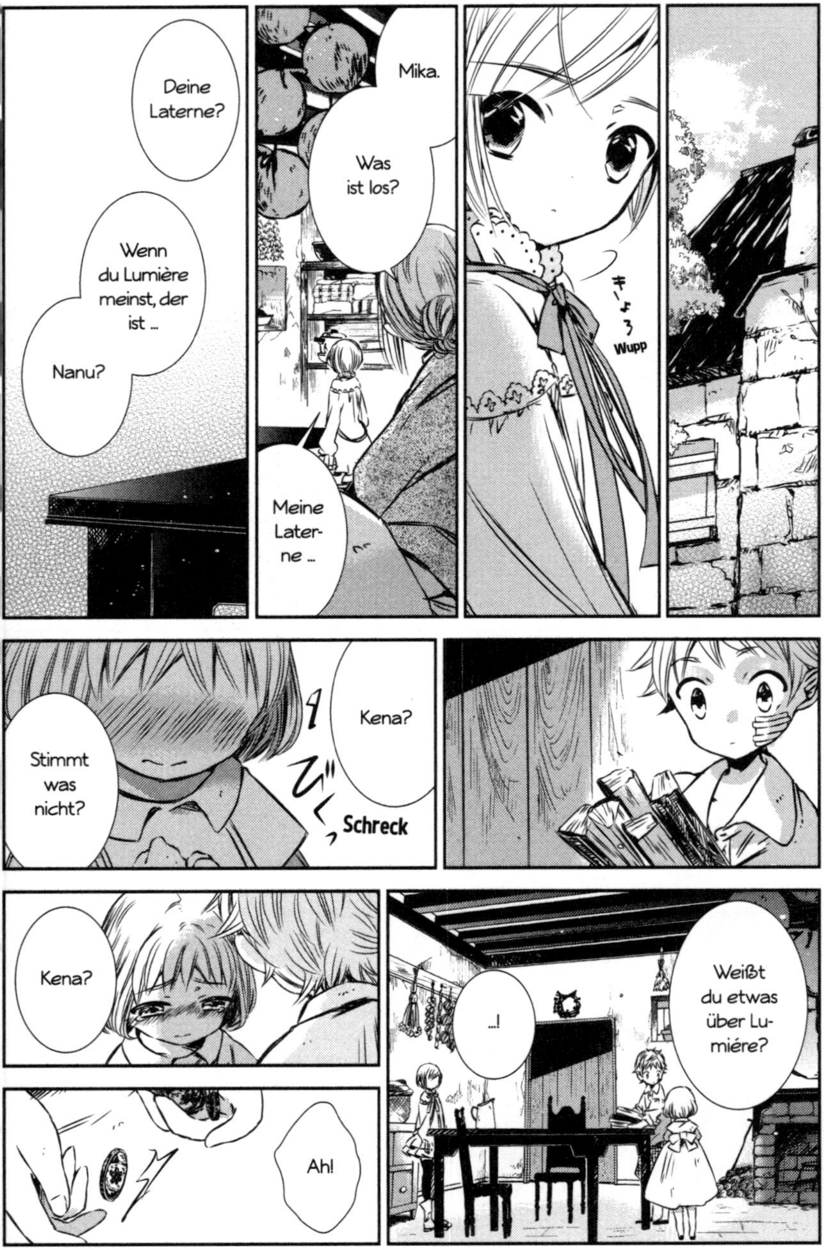

Wupp

Mika.

Was ist los?

Meine Later-ne ...

Deine Laterne?

Wenn du Lumière meinst, der ist ...

Nanu?

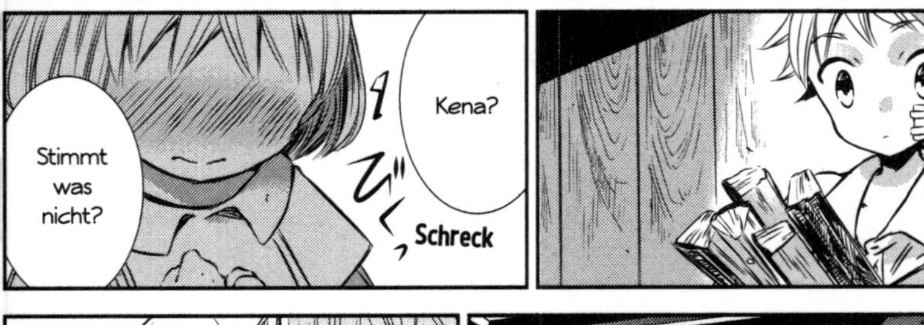

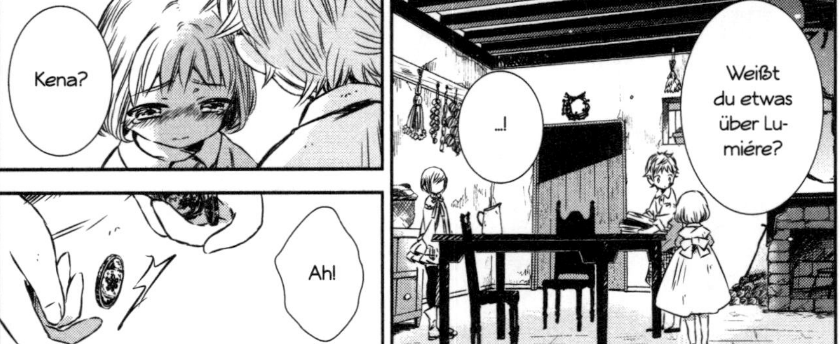

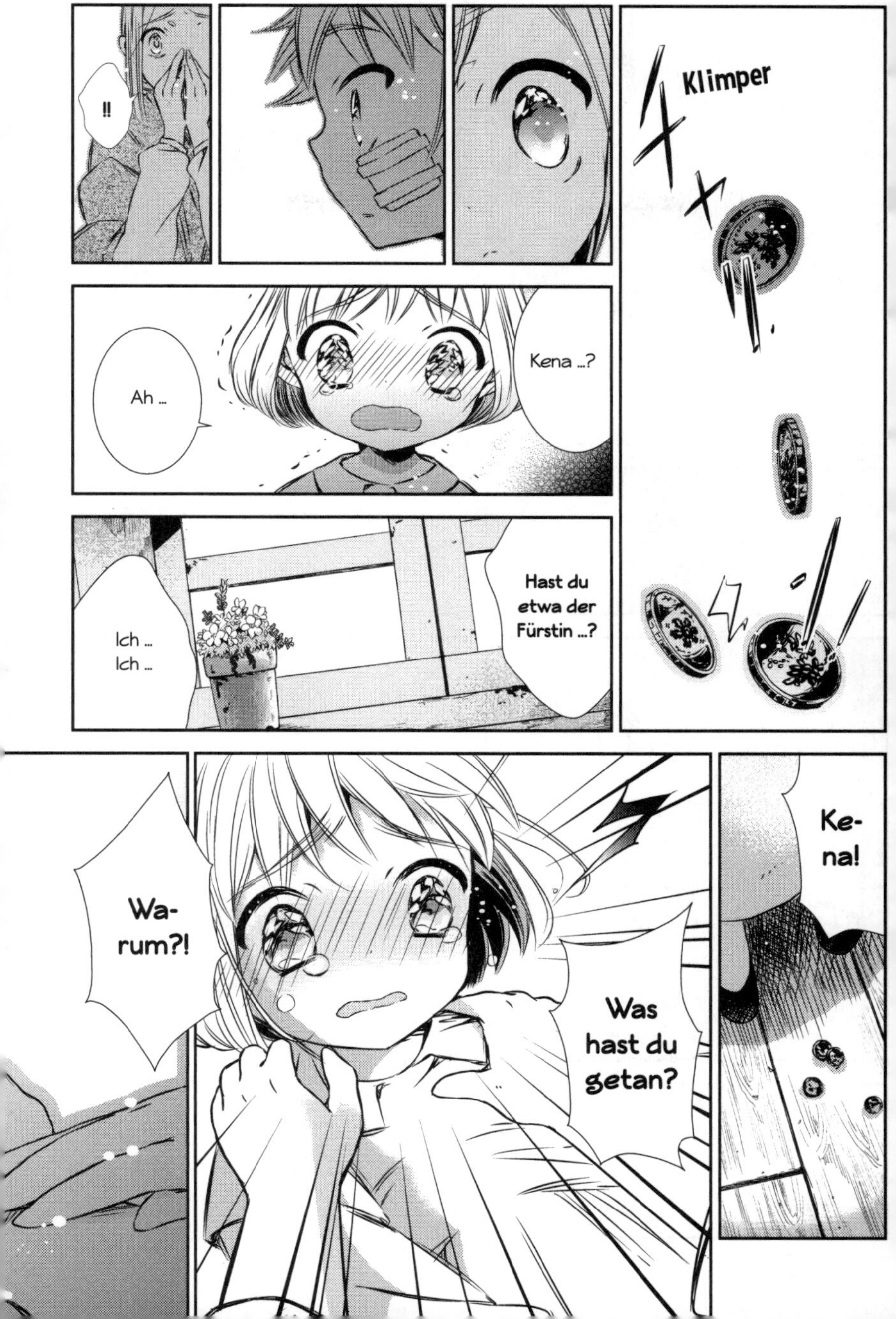

Klimper

!!

Kena ...?

Ah ...

Hast du etwa der Fürstin ...?

Ich ... Ich ...

Ke-na!

Was hast du getan?

Wa-rum?!

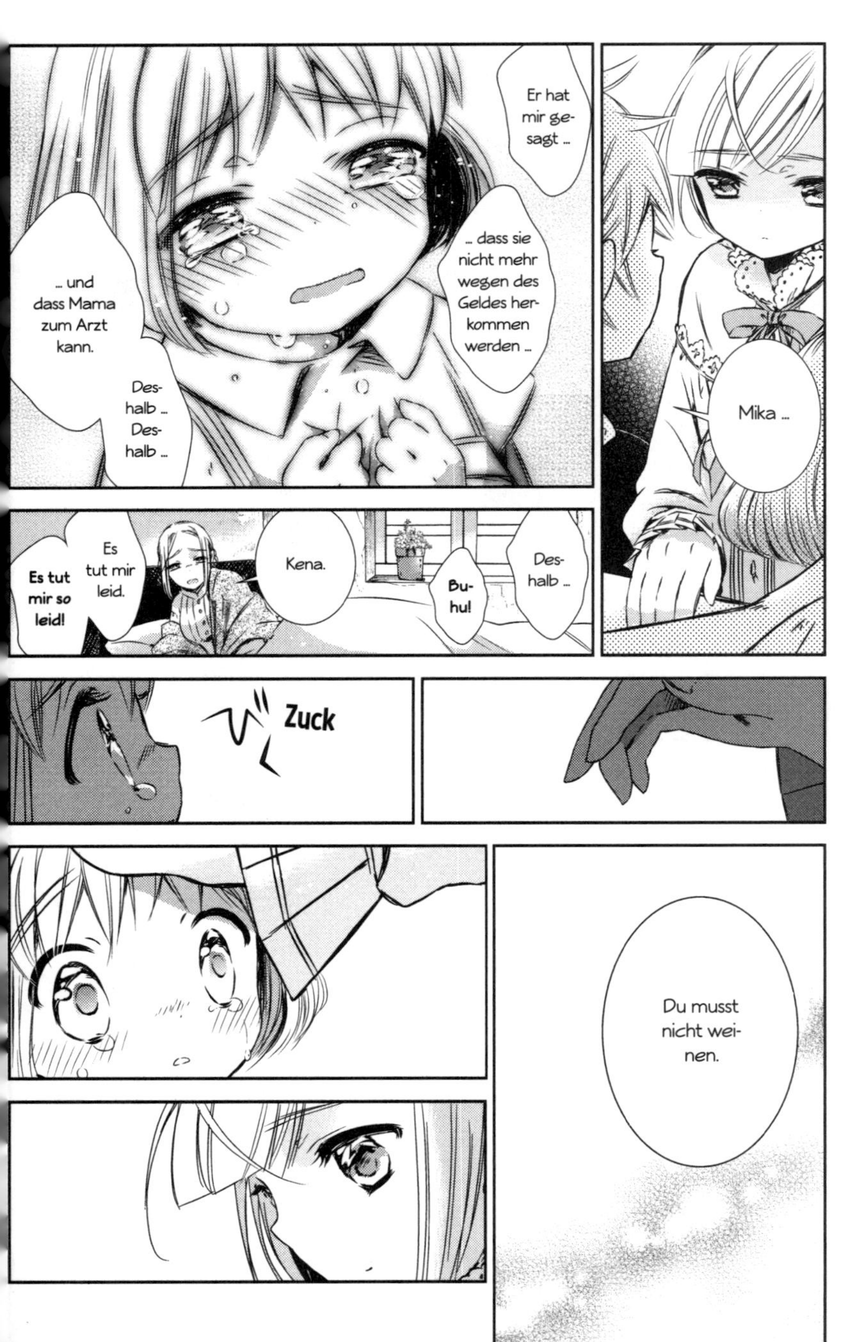
Mika ...
Er hat mir gesagt ...
... dass sie nicht mehr wegen des Geldes herkommen werden ...
... und dass Mama zum Arzt kann.
Deshalb ... Deshalb ...
Deshalb ...
Buhu!
Kena.
Es tut mir leid.
Es tut mir so leid!
Zuck
Du musst nicht weinen.

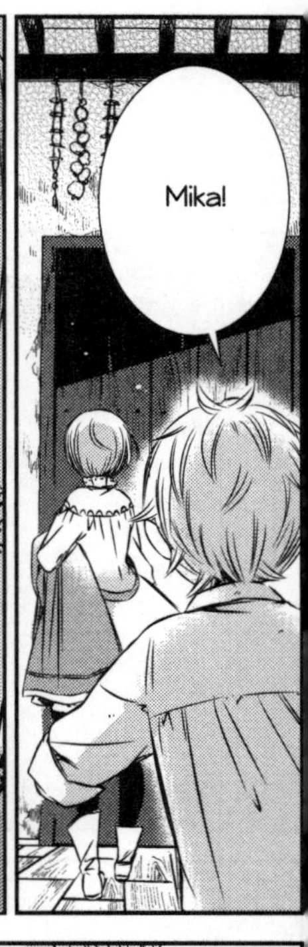
Mika!
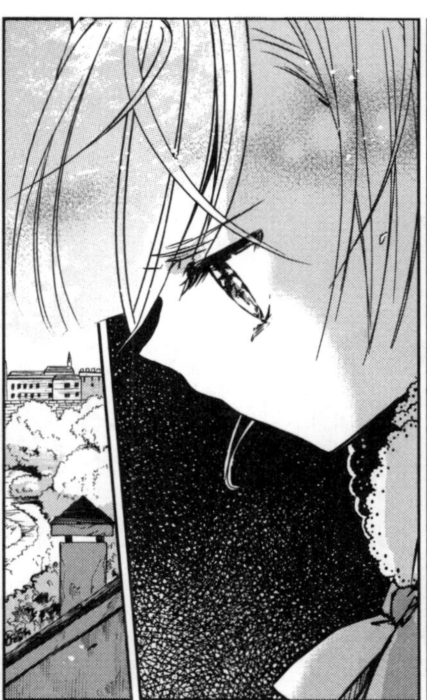
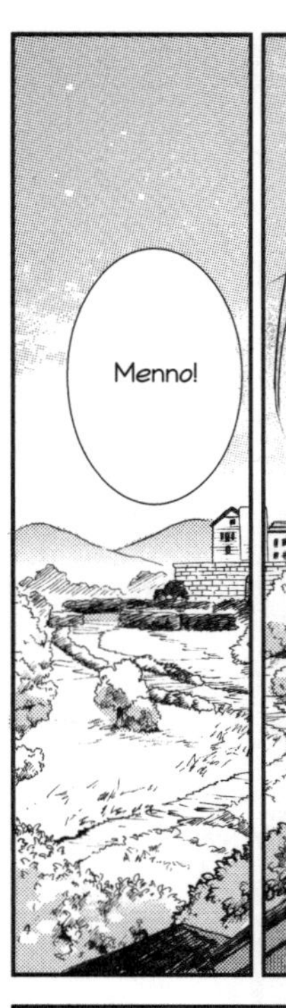
Menno!
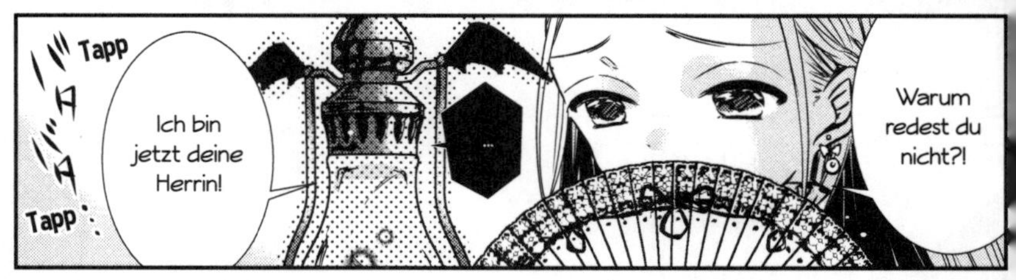
Warum redest du nicht?!
...
Ich bin jetzt deine Herrin!
Tapp
Tapp
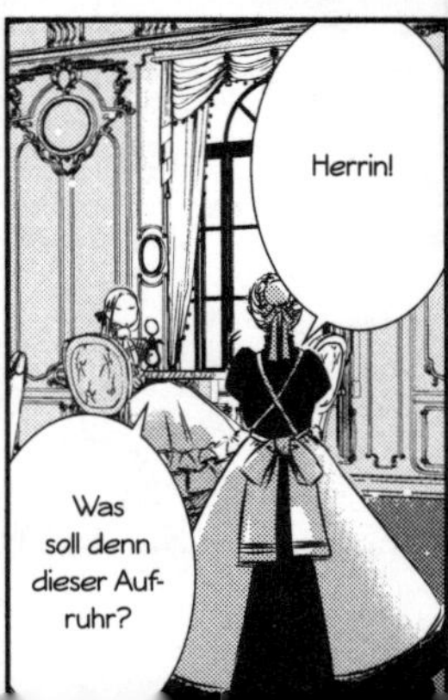
Herrin!
Was soll denn dieser Aufruhr?
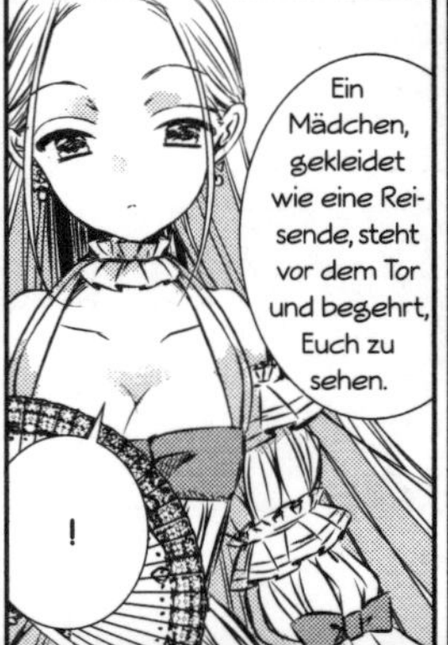
Ein Mädchen, gekleidet wie eine Reisende, steht vor dem Tor und begehrt, Euch zu sehen.
!
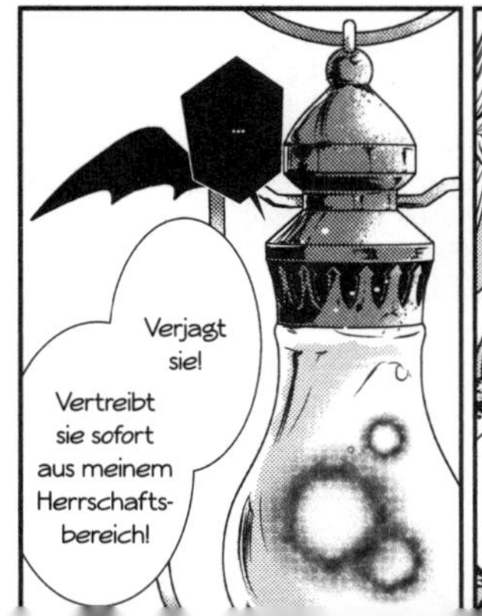
...
Verjagt sie!
Vertreibt sie sofort aus meinem Herrschaftsbereich!

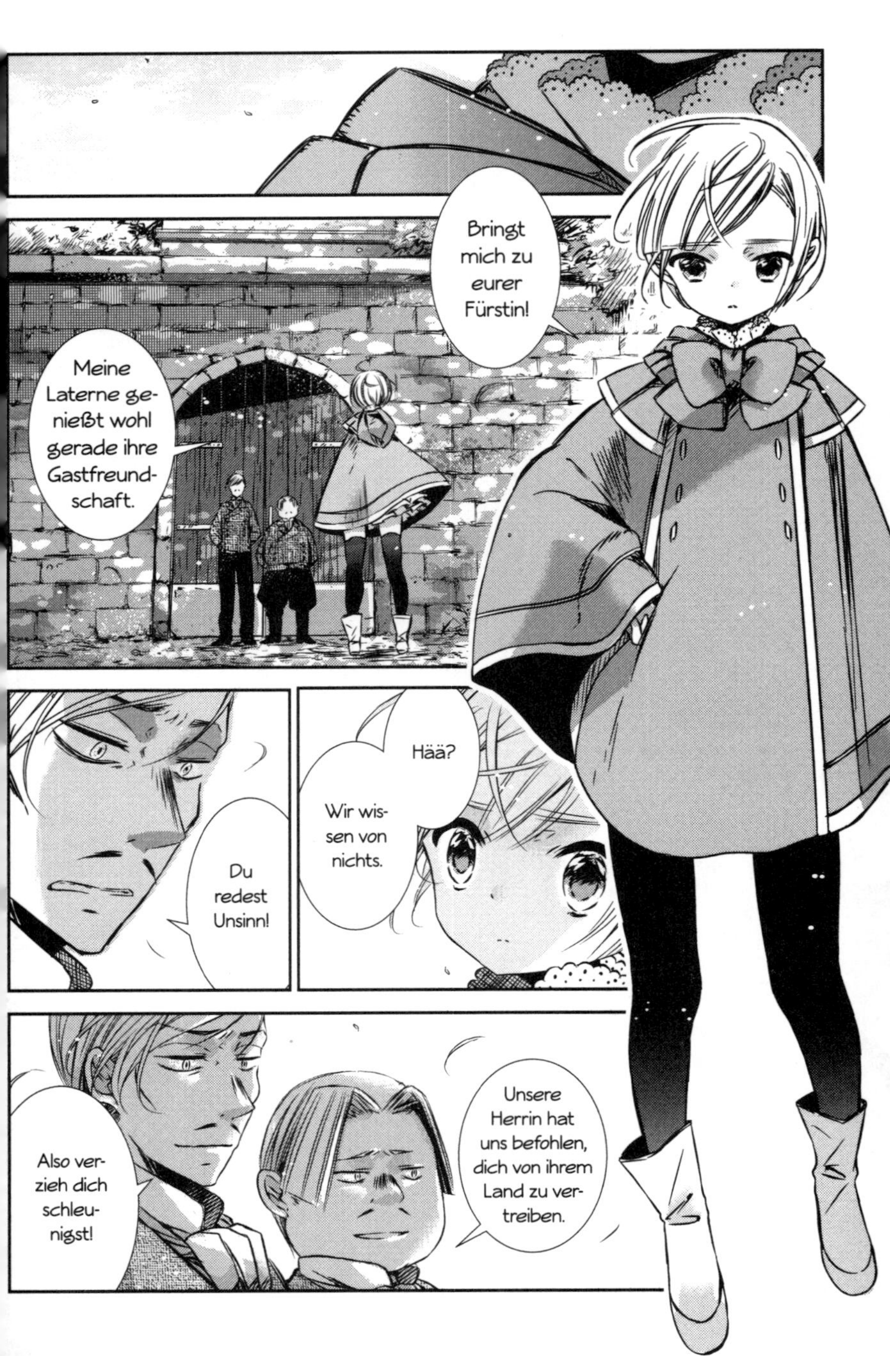

Bringt mich zu eurer Fürstin!
Meine Laterne genießt wohl gerade ihre Gastfreundschaft.
Hää?
Wir wissen von nichts.
Du redest Unsinn!
Unsere Herrin hat uns befohlen, dich von ihrem Land zu vertreiben.
Also verzieh dich schleunigst!

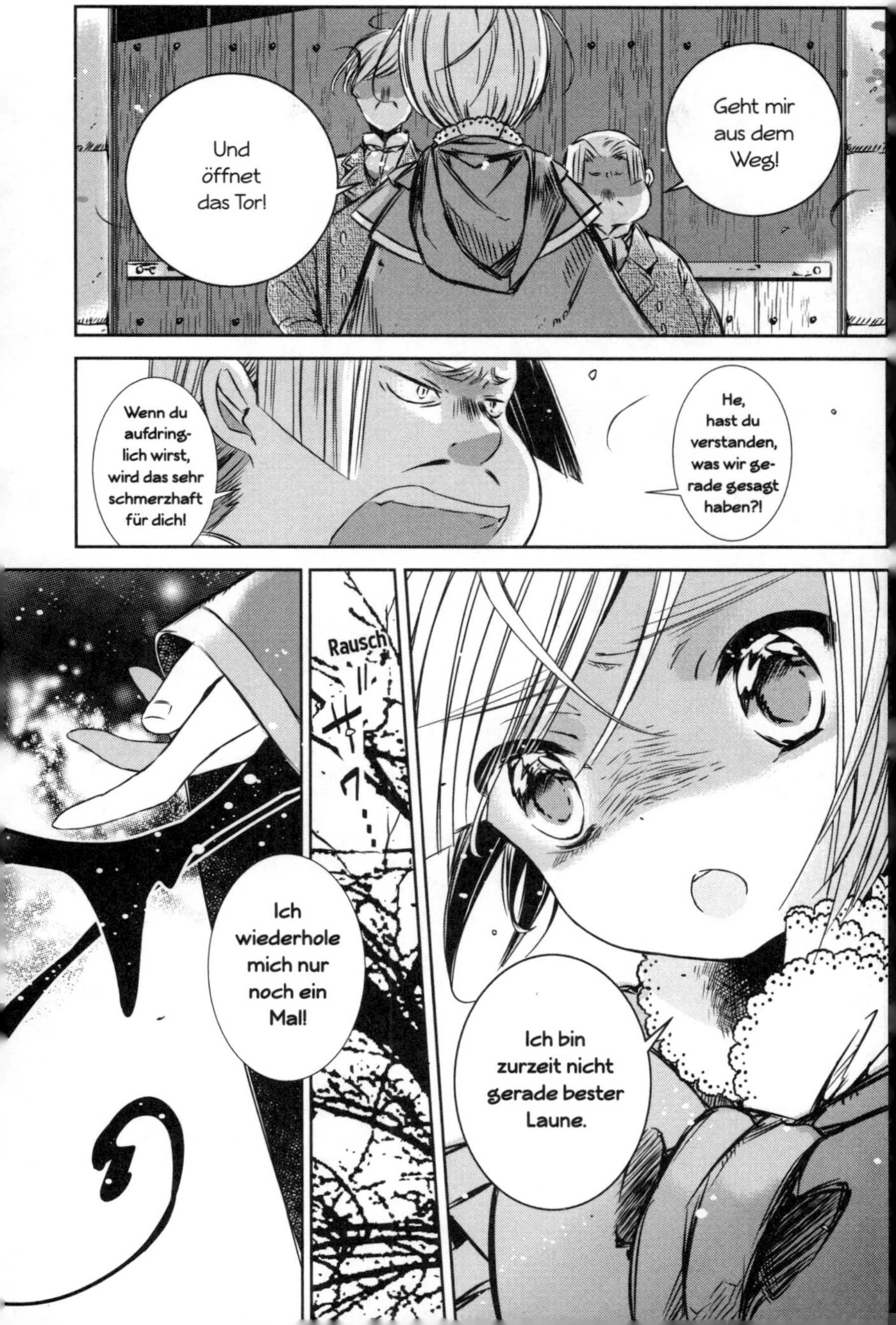

Geht mir aus dem Weg!
Und öffnet das Tor!
He, hast du verstanden, was wir gerade gesagt haben?!
Wenn du aufdringlich wirst, wird das sehr schmerzhaft für dich!
Rausch
Ich bin zurzeit nicht gerade bester Laune.
Ich wiederhole mich nur noch ein Mal!

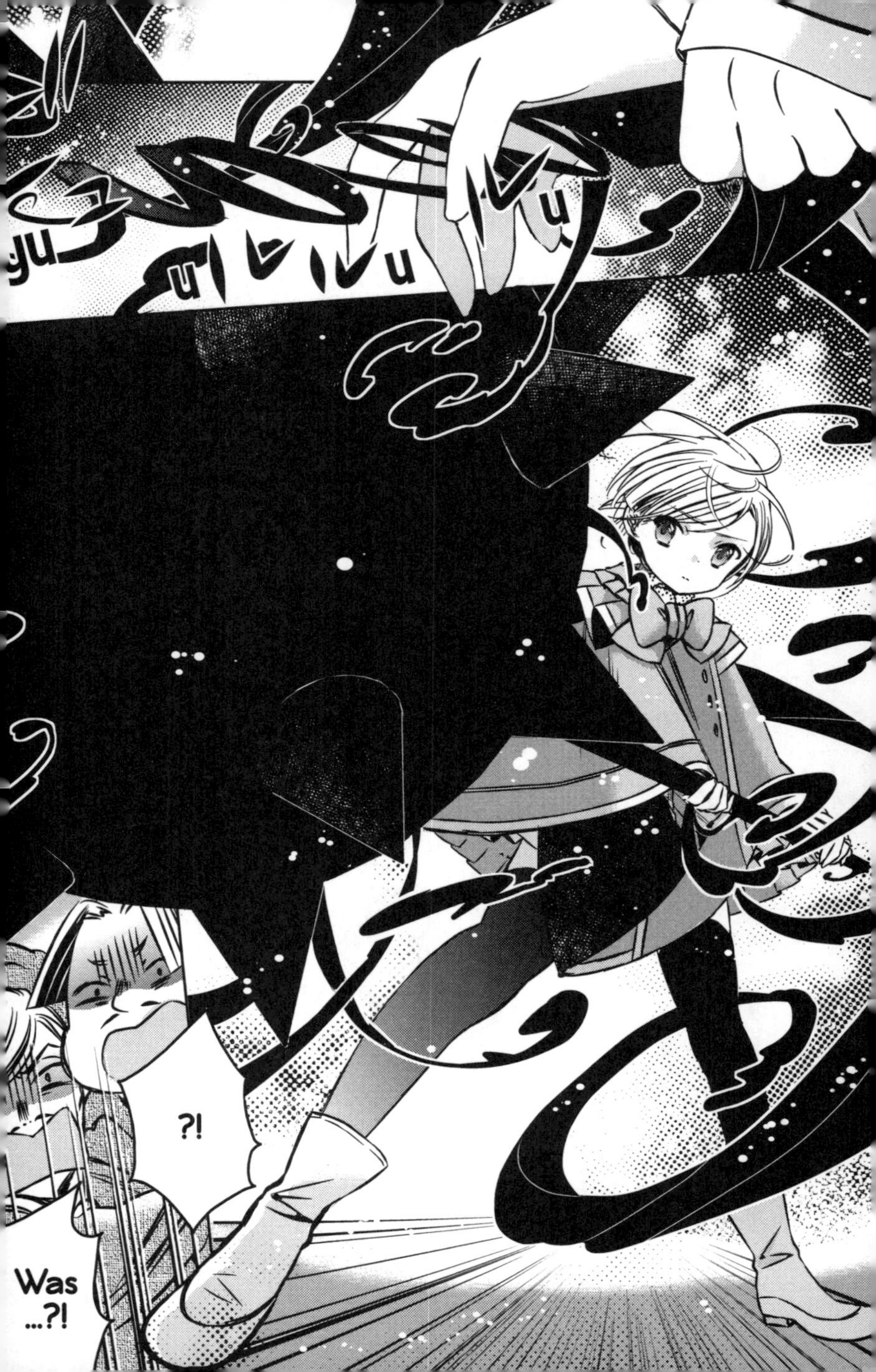
?!
Was ...?!

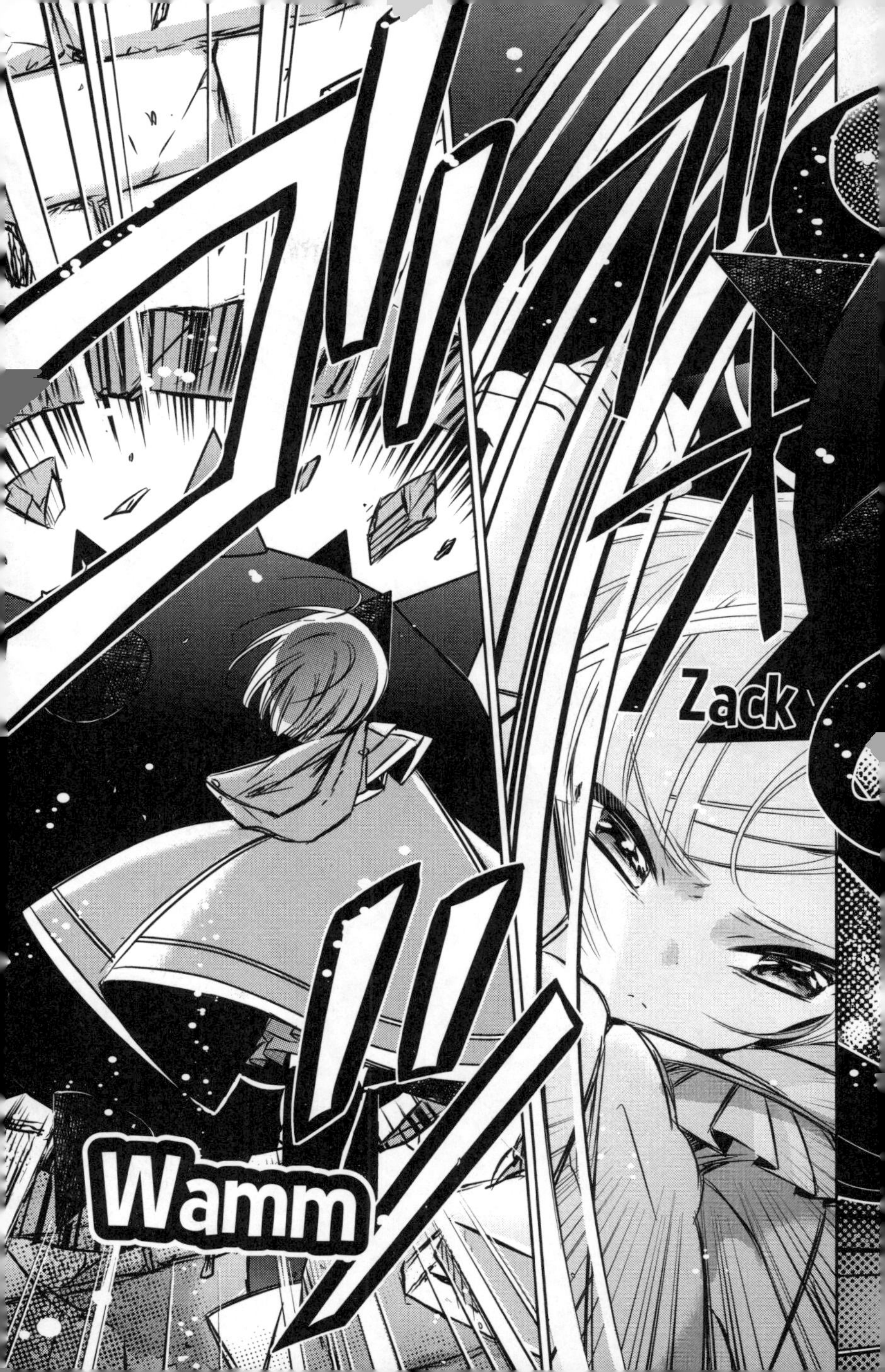
Zack
Wamm

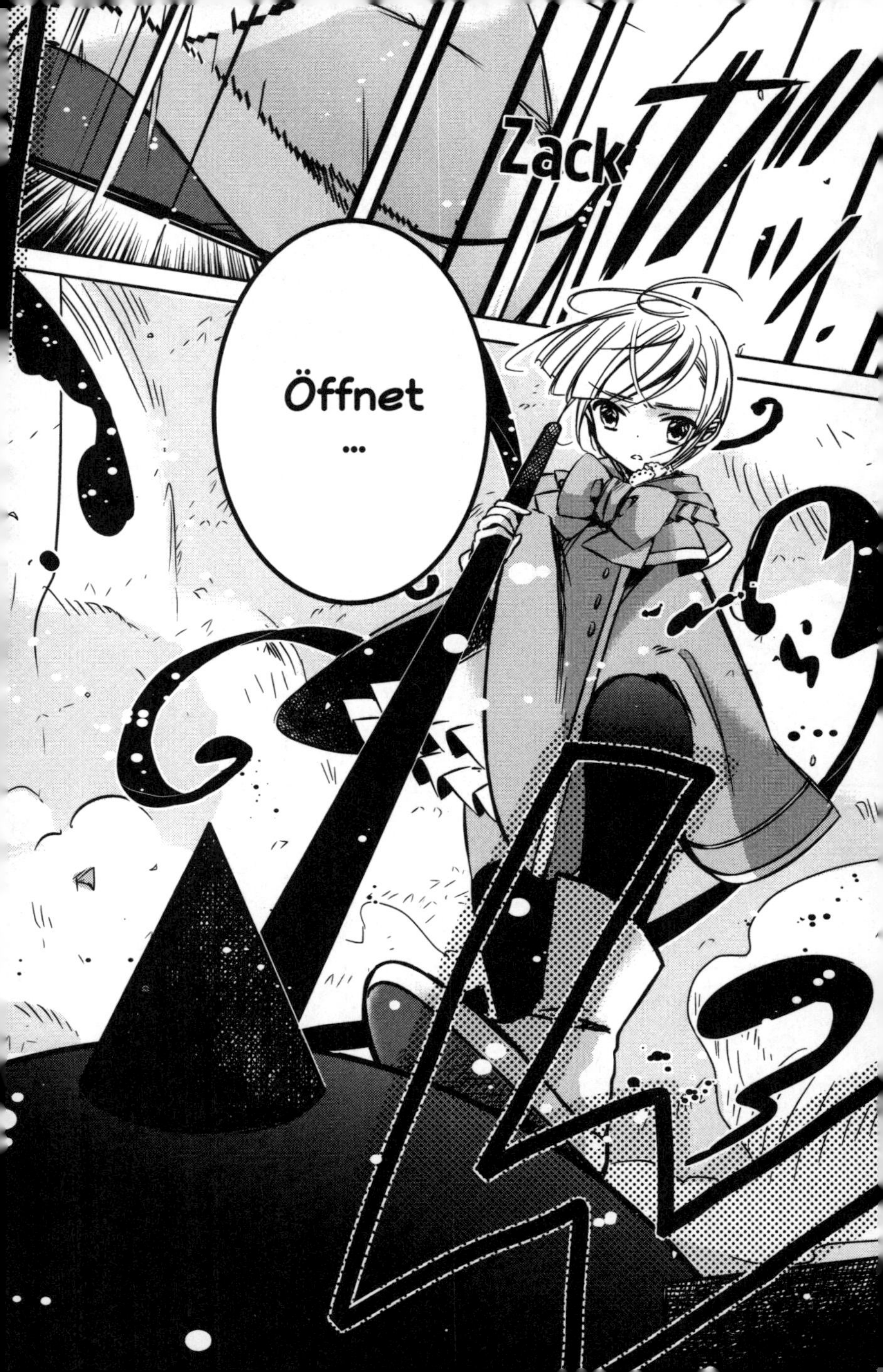
Zack
Öffnet
...

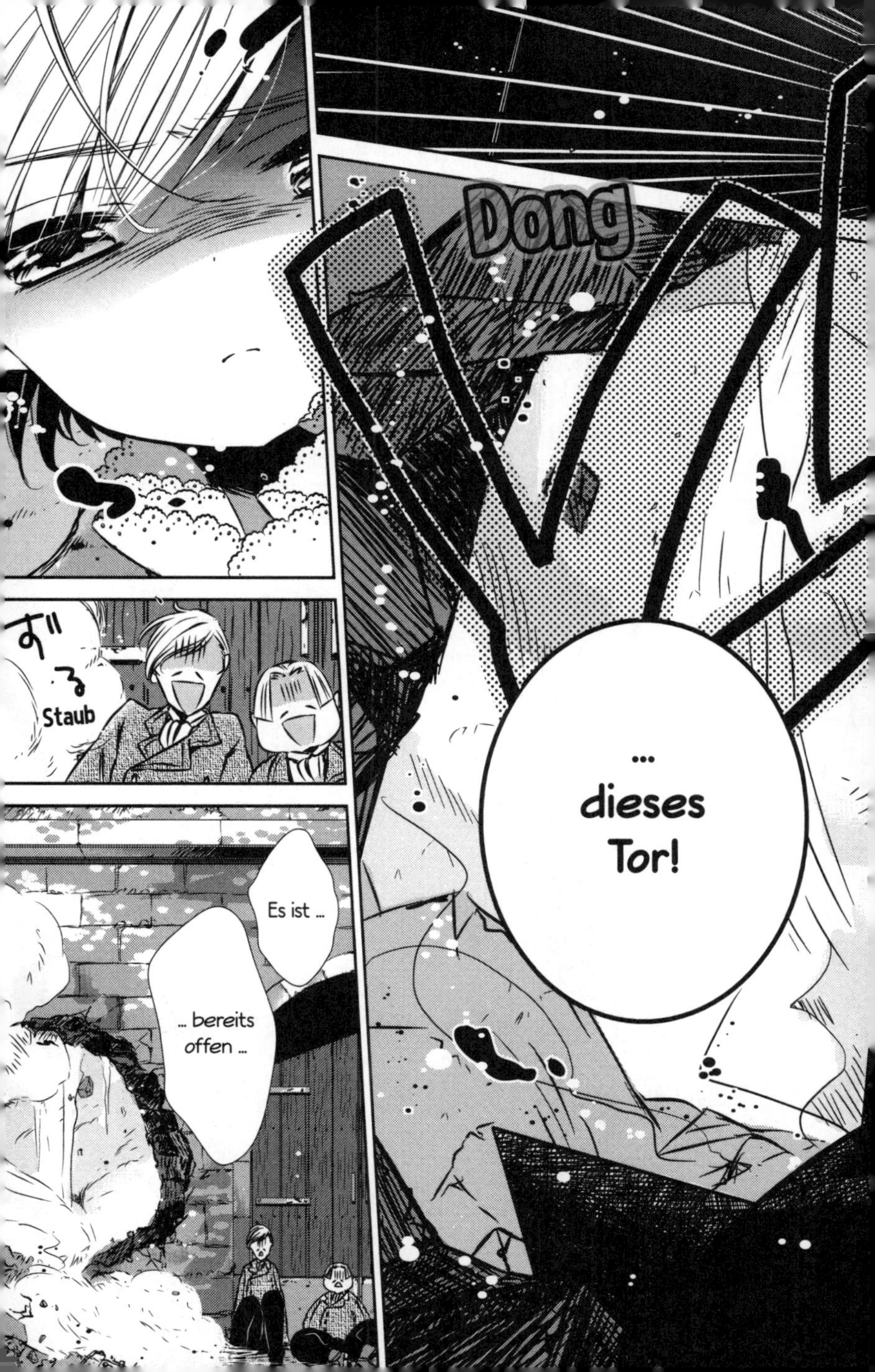

Dong
ずる
Staub
Es ist ...
... bereits offen ...
... dieses Tor!

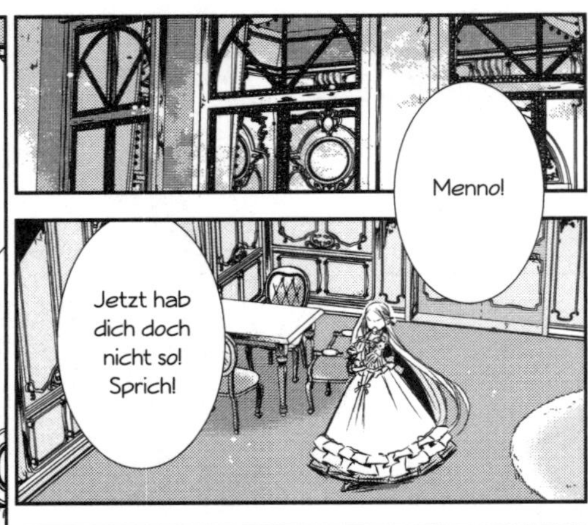
Menno!
Jetzt hab dich doch nicht so! Sprich!

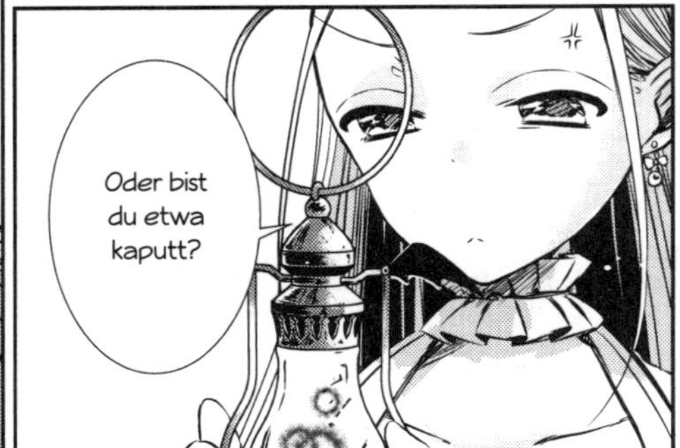
Oder bist du etwa kaputt?

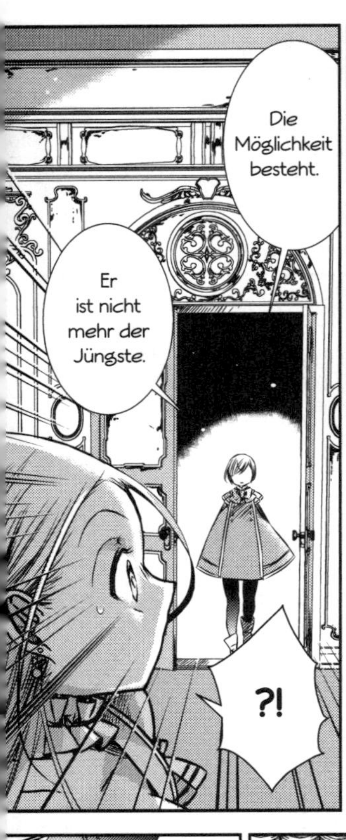
Die Möglichkeit besteht.
Er ist nicht mehr der Jüngste.
?!

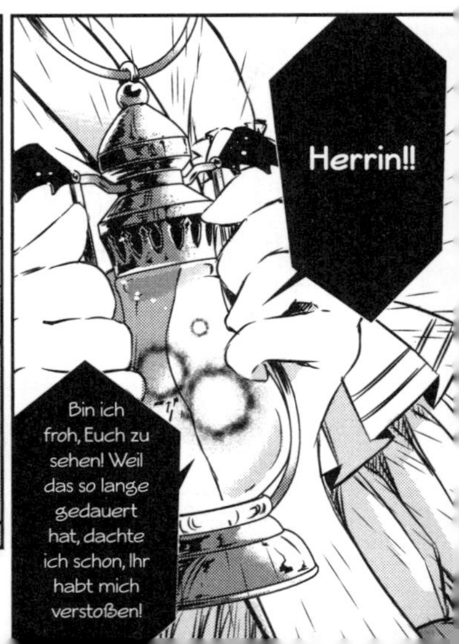
Herrin!!
Bin ich froh, Euch zu sehen! Weil das so lange gedauert hat, dachte ich schon, Ihr habt mich verstoßen!

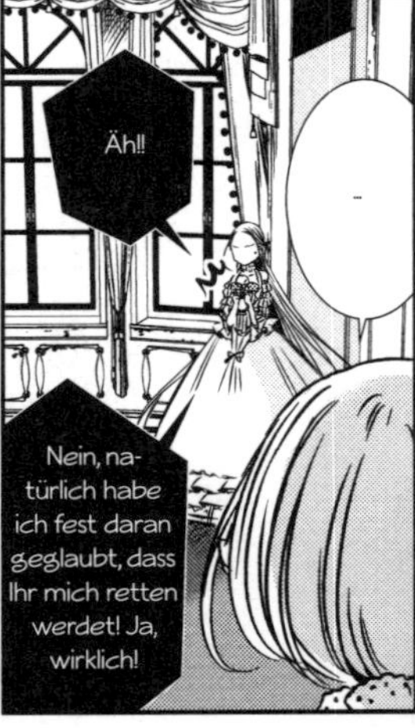
-
Äh!!
Nein, natürlich habe ich fest daran geglaubt, dass Ihr mich retten werdet! Ja, wirklich!

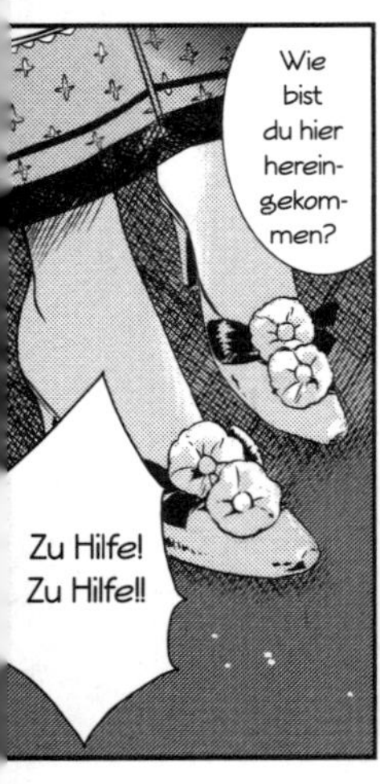
Wie bist du hier hereingekommen?
Zu Hilfe! Zu Hilfe!!

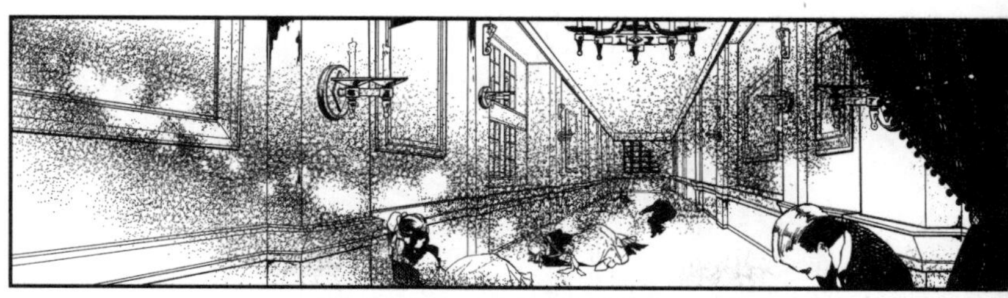

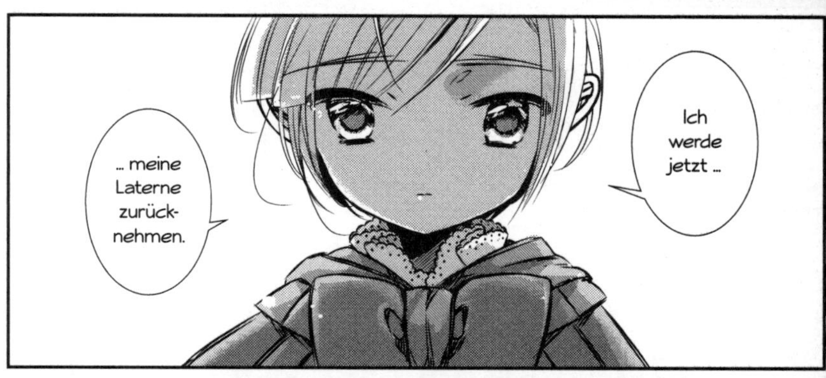
Ich werde jetzt ...
... meine Laterne zurücknehmen.

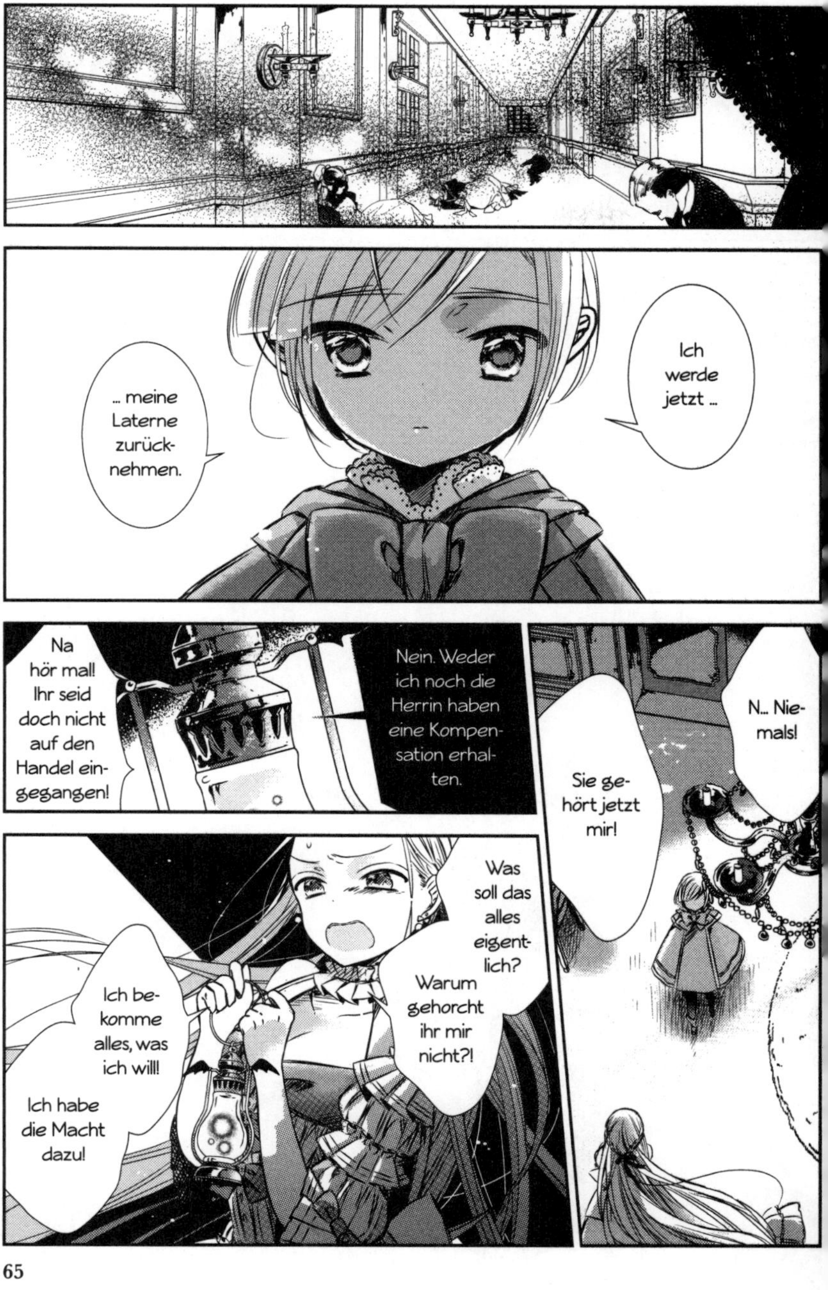

Nein. Weder ich noch die Herrin haben eine Kompensation erhalten.
Na hör mal! Ihr seid doch nicht auf den Handel eingegangen!
N... Niemals!
Sie gehört jetzt mir!
Was soll das alles eigentlich?
Warum gehorcht ihr mir nicht?!
Ich bekomme alles, was ich will!
Ich habe die Macht dazu!

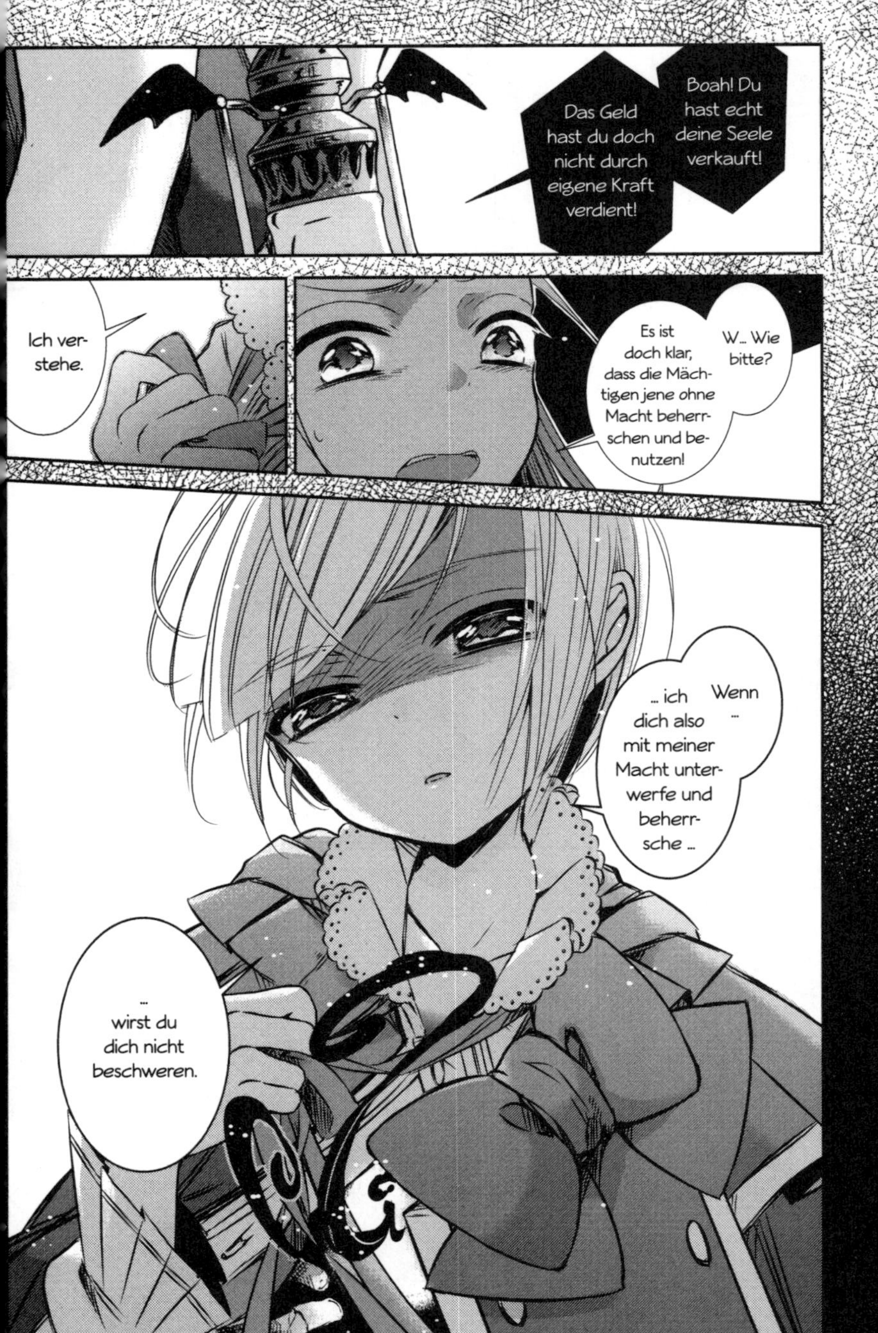
Boah! Du hast echt deine Seele verkauft!
Das Geld hast du doch nicht durch eigene Kraft verdient!
W… Wie bitte?
Es ist doch klar, dass die Mächtigen jene ohne Macht beherrschen und benutzen!
Ich verstehe.
Wenn …
… ich dich also mit meiner Macht unterwerfe und beherrsche …
… wirst du dich nicht beschweren.

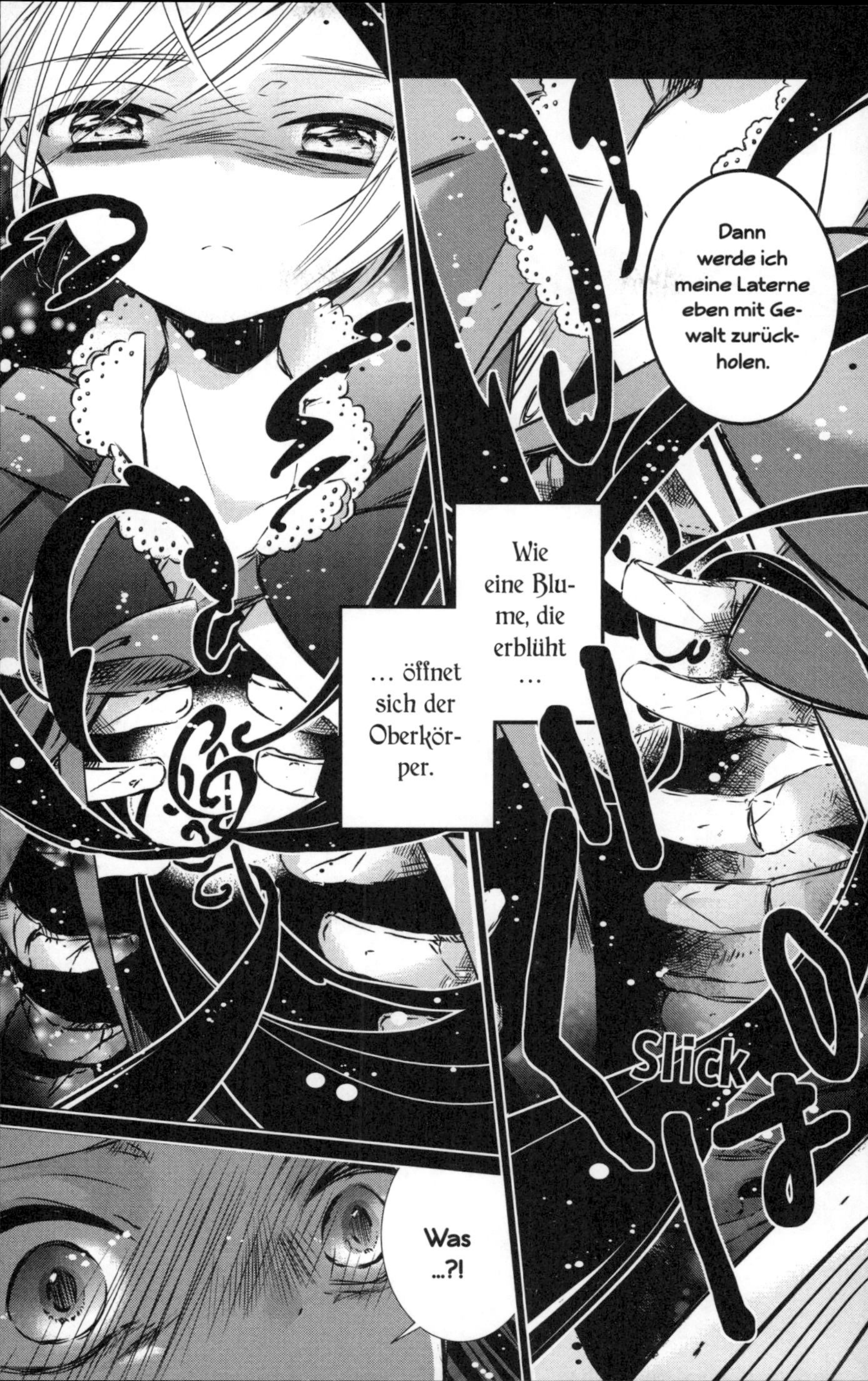
Dann werde ich meine Laterne eben mit Gewalt zurückholen.
Wie eine Blume, die erblüht …
… öffnet sich der Oberkörper.
Slick
Was …?!

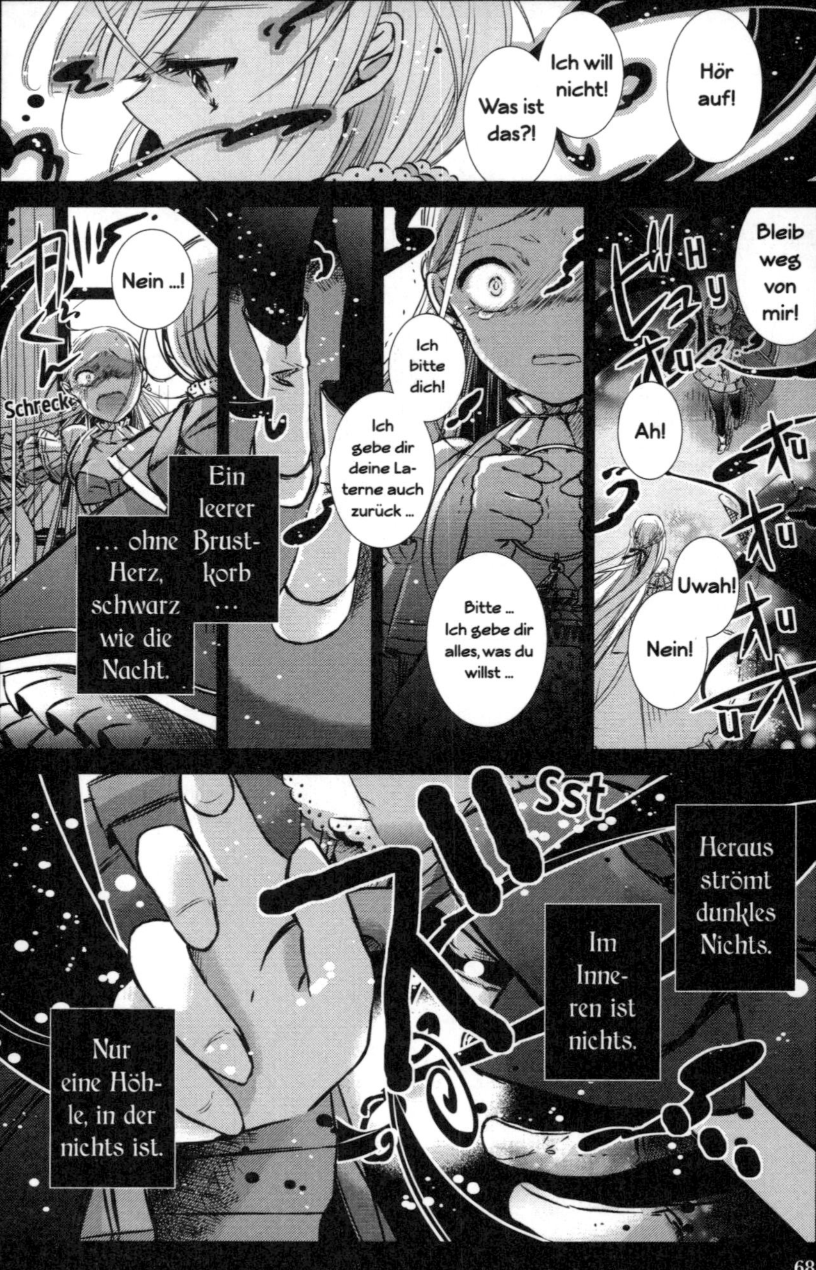

Hör auf!
Ich will nicht!
Was ist das?!
Bleib weg von mir!
Hyu
Ah!
Uwah!
Nein!
Ich bitte dich!
Ich gebe dir deine Laterne auch zurück ...
Bitte ... Ich gebe dir alles, was du willst ...
Nein ...!
Schreck
Ein leerer Brustkorb ...
... ohne Herz, schwarz wie die Nacht.
Sst
Heraus strömt dunkles Nichts.
Im Inneren ist nichts.
Nur eine Höhle, in der nichts ist.

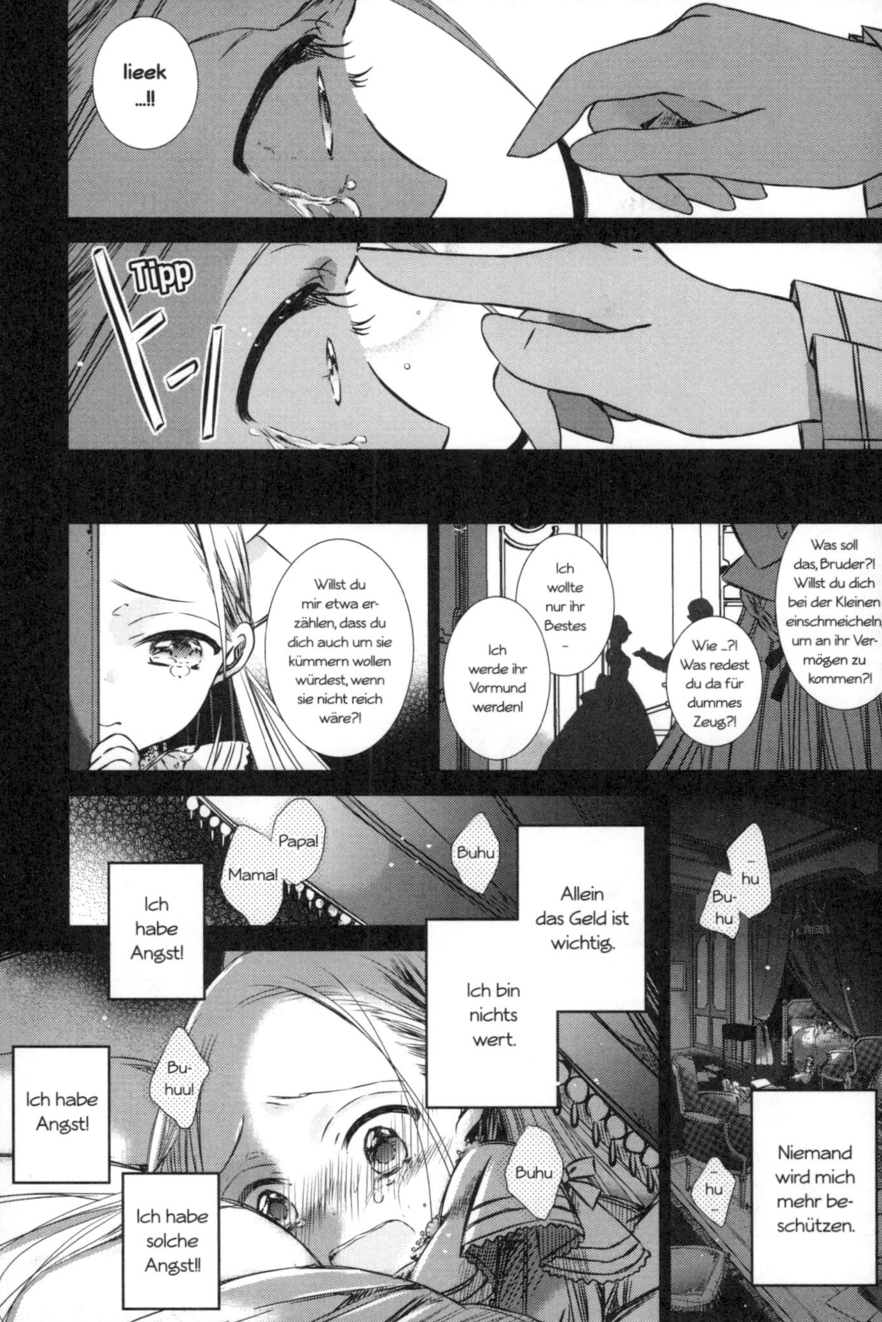
Iieek ...!!
Tipp
Was soll das, Bruder?! Willst du dich bei der Kleinen einschmeicheln, um an ihr Vermögen zu kommen?!
Wie ...?! Was redest du da für dummes Zeug?!
Ich wollte nur ihr Bestes ...
Ich werde ihr Vormund werden!
Willst du mir etwa erzählen, dass du dich auch um sie kümmern wollen würdest, wenn sie nicht reich wäre?!
... hu
Bu- hu
Niemand wird mich mehr beschützen.
... hu ...
Allein das Geld ist wichtig.
Ich bin nichts wert.
Buhu
Papa!
Mama!
Ich habe Angst!
Bu- huu!
Buhu
Ich habe Angst!
Ich habe solche Angst!!

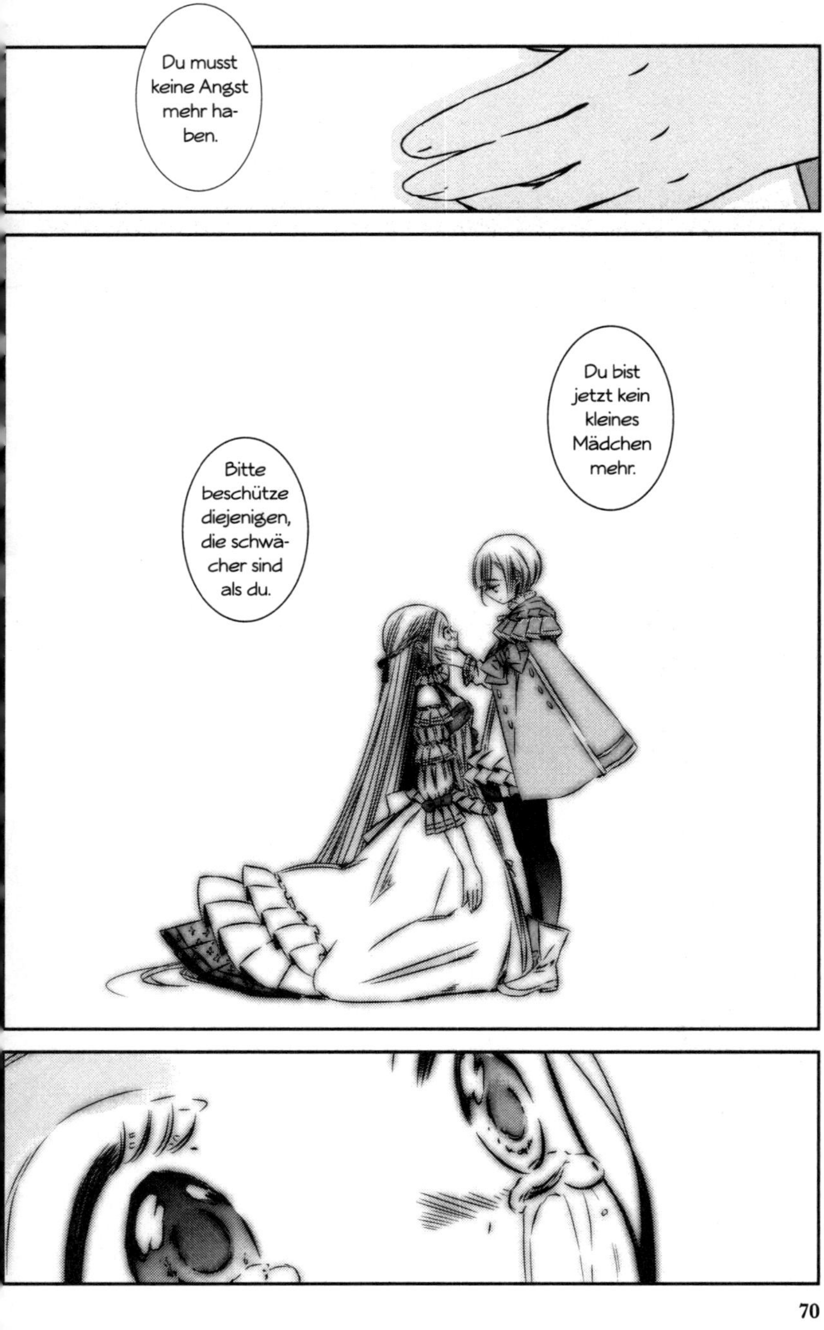

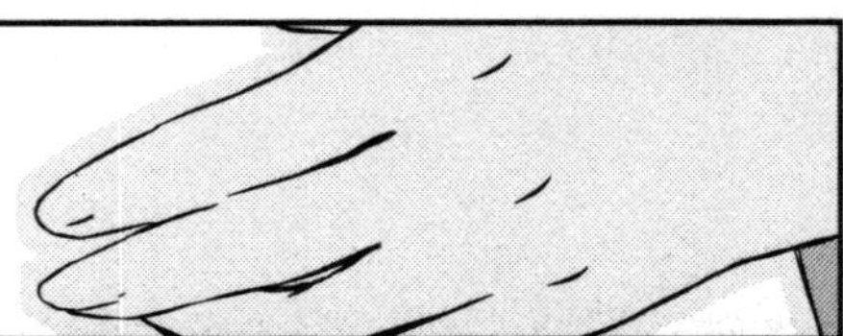

Du bist jetzt kein kleines Mädchen mehr.

Bitte beschütze diejenigen, die schwächer sind als du.

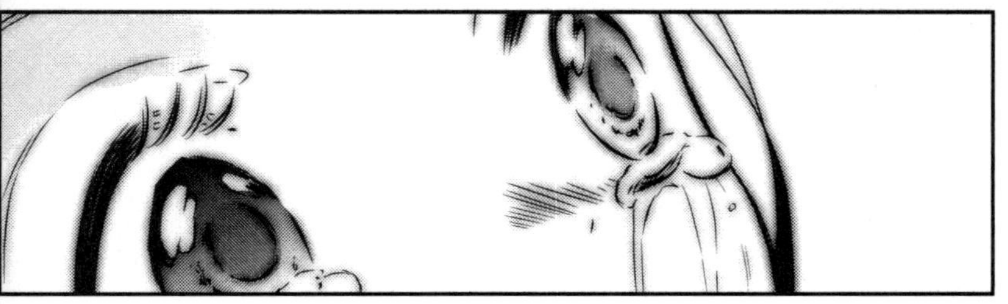

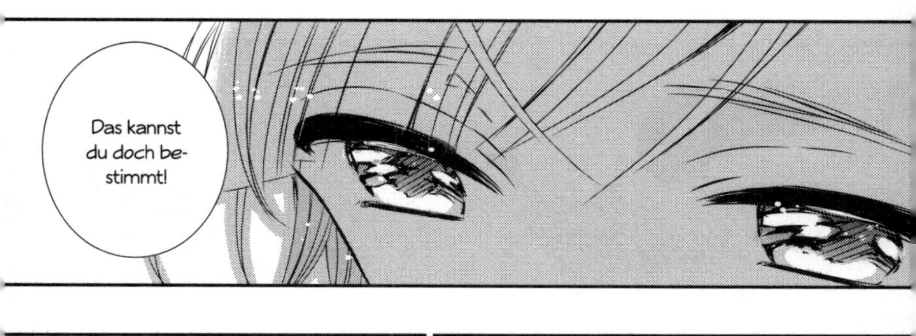

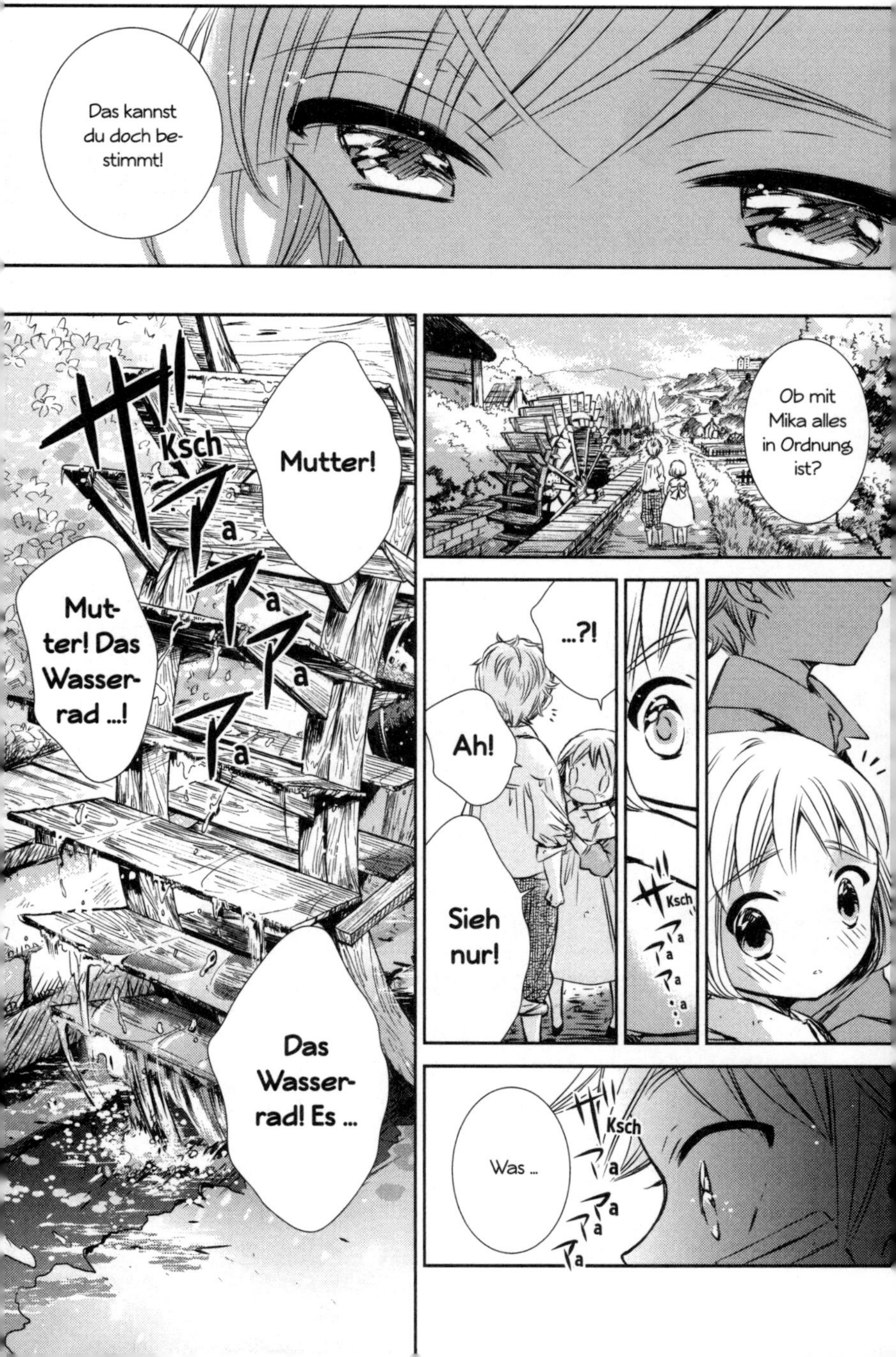

Ob mit Mika alles in Ordnung ist?

Ksch a a a a

...?!

Ah!

Sieh nur!

Was ...

Ksch a a a

Mutter!

Mutter! Das Wasserrad ...!

Das Wasserrad! Es ...

Ksch a a a a

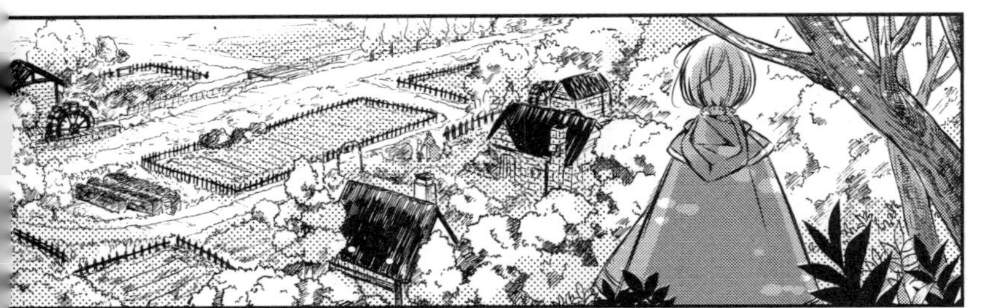

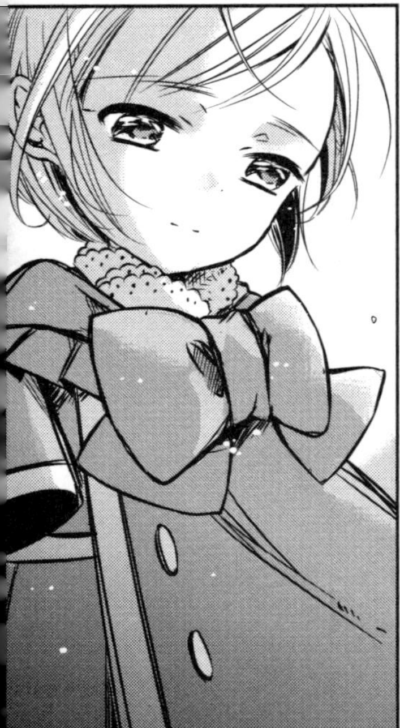

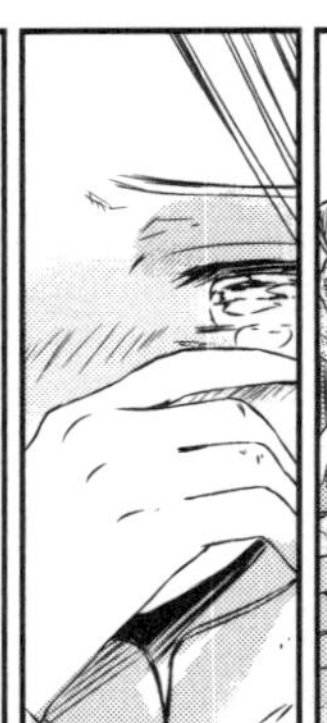

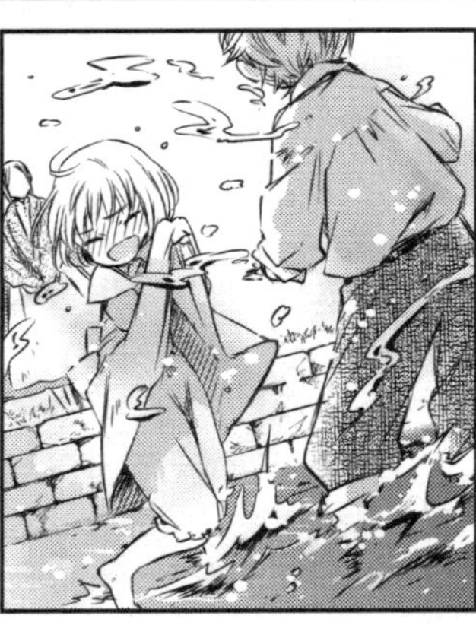

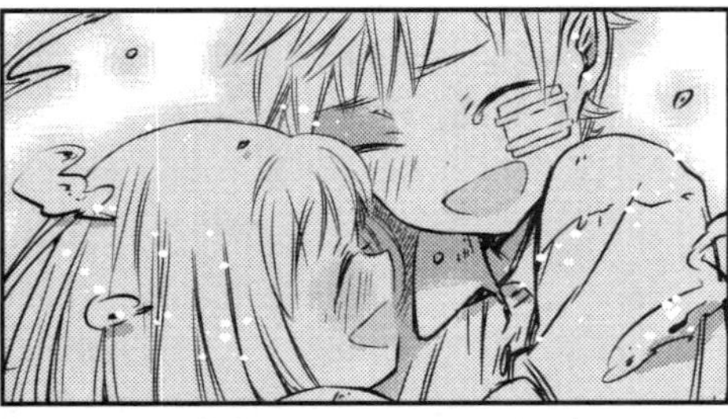

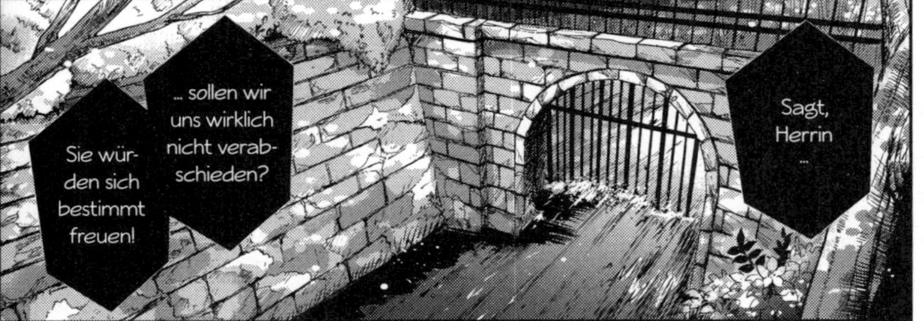
Sagt, Herrin …
… sollen wir uns wirklich nicht verabschieden?
Sie würden sich bestimmt freuen!

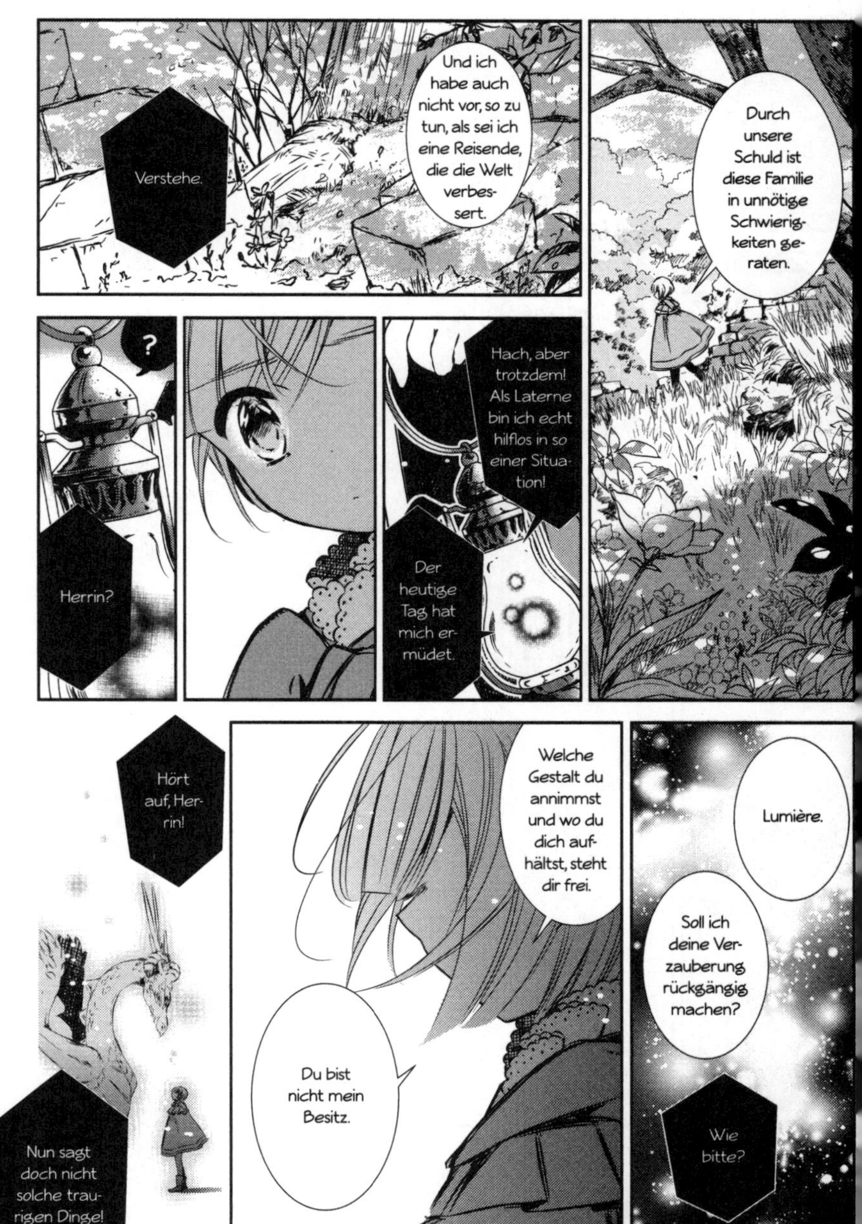

Durch unsere Schuld ist diese Familie in unnötige Schwierigkeiten geraten.
Und ich habe auch nicht vor, so zu tun, als sei ich eine Reisende, die die Welt verbessert.
Verstehe.
Hach, aber trotzdem! Als Laterne bin ich echt hilflos in so einer Situation!
Der heutige Tag hat mich ermüdet.
?
Herrin?
Lumière.
Soll ich deine Verzauberung rückgängig machen?
Wie bitte?
Welche Gestalt du annimmst und wo du dich aufhältst, steht dir frei.
Du bist nicht mein Besitz.
Hört auf, Herrin!
Nun sagt doch nicht solche traurigen Dinge!

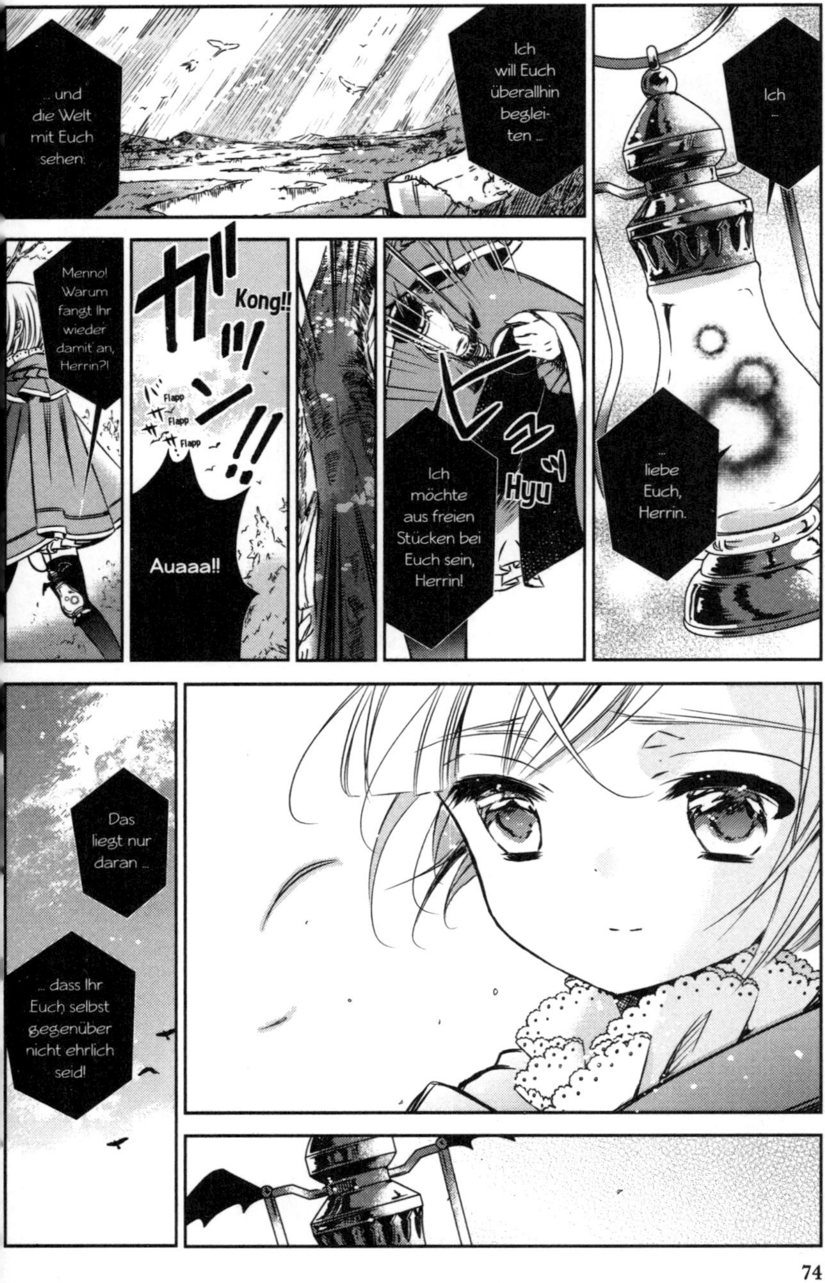

Ich ...
Ich will Euch überallhin beglei- ten ...
... und die Welt mit Euch sehen.
... liebe Euch, Herrin.
Ich möchte aus freien Stücken bei Euch sein, Herrin!
Hyu
Kong!!
Flapp
Flapp
Flapp
Auaaa!!
Menno! Warum fangt Ihr wieder damit an, Herrin?!
Das liegt nur daran ...
... dass Ihr Euch selbst gegenüber nicht ehrlich seid!

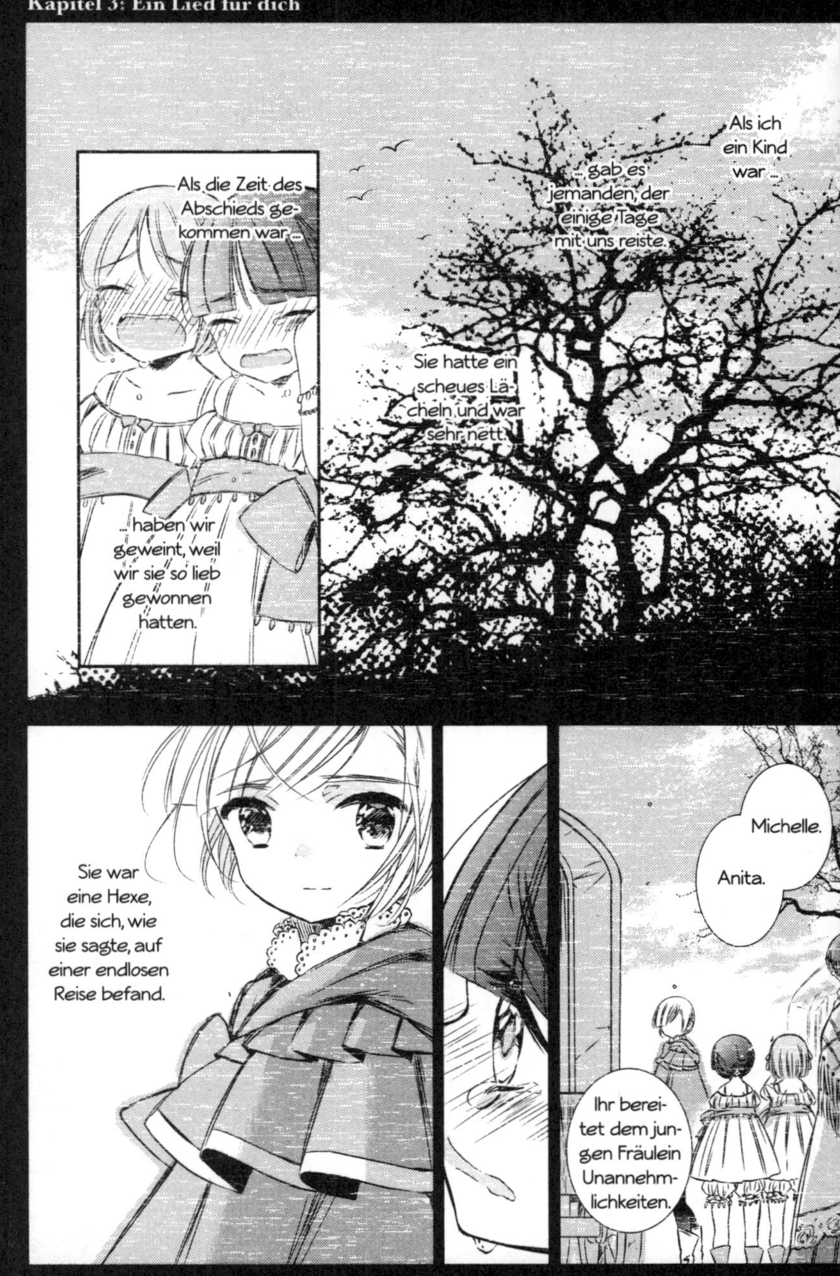
Als ich ein Kind war ...
... gab es jemanden, der einige Tage mit uns reiste.
Sie hatte ein scheues Lächeln und war sehr nett.
Als die Zeit des Abschieds gekommen war ...
... haben wir geweint, weil wir sie so lieb gewonnen hatten.
Michelle.
Anita.
Ihr bereitet dem jungen Fräulein Unannehmlichkeiten.
Sie war eine Hexe, die sich, wie sie sagte, auf einer endlosen Reise befand.

Kapitel 3: Ein Lied für dich

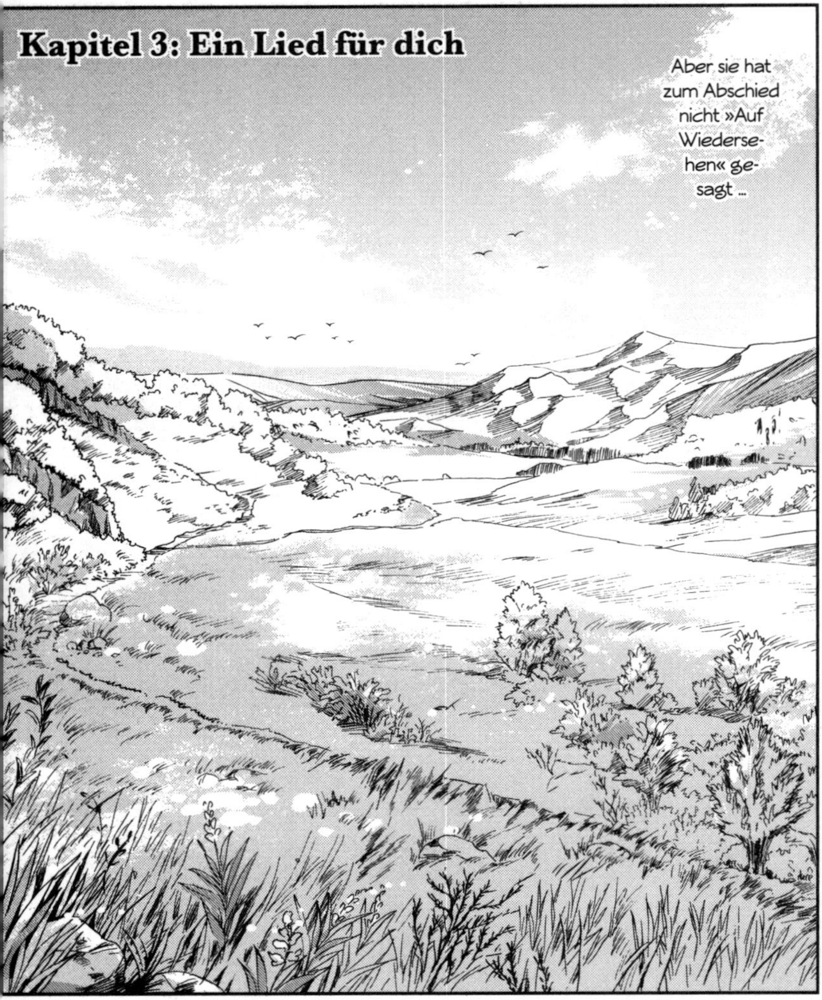

Aber sie hat zum Abschied nicht »Auf Wiederse-hen« ge-sagt ...

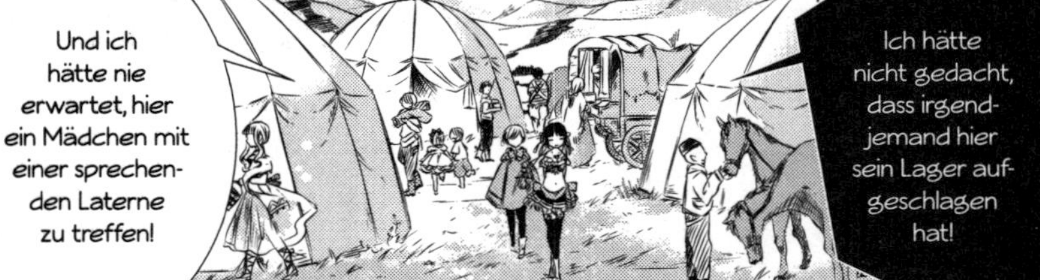

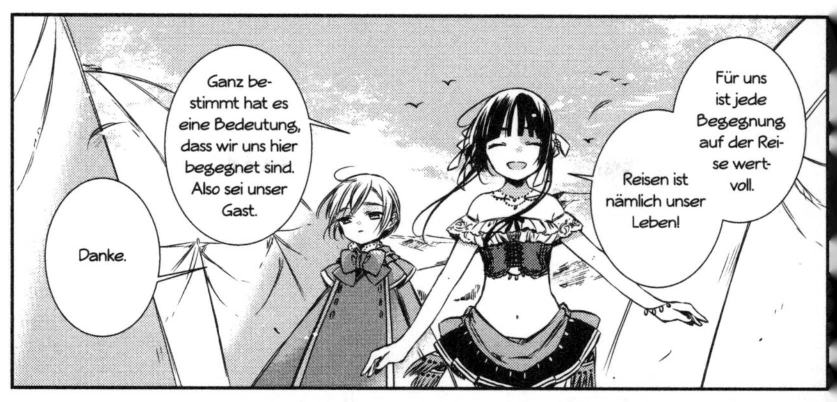

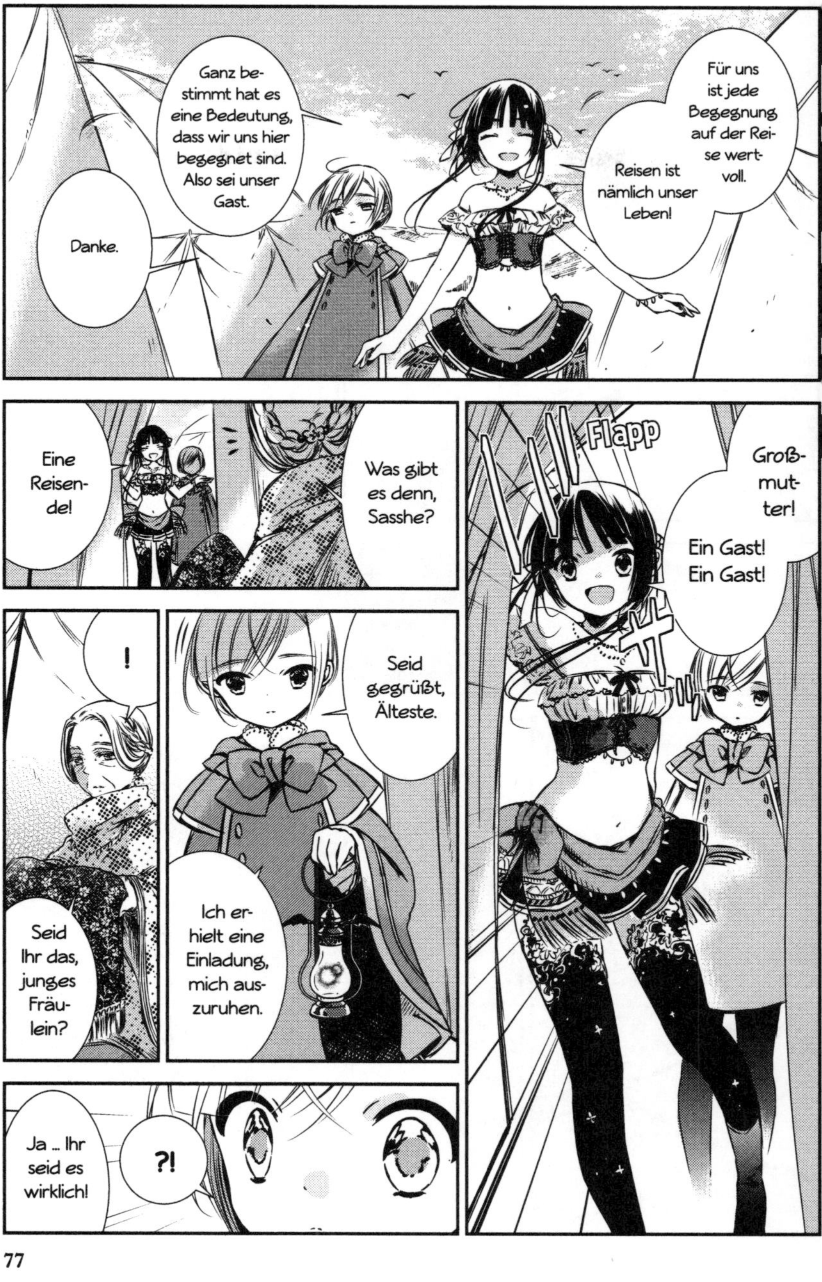

Flapp
Großmutter!
Ein Gast! Ein Gast!
Was gibt es denn, Sasshe?
Eine Reisende!
Seid gegrüßt, Älteste.
Ich erhielt eine Einladung, mich auszuruhen.
!
Seid Ihr das, junges Fräulein?
?!
Ja ... Ihr seid es wirklich!

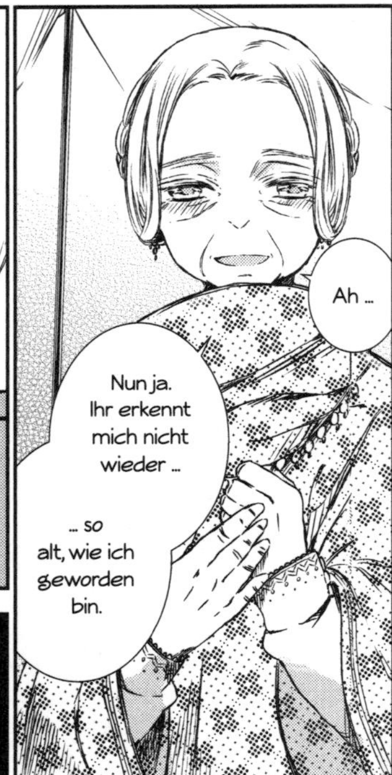

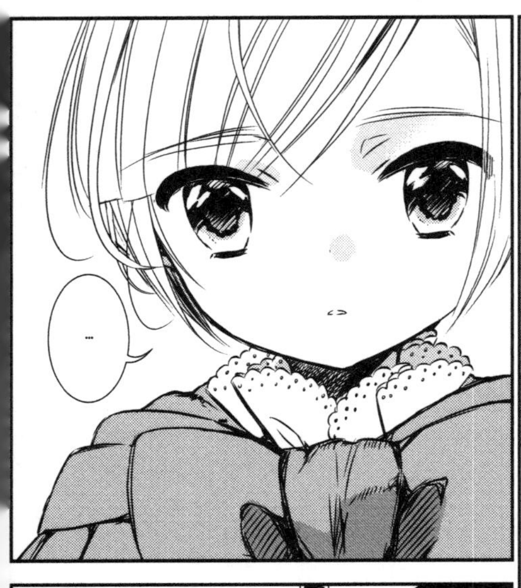

Ist das eine Bekannte von Euch, Herrin?

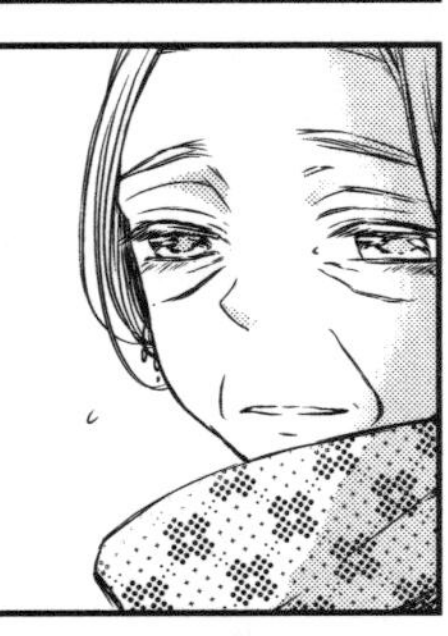

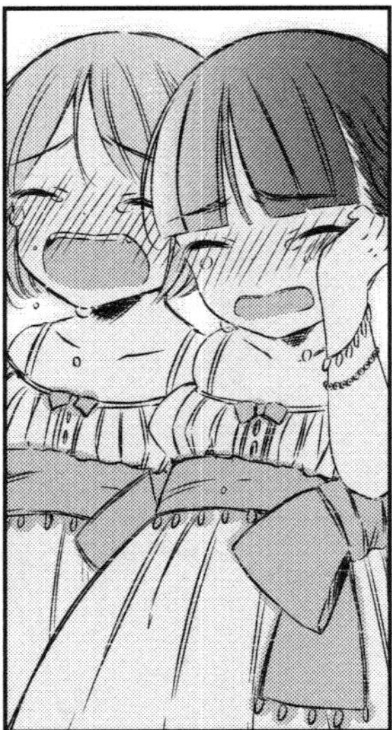

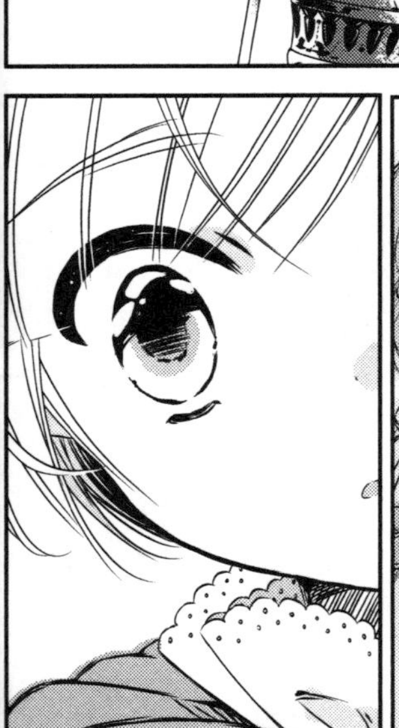

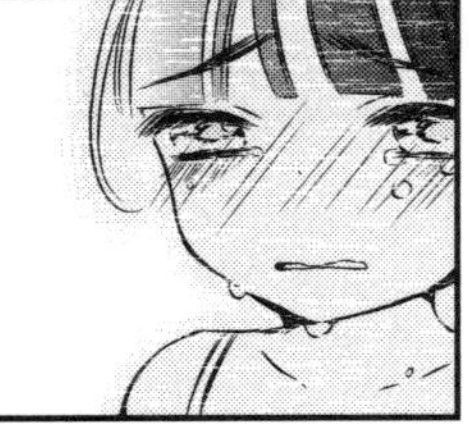

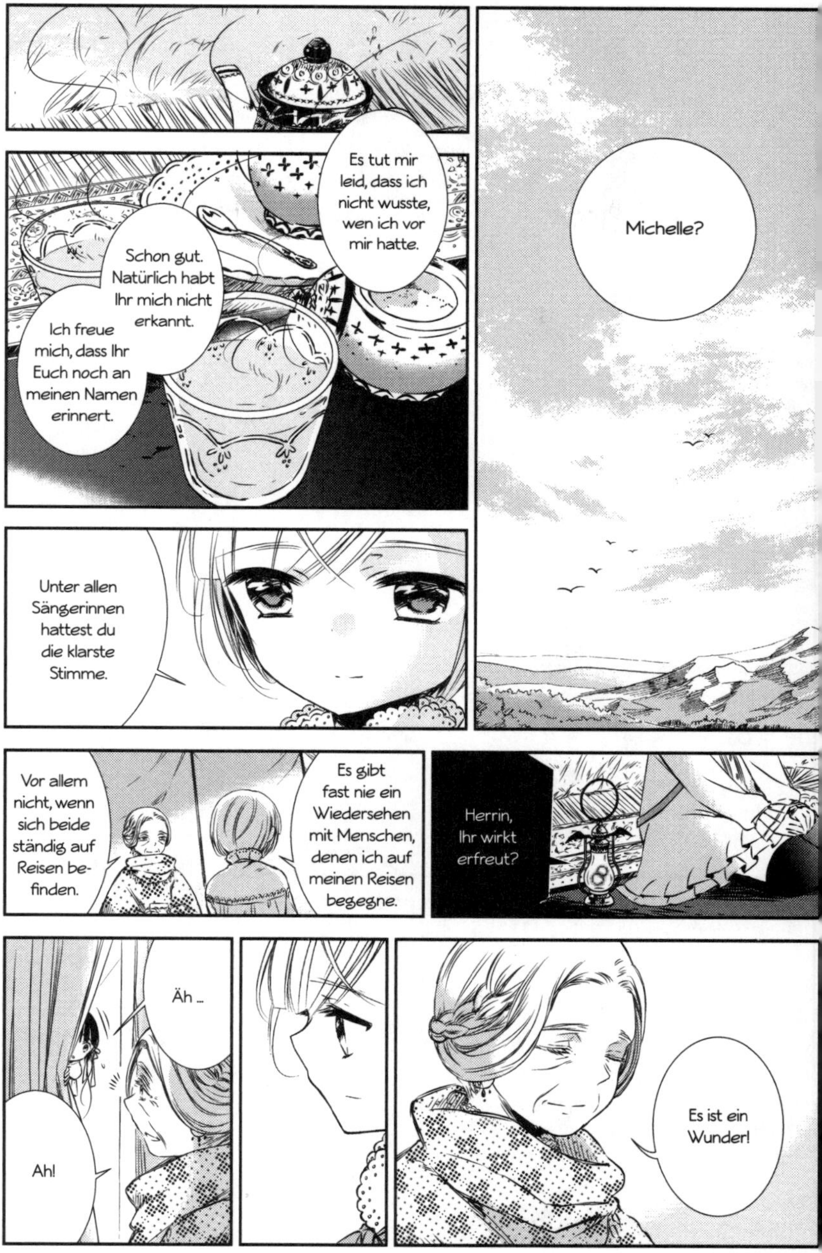

Michelle?

Es tut mir leid, dass ich nicht wusste, wen ich vor mir hatte.

Schon gut. Natürlich habt Ihr mich nicht erkannt.

Ich freue mich, dass Ihr Euch noch an meinen Namen erinnert.

Unter allen Sängerinnen hattest du die klarste Stimme.

Herrin, Ihr wirkt erfreut?

Es gibt fast nie ein Wiedersehen mit Menschen, denen ich auf meinen Reisen begegne.

Vor allem nicht, wenn sich beide ständig auf Reisen befinden.

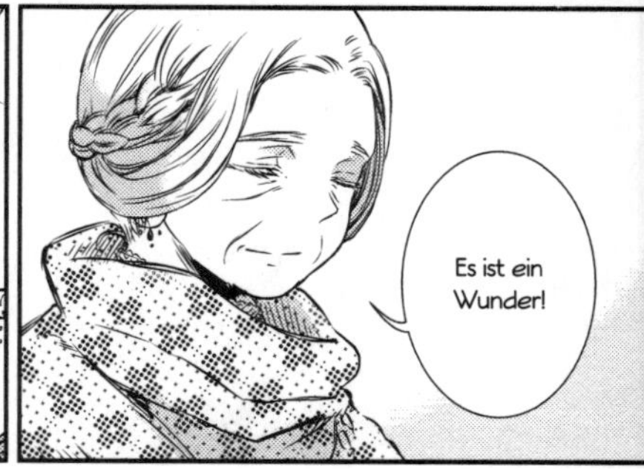

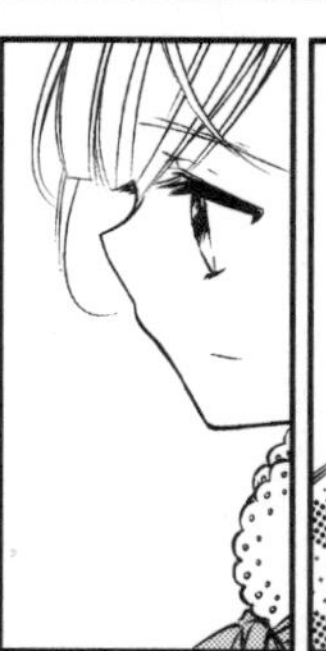

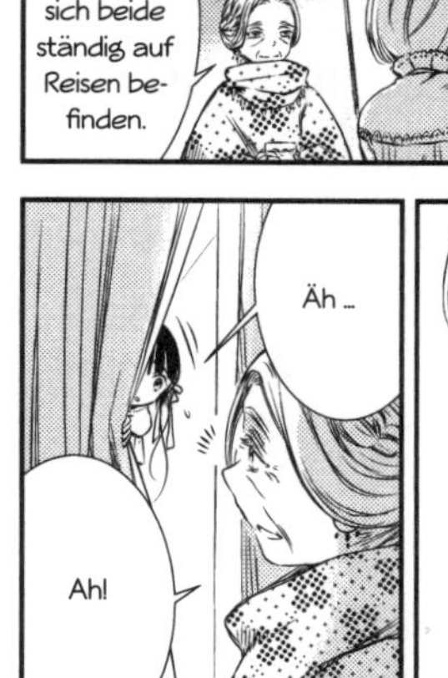

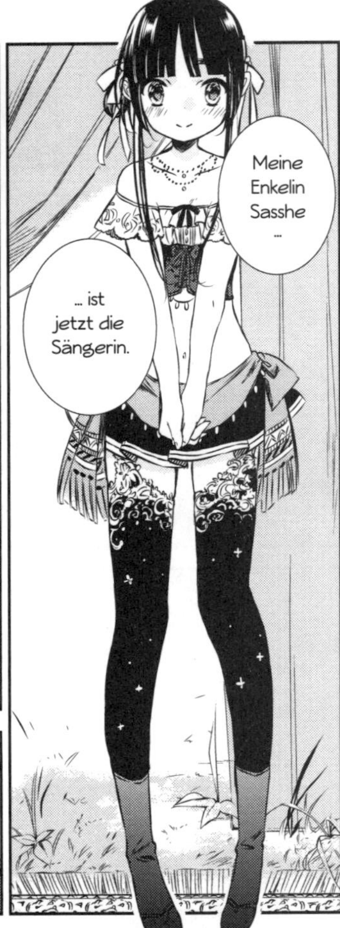
Meine Enkelin Sasshe ...
... ist jetzt die Sängerin.

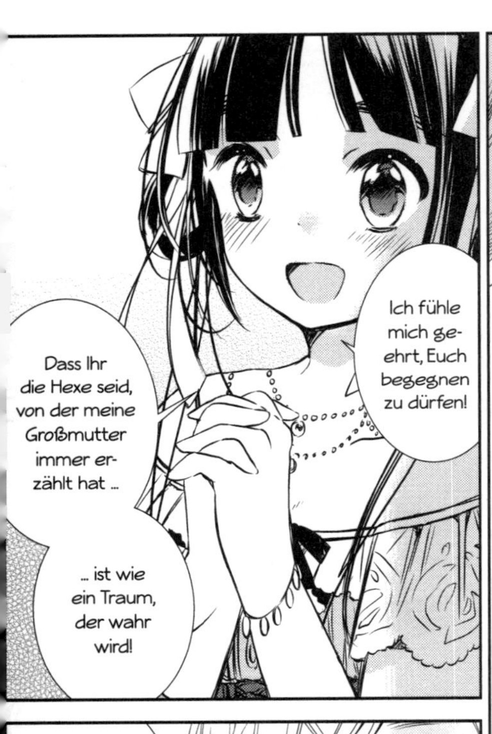
Ich fühle mich geehrt, Euch begegnen zu dürfen!
Dass Ihr die Hexe seid, von der meine Großmutter immer erzählt hat ...
... ist wie ein Traum, der wahr wird!

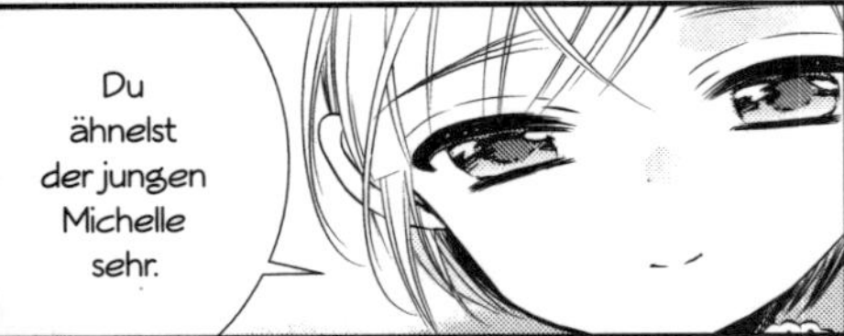
Du ähnelst der jungen Michelle sehr.

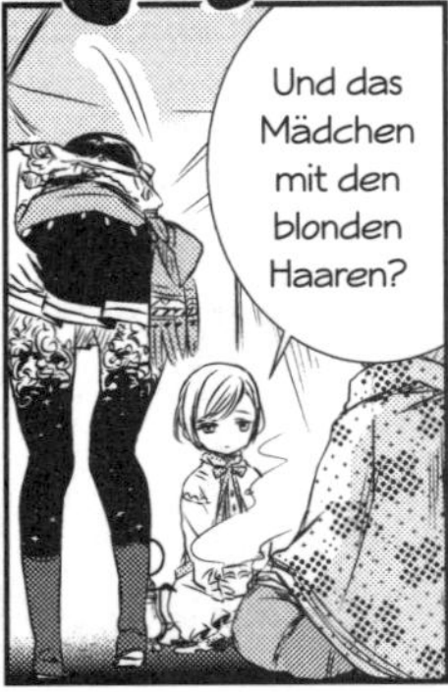
Und das Mädchen mit den blonden Haaren?

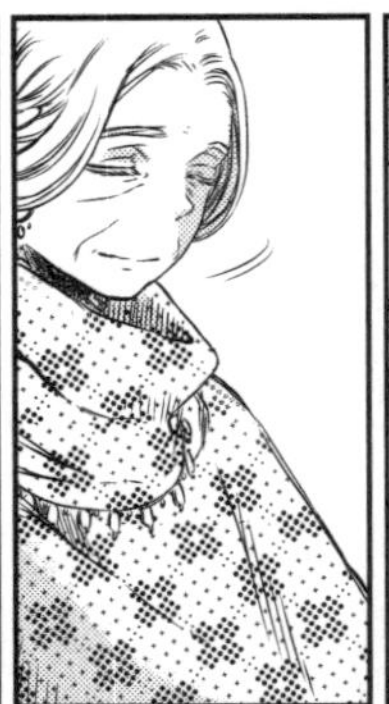

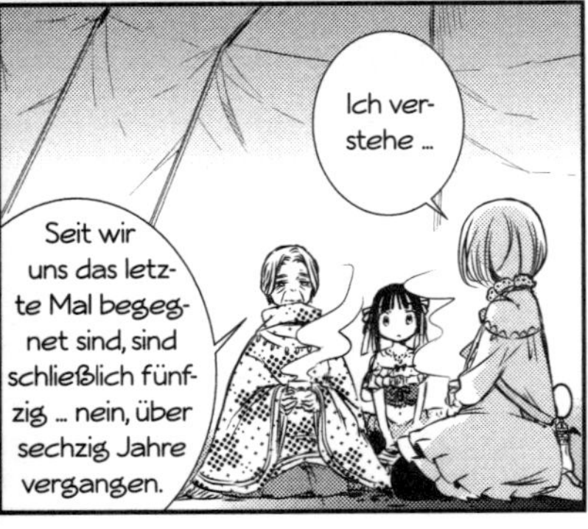
Ich verstehe ...
Seit wir uns das letzte Mal begegnet sind, sind schließlich fünfzig ... nein, über sechzig Jahre vergangen.

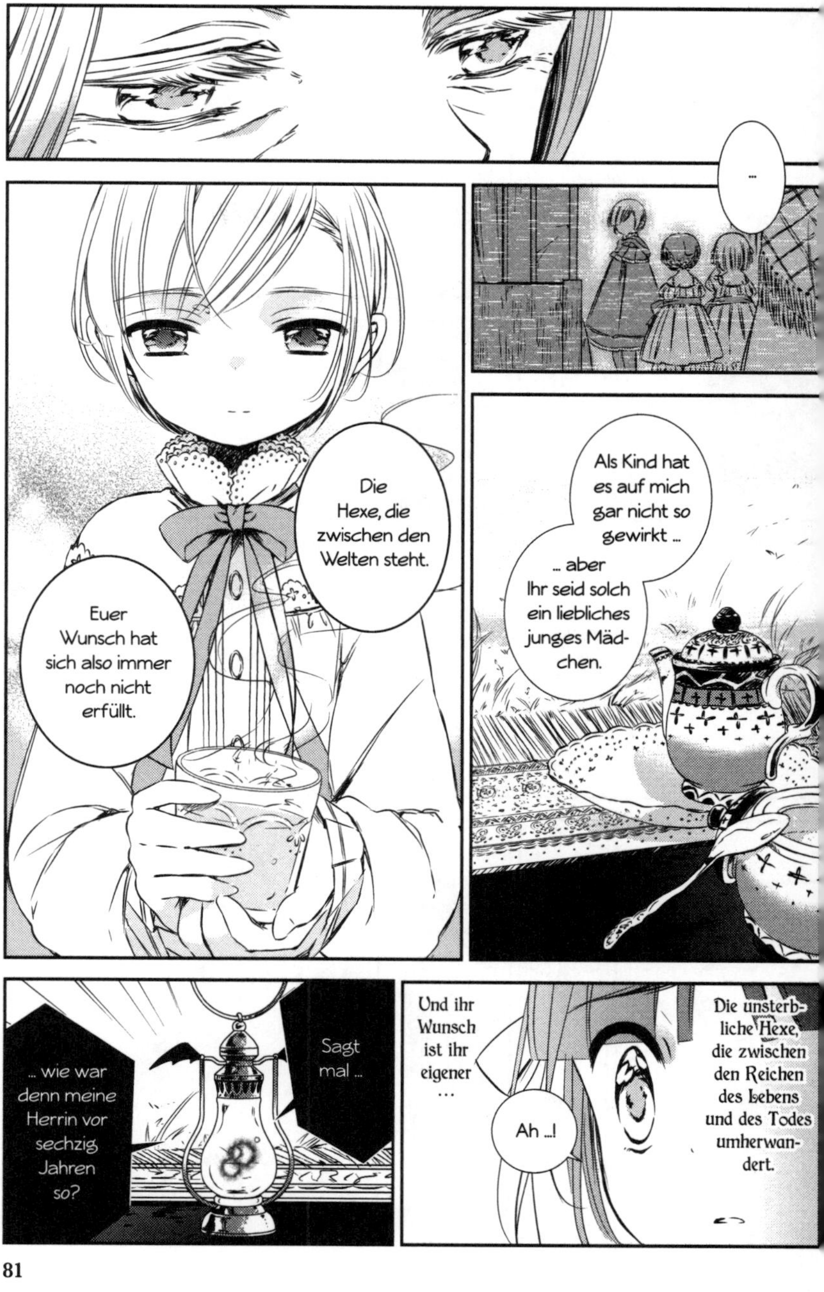

…

Als Kind hat es auf mich gar nicht so gewirkt …

… aber Ihr seid solch ein liebliches junges Mäd-chen.

Die Hexe, die zwischen den Welten steht.

Euer Wunsch hat sich also immer noch nicht erfüllt.

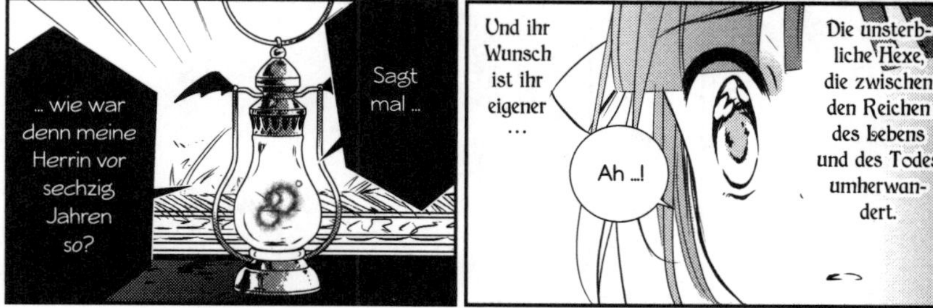

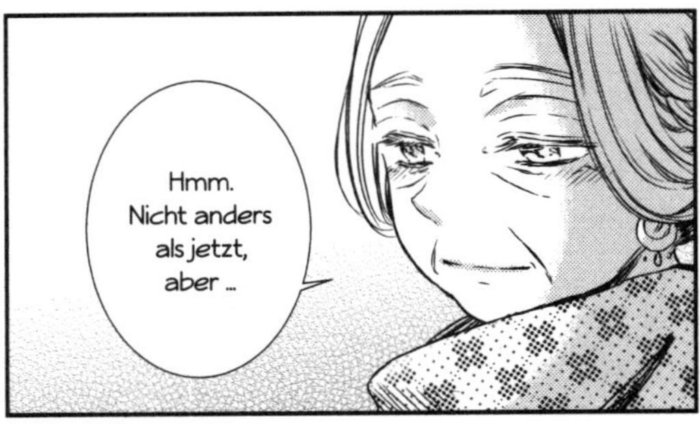
Hmm.
Nicht anders als jetzt, aber ...

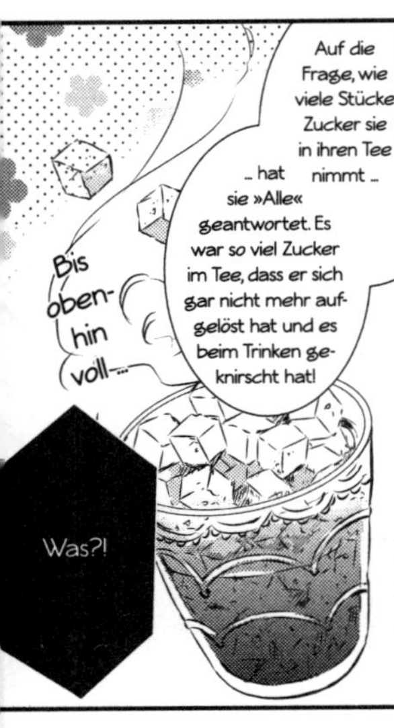
Auf die Frage, wie viele Stücke Zucker sie in ihren Tee nimmt ... hat sie »Alle« geantwortet. Es war so viel Zucker im Tee, dass er sich gar nicht mehr aufgelöst hat und es beim Trinken geknirscht hat!
Bis obenhin voll-...
Was?!

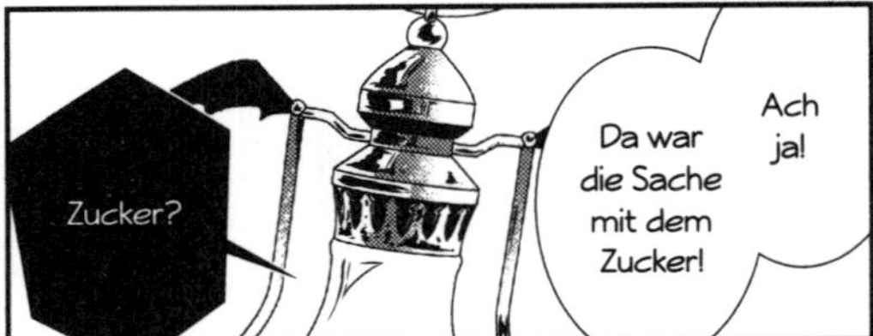
Ach ja!
Da war die Sache mit dem Zucker!
Zucker?

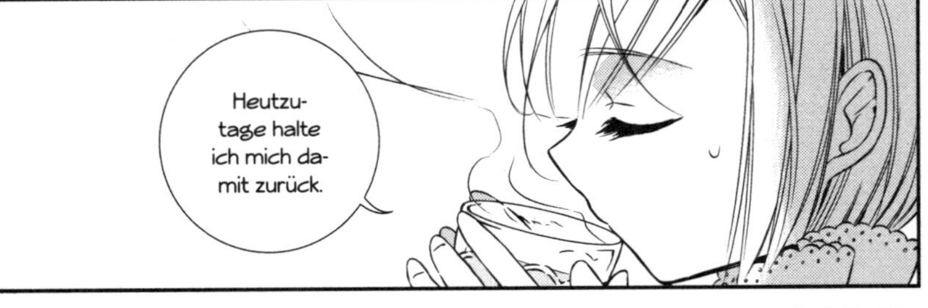
Heutzutage halte ich mich damit zurück.

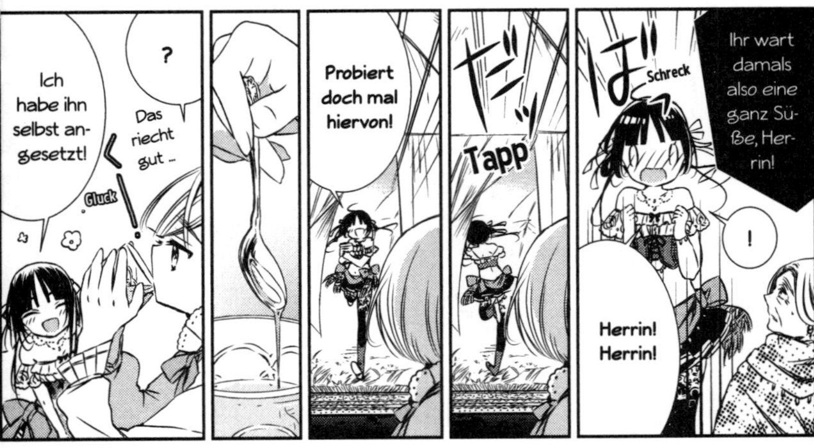
Ihr wart damals also eine ganz Süße, Herrin!
Schreck
!
Herrin! Herrin!
Tapp
Probiert doch mal hiervon!
?
Das riecht gut ...
Ich habe ihn selbst angesetzt!
Gluck

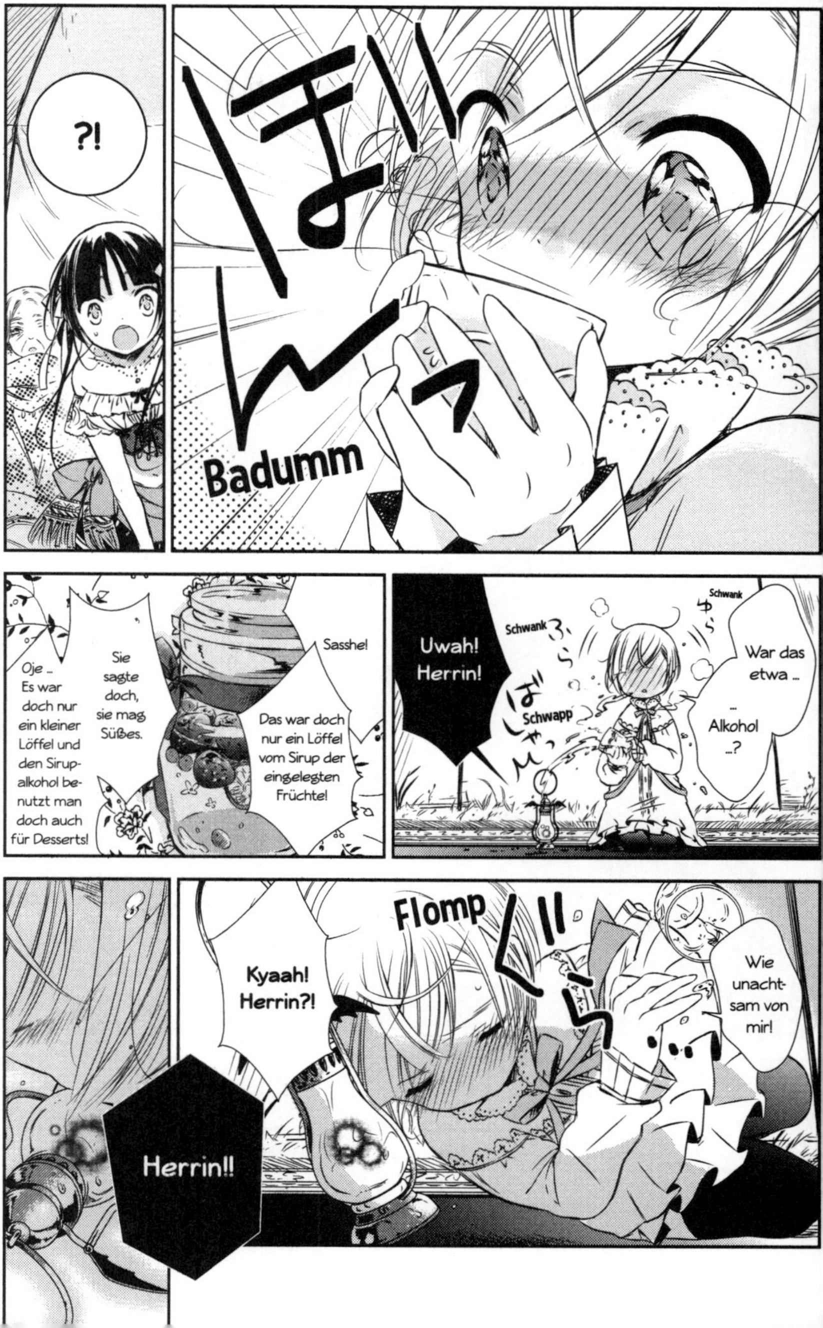

Badumm

?!

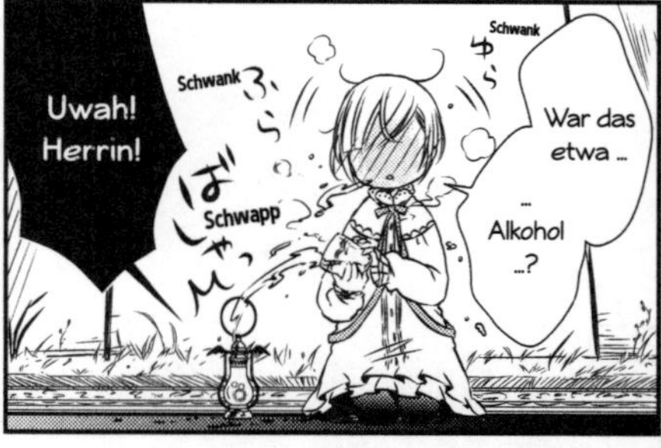
Schwank
War das etwa ...
... Alkohol ...?
Schwank
Uwah! Herrin!
Schwapp

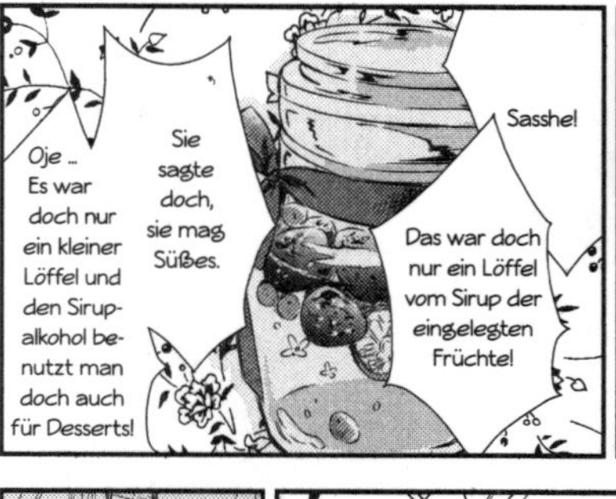
Sasshe!
Das war doch nur ein Löffel vom Sirup der eingelegten Früchte!
Sie sagte doch, sie mag Süßes.
Oje ... Es war doch nur ein kleiner Löffel und den Sirupalkohol benutzt man doch auch für Desserts!

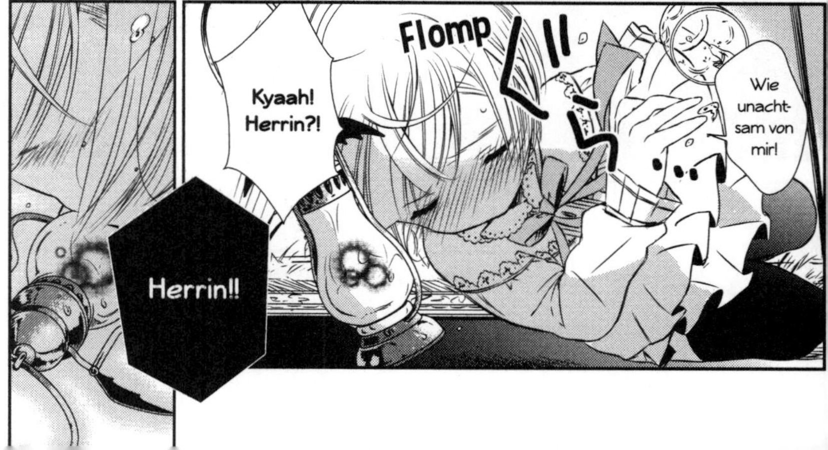
Wie unachtsam von mir!
Flomp
Kyaah! Herrin?!
Herrin!!

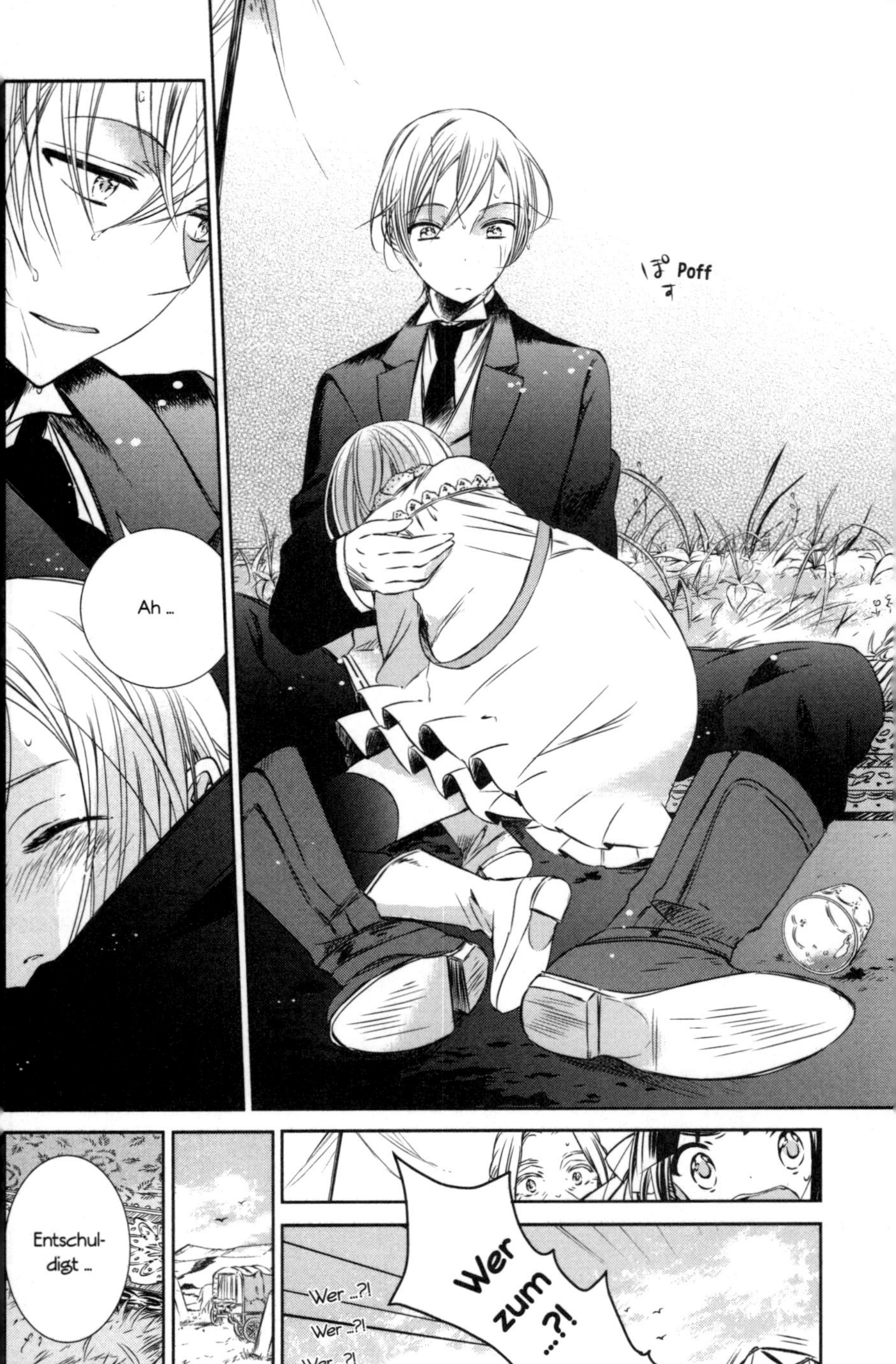
ぽす Poff
Ah ...
Wer zum ...?!
Wer ...?!
Wer ...?!
Wer ...?!
Entschul-
digt ...

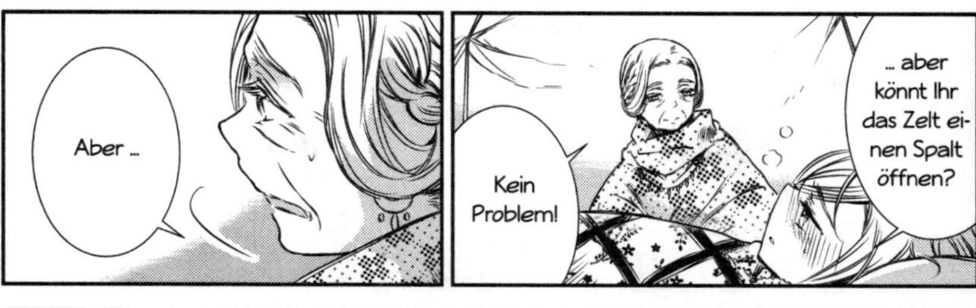
... aber könnt Ihr das Zelt einen Spalt öffnen?
Kein Problem!
Aber ...

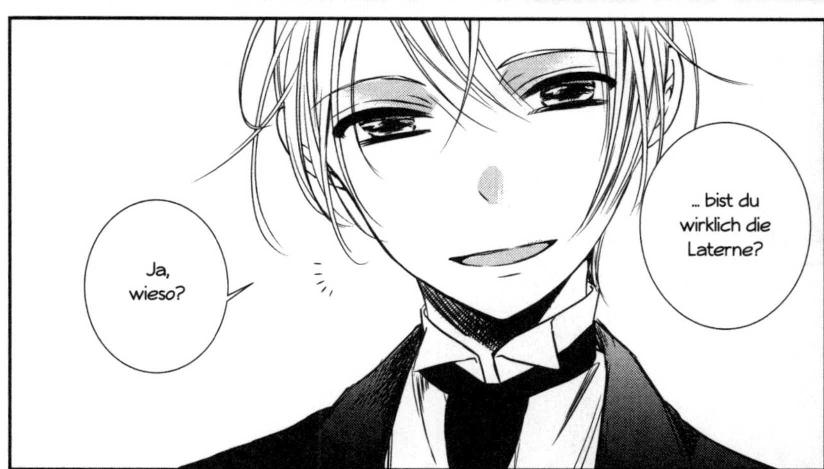
... bist du wirklich die Laterne?
Ja, wieso?

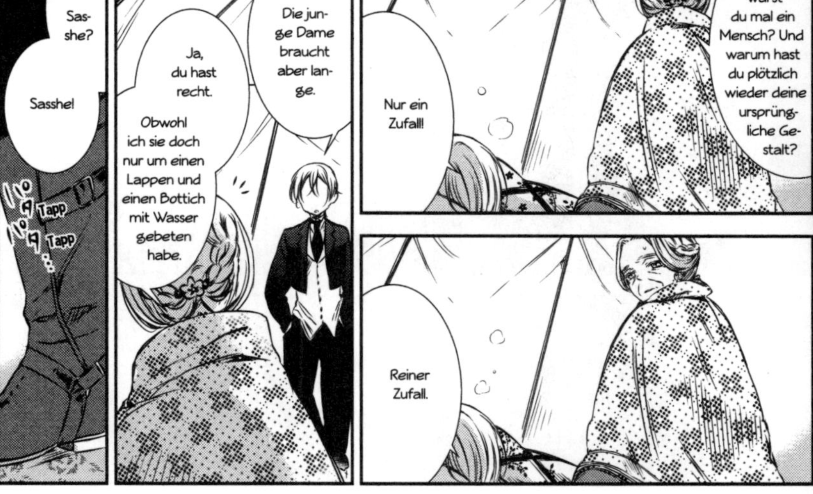
Warst du mal ein Mensch? Und warum hast du plötzlich wieder deine ursprüngliche Gestalt?
Nur ein Zufall!
Reiner Zufall.
Die junge Dame braucht aber lange.
Ja, du hast recht.
Obwohl ich sie doch nur um einen Lappen und einen Bottich mit Wasser gebeten habe.
Sasshe?
Sasshe!
Tapp
Tapp

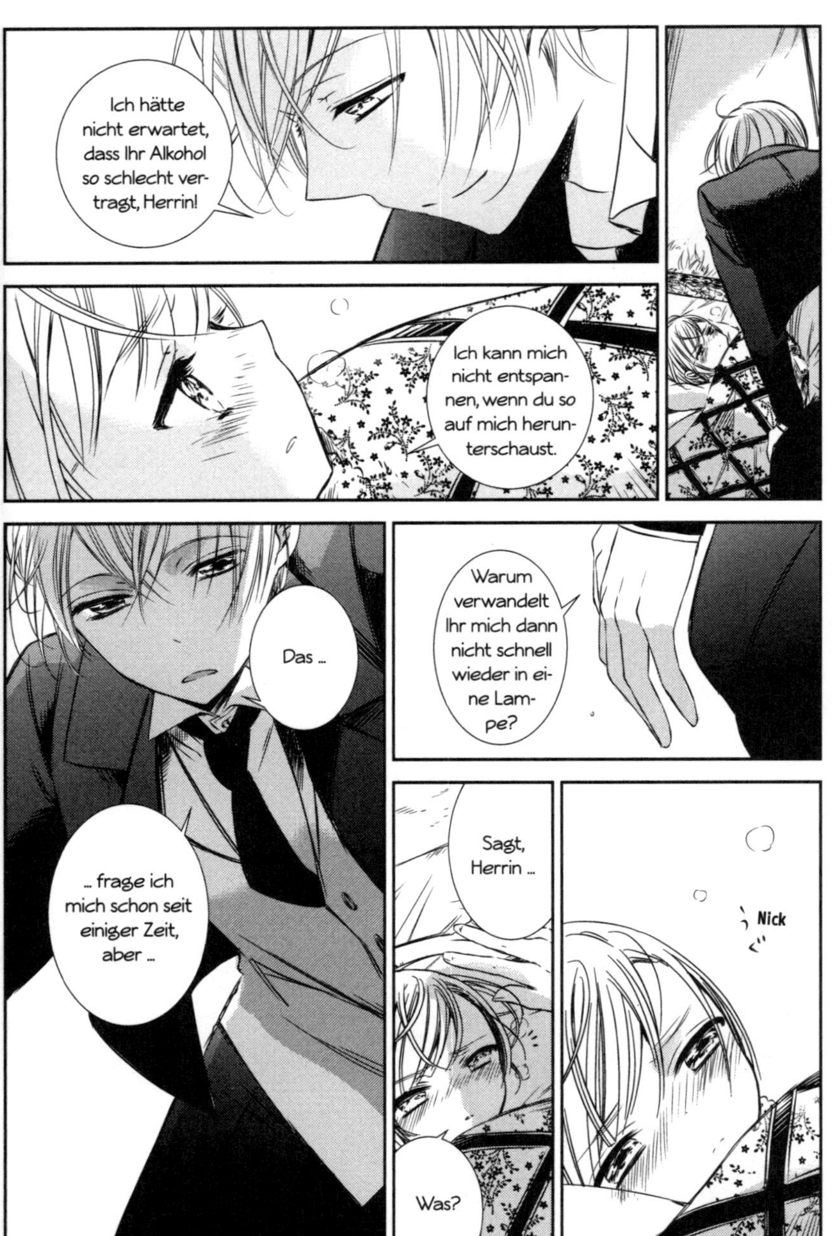

Ich hätte nicht erwartet, dass Ihr Alkohol so schlecht vertragt, Herrin!
Ich kann mich nicht entspannen, wenn du so auf mich herunterschaust.
Warum verwandelt Ihr mich dann nicht schnell wieder in eine Lampe?
Das ...
... frage ich mich schon seit einiger Zeit, aber ...
Nick
Sagt, Herrin ...
Was?

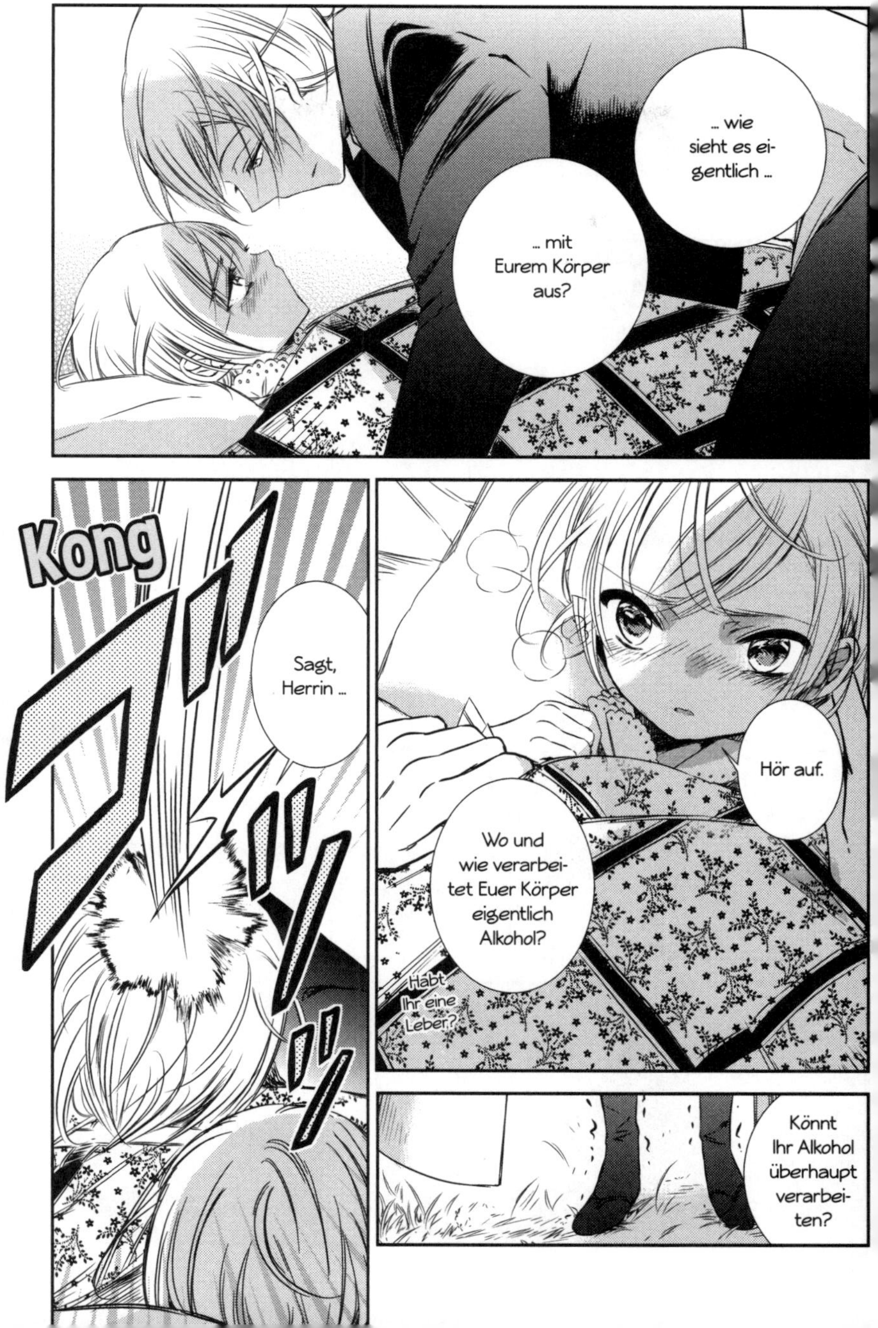

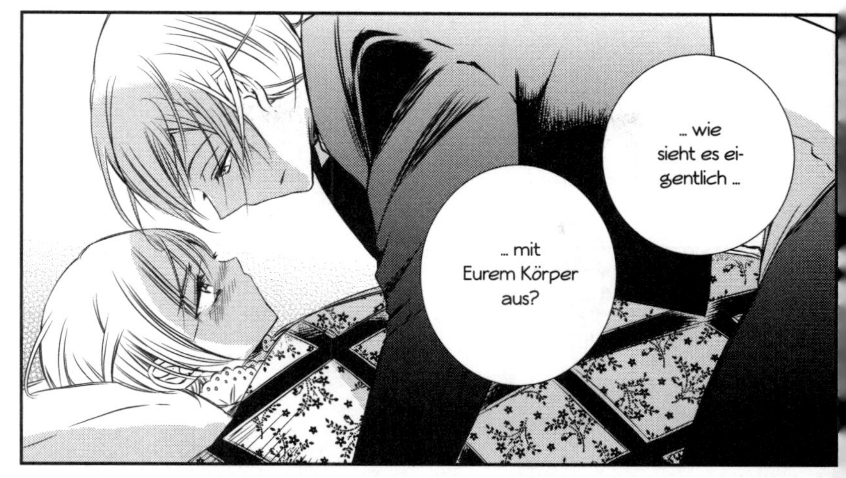
... wie sieht es eigentlich ...
... mit Eurem Körper aus?

Hör auf.
Wo und wie verarbeitet Euer Körper eigentlich Alkohol?
Habt Ihr eine Leber?
Könnt Ihr Alkohol überhaupt verarbeiten?
Sagt, Herrin ...
Kong

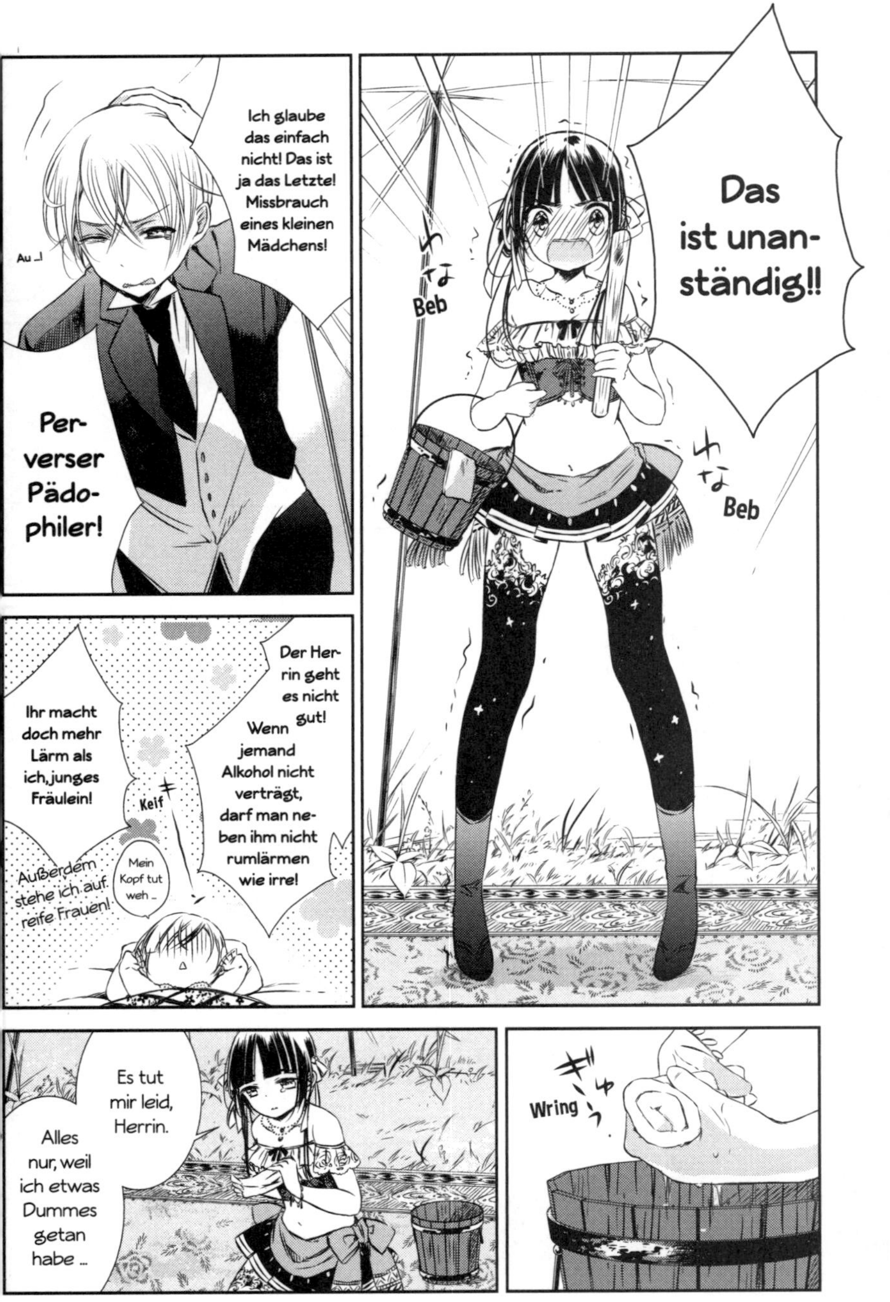

Das ist unanständig!!

Beb

Beb

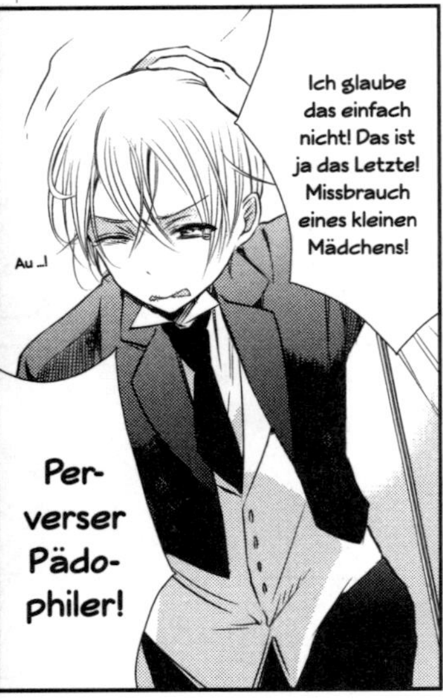

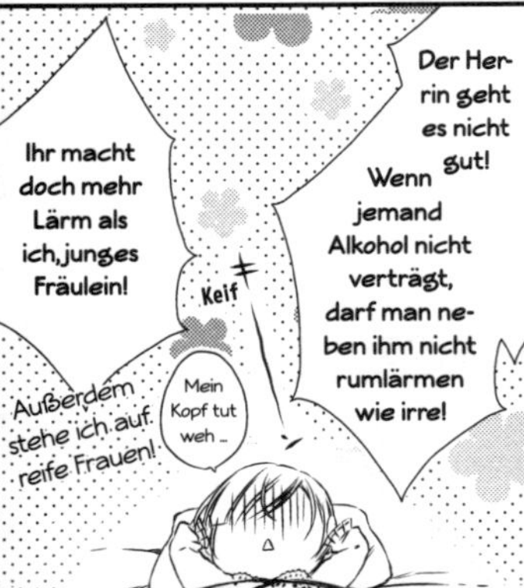

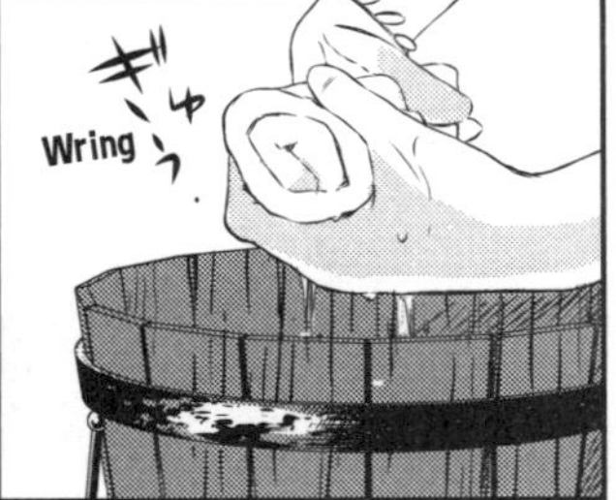

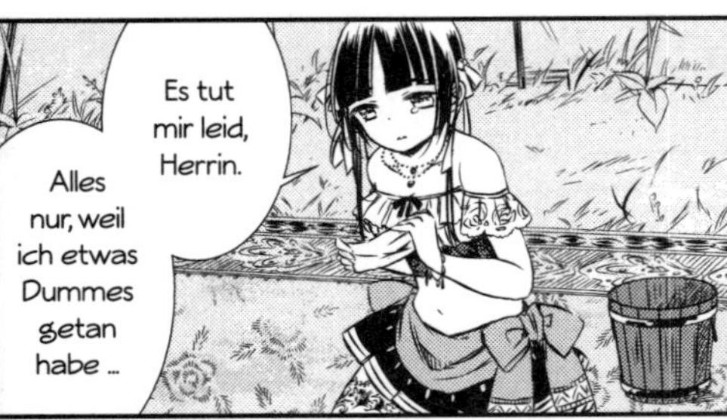

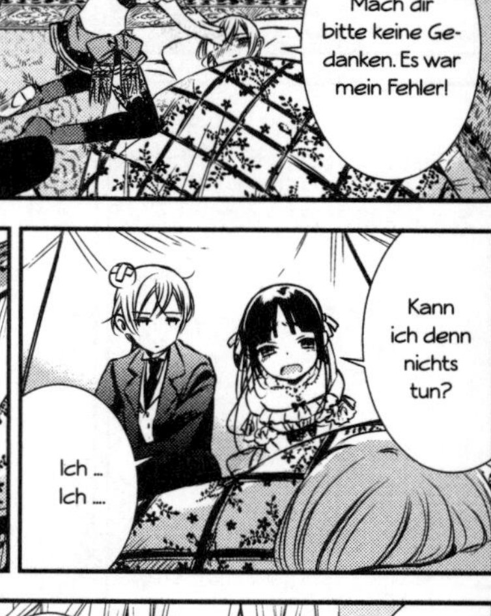
Mach dir bitte keine Gedanken. Es war mein Fehler!
Ein bisschen Ruhe und es geht wieder!
Kann ich denn nichts tun?
Ich ... Ich ...

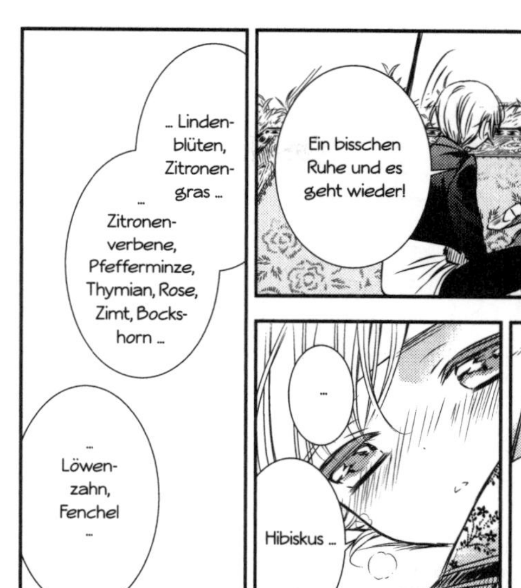
...
Hibiskus ...
... Lindenblüten, Zitronengras ... ... Zitronenverbene, Pfefferminze, Thymian, Rose, Zimt, Bockshorn ...
... Löwenzahn, Fenchel ...

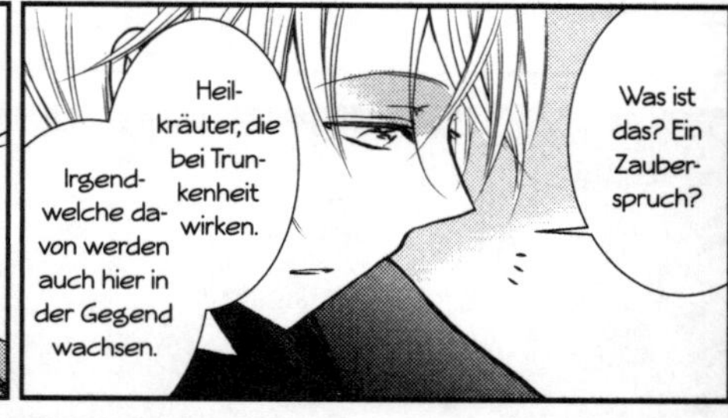
Was ist das? Ein Zauberspruch?
Heilkräuter, die bei Trunkenheit wirken.
Irgendwelche davon werden auch hier in der Gegend wachsen.

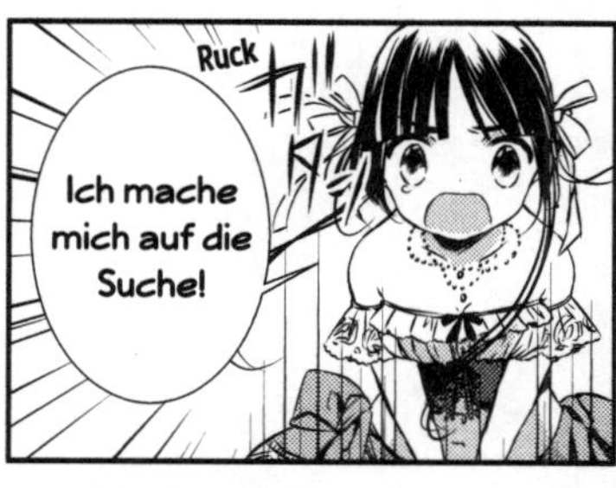
Ruck
Ich mache mich auf die Suche!

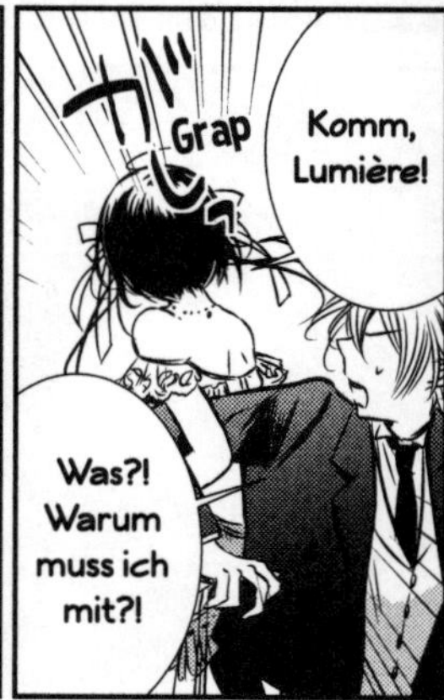
Komm, Lumière!
Grap
Was?! Warum muss ich mit?!

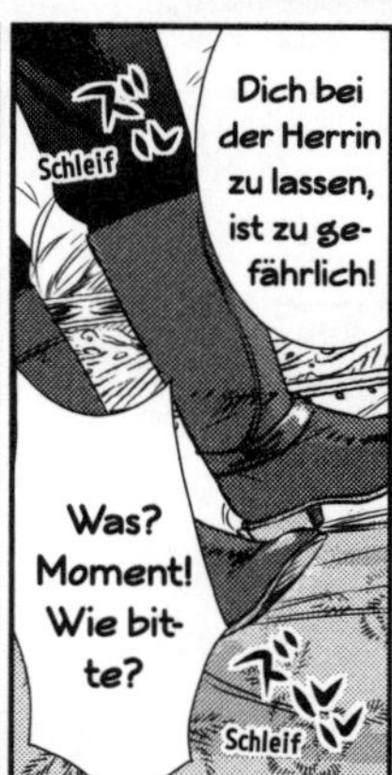
Dich bei der Herrin zu lassen, ist zu gefährlich!
Schleif
Was? Moment! Wie bitte?
Schleif

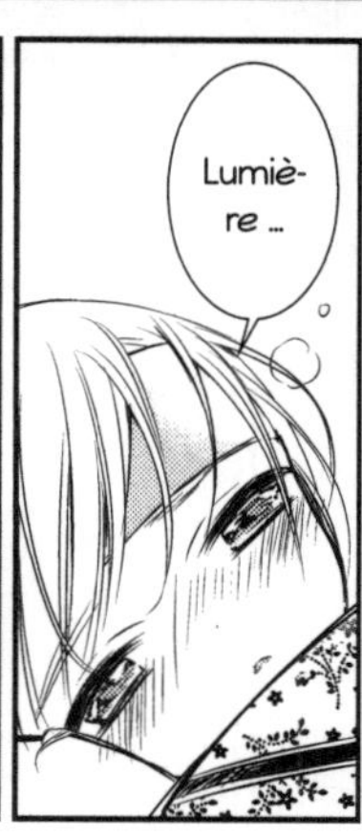
Lumière ...

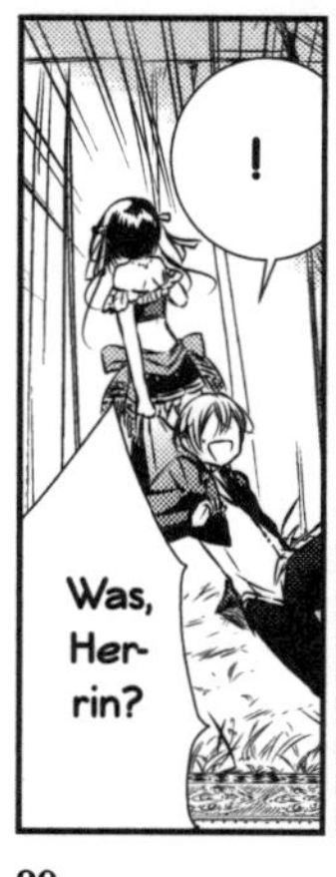
!
Was, Herrin?

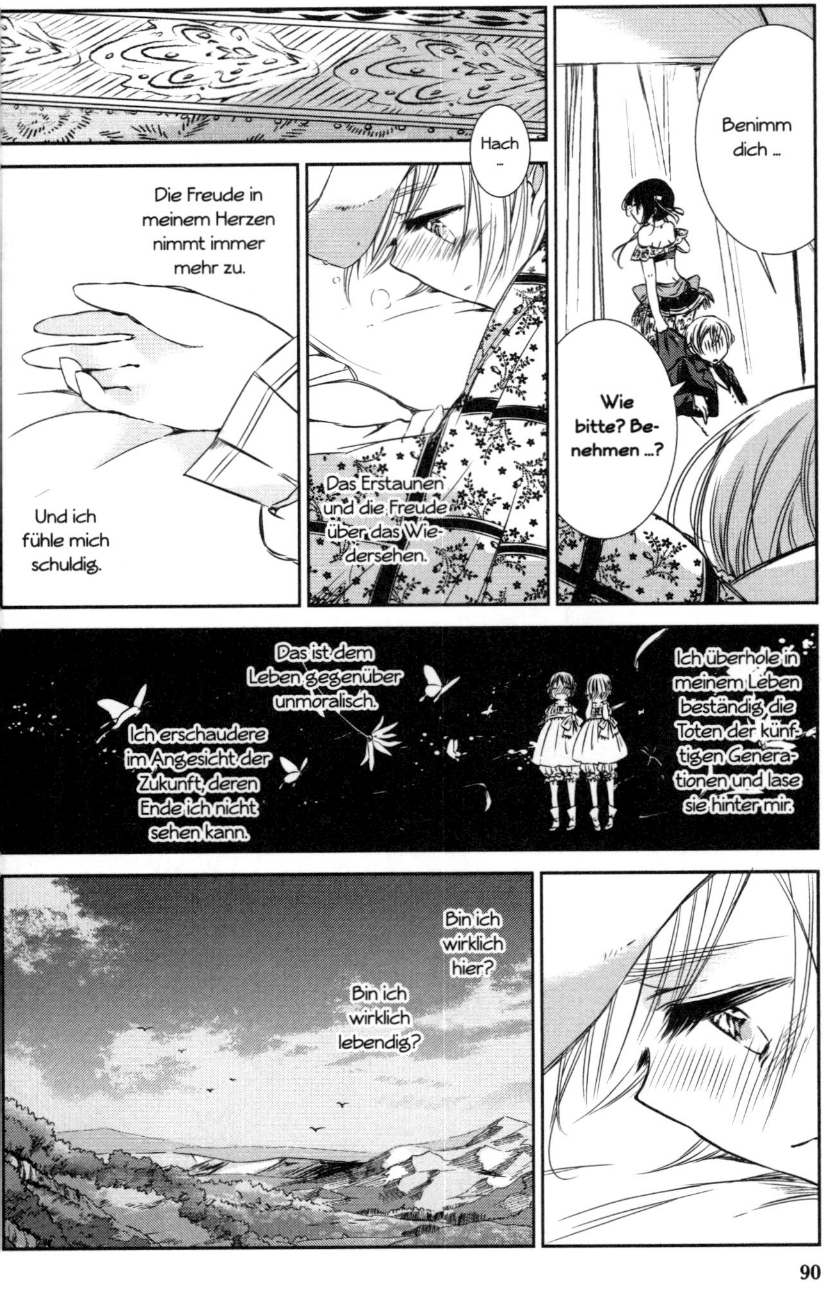

Benimm dich ...

Hach ...

Wie bitte? Benehmen ...?

Das Erstaunen und die Freude über das Wiedersehen.

Die Freude in meinem Herzen nimmt immer mehr zu.

Und ich fühle mich schuldig.

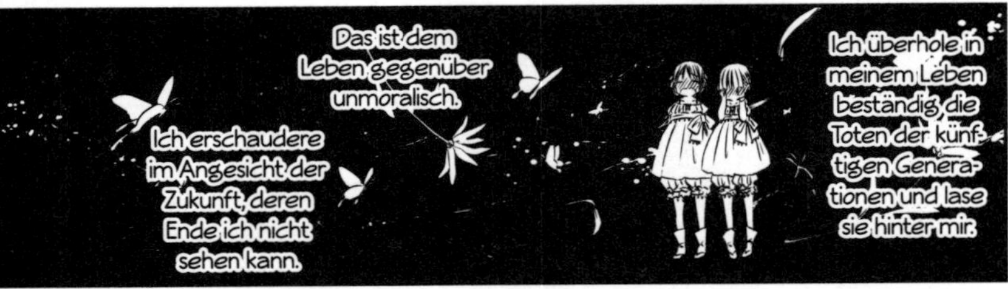

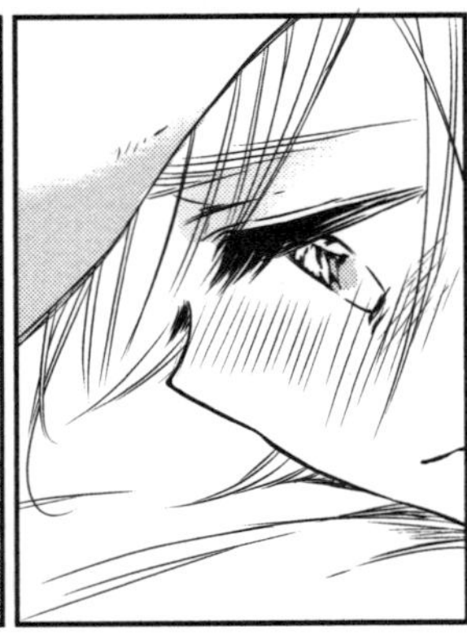

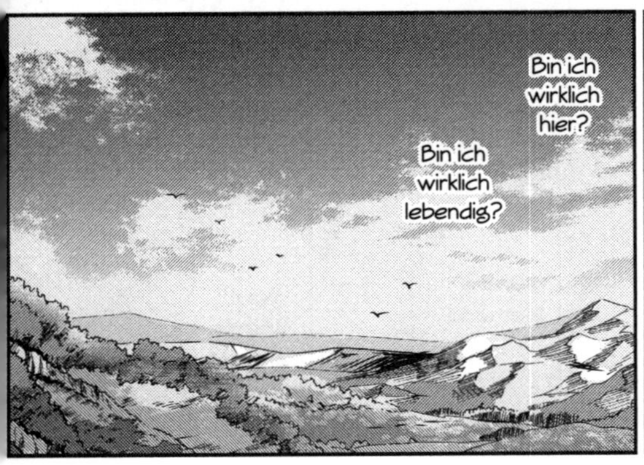

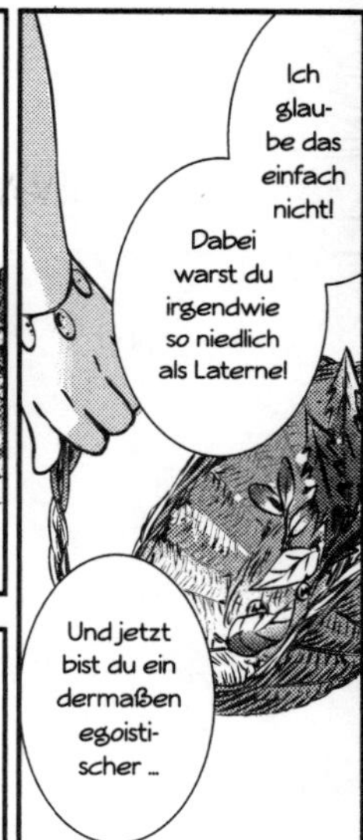
Ich glaube das einfach nicht!
Dabei warst du irgendwie so niedlich als Laterne!
Und jetzt bist du ein dermaßen egoistischer ...

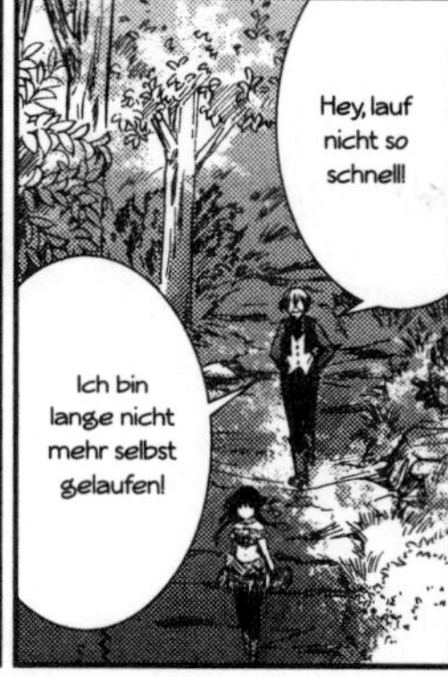
Hey, lauf nicht so schnell!
Ich bin lange nicht mehr selbst gelaufen!

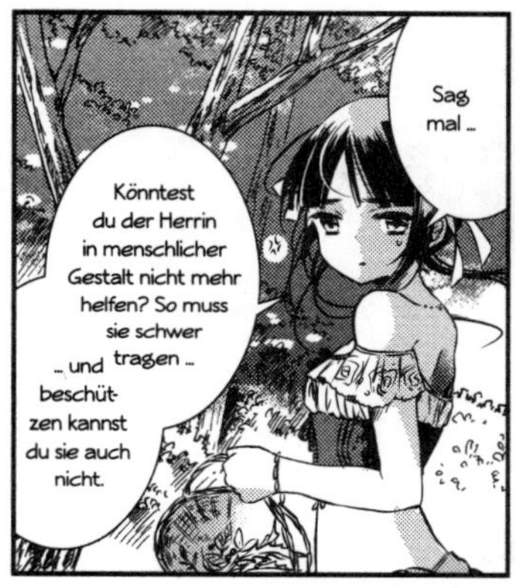
Sag mal ...
Könntest du der Herrin in menschlicher Gestalt nicht mehr helfen? So muss sie schwer tragen ...
... und beschützen kannst du sie auch nicht.

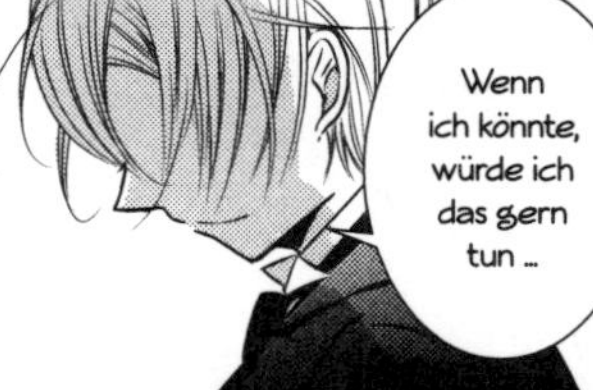
Wenn ich könnte, würde ich das gern tun ...

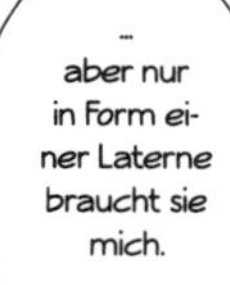
... aber nur in Form einer Laterne braucht sie mich.

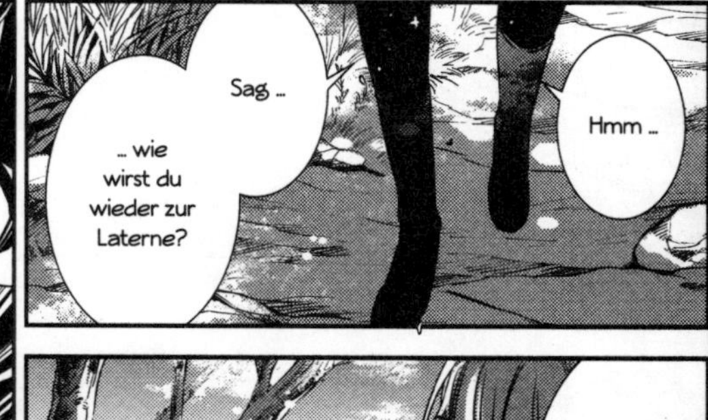
Hmm ...
Sag ...
... wie wirst du wieder zur Laterne?

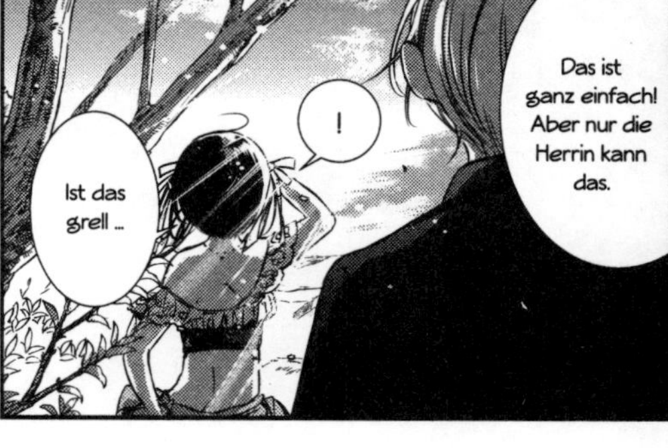
Das ist ganz einfach! Aber nur die Herrin kann das.
!
Ist das grell ...

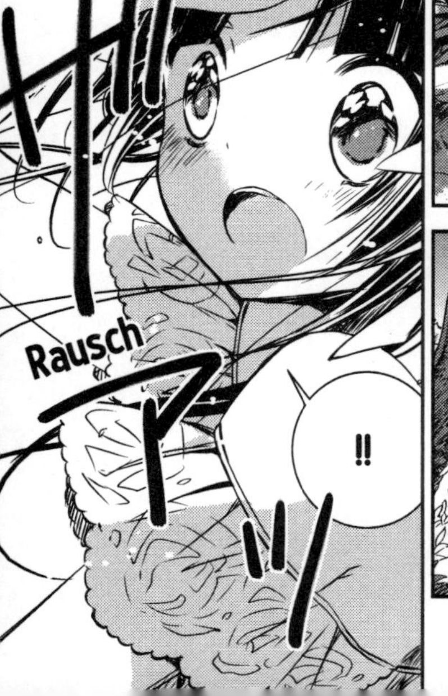
!!
Rausch

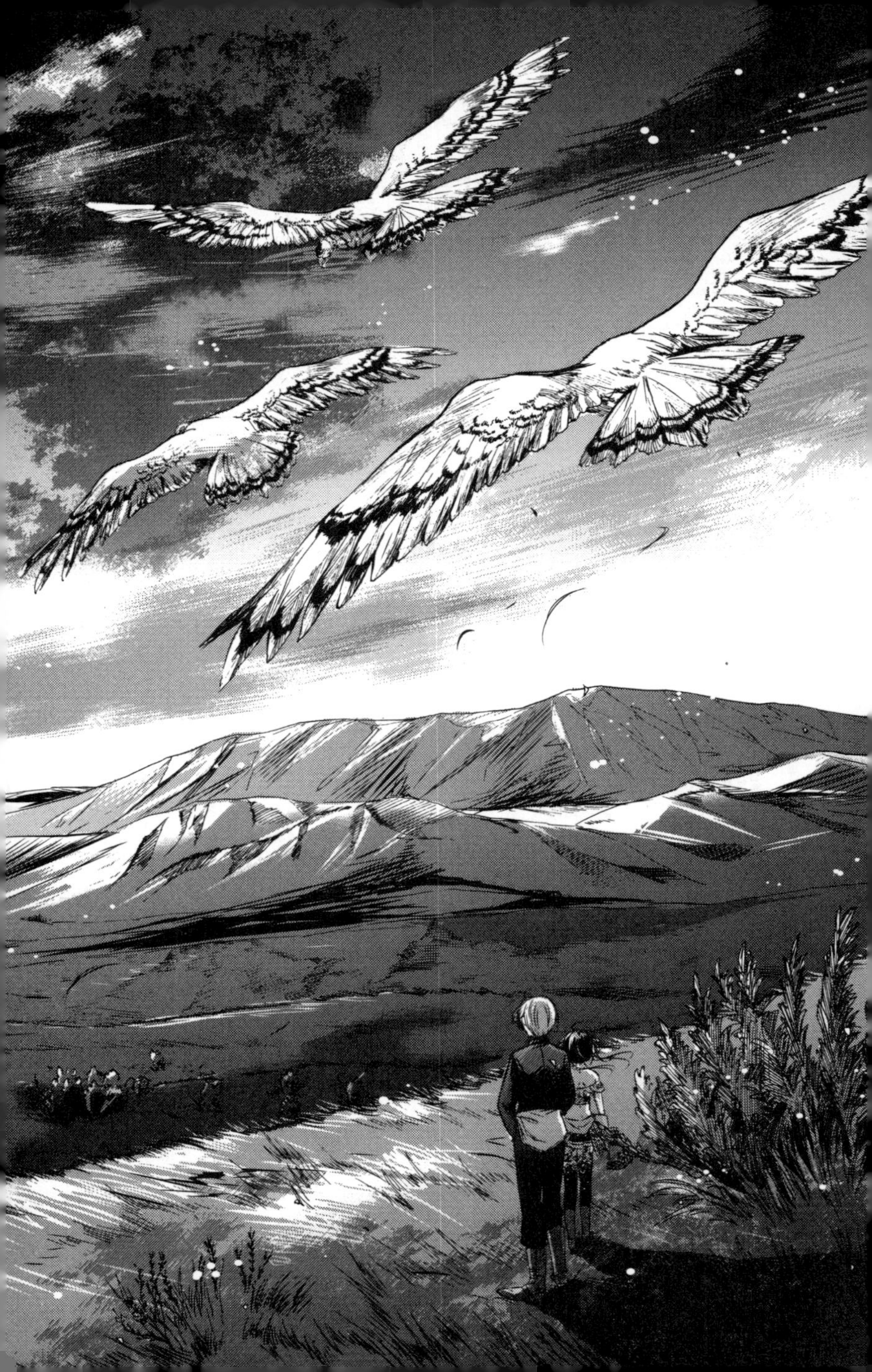

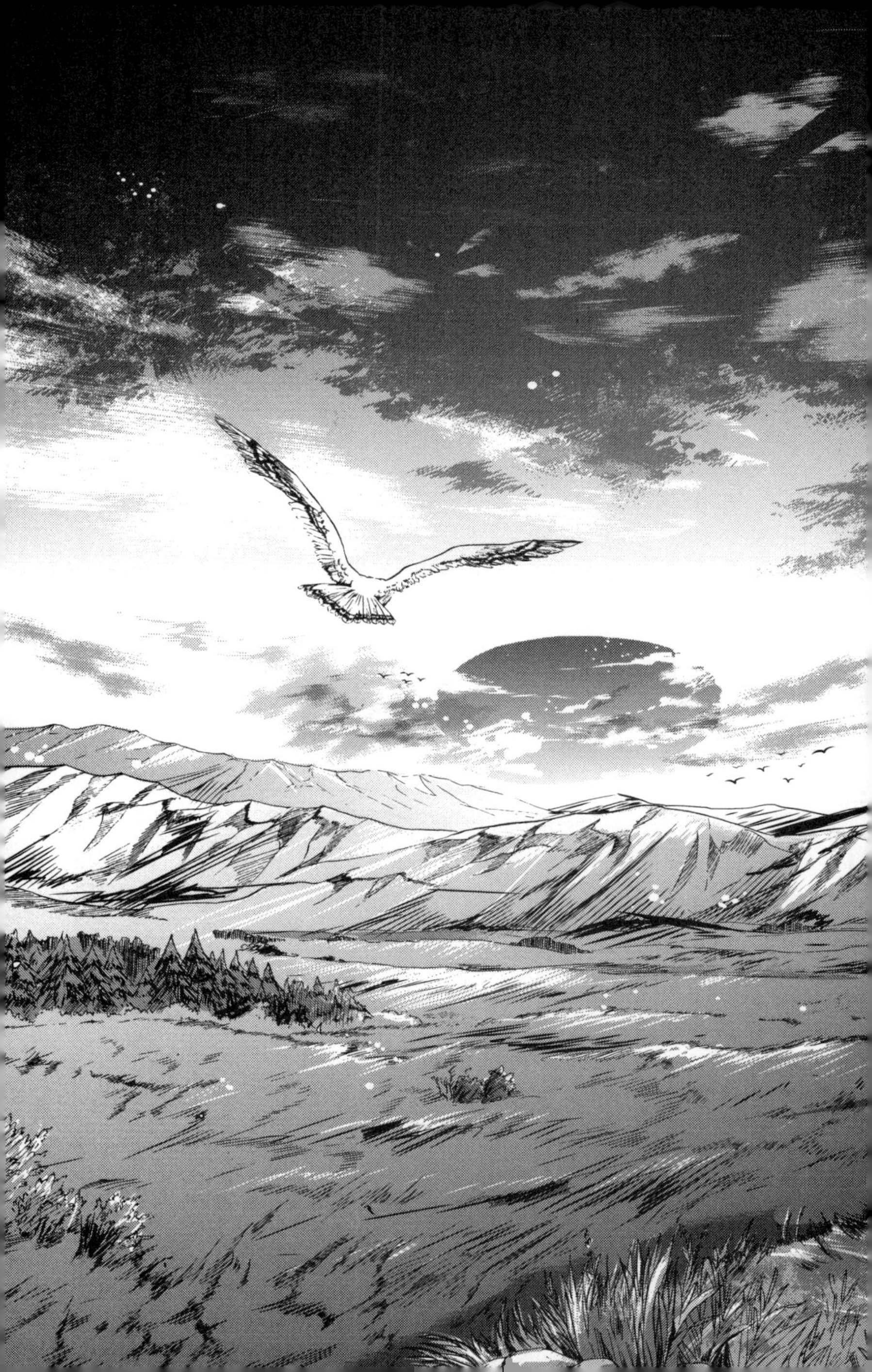

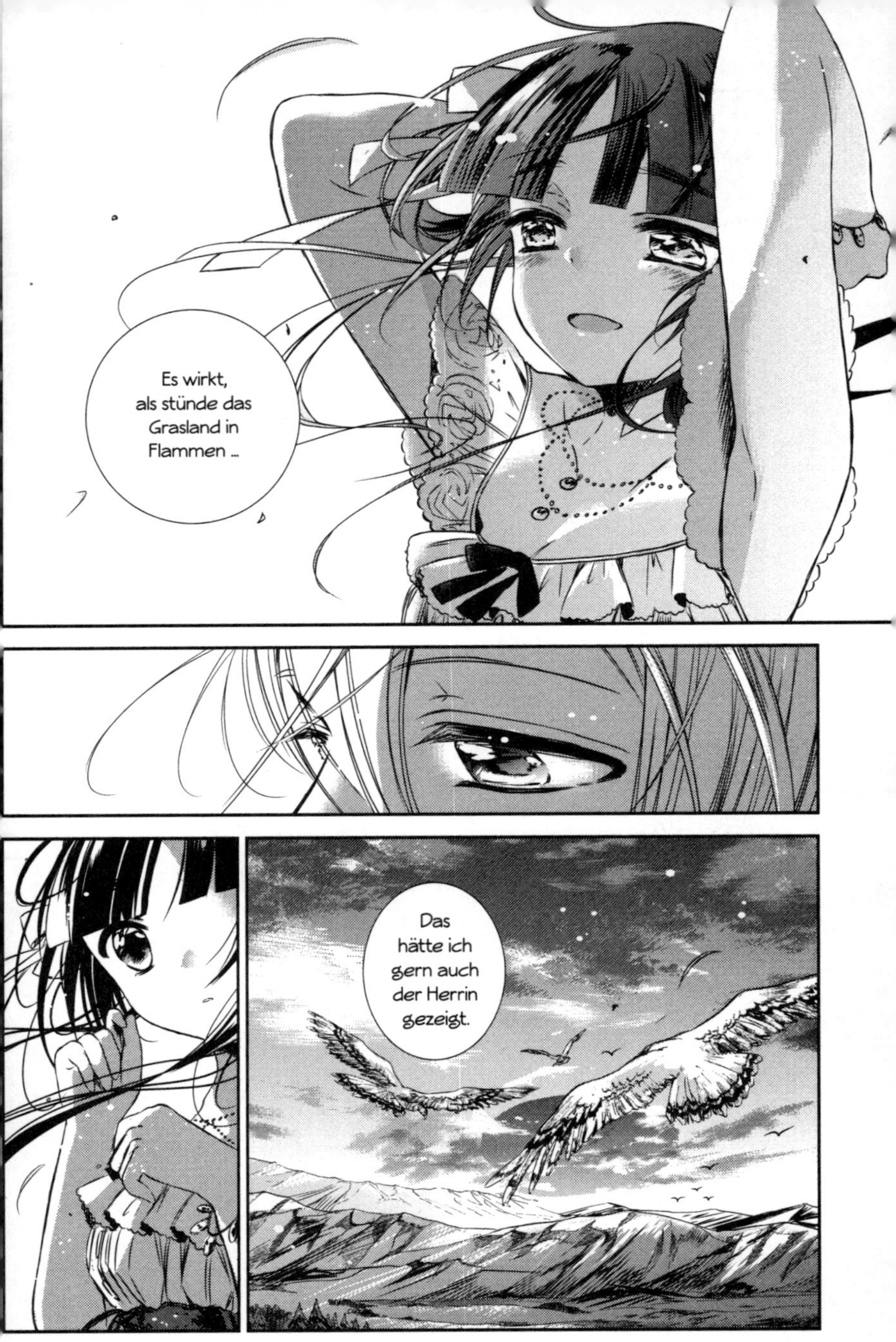

Es wirkt,
als stünde das
Grasland in
Flammen ...

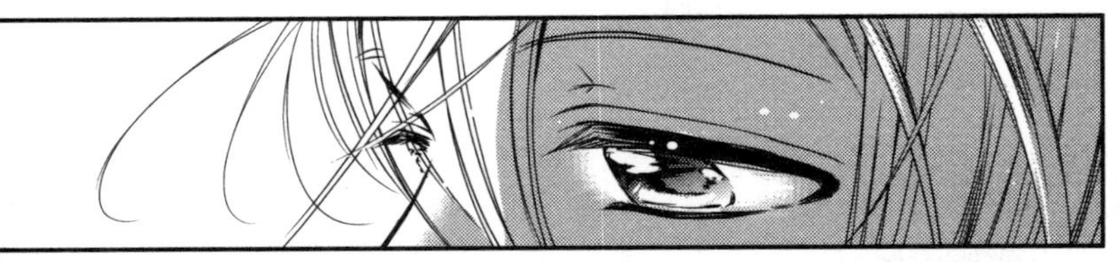

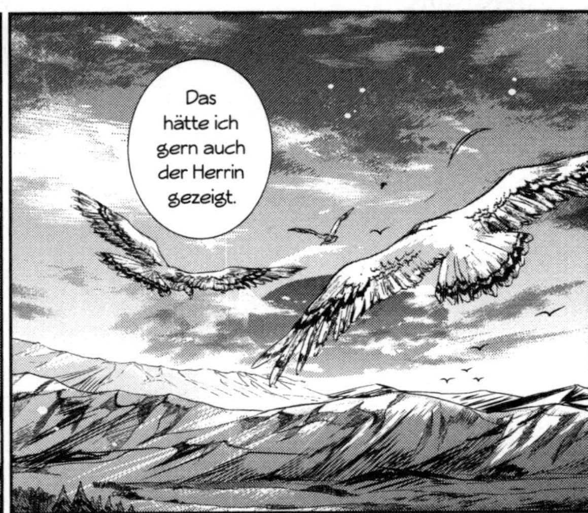

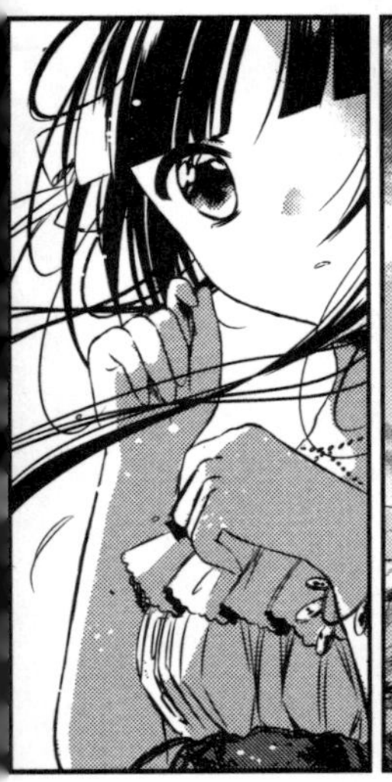

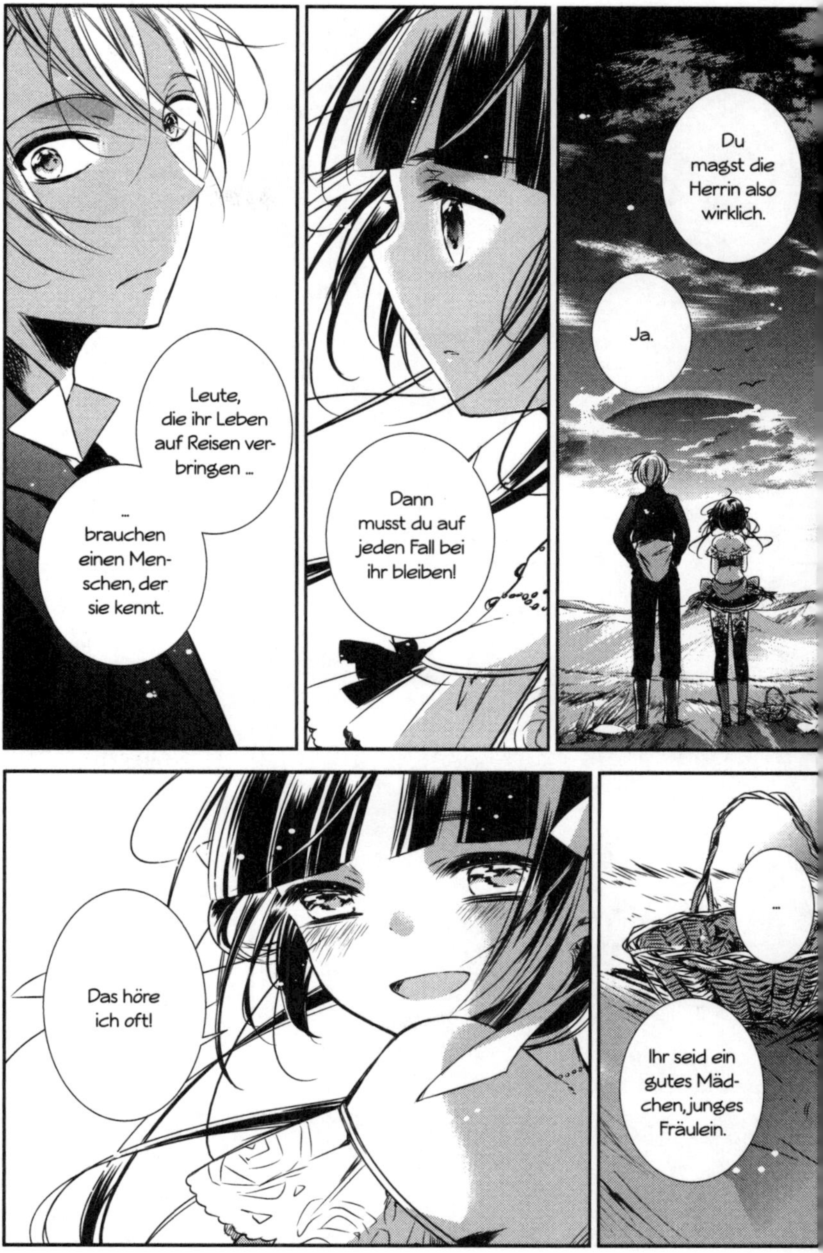

Du magst die Herrin also wirklich.

Ja.

Dann musst du auf jeden Fall bei ihr bleiben!

Leute, die ihr Leben auf Reisen verbringen ...

... brauchen einen Menschen, der sie kennt.

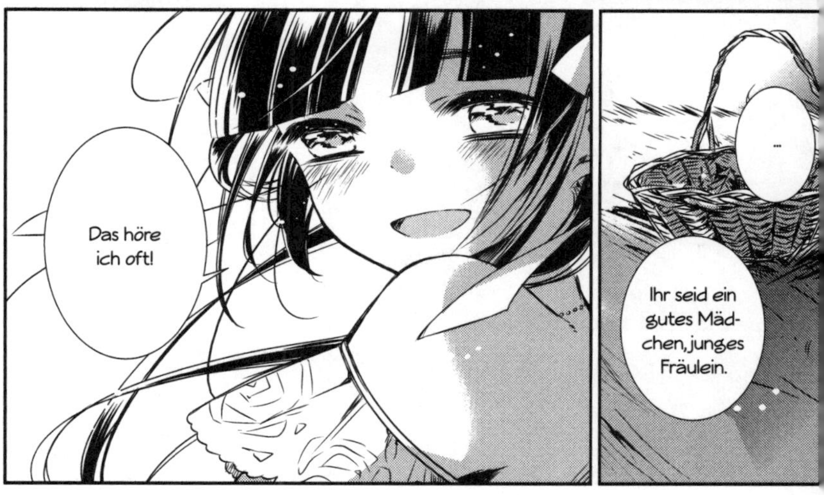

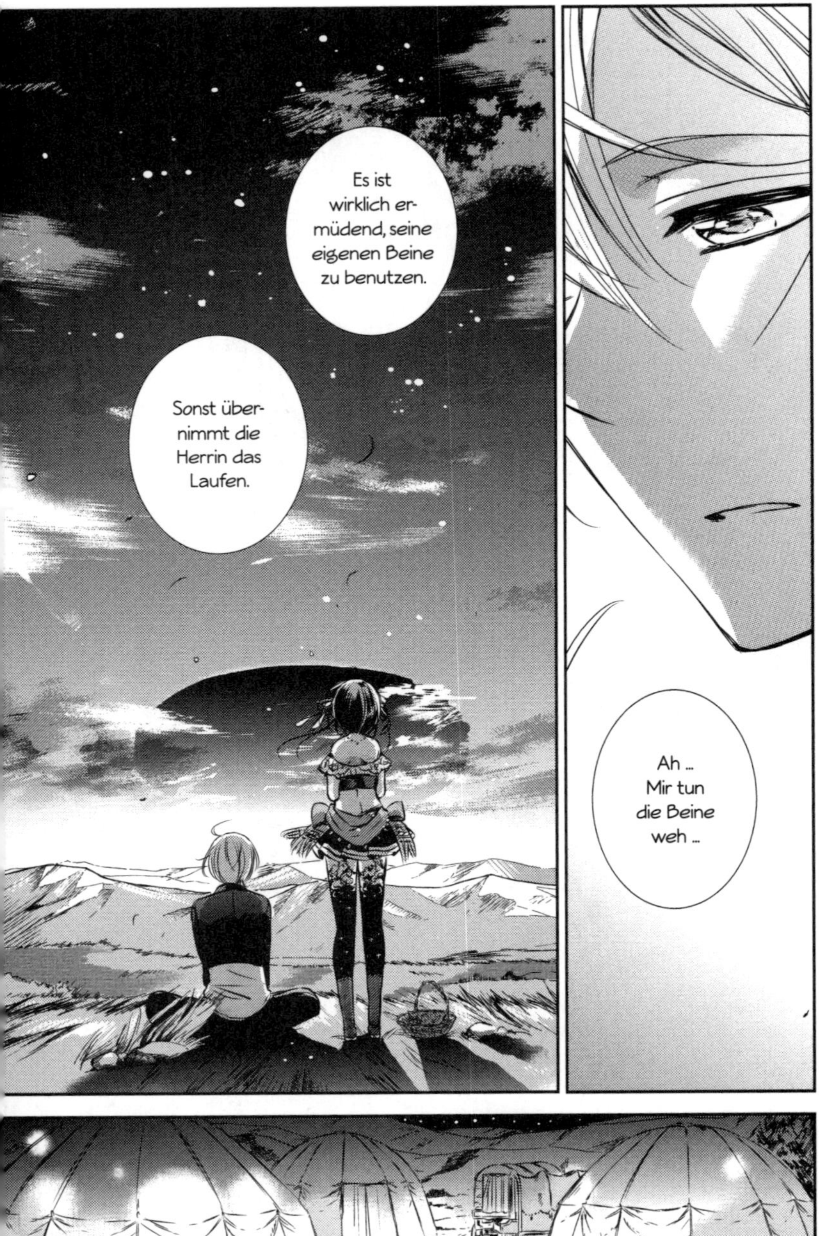

Ah ... Mir tun die Beine weh ...

Es ist wirklich ermüdend, seine eigenen Beine zu benutzen.

Sonst übernimmt die Herrin das Laufen.

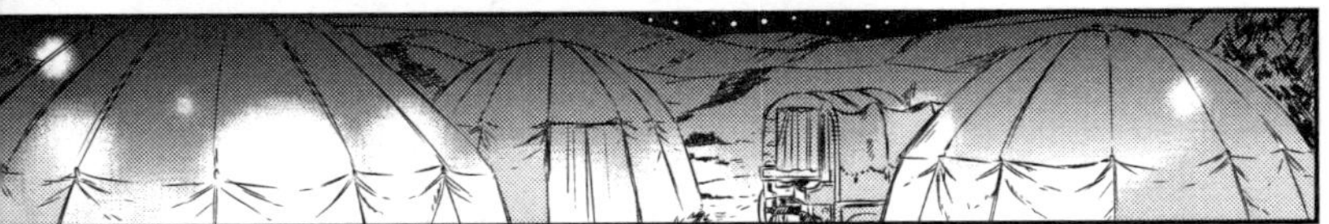

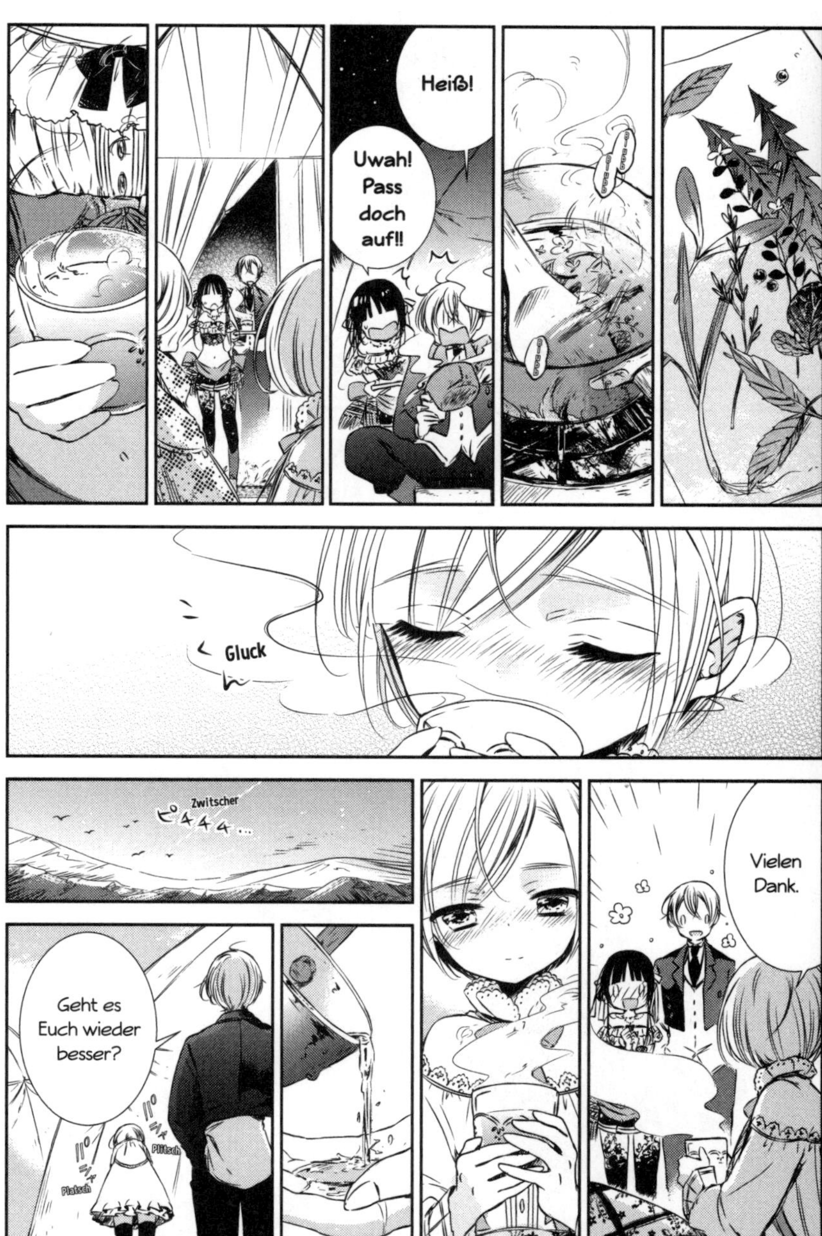

BLUBB
BLUBB
BLUBB
Heiß!
Uwah! Pass doch auf!!
Gluck
Vielen Dank.
Zwitscher
Geht es Euch wieder besser?
Plitsch
Platsch

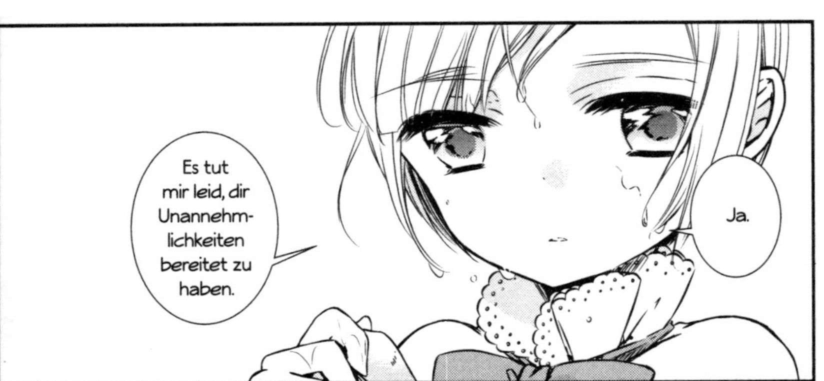
Ja.
Es tut mir leid, dir Unannehmlichkeiten bereitet zu haben.

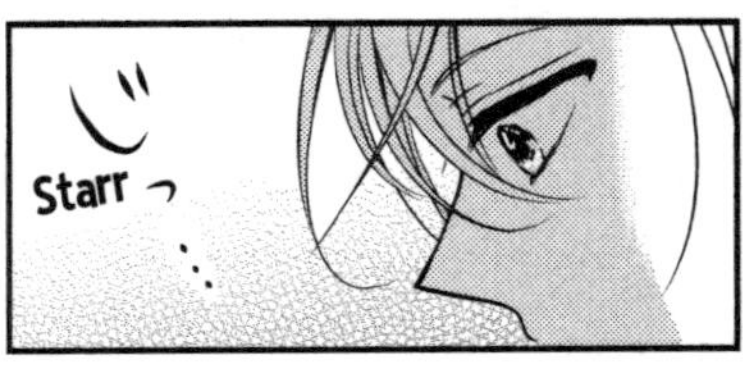
Starr

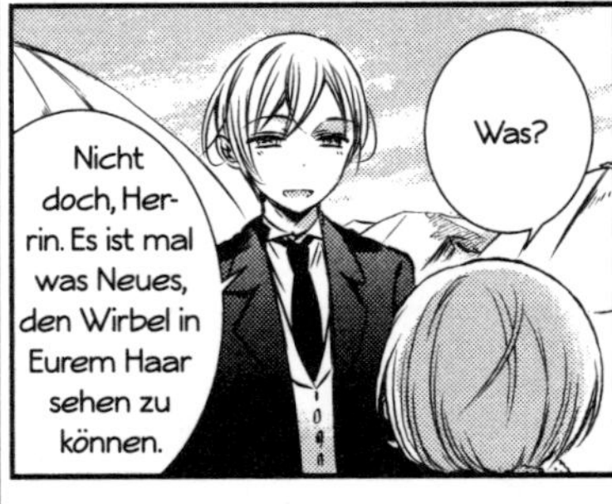
Was?
Nicht doch, Herrin. Es ist mal was Neues, den Wirbel in Eurem Haar sehen zu können.

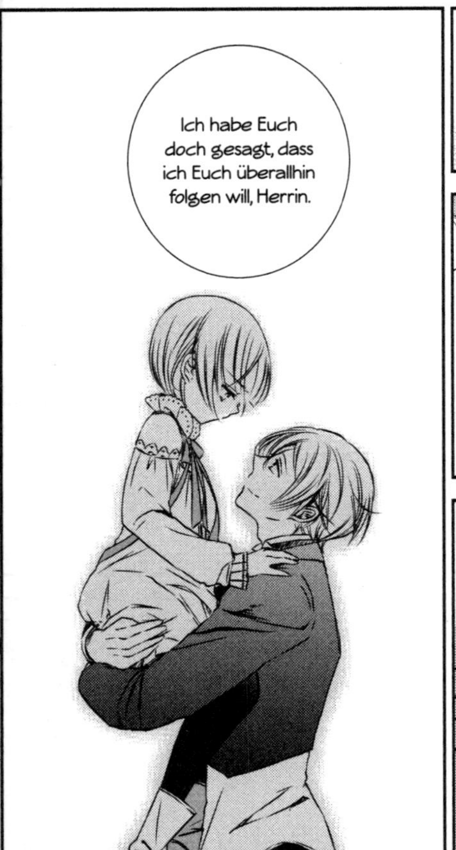
Ich habe Euch doch gesagt, dass ich Euch überallhin folgen will, Herrin.

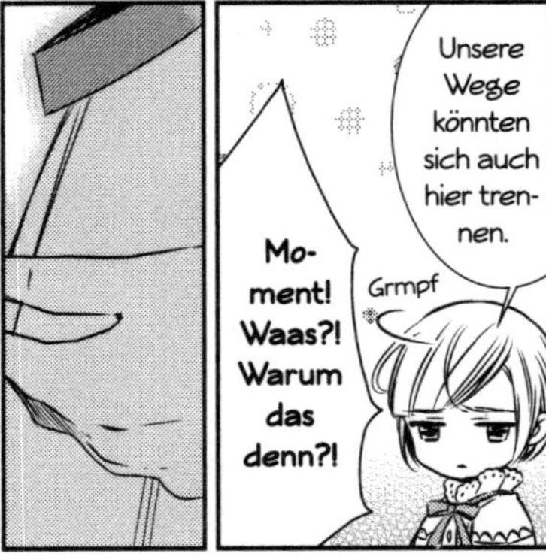
Unsere Wege könnten sich auch hier trennen.
Grmpf
Moment! Waas?! Warum das denn?!

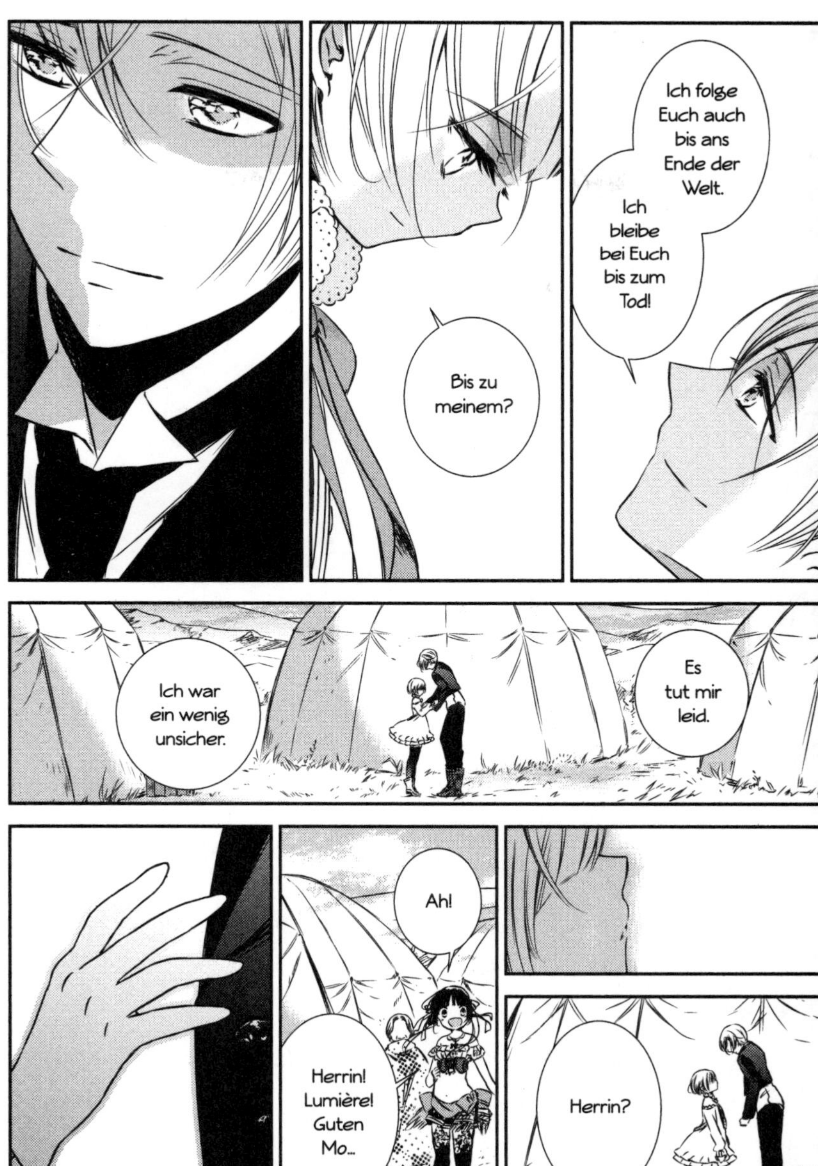
Ich folge Euch auch bis ans Ende der Welt.
Ich bleibe bei Euch bis zum Tod!
Bis zu meinem?
Es tut mir leid.
Ich war ein wenig unsicher.
Herrin?
Ah!
Herrin! Lumière! Guten Mo...

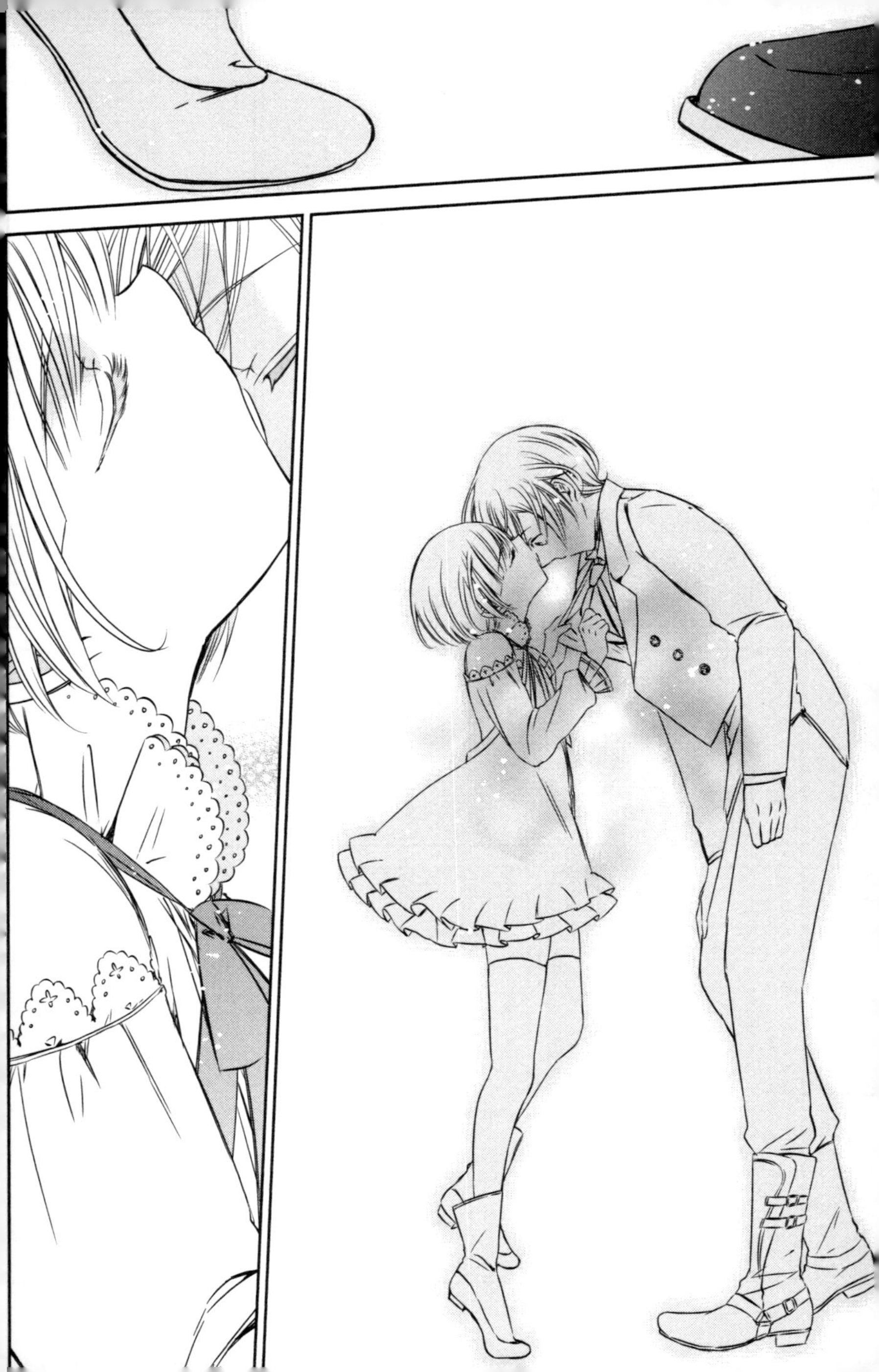

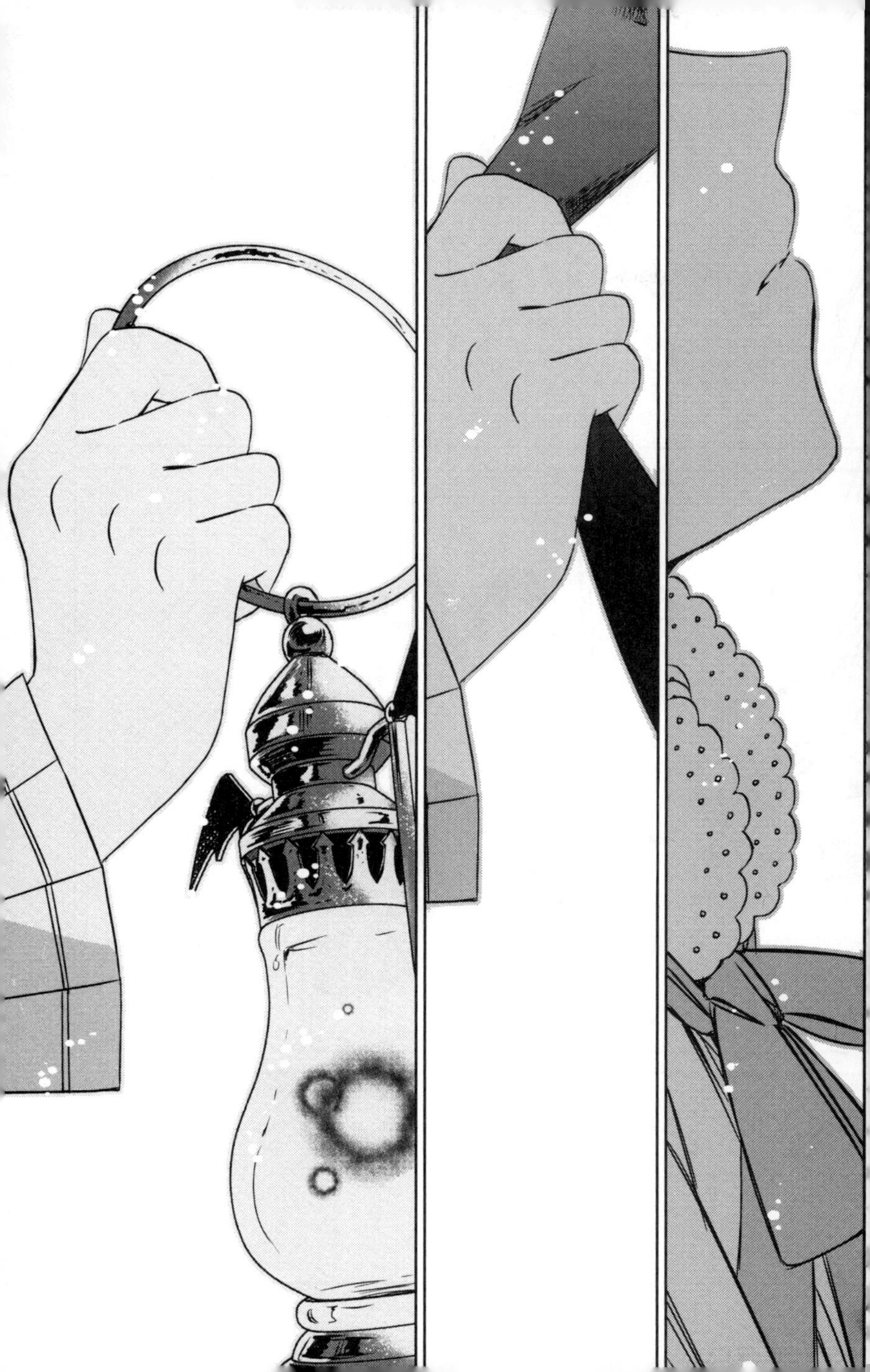

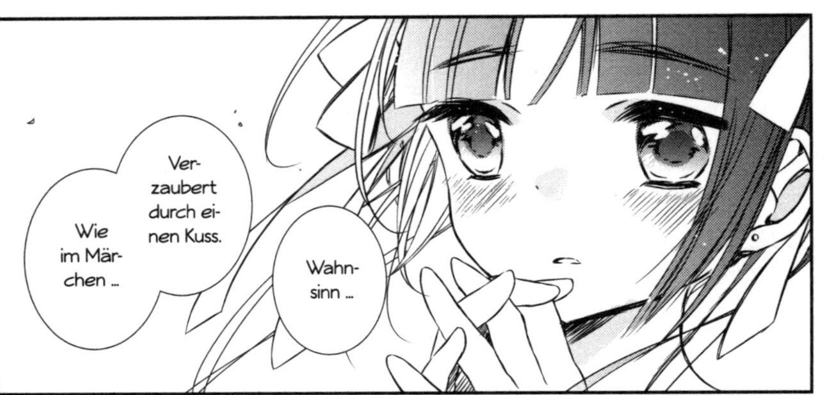
Wahnsinn ...
Verzaubert durch einen Kuss.
Wie im Märchen ...

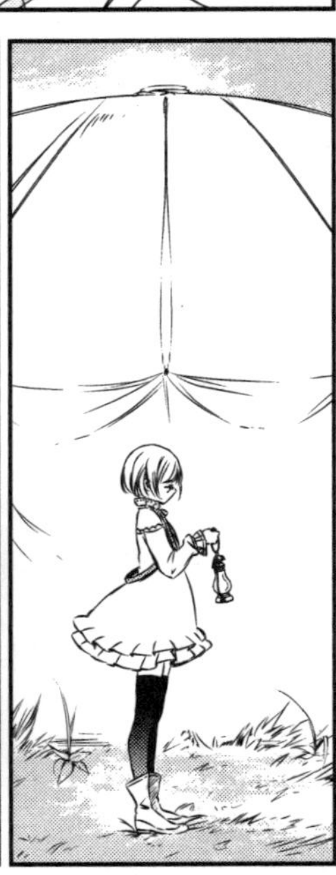

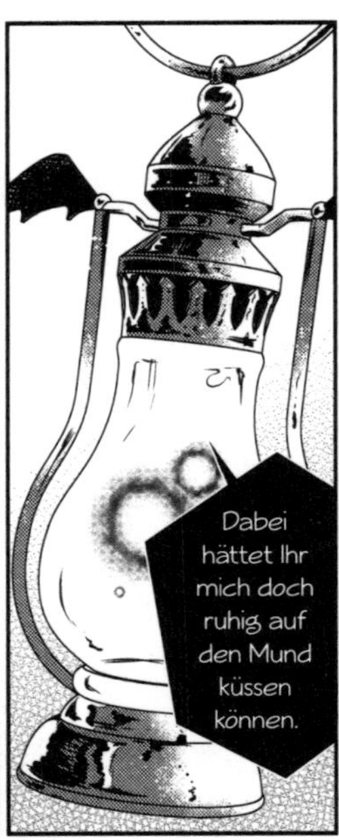
Dabei hättet Ihr mich doch ruhig auf den Mund küssen können.

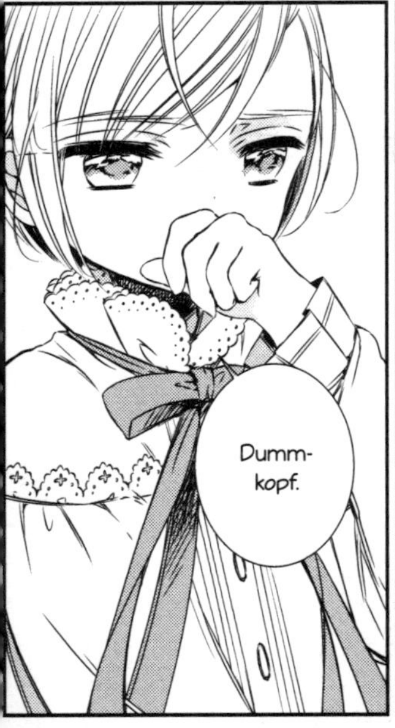
Dummkopf.

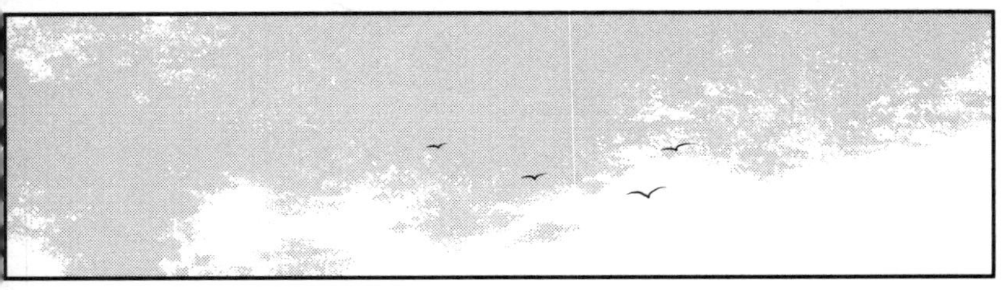

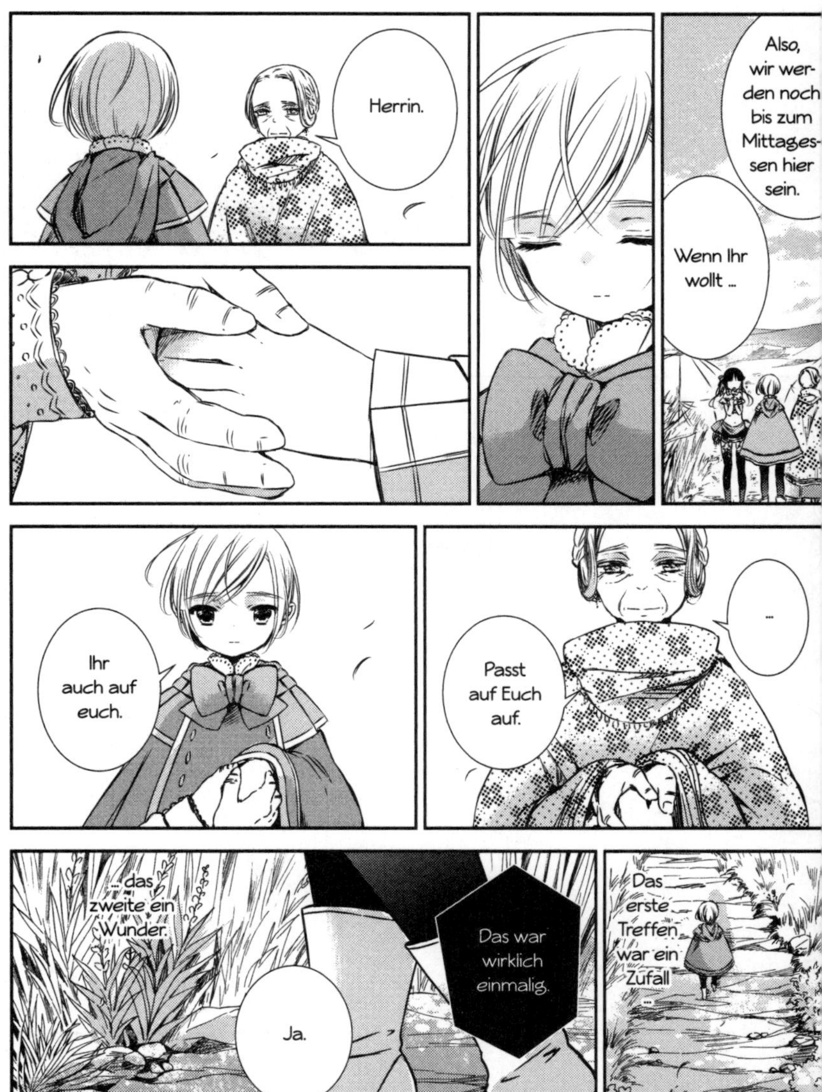
Herrin.
Also, wir werden noch bis zum Mittagessen hier sein.
Wenn Ihr wollt ...
...
Passt auf Euch auf.
Ihr auch auf euch.
Das erste Treffen war ein Zufall ...
Das war wirklich einmalig.
Ja.
... das zweite ein Wunder.
Und das dritte Mal ...?

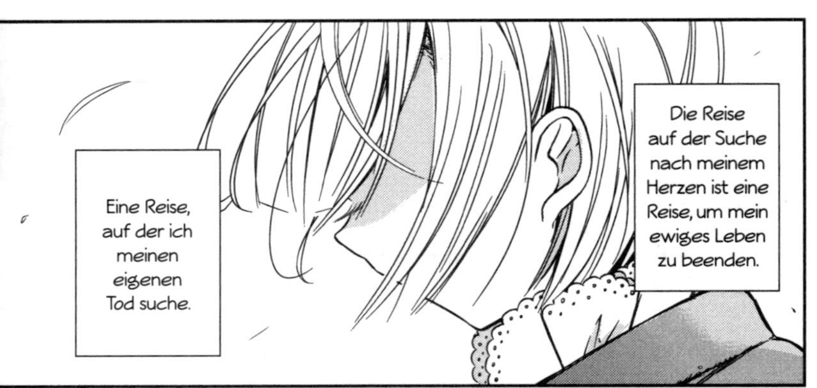
Die Reise auf der Suche nach meinem Herzen ist eine Reise, um mein ewiges Leben zu beenden.
Eine Reise, auf der ich meinen eigenen Tod suche.

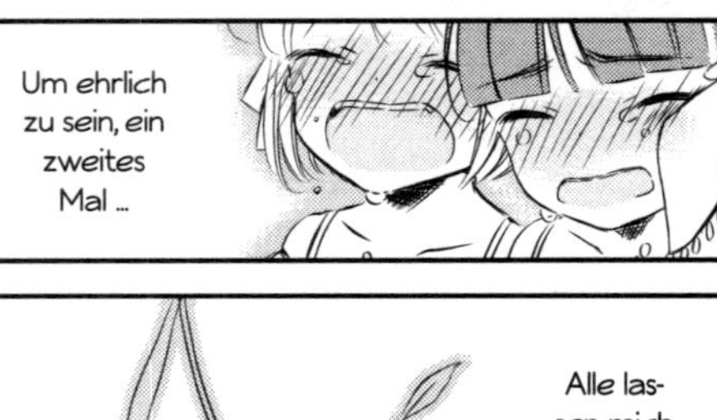
Um ehrlich zu sein, ein zweites Mal ...

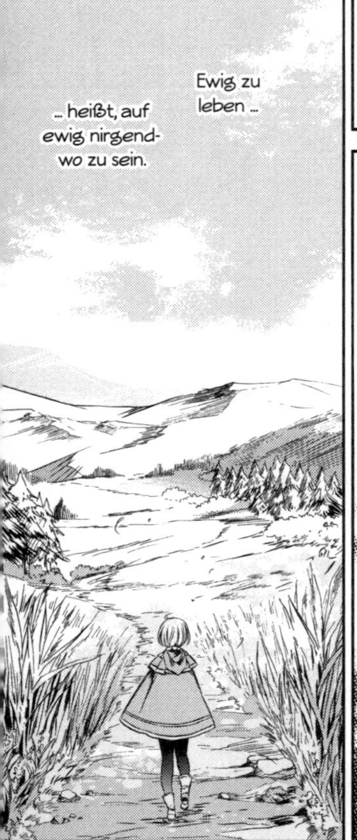
Ewig zu leben ...
... heißt, auf ewig nirgendwo zu sein.

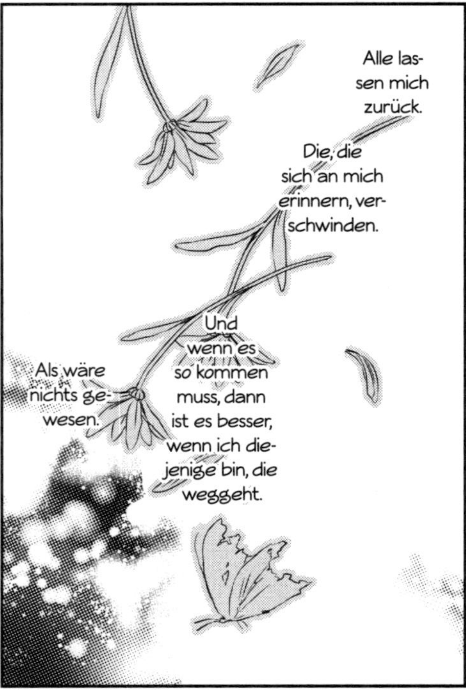
Alle lassen mich zurück.
Die, die sich an mich erinnern, verschwinden.
Und wenn es so kommen muss, dann ist es besser, wenn ich diejenige bin, die weggeht.
Als wäre nichts gewesen.

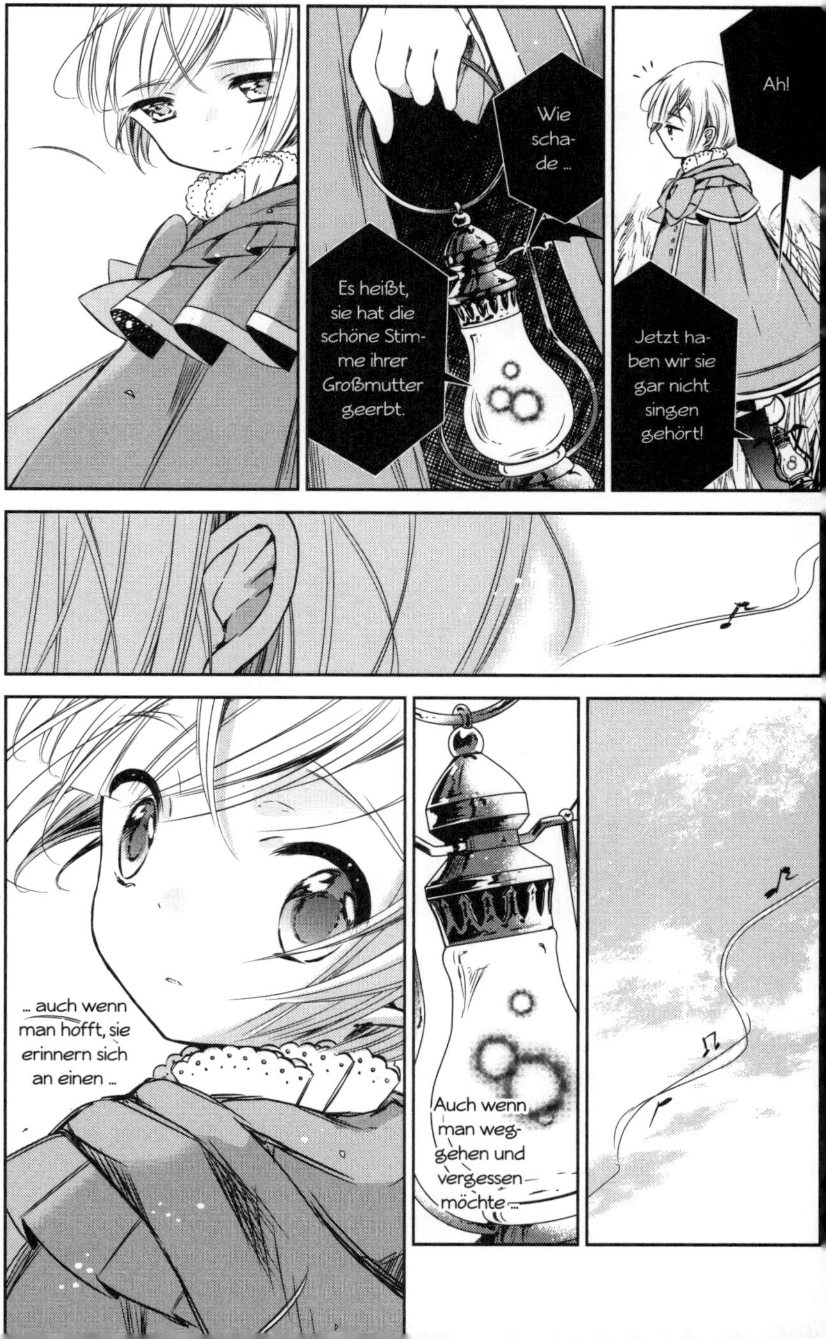

Ah!

Jetzt haben wir sie gar nicht singen gehört!

Wie schade ...

Es heißt, sie hat die schöne Stimme ihrer Großmutter geerbt.

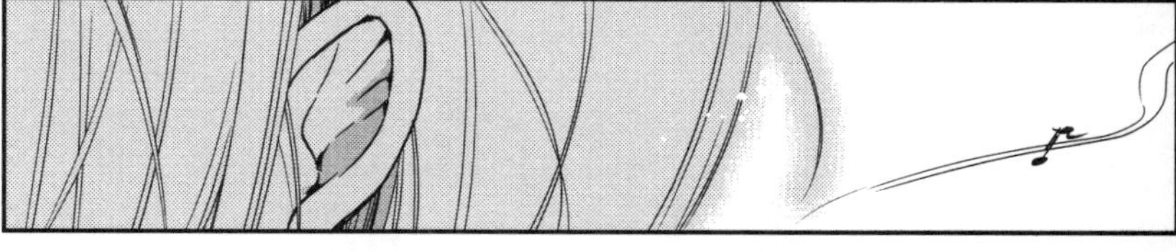

Auch wenn man weggehen und vergessen möchte ...

... auch wenn man hofft, sie erinnern sich an einen ...

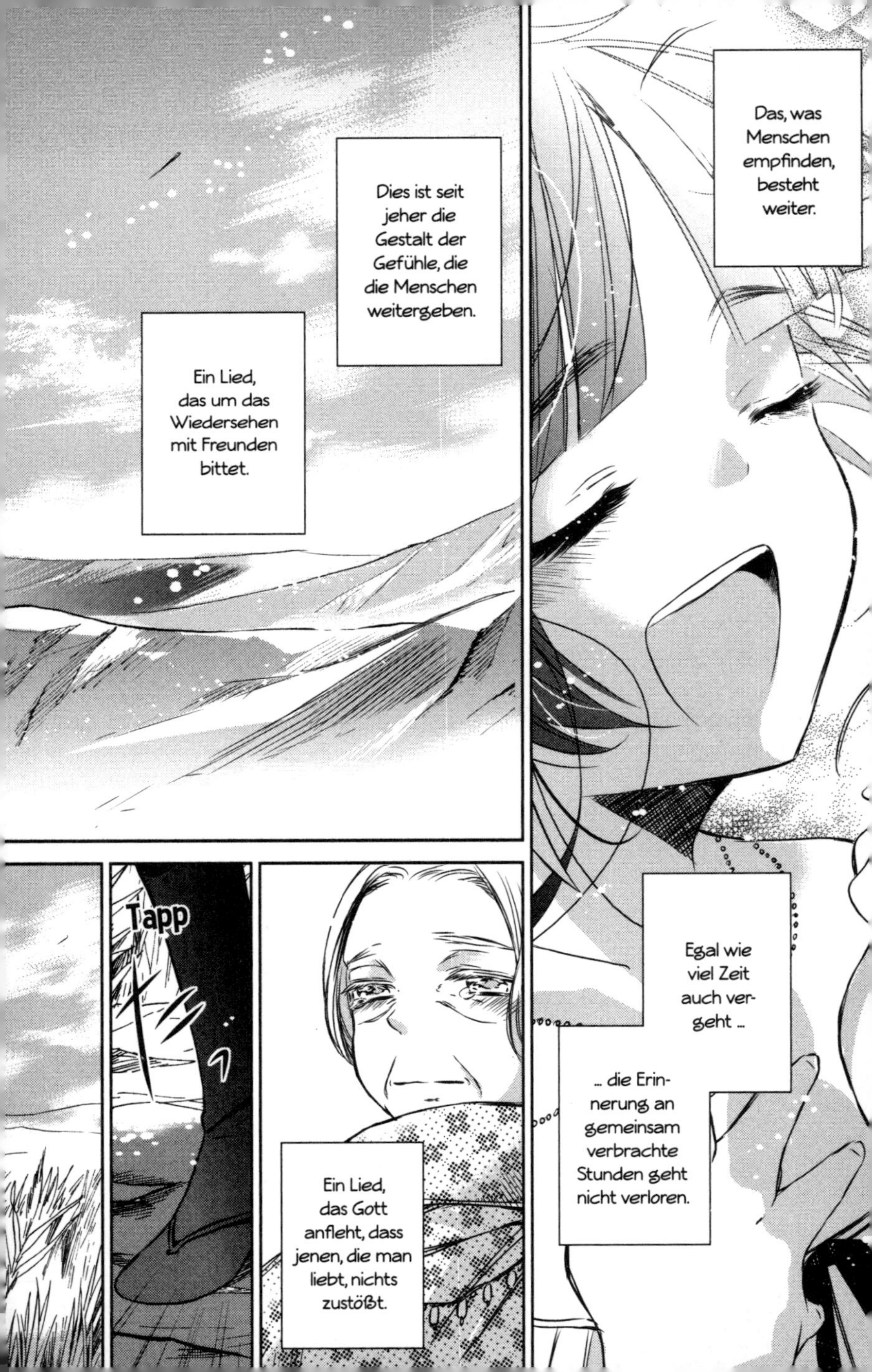
Das, was Menschen empfinden, besteht weiter.
Dies ist seit jeher die Gestalt der Gefühle, die die Menschen weitergeben.
Ein Lied, das um das Wiedersehen mit Freunden bittet.
Egal wie viel Zeit auch vergeht ...
... die Erinnerung an gemeinsam verbrachte Stunden geht nicht verloren.
Ein Lied, das Gott anfleht, dass jenen, die man liebt, nichts zustößt.
Tapp

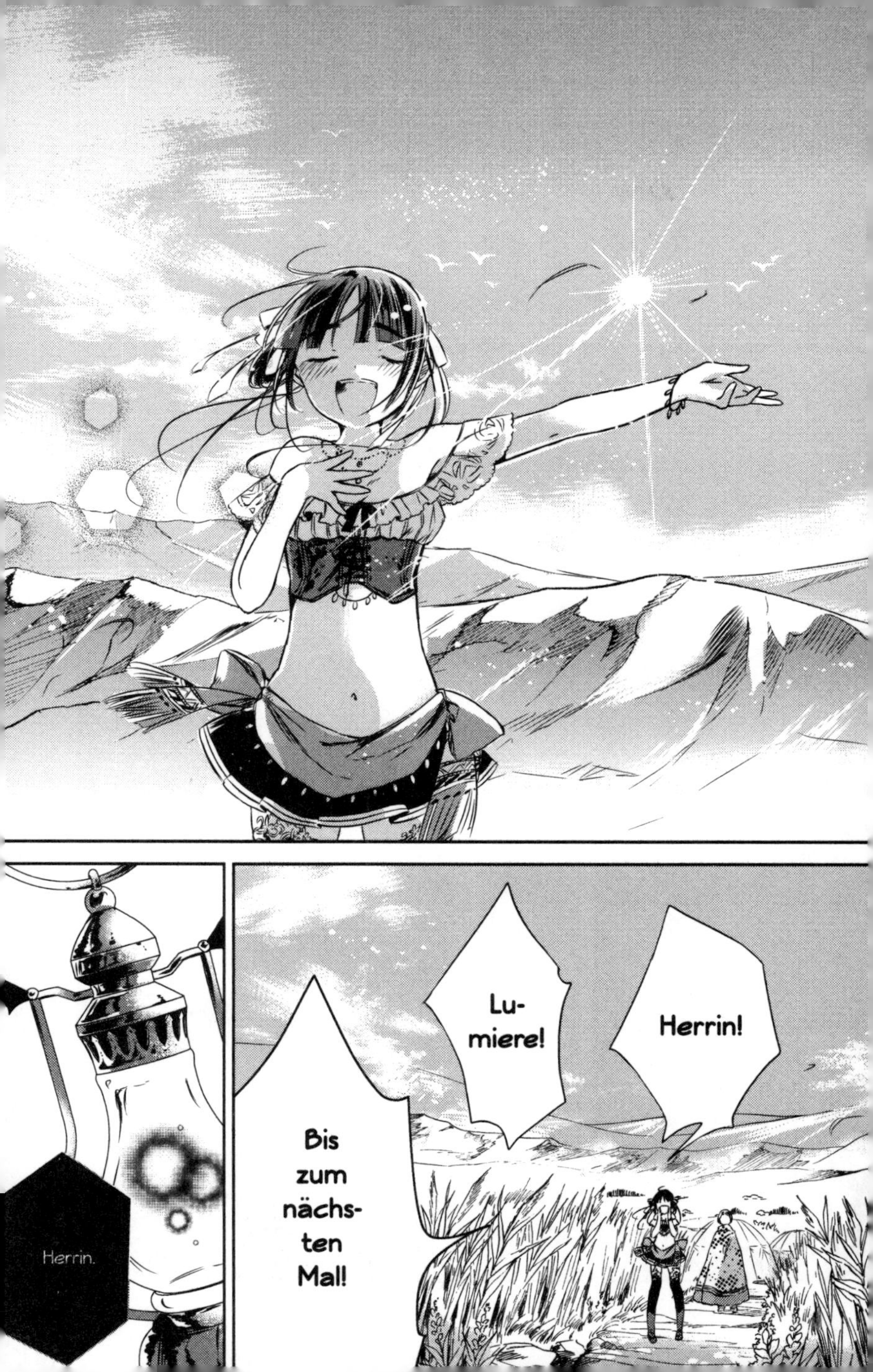

Herrin!

Lumiere!

Bis zum nächsten Mal!

Herrin.

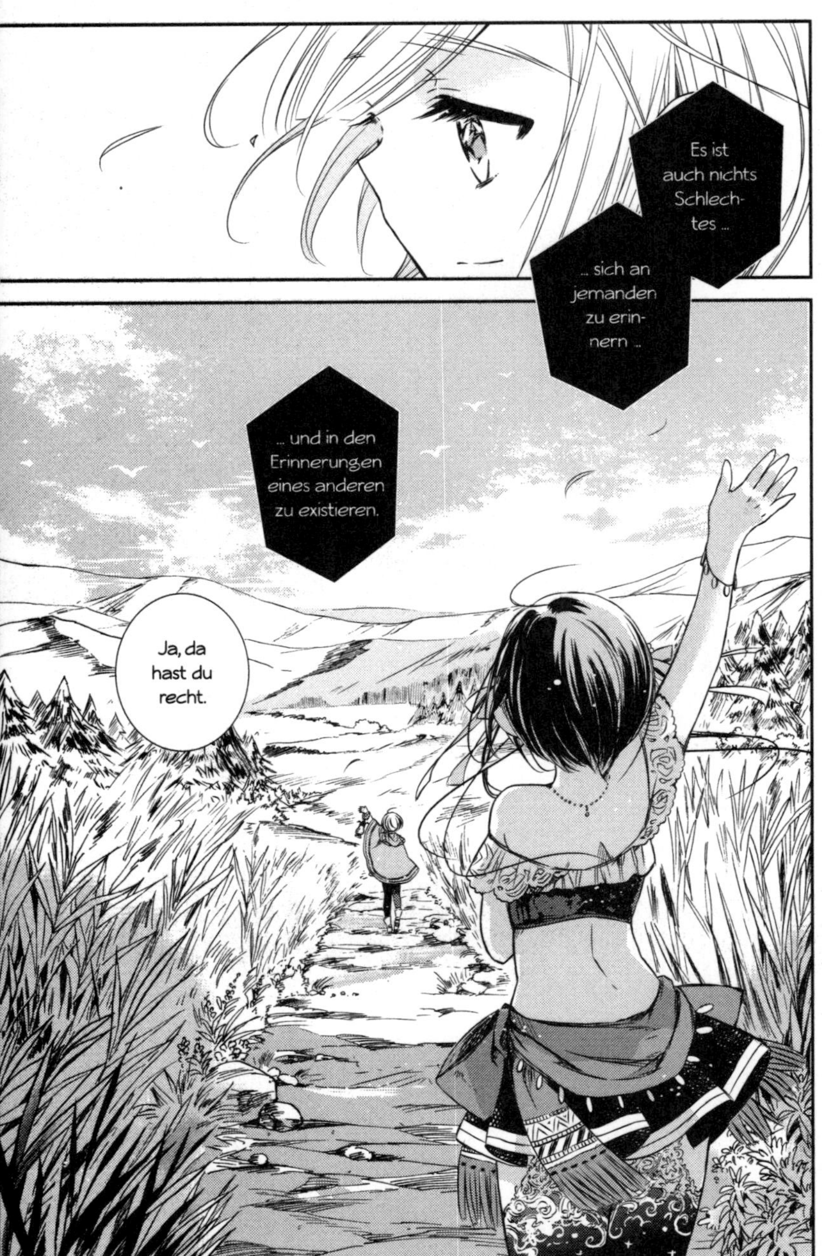
Es ist auch nichts Schlechtes ...
... sich an jemanden zu erinnern ...
... und in den Erinnerungen eines anderen zu existieren.
Ja, da hast du recht.

Das Herz einer Hexe

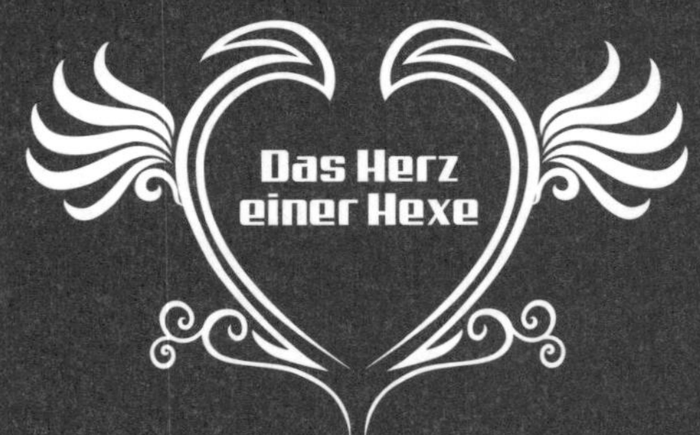
Das Herz
einer Hexe

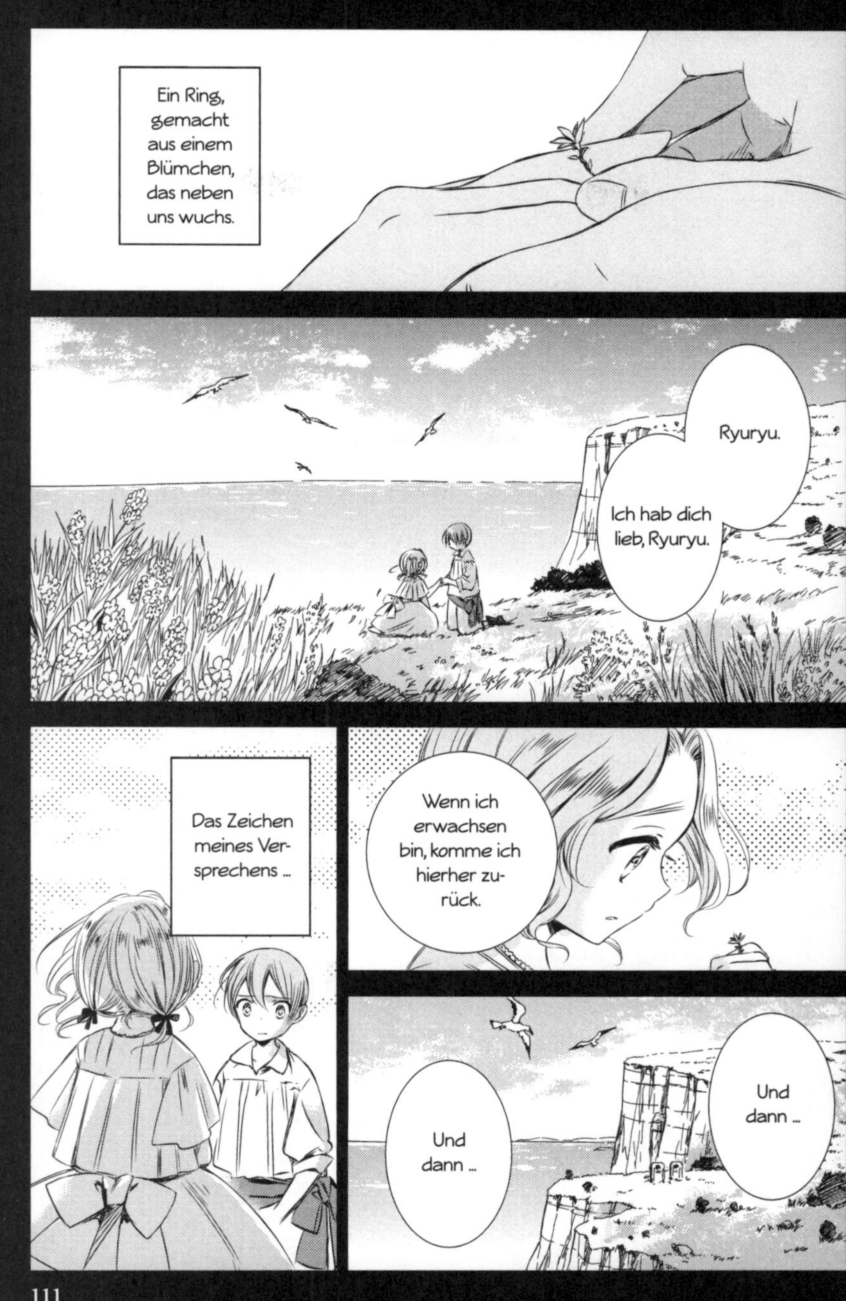
Ein Ring, gemacht aus einem Blümchen, das neben uns wuchs.
Ryuryu.
Ich hab dich lieb, Ryuryu.
Wenn ich erwachsen bin, komme ich hierher zurück.
Das Zeichen meines Versprechens ...
Und dann ...
Und dann ...

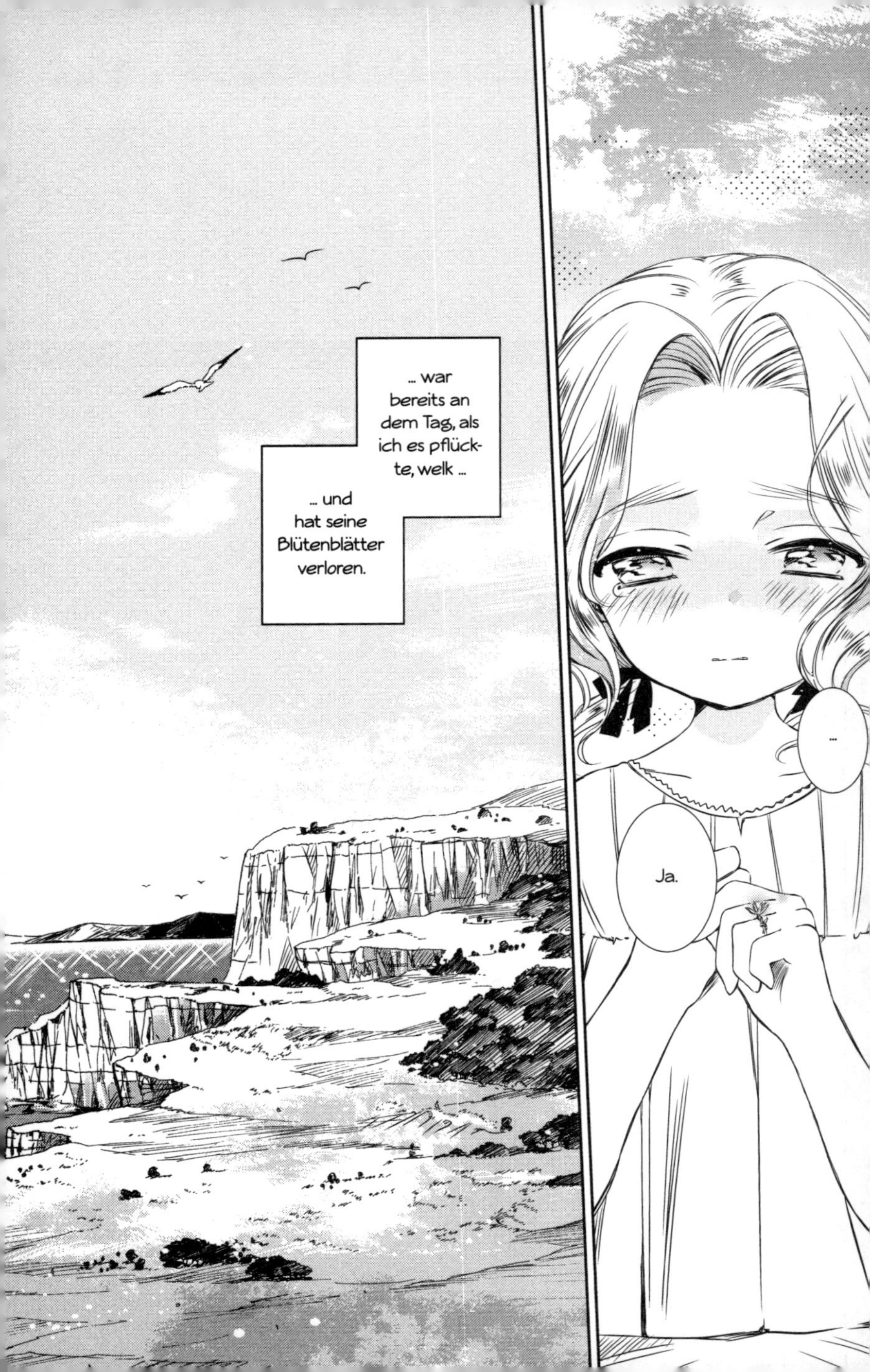
... war bereits an dem Tag, als ich es pflück-te, welk ...
... und hat seine Blütenblätter verloren.
...
Ja.

Kapitel 4: Die Blume am Abgrund

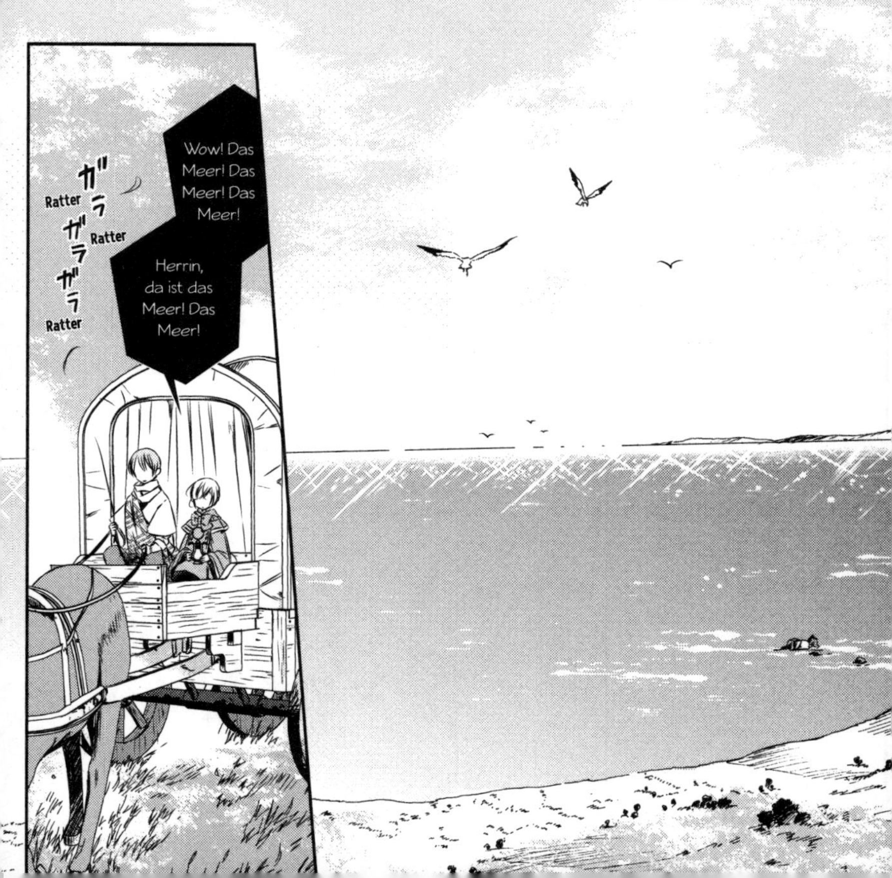

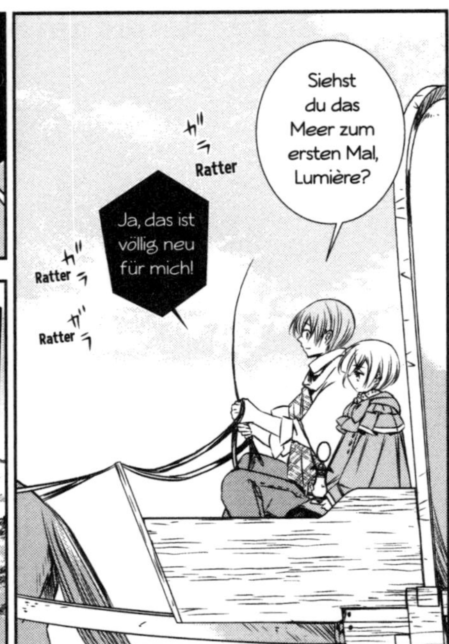
Siehst du das Meer zum ersten Mal, Lumière?
Ratter
Ja, das ist völlig neu für mich!
Ratter
Ratter

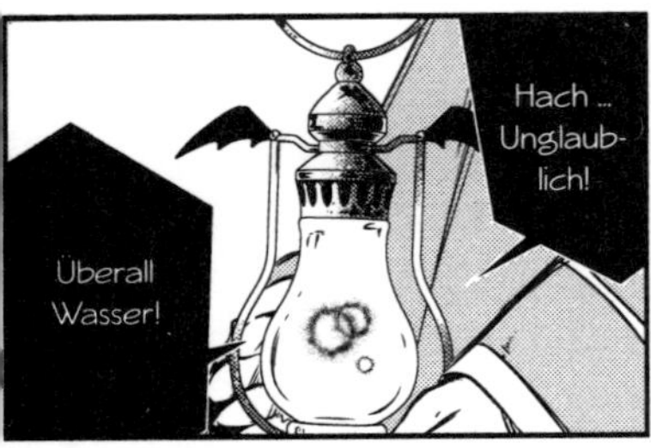
Hach ... Unglaublich!
Überall Wasser!

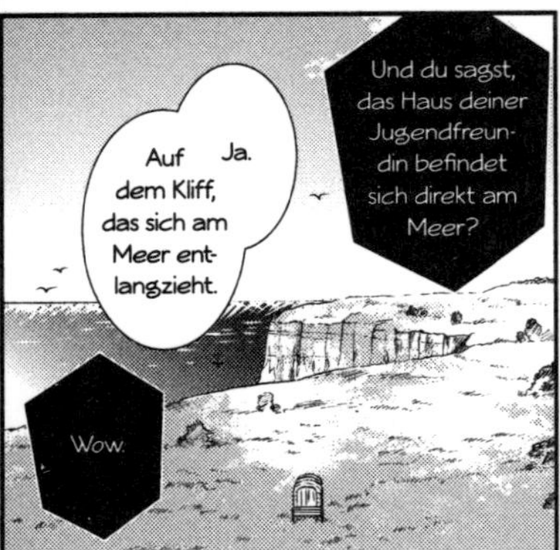
Und du sagst, das Haus deiner Jugendfreundin befindet sich direkt am Meer?
Ja.
Auf dem Kliff, das sich am Meer entlangzieht.
Wow.

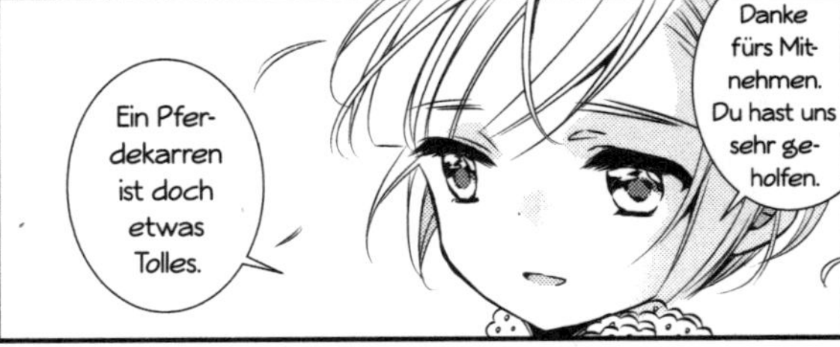
Danke fürs Mitnehmen. Du hast uns sehr geholfen.
Ein Pferdekarren ist doch etwas Tolles.

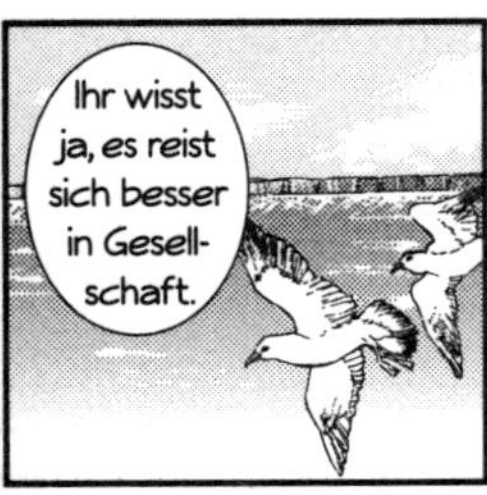
Ihr wisst ja, es reist sich besser in Gesellschaft.

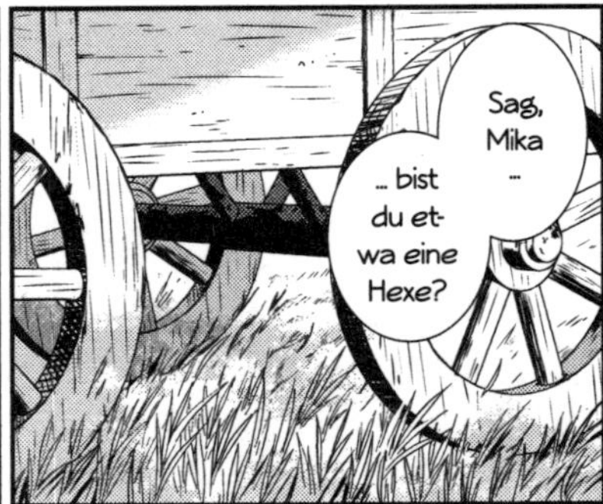
Sag, Mika ...
... bist du etwa eine Hexe?

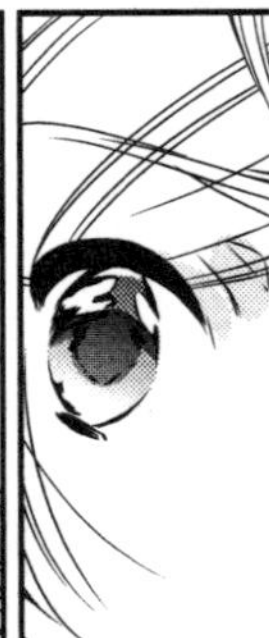

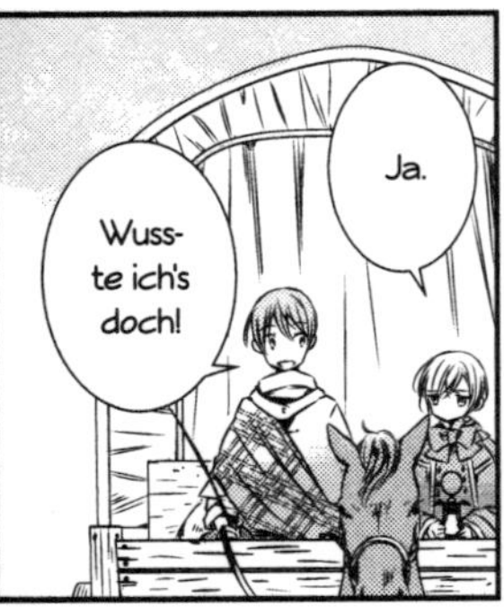
Ja.
Wusste ich's doch!

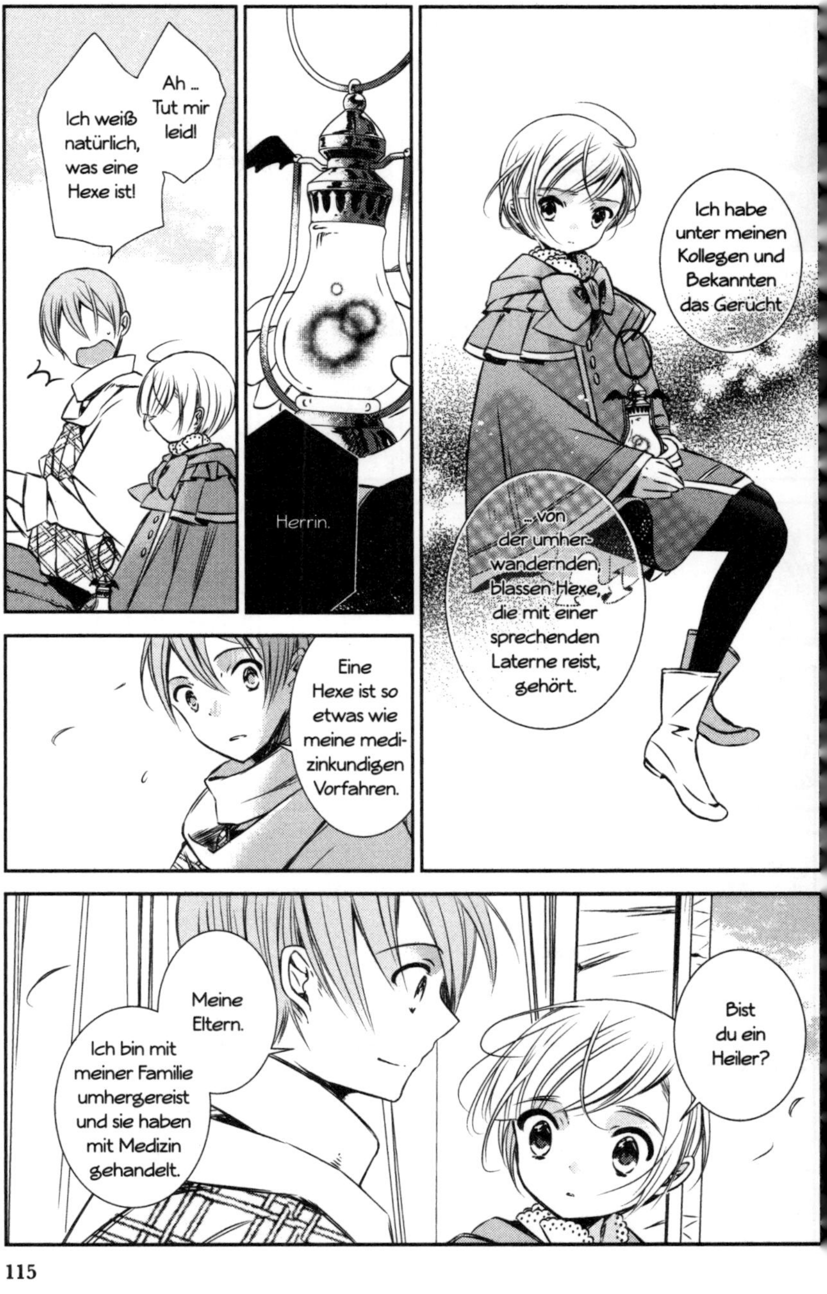

Ich habe unter meinen Kollegen und Bekannten das Gerücht ...

... von der umherwandernden, blassen Hexe, die mit einer sprechenden Laterne reist, gehört.

Herrin.

Ah ... Tut mir leid!

Ich weiß natürlich, was eine Hexe ist!

Eine Hexe ist so etwas wie meine medizinkundigen Vorfahren.

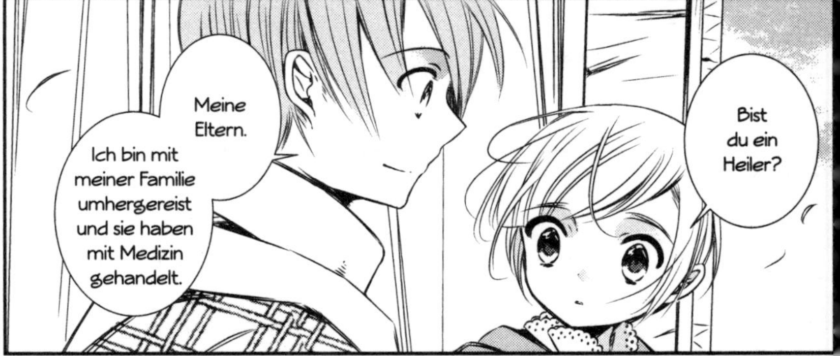

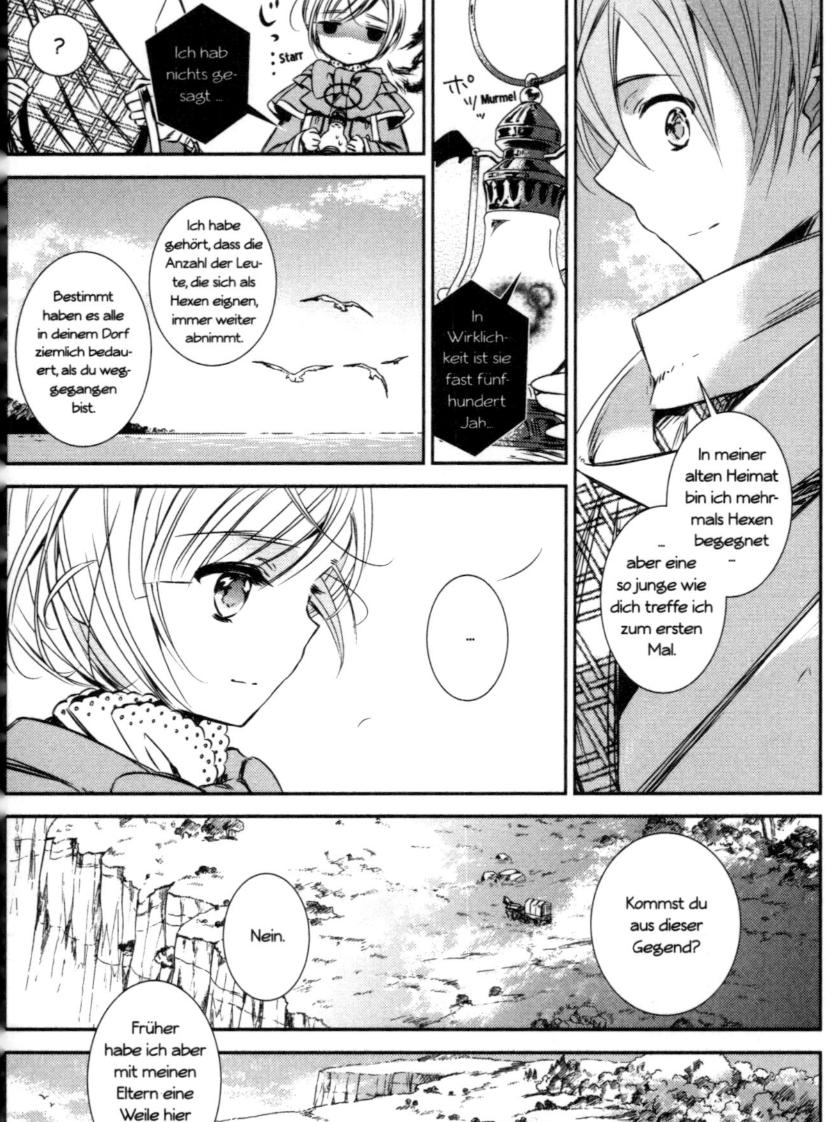
In meiner alten Heimat bin ich mehrmals Hexen begegnet ...
... aber eine so junge wie dich treffe ich zum ersten Mal.
In Wirklichkeit ist sie fast fünfhundert Jah...
Murmel
?
Ich hab nichts gesagt ...
Starr
Ich habe gehört, dass die Anzahl der Leute, die sich als Hexen eignen, immer weiter abnimmt.
Bestimmt haben es alle in deinem Dorf ziemlich bedauert, als du weggegangen bist.
...
Kommst du aus dieser Gegend?
Nein.
Früher habe ich aber mit meinen Eltern eine Weile hier gelebt.

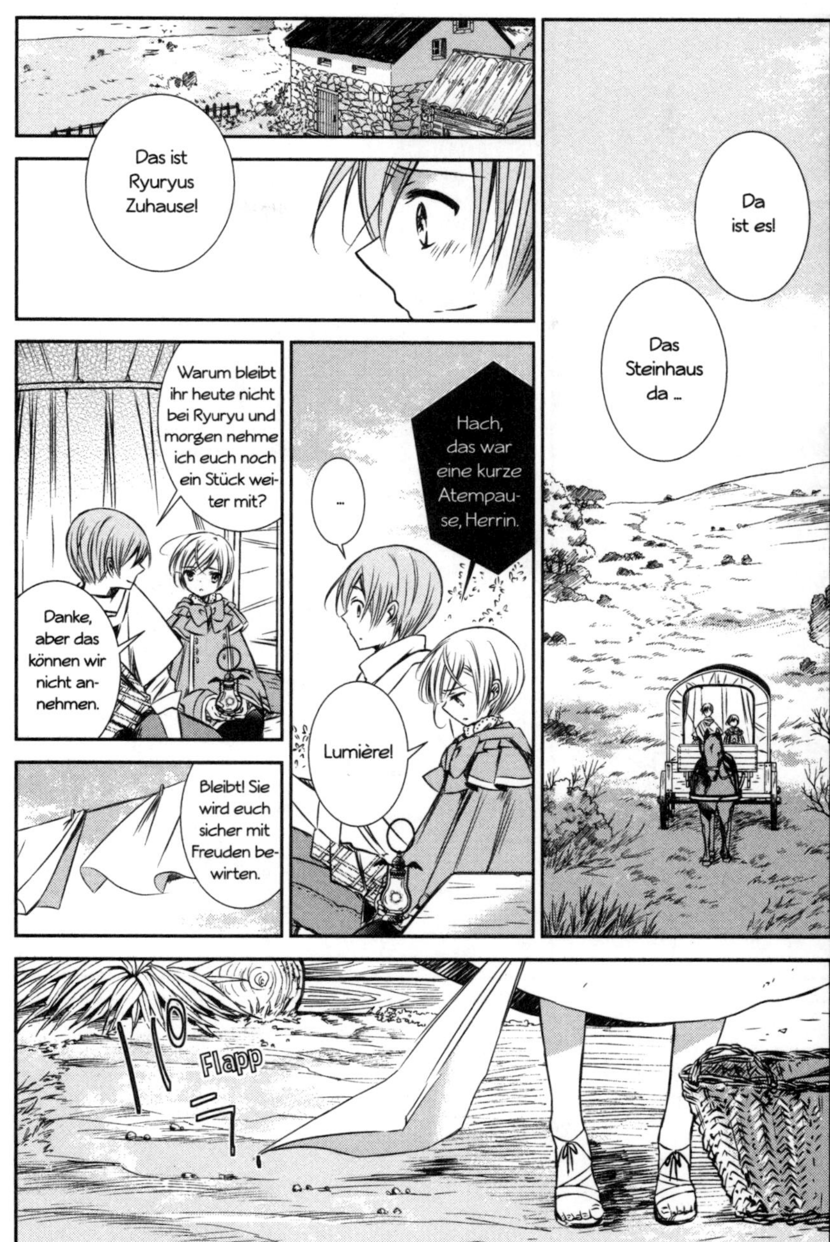
Da ist es!
Das Steinhaus da ...
Das ist Ryuryus Zuhause!
Hach, das war eine kurze Atempause, Herrin.
...
Lumière!
Warum bleibt ihr heute nicht bei Ryuryu und morgen nehme ich euch noch ein Stück weiter mit?
Danke, aber das können wir nicht annehmen.
Bleibt! Sie wird euch sicher mit Freuden bewirten.
Flapp

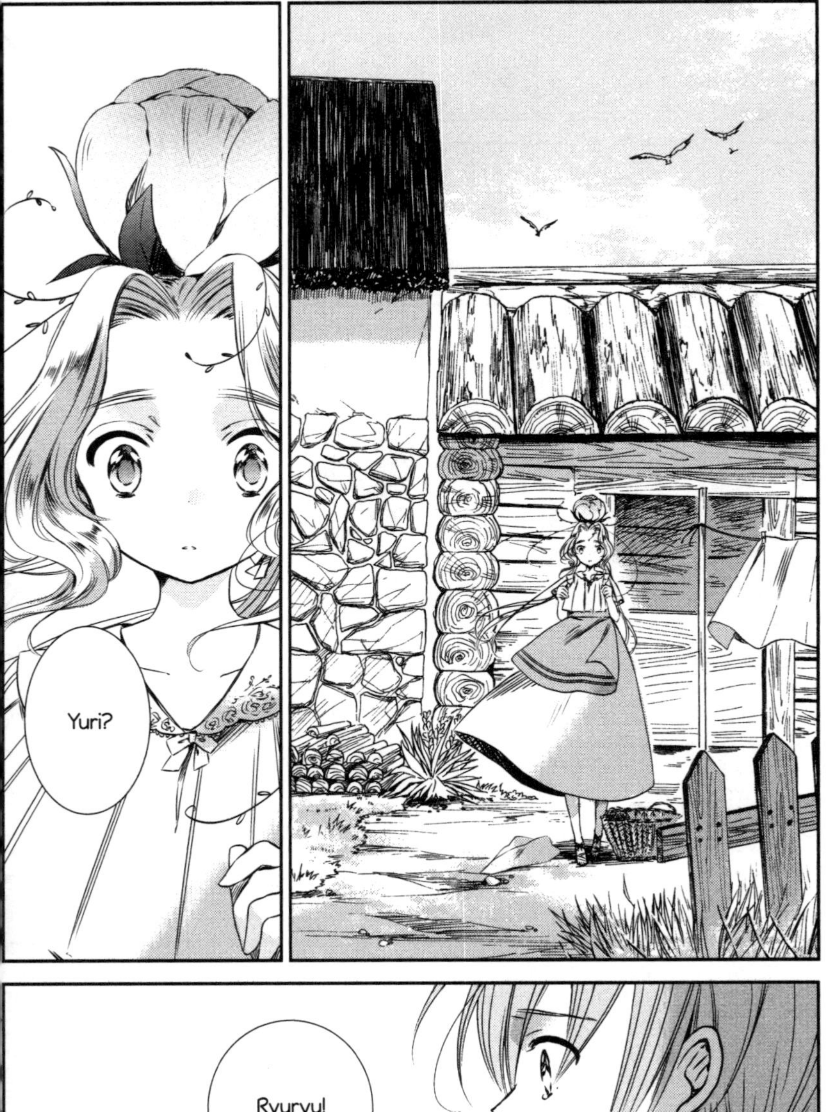
Yuri?
Ryuryu!

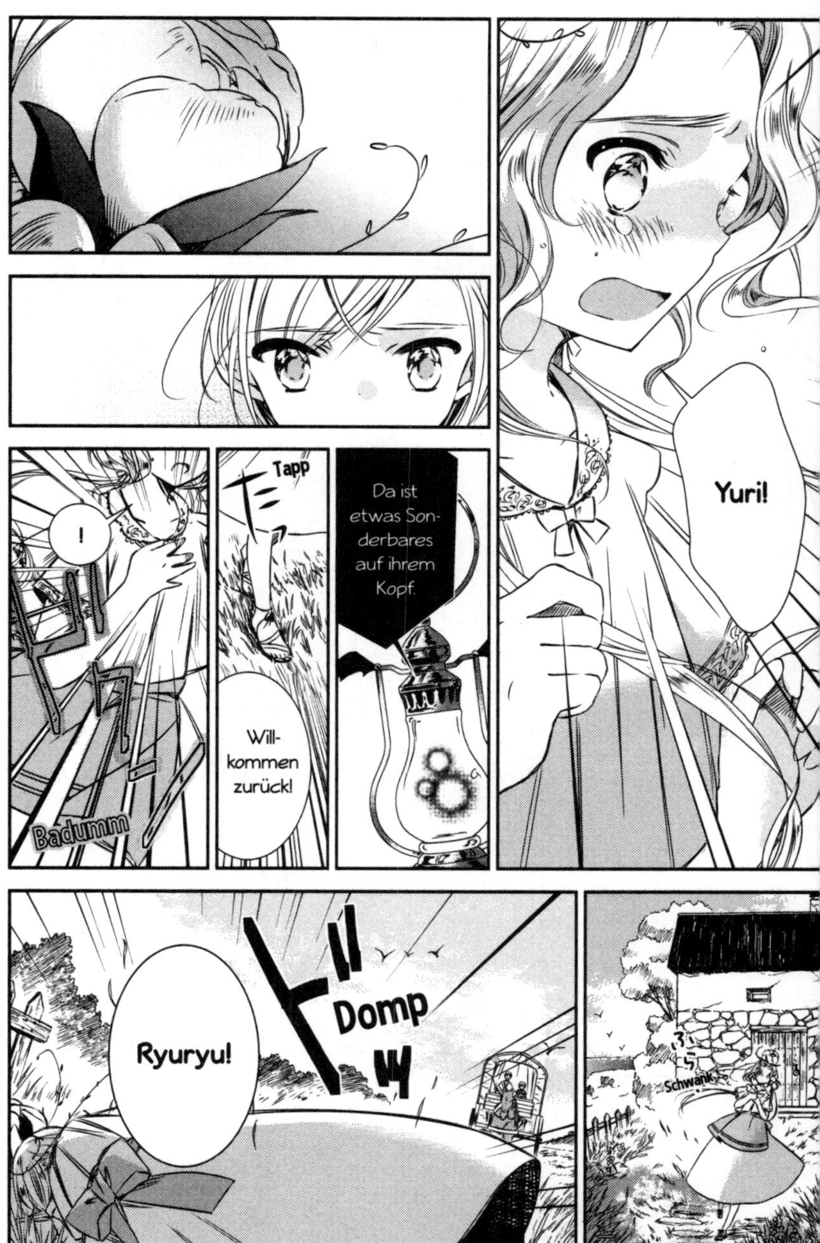

Yuri!
Da ist etwas Sonderbares auf ihrem Kopf.
Tapp
Willkommen zurück!
!
Badumm
Schwank
Domp
Ryuryu!

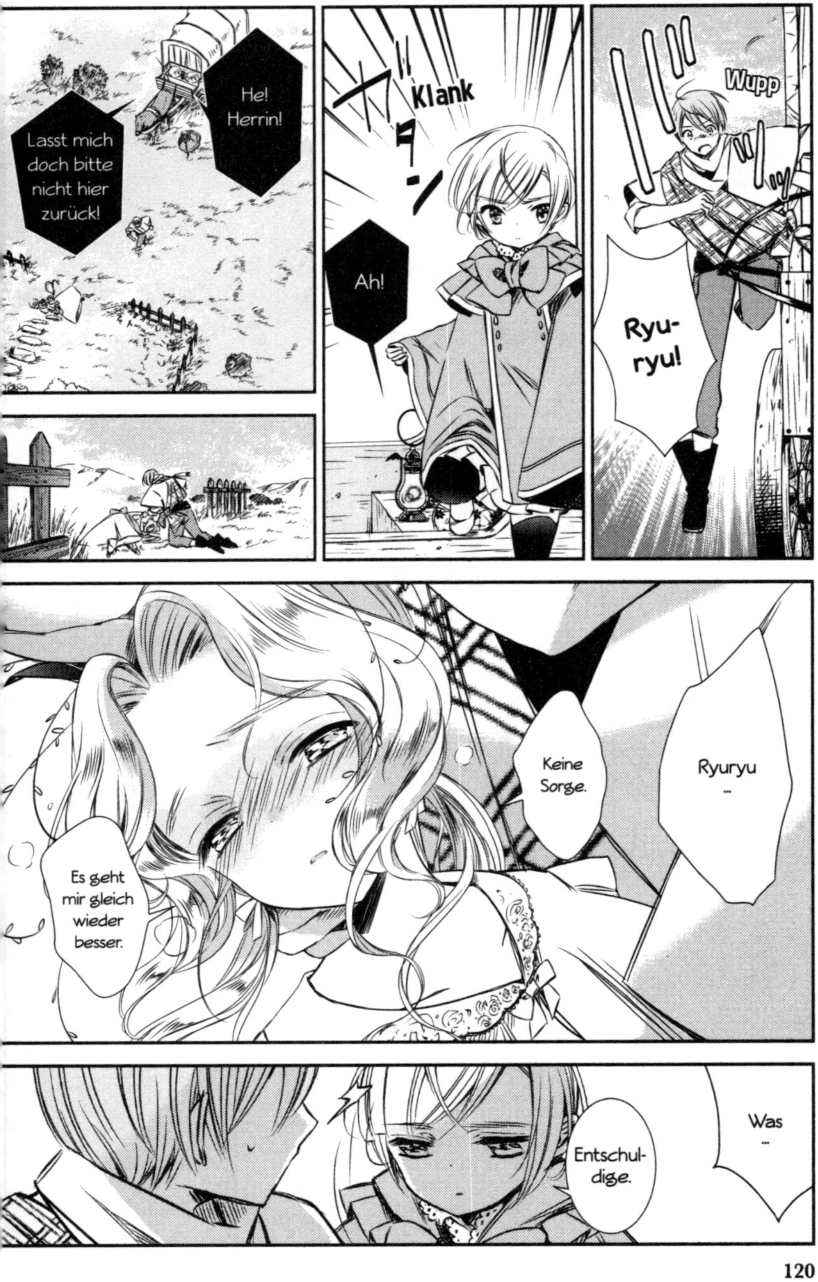

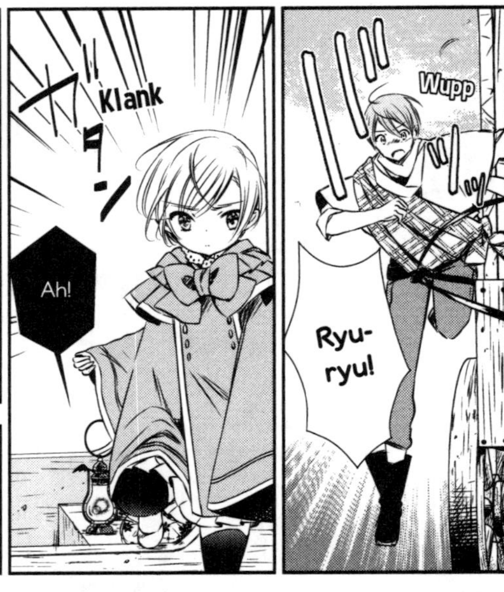

He! Herrin!

Lasst mich doch bitte nicht hier zurück!

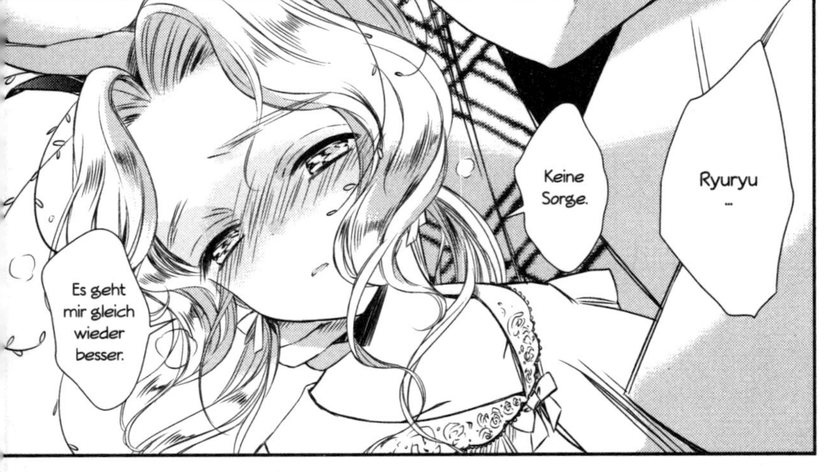

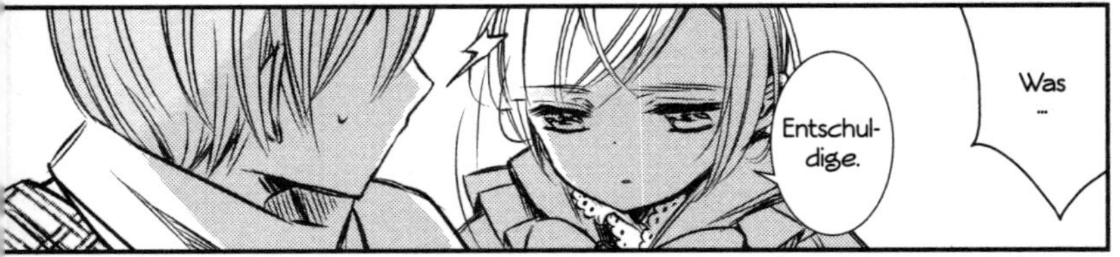

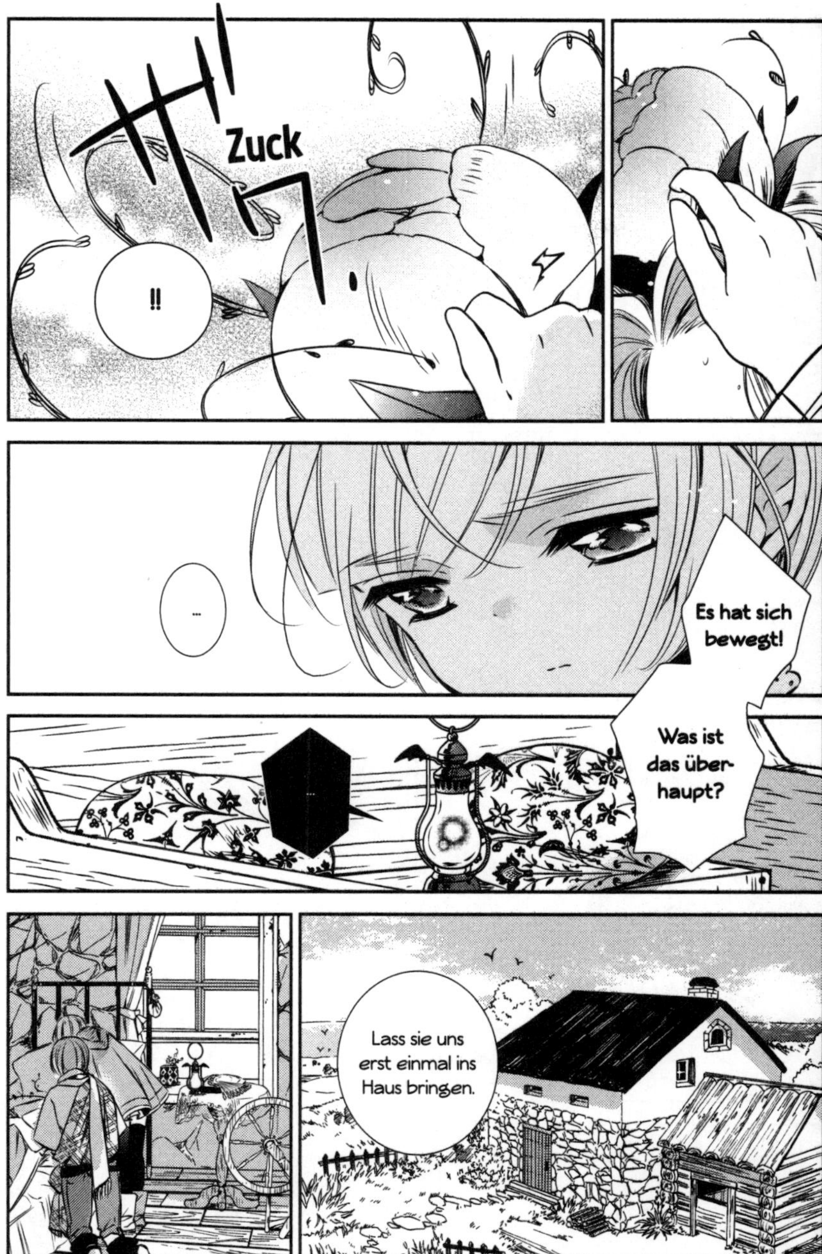
Zuck
!!
...
Es hat sich bewegt!
Was ist das über-haupt?
...
Lass sie uns erst einmal ins Haus bringen.

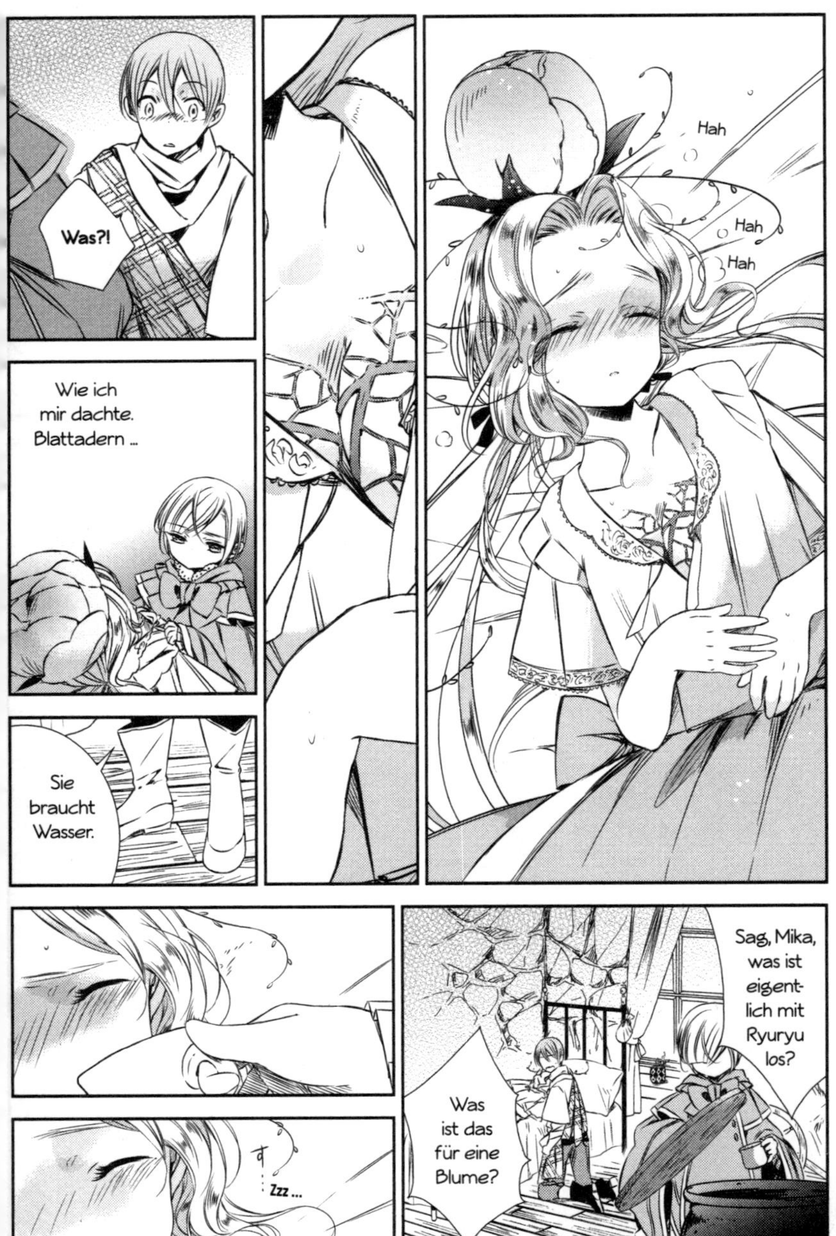
Hah
Hah
Hah
Was?!
Wie ich mir dachte. Blattadern ...
Sie braucht Wasser.
Sag, Mika, was ist eigentlich mit Ryuryu los?
Was ist das für eine Blume?
す
Zzz ...

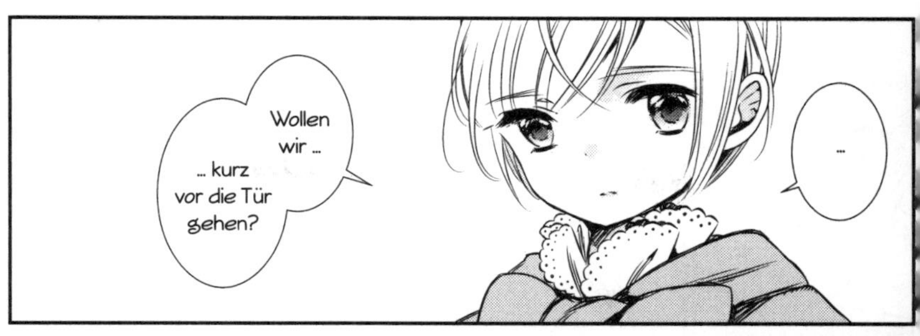
...
Wollen wir ... ... kurz vor die Tür gehen?

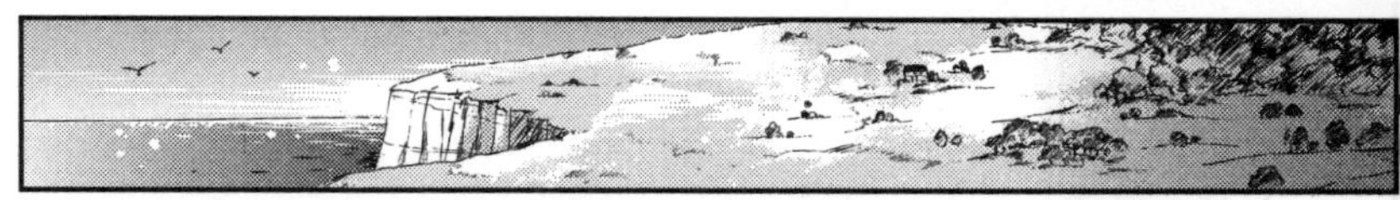

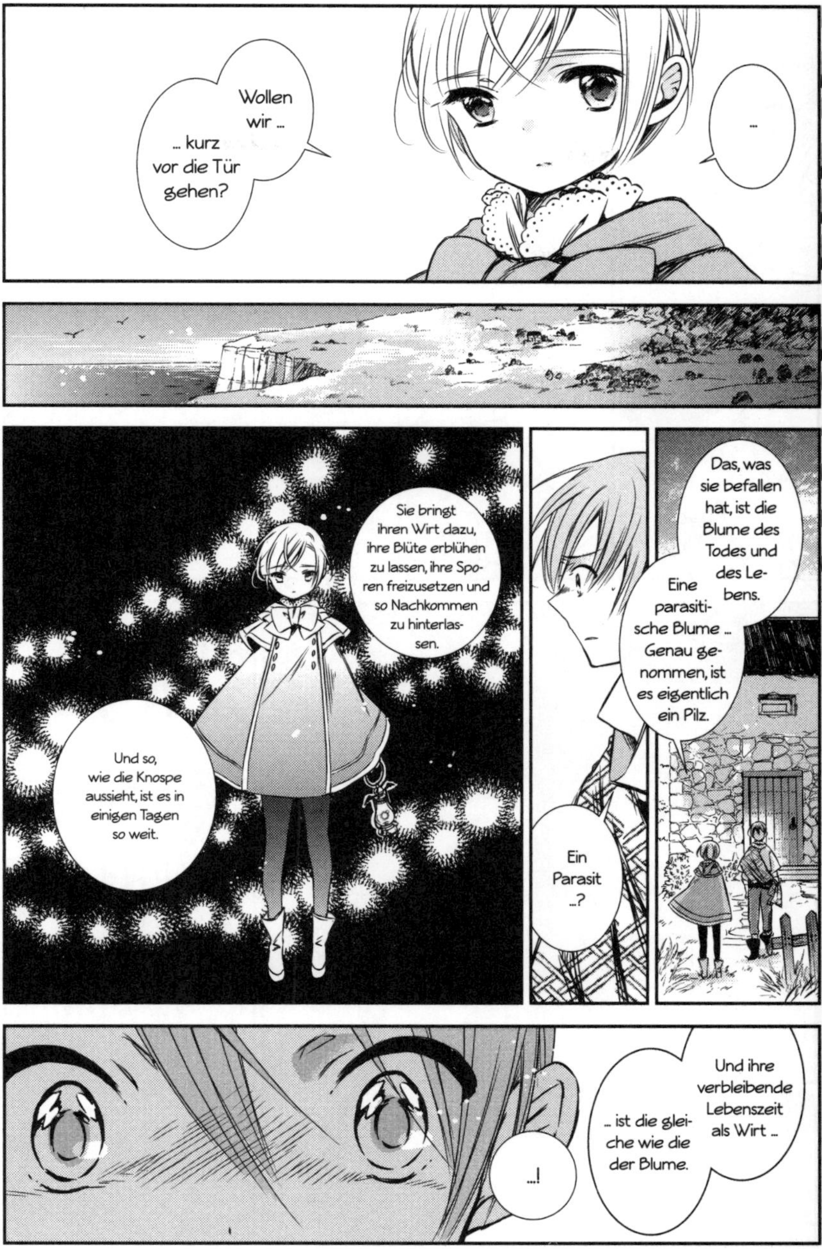

Das, was sie befallen hat, ist die Blume des Todes und des Lebens.
Eine parasitische Blume ... Genau genommen, ist es eigentlich ein Pilz.
Ein Parasit ...?
Sie bringt ihren Wirt dazu, ihre Blüte erblühen zu lassen, ihre Sporen freizusetzen und so Nachkommen zu hinterlassen.
Und so, wie die Knospe aussieht, ist es in einigen Tagen so weit.

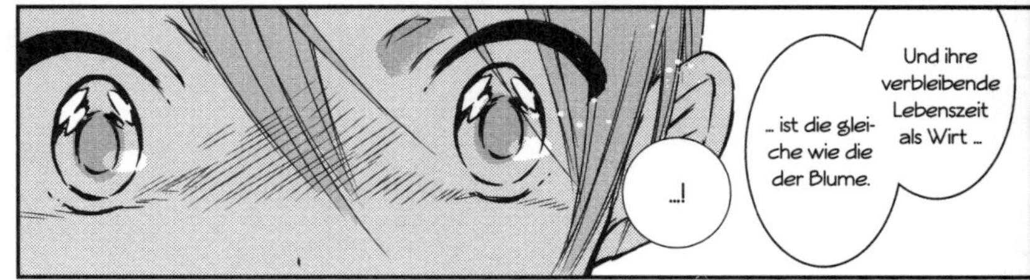
Und ihre verbleibende Lebenszeit als Wirt ...
... ist die gleiche wie die der Blume.
...!

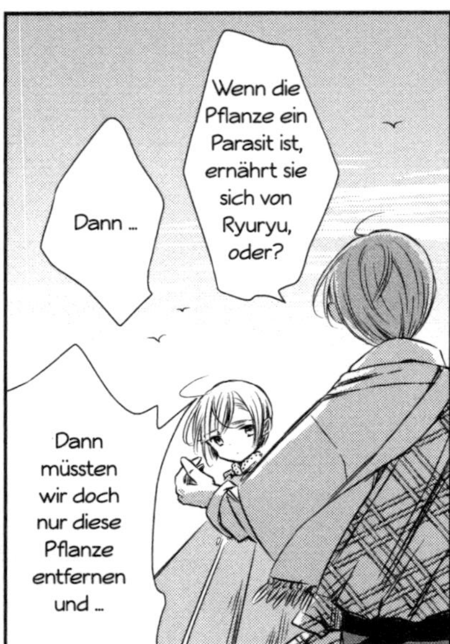
Wenn die Pflanze ein Parasit ist, ernährt sie sich von Ryuryu, oder?
Dann ...
Dann müssten wir doch nur diese Pflanze entfernen und ...

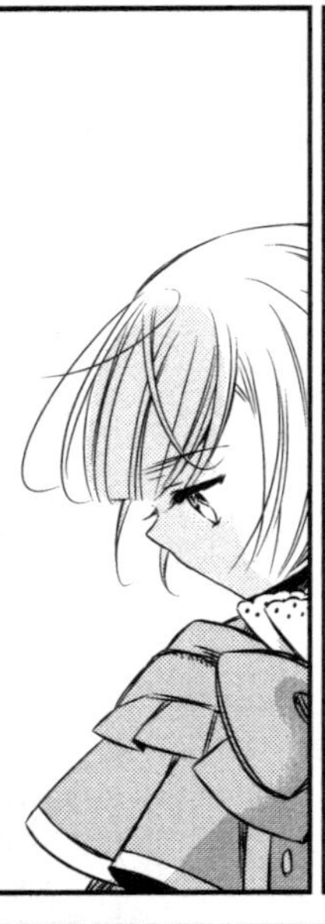

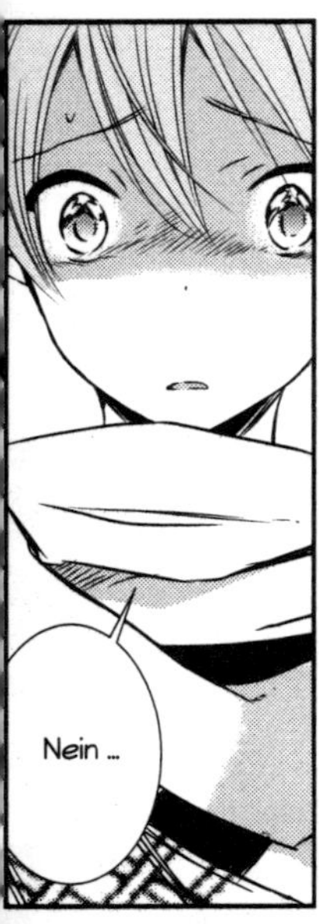
Nein ...

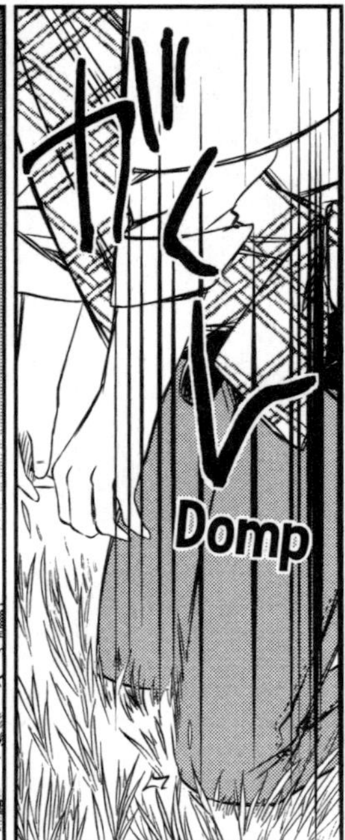
Domp

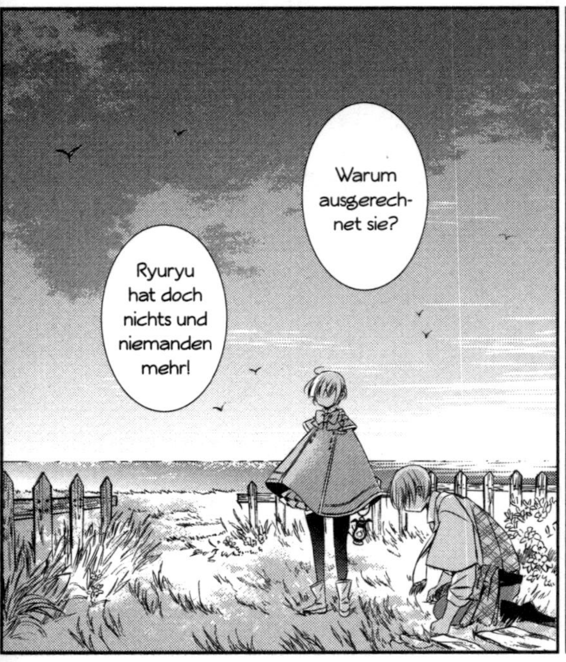
Warum ausgerech-net sie?
Ryuryu hat doch nichts und niemanden mehr!

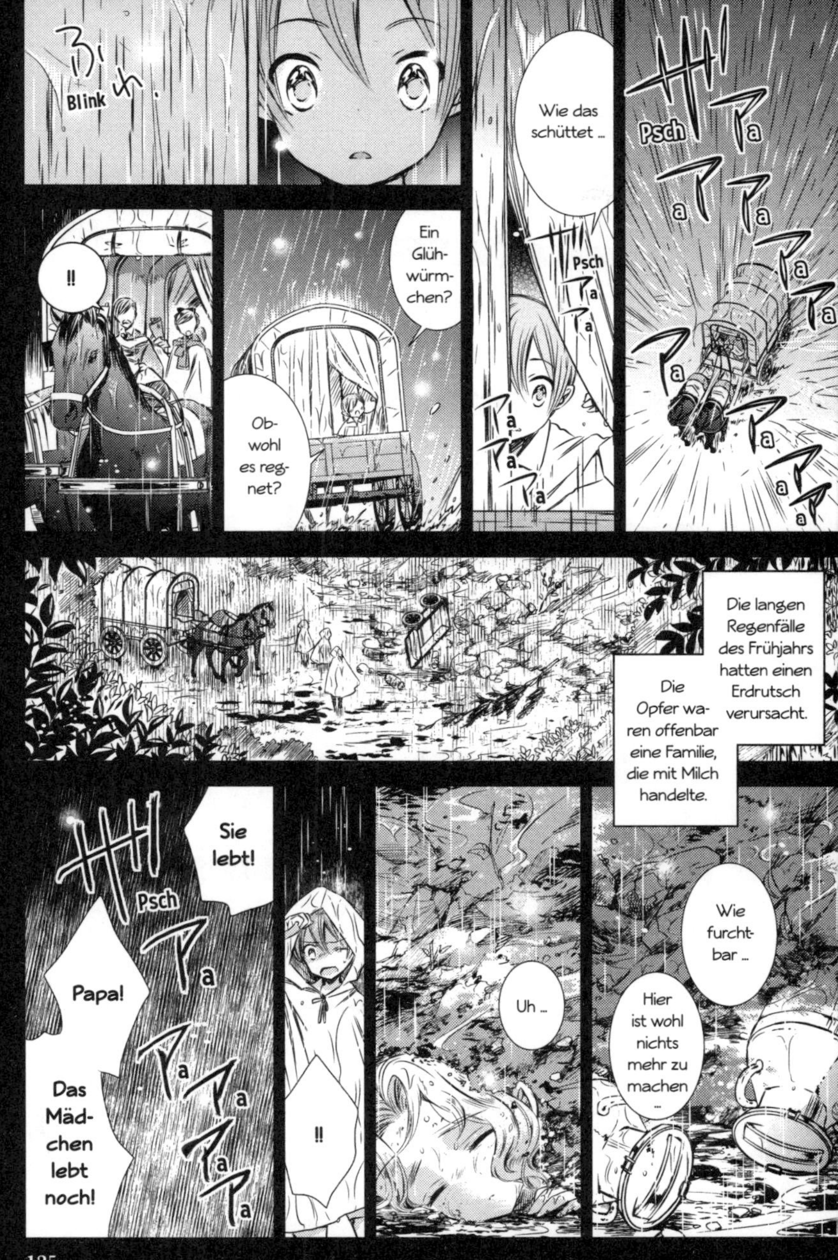

Psch
Pa
Wie das schüttet ...
Blink
Psch
Pa
Ein Glühwürmchen?
Obwohl es regnet?
!!
Die langen Regenfälle des Frühjahrs hatten einen Erdrutsch verursacht.
Die Opfer waren offenbar eine Familie, die mit Milch handelte.
Wie furchtbar ...
Hier ist wohl nichts mehr zu machen ...
Uh ...
!!
Sie lebt!
Papa!
Das Mädchen lebt noch!
Psch
Pa

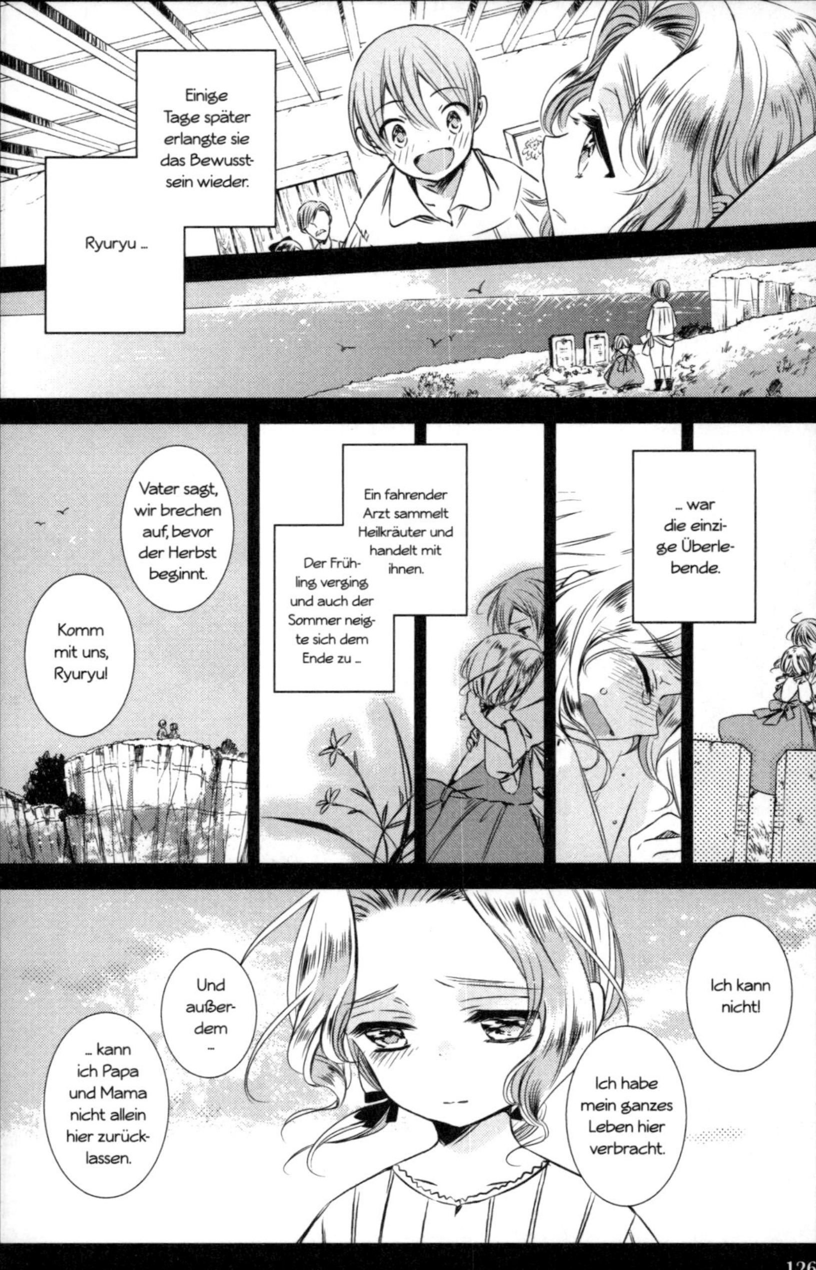
Einige Tage später erlangte sie das Bewusstsein wieder.
Ryuryu ...
... war die einzige Überlebende.
Ein fahrender Arzt sammelt Heilkräuter und handelt mit ihnen.
Der Frühling verging und auch der Sommer neigte sich dem Ende zu ...
Vater sagt, wir brechen auf, bevor der Herbst beginnt.
Komm mit uns, Ryuryu!
Ich kann nicht!
Ich habe mein ganzes Leben hier verbracht.
Und außerdem ...
... kann ich Papa und Mama nicht allein hier zurücklassen.

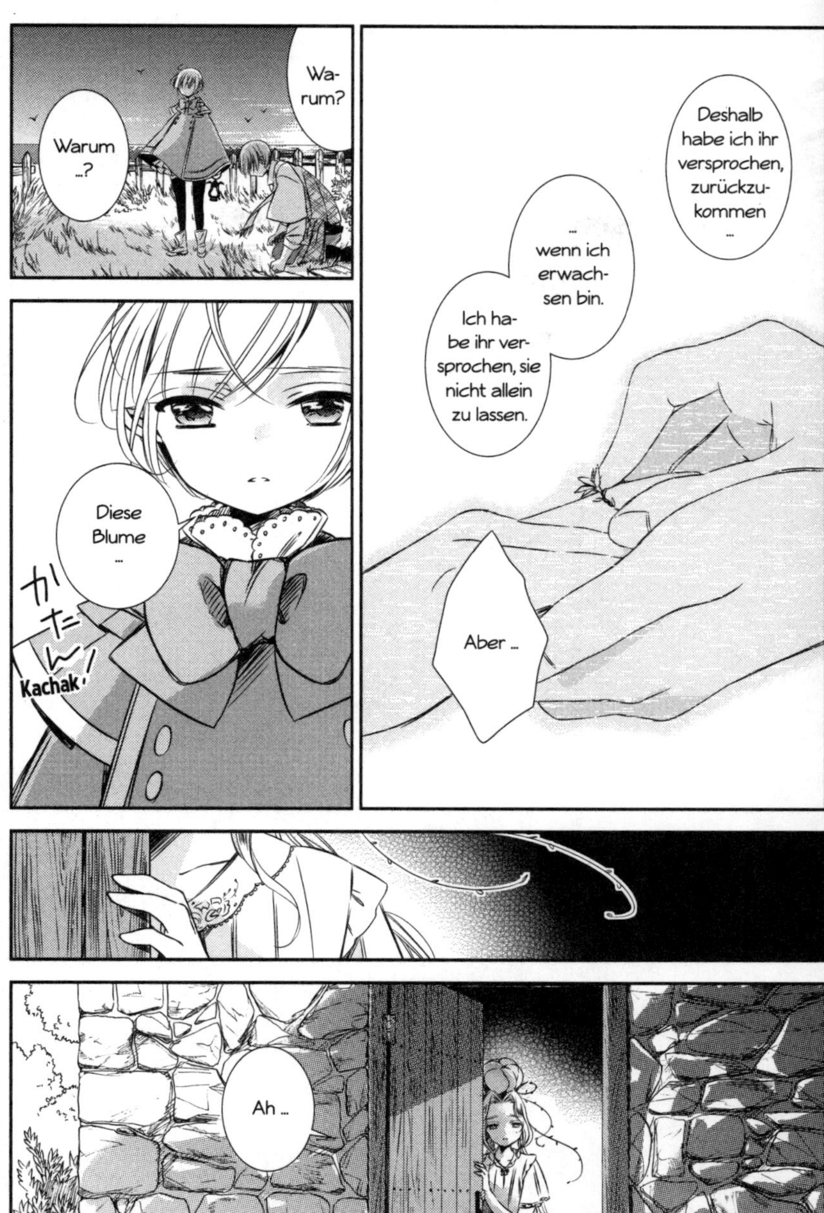
Deshalb habe ich ihr versprochen, zurückzukommen ...
... wenn ich erwachsen bin.
Ich habe ihr versprochen, sie nicht allein zu lassen.
Aber ...
Warum?
Warum ...?
Diese Blume ...
Kachak!
Ah ...

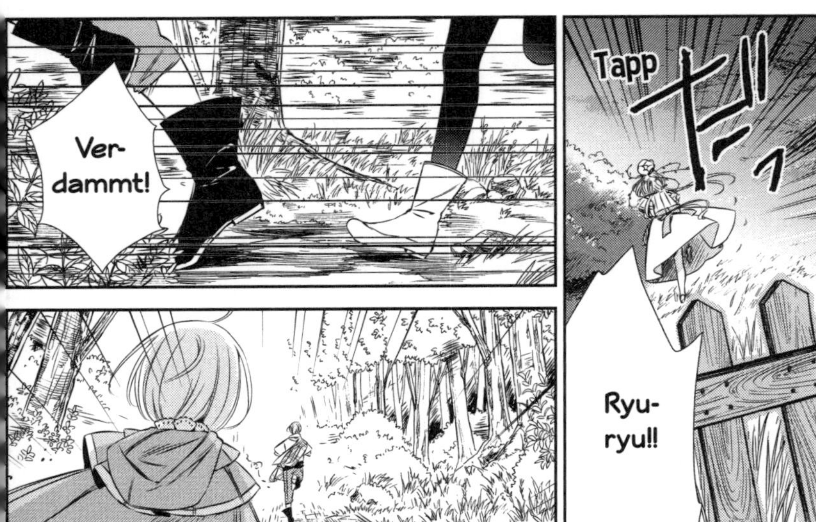
Tapp
Ryu-
ryu!!
Ver-
dammt!

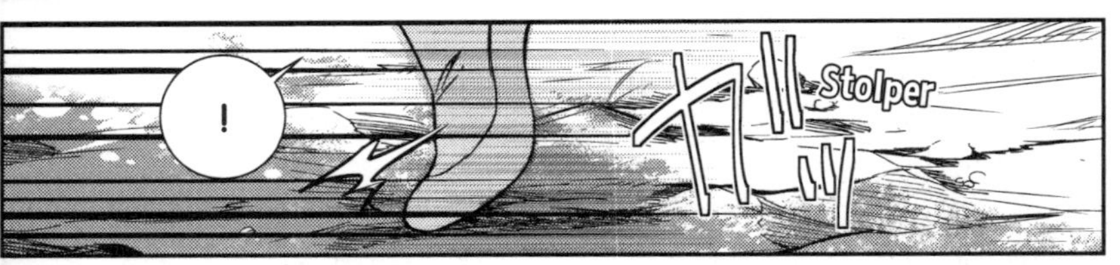
Stolper
!

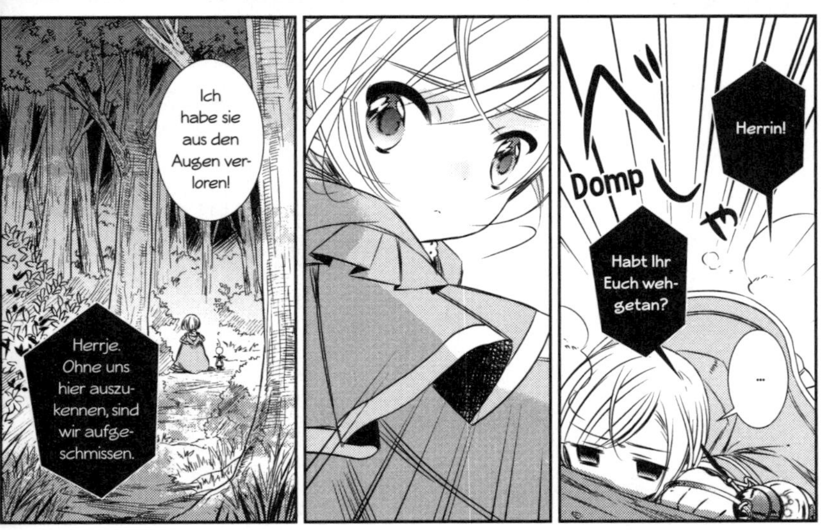
Domp
Herrin!
Habt Ihr Euch weh-getan?
...
Ich habe sie aus den Augen ver-loren!
Herrje. Ohne uns hier auszu-kennen, sind wir aufge-schmissen.

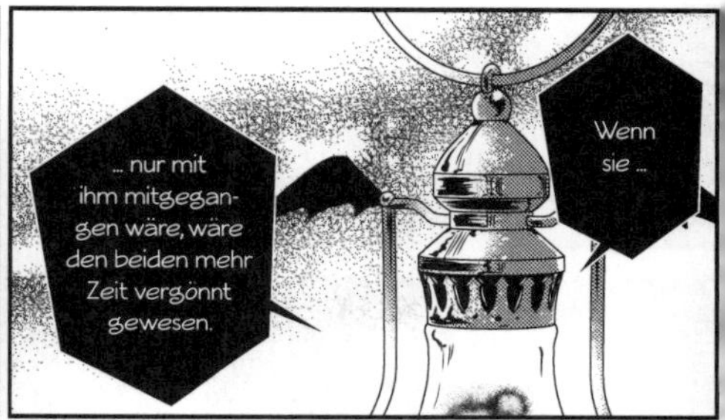
Wenn sie ...
... nur mit ihm mitgegangen wäre, wäre den beiden mehr Zeit vergönnt gewesen.

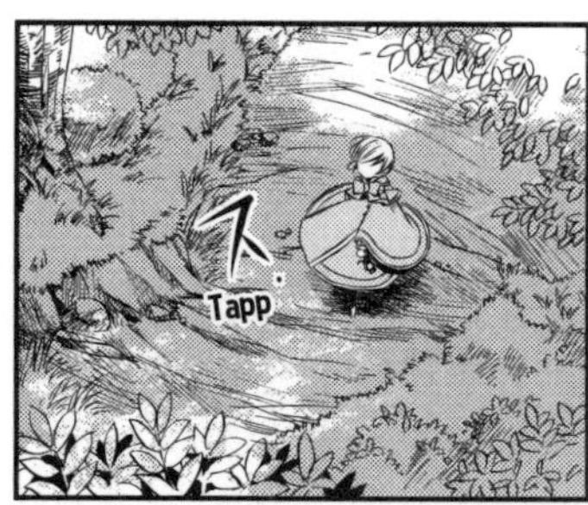
Tapp

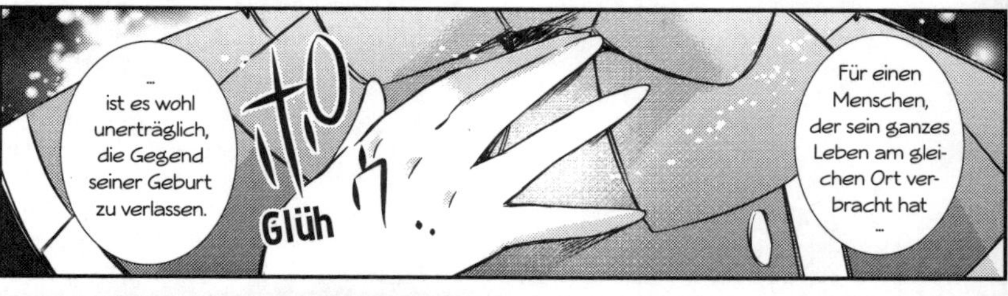
Für einen Menschen, der sein ganzes Leben am gleichen Ort verbracht hat ...
Glüh
... ist es wohl unerträglich, die Gegend seiner Geburt zu verlassen.

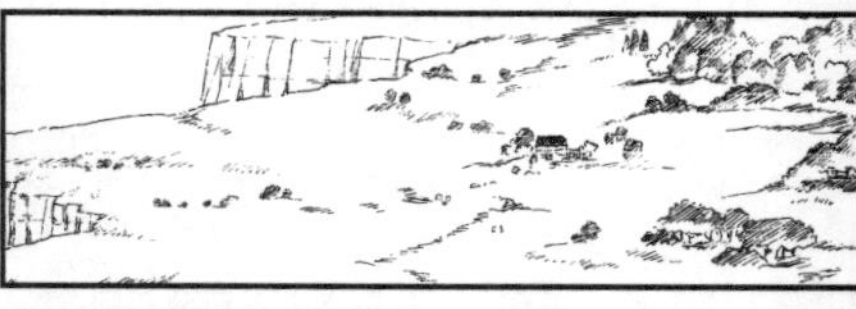

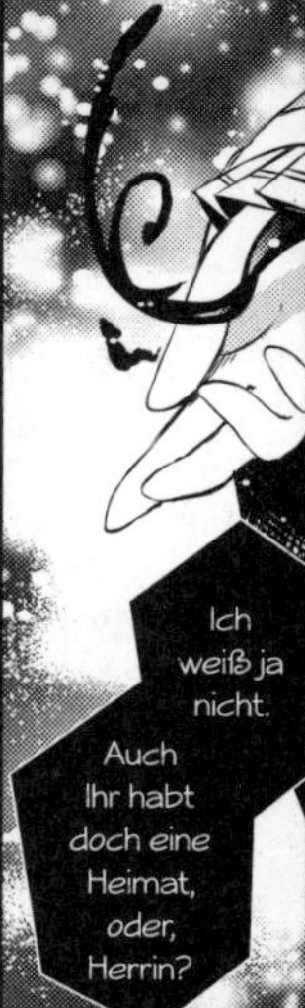
Ich weiß ja nicht. Auch Ihr habt doch eine Heimat, oder, Herrin?

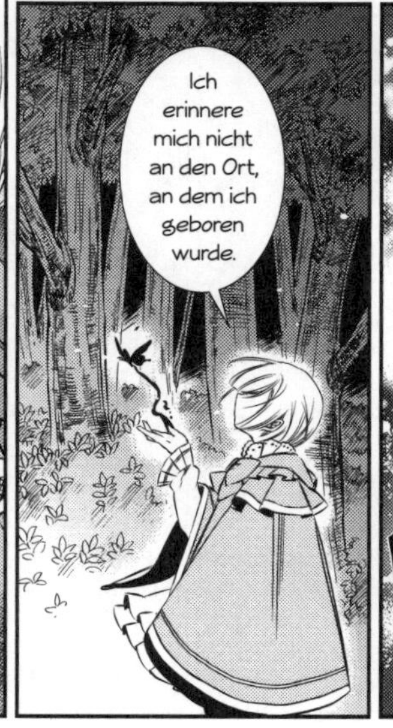
Ich erinnere mich nicht an den Ort, an dem ich geboren wurde.

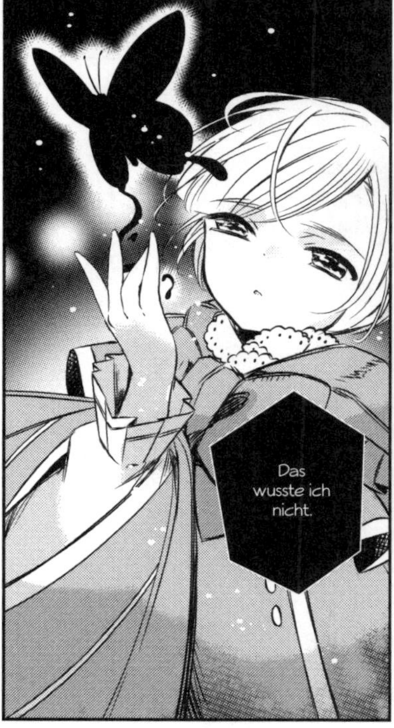
Das wusste ich nicht.

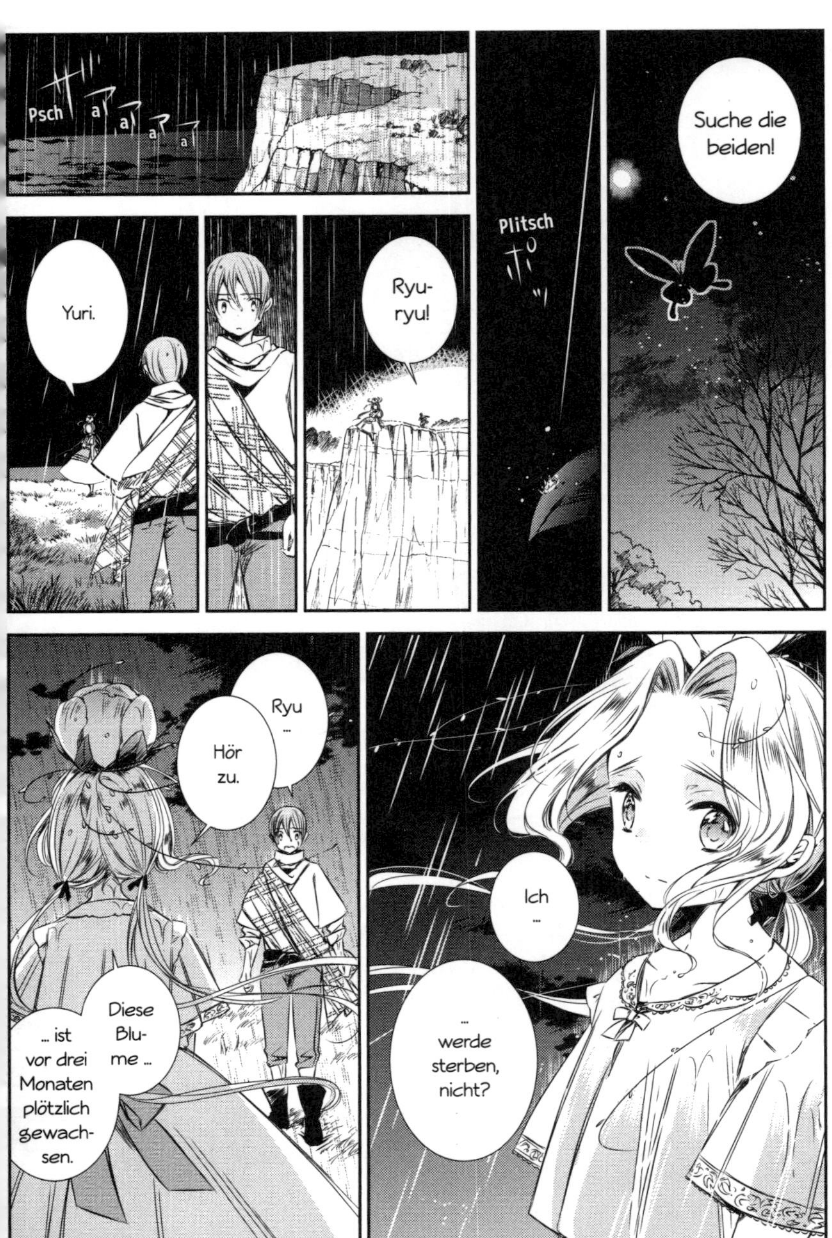
Suche die beiden!
Plitsch
Psch a a a a
Ryu-ryu!
Yuri.
Ich ...
... werde sterben, nicht?
Ryu ...
Hör zu.
Diese Blume ...
... ist vor drei Monaten plötzlich gewachsen.

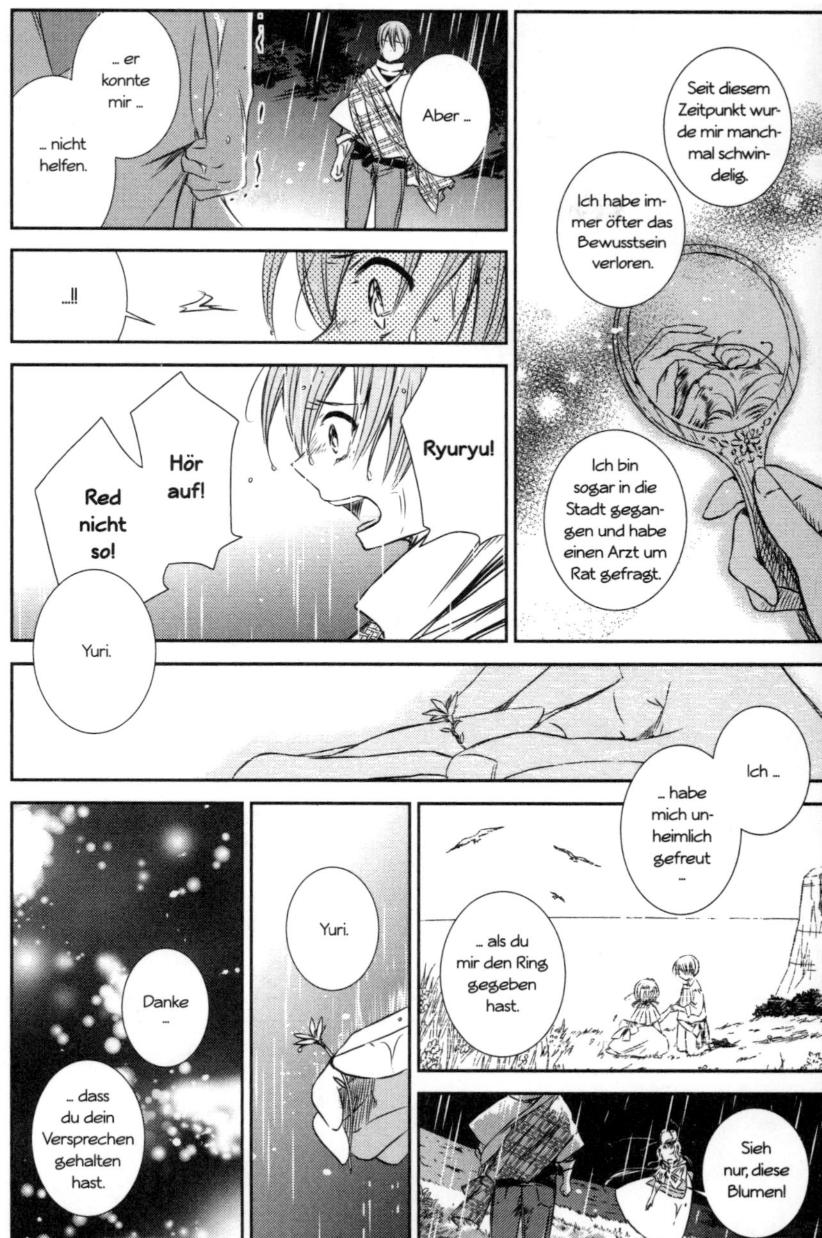
Seit diesem Zeitpunkt wurde mir manchmal schwindelig.
Ich habe immer öfter das Bewusstsein verloren.
Ich bin sogar in die Stadt gegangen und habe einen Arzt um Rat gefragt.
Aber ...
... er konnte mir ...
... nicht helfen.
...!!
Ryuryu!
Hör auf!
Red nicht so!
Yuri.
Ich ...
... habe mich unheimlich gefreut ...
... als du mir den Ring gegeben hast.
Sieh nur, diese Blumen!
Yuri.
Danke ...
... dass du dein Versprechen gehalten hast.

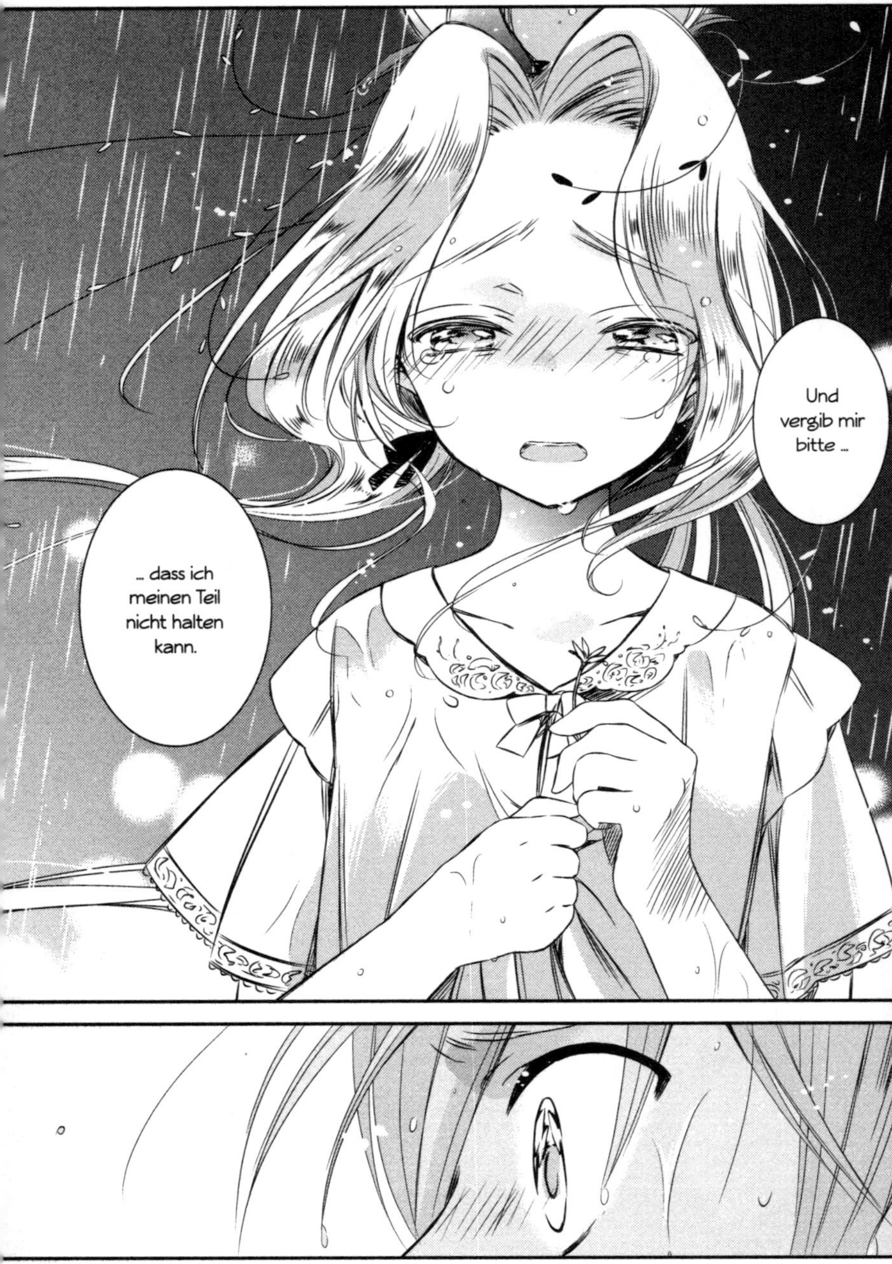
Und vergib mir bitte …
… dass ich meinen Teil nicht halten kann.

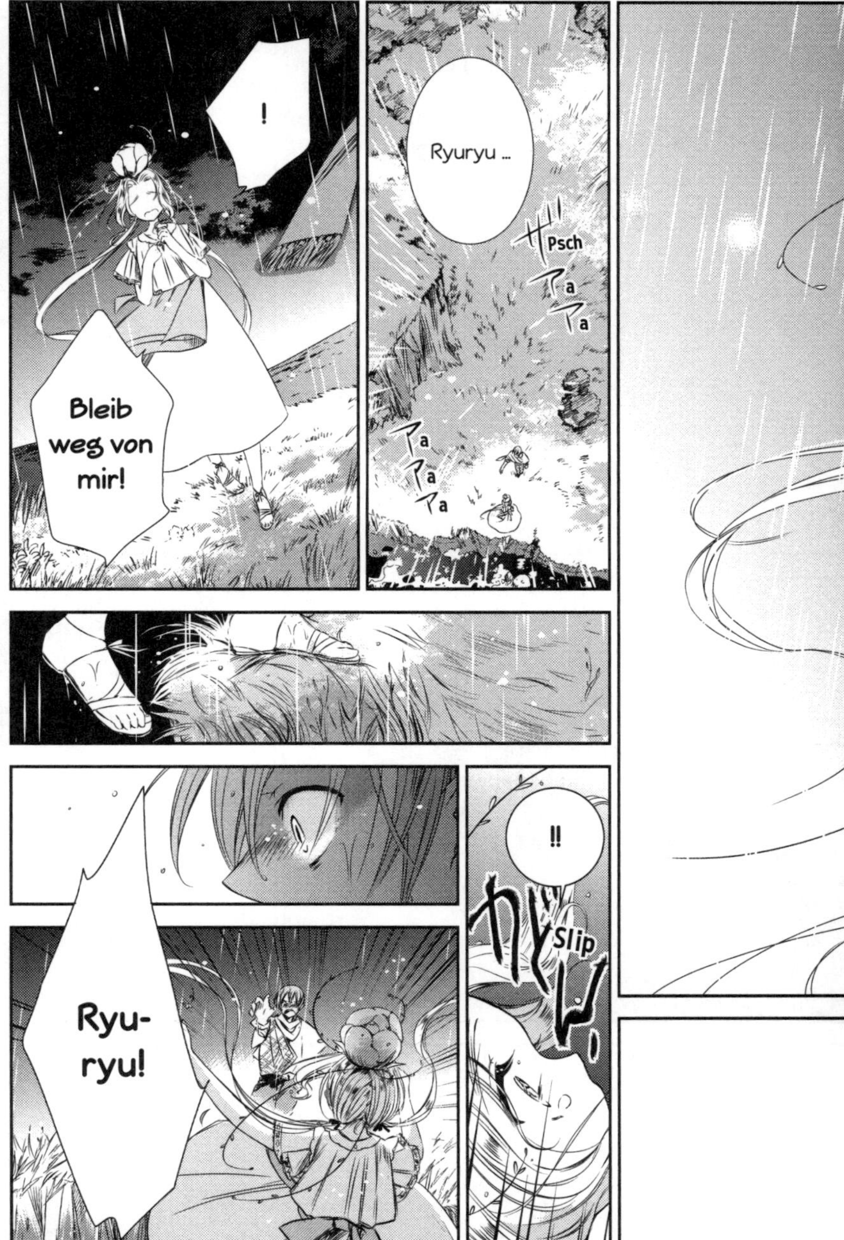
!
Bleib weg von mir!
Ryuryu ...
Psch
a
a
a
a
a
!!
Ryu-ryu!
Slip

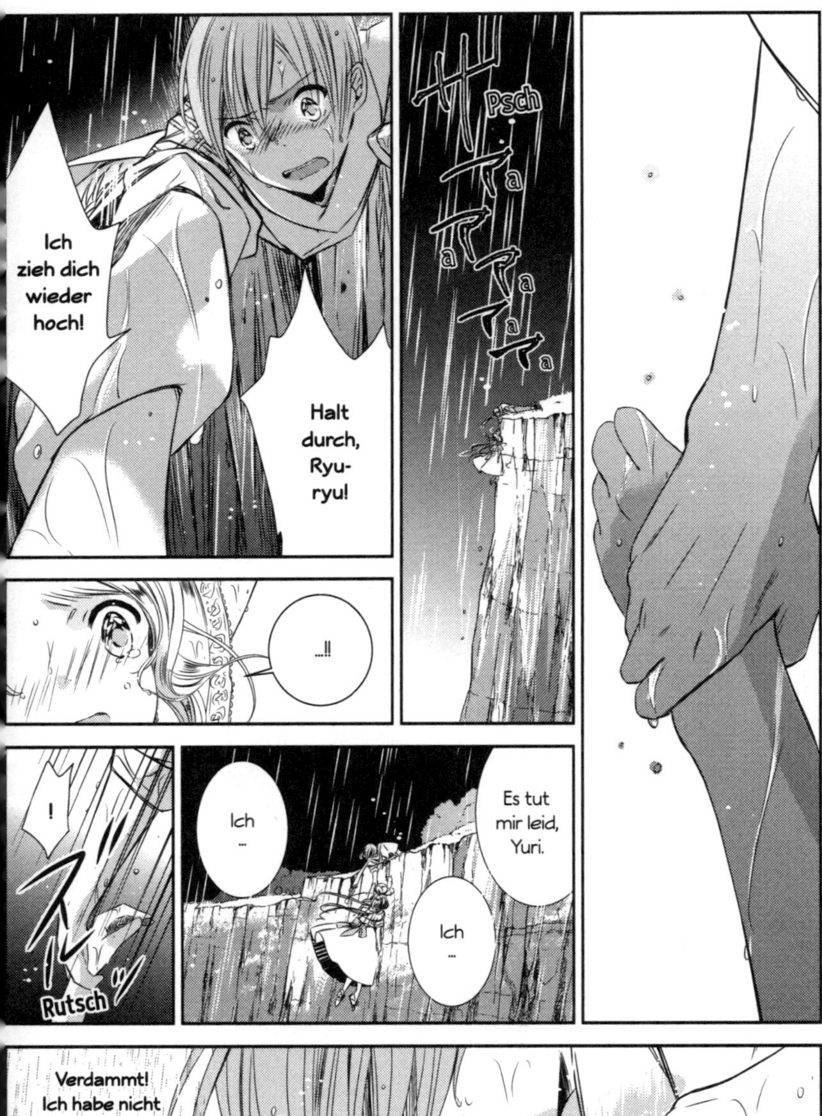
Psch
a
a
a
a
a
Halt durch, Ryu-ryu!
Ich zieh dich wieder hoch!
...!!
Es tut mir leid, Yuri.
Ich ...
Ich ...
!
Rutsch
Verdammt! Ich habe nicht genug Kraft im Arm!
Schmerz

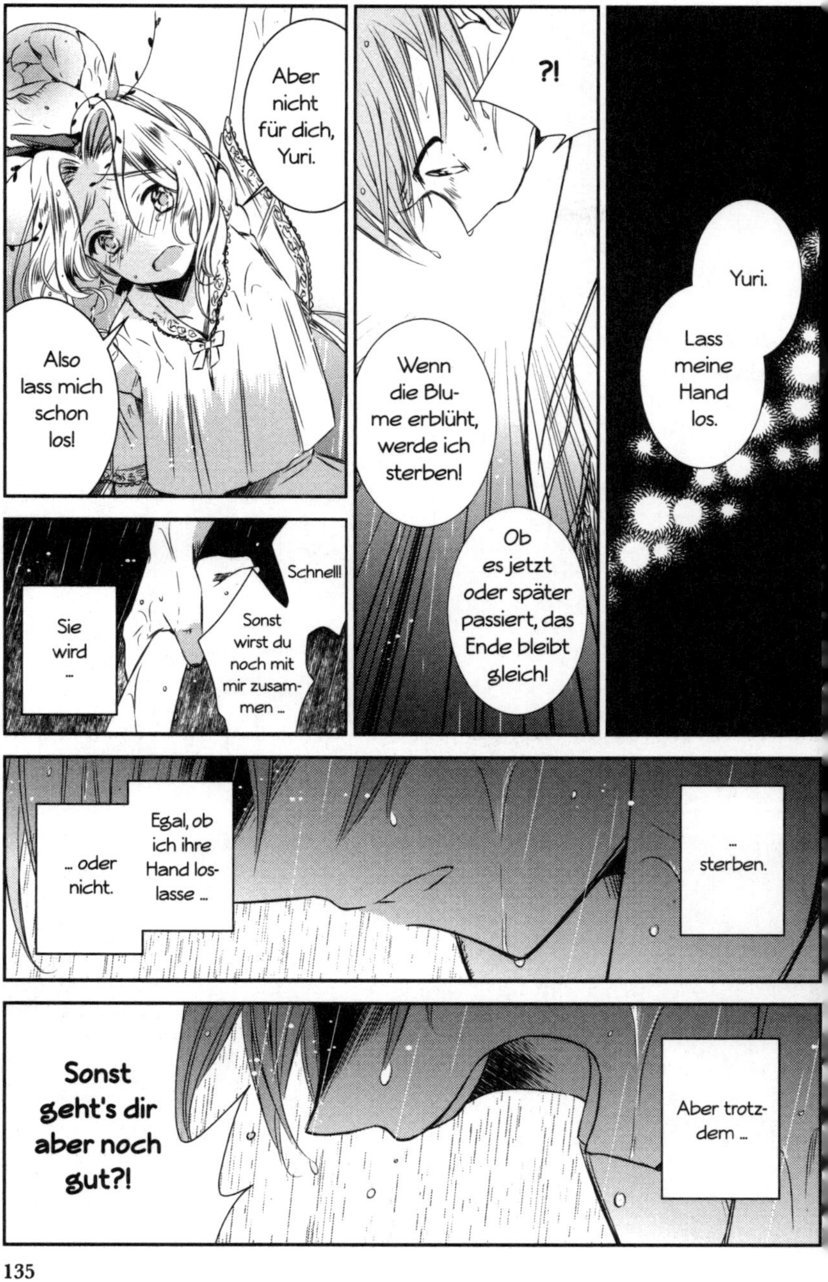

Yuri.
Lass meine Hand los.
?!
Wenn die Blume erblüht, werde ich sterben!
Ob es jetzt oder später passiert, das Ende bleibt gleich!
Aber nicht für dich, Yuri.
Also lass mich schon los!
Schnell!
Sonst wirst du noch mit mir zusammen ...
Sie wird ...
... sterben.
Egal, ob ich ihre Hand loslasse ...
... oder nicht.

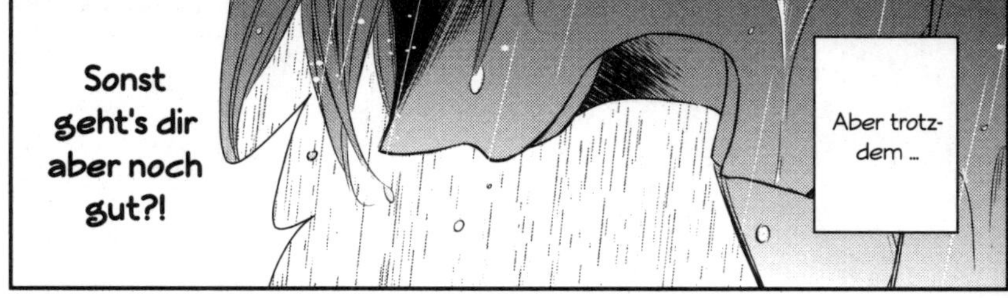

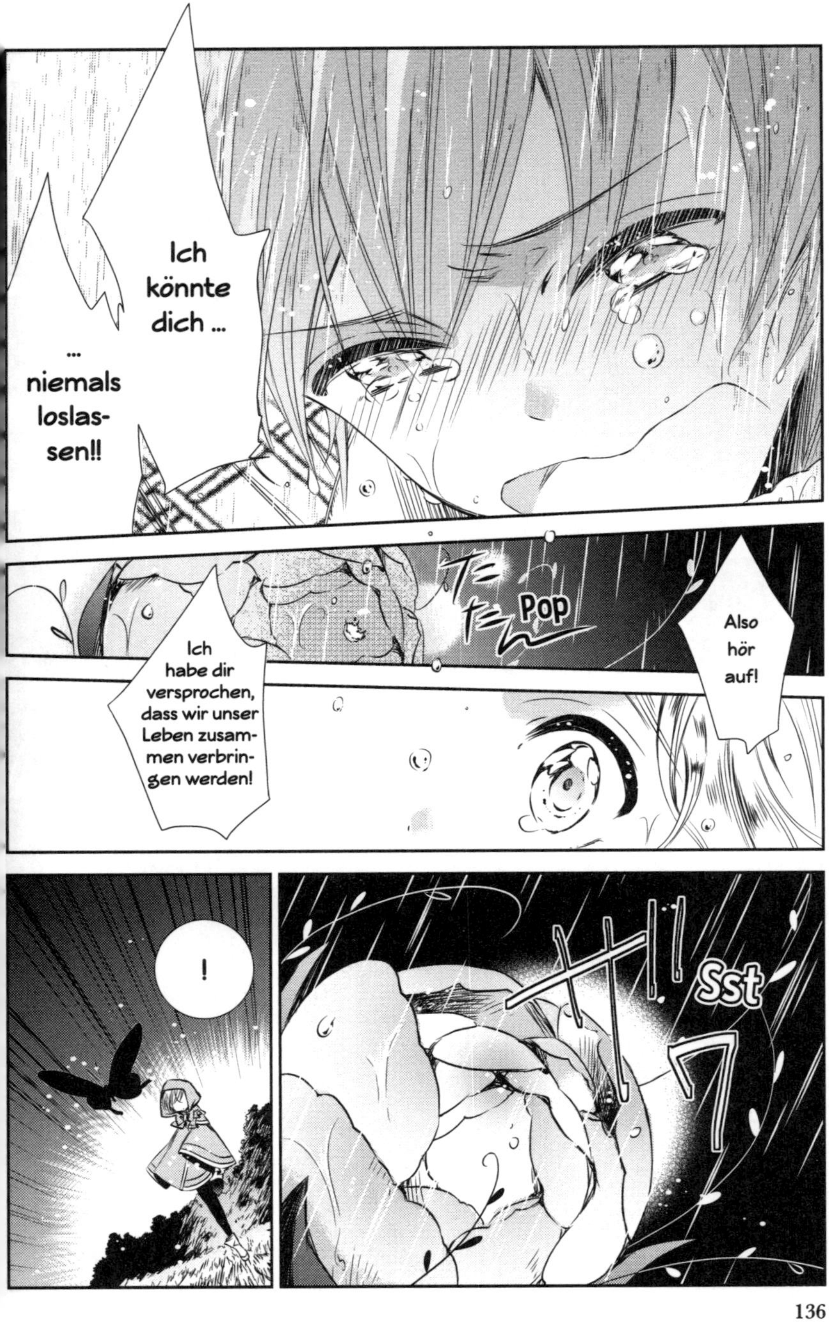

Ich könnte dich ...

... niemals loslassen!!

Pop

Ich habe dir versprochen, dass wir unser Leben zusammen verbringen werden!

Also hör auf!

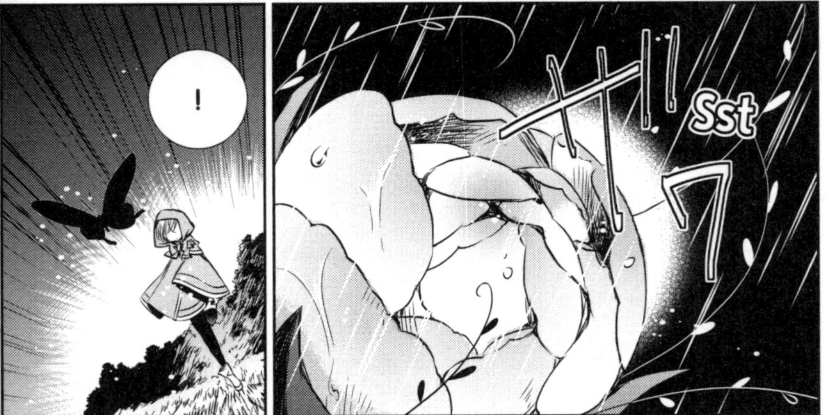

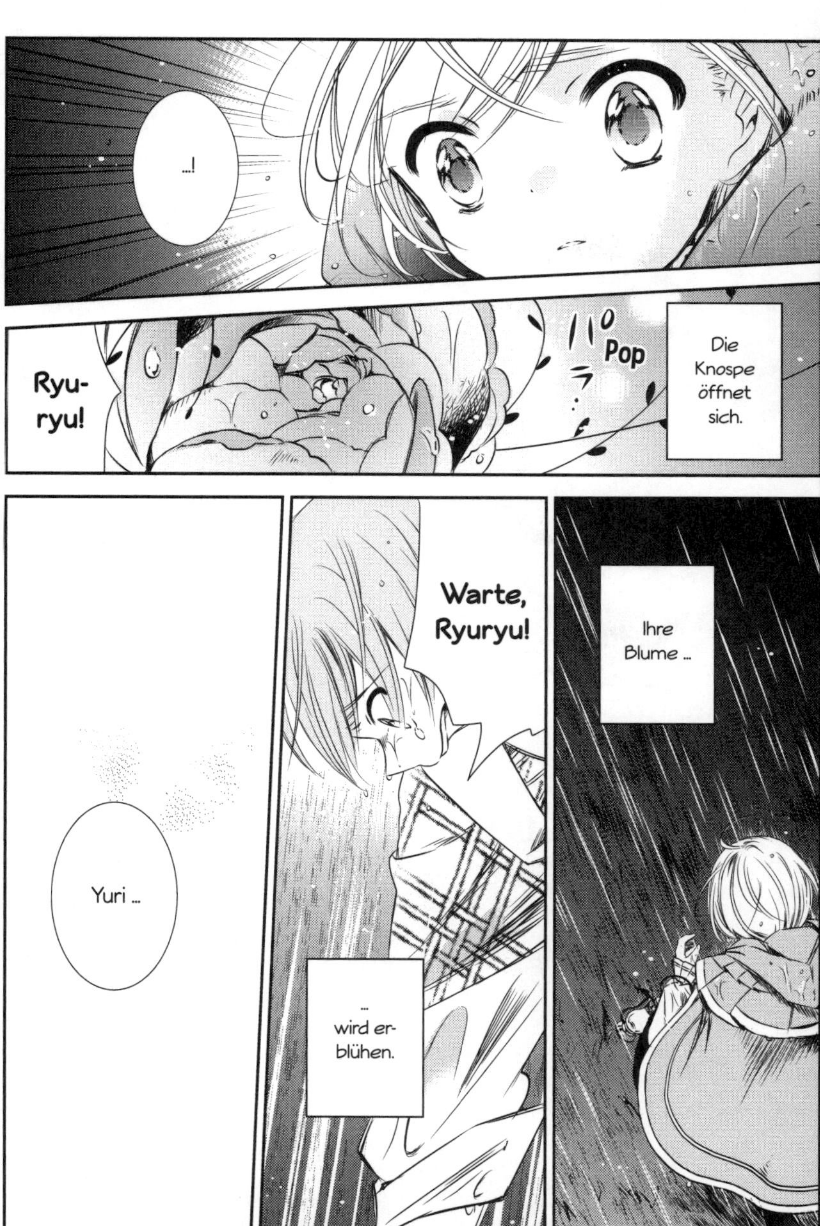
...!
Die Knospe öffnet sich.
Pop
Ryu-ryu!
Ihre Blume ...
Warte, Ryuryu!
... wird erblühen.
Yuri ...

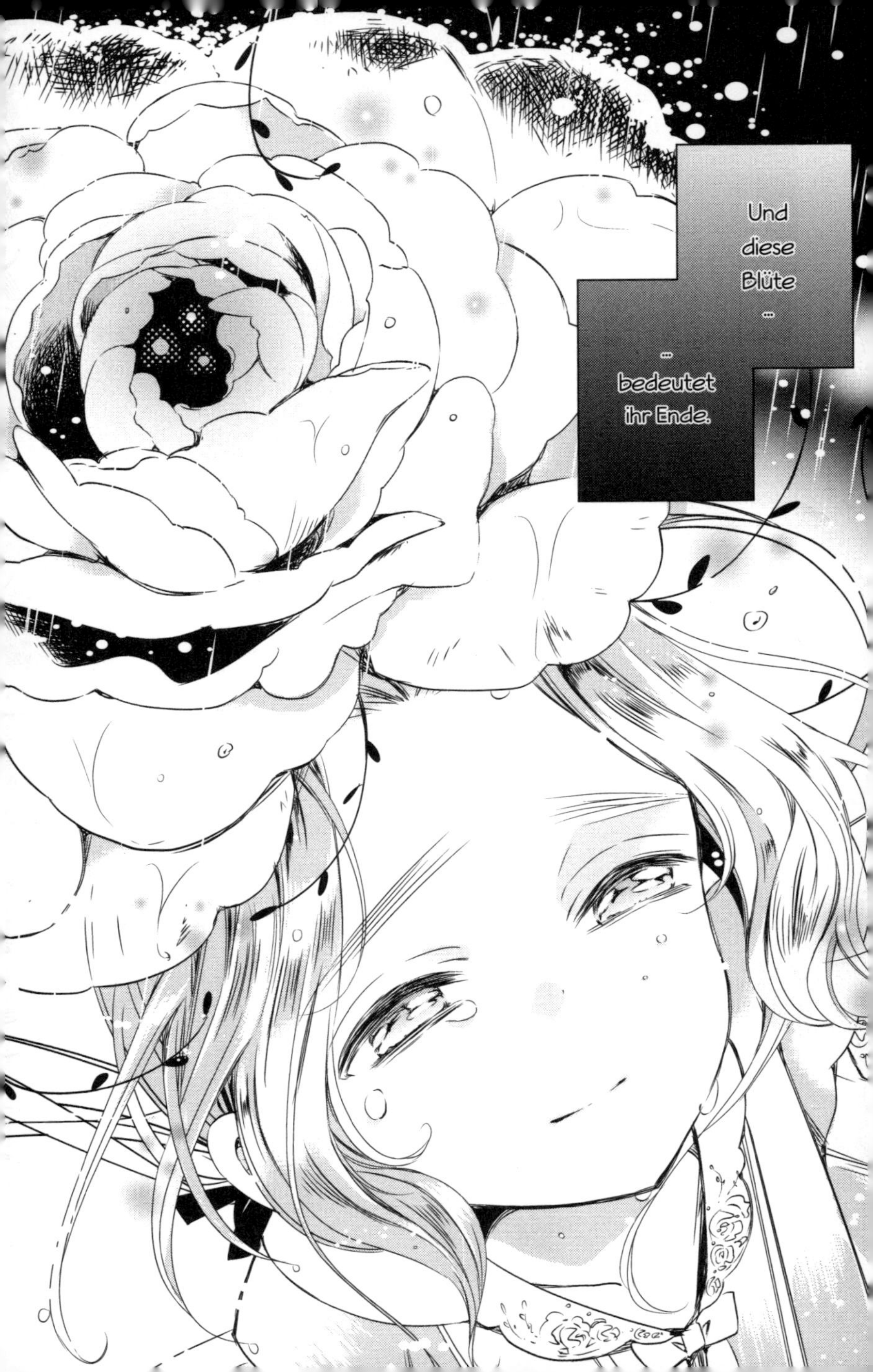
Und diese Blüte ...
... bedeutet ihr Ende.

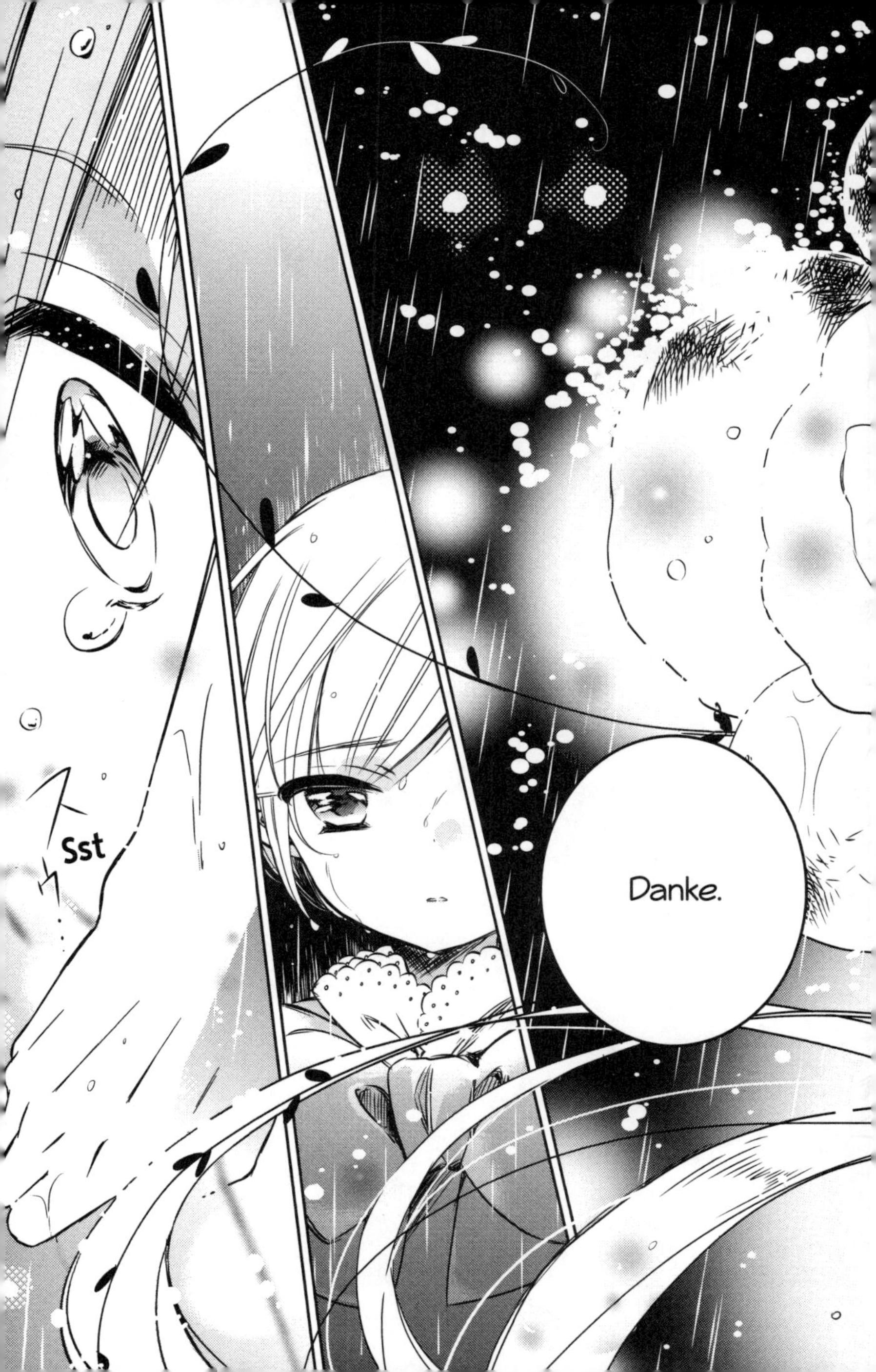
Danke.
Sst

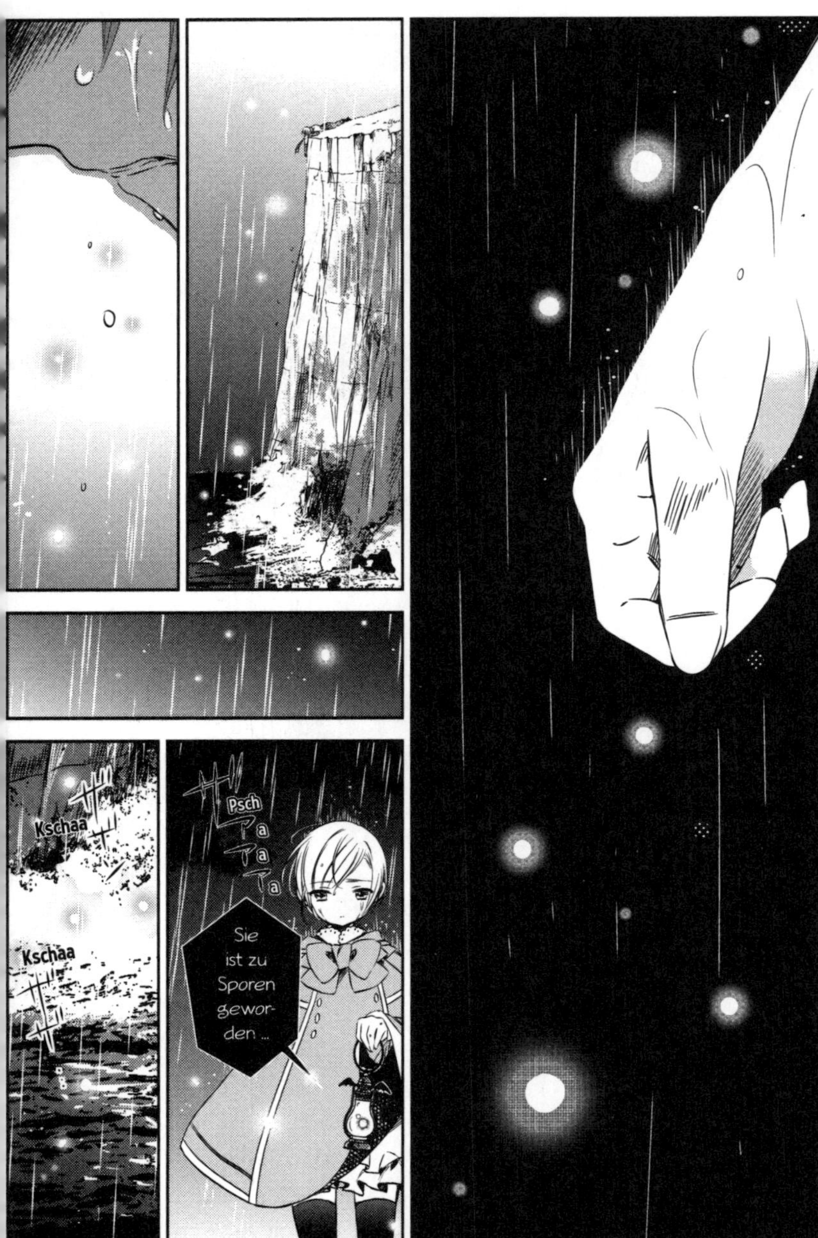
Kschaa
Kschaa
Psch
a
a
a
Sie ist zu Sporen geworden ...

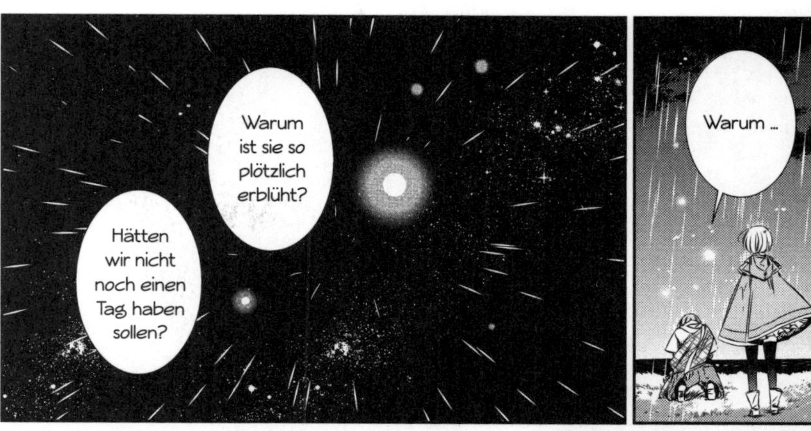
Warum ...
Warum ist sie so plötzlich erblüht?
Hätten wir nicht noch einen Tag haben sollen?

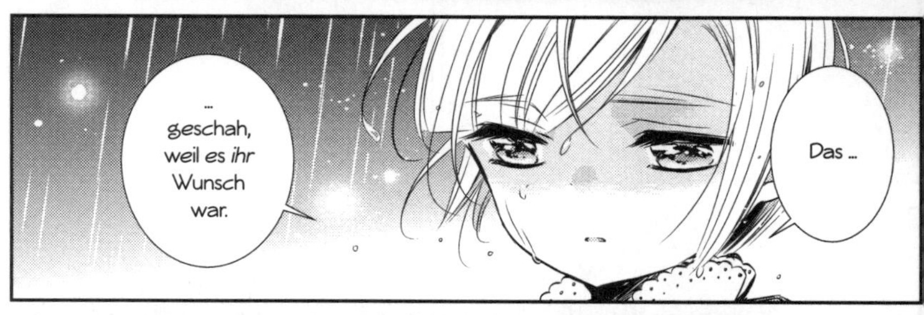
Das ...
... geschah, weil es *ihr* Wunsch war.

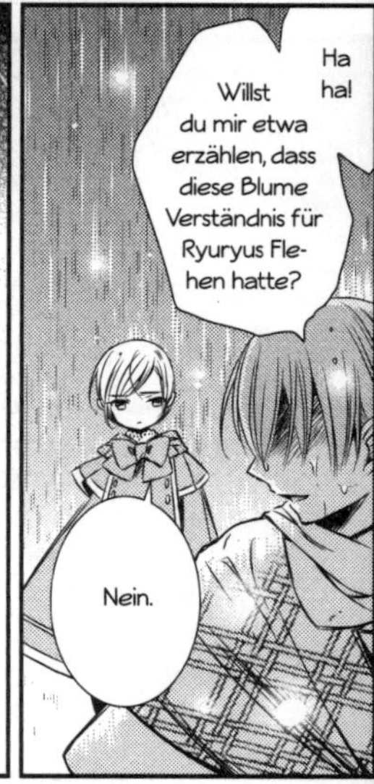
Ha ha!
Willst du mir etwa erzählen, dass diese Blume Verständnis für Ryuryus Flehen hatte?
Nein.

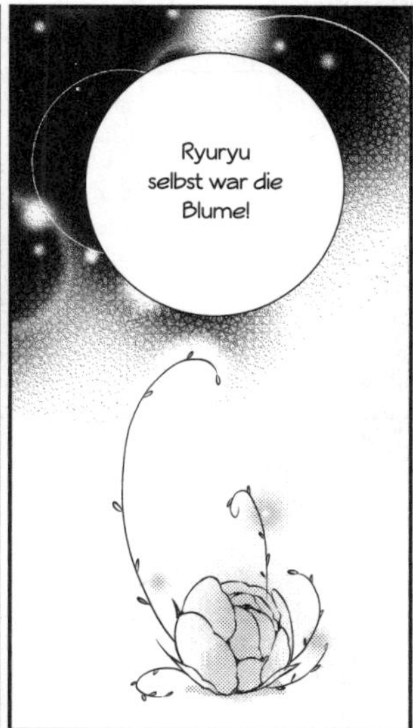
Ryuryu selbst war die Blume!

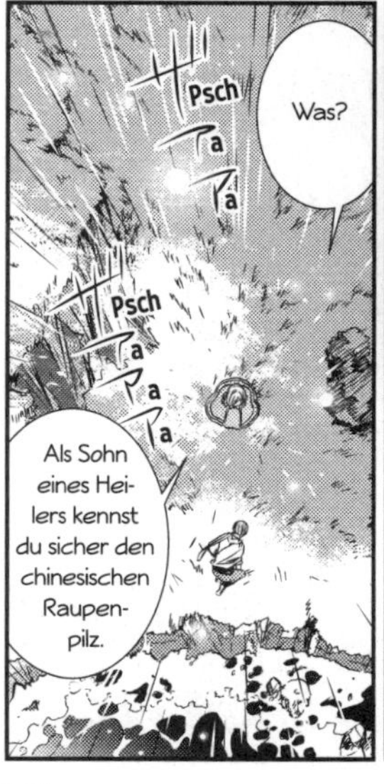
Was?
Psch
Pa
Pa
Psch
Pa
Pa
Pa
Als Sohn eines Heilers kennst du sicher den chinesischen Raupenpilz.

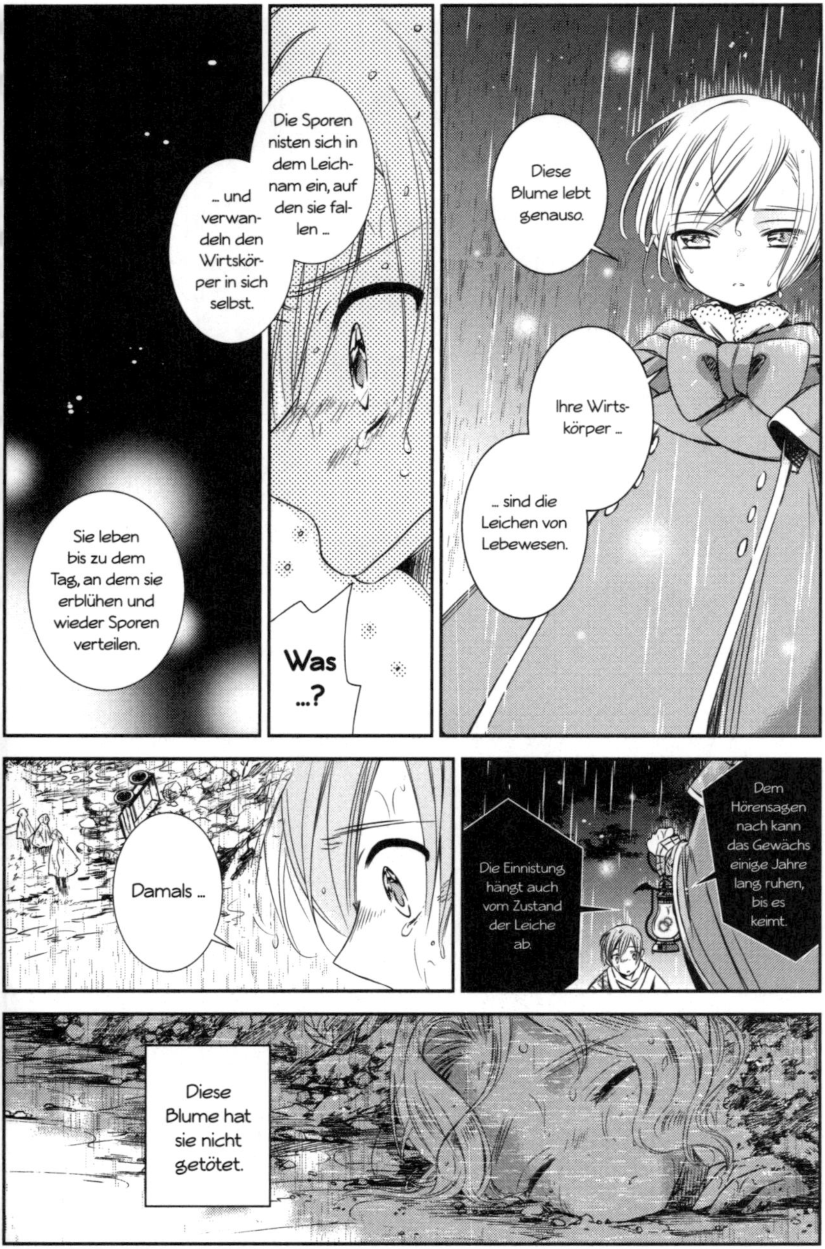

Diese Blume lebt genauso.

Ihre Wirtskörper ...

... sind die Leichen von Lebewesen.

Was ...?

Die Sporen nisten sich in dem Leichnam ein, auf den sie fallen ...

... und verwandeln den Wirtskörper in sich selbst.

Sie leben bis zu dem Tag, an dem sie erblühen und wieder Sporen verteilen.

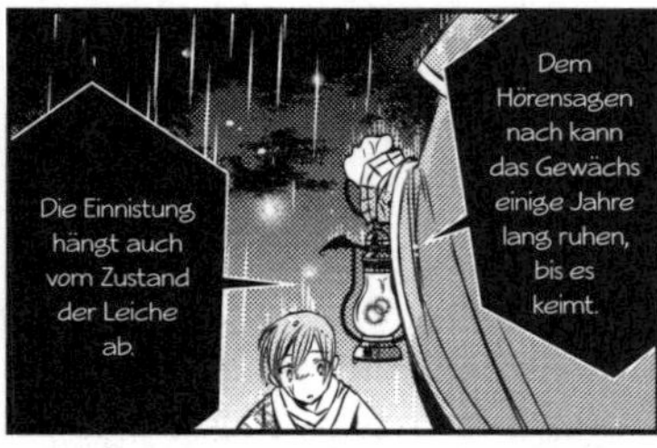

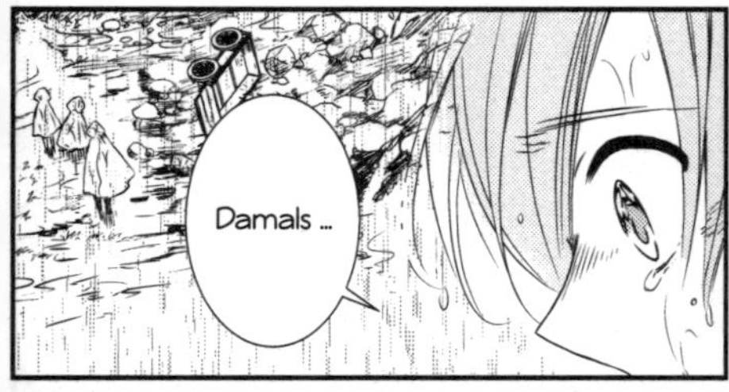

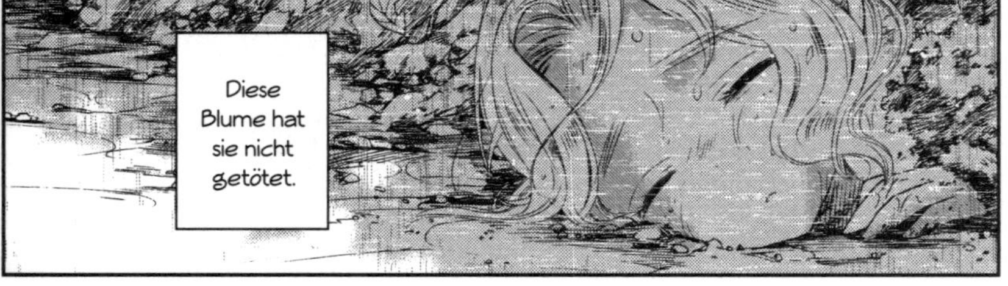

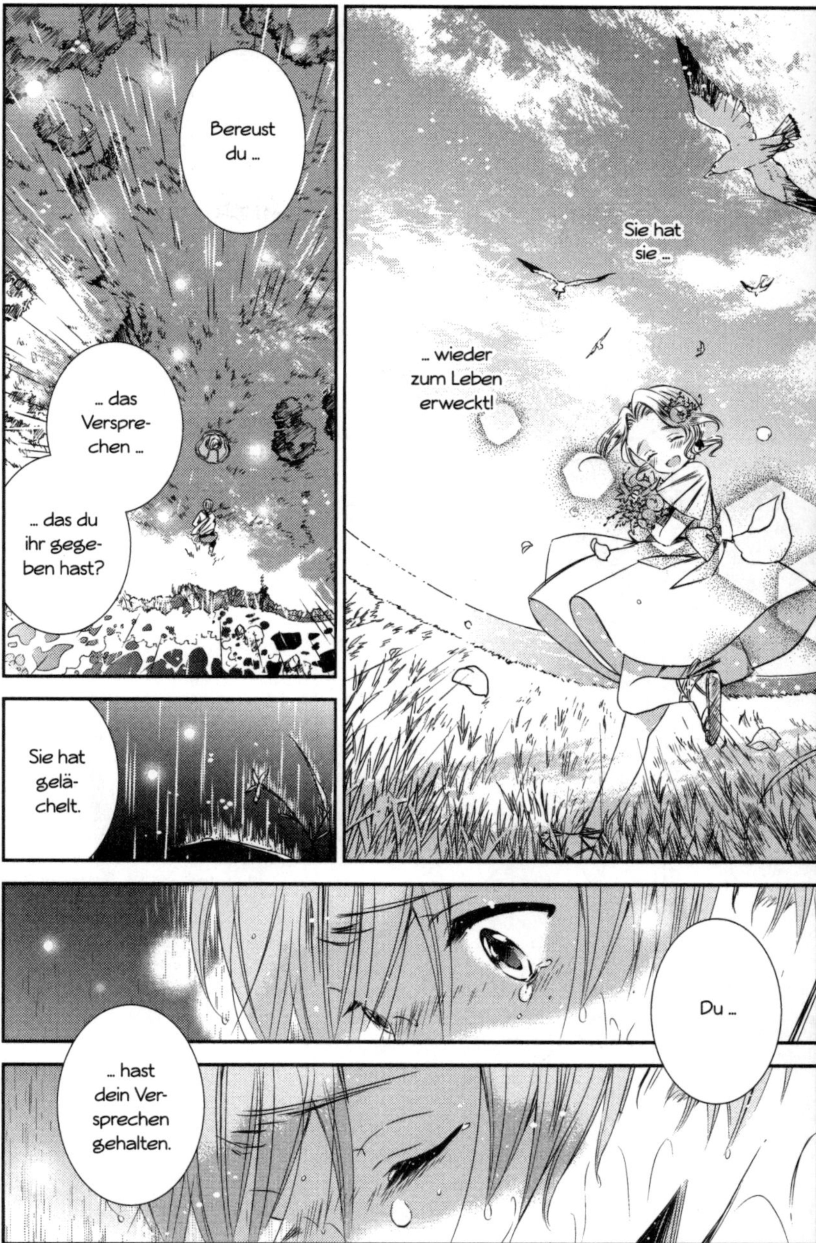
Sie hat sie ...
... wieder zum Leben erweckt!
Bereust du ...
... das Versprechen ...
... das du ihr gegeben hast?
Sie hat gelächelt.
Du ...
... hast dein Versprechen gehalten.

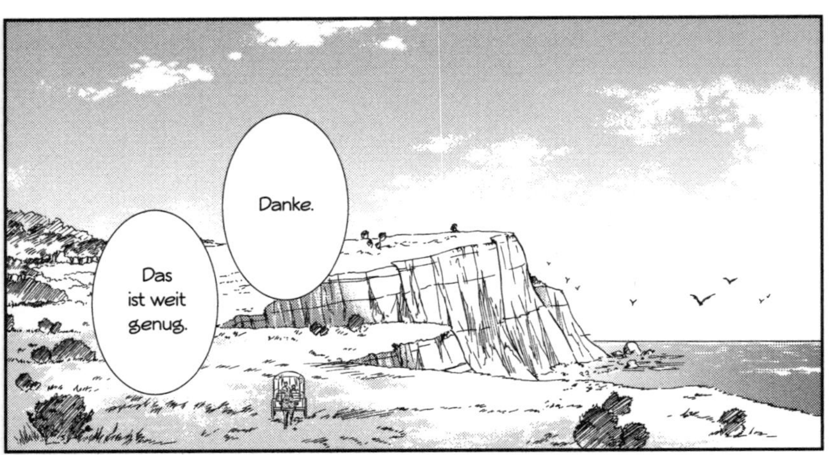
Danke.
Das ist weit genug.

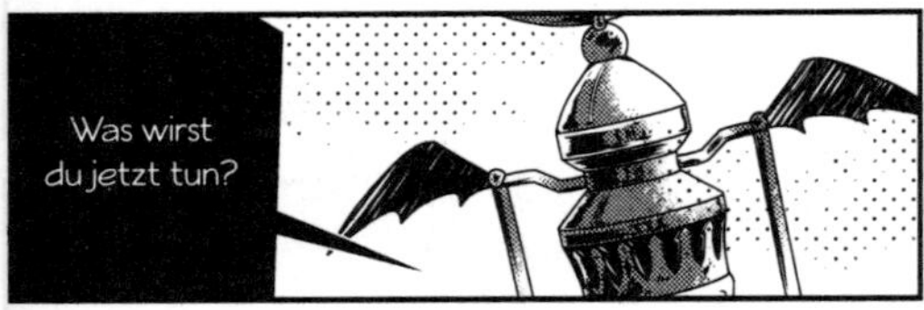
Was wirst du jetzt tun?

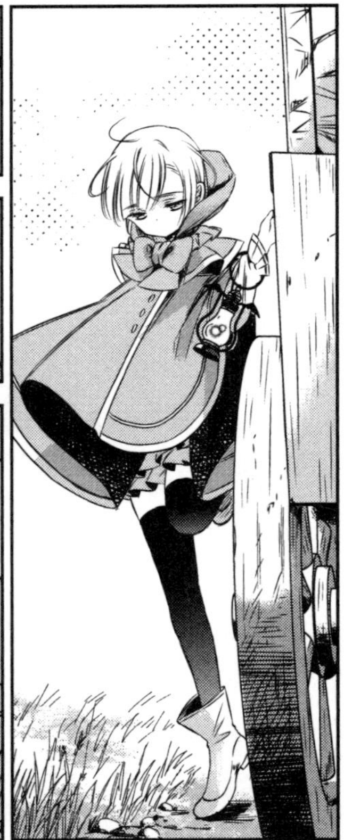

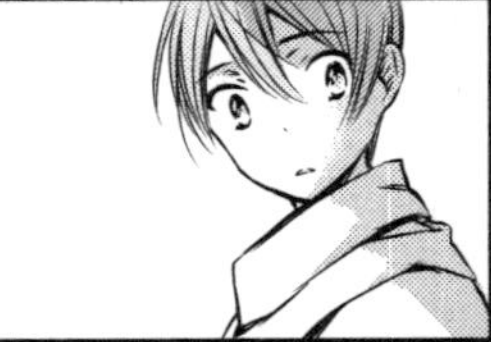

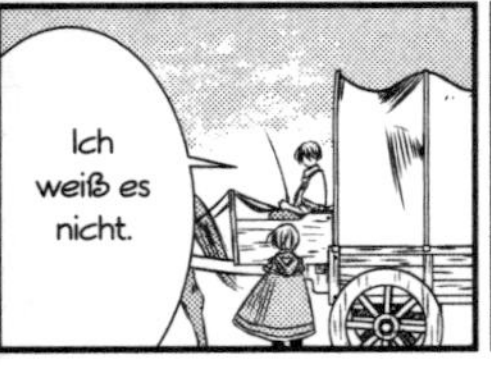
Ich weiß es nicht.

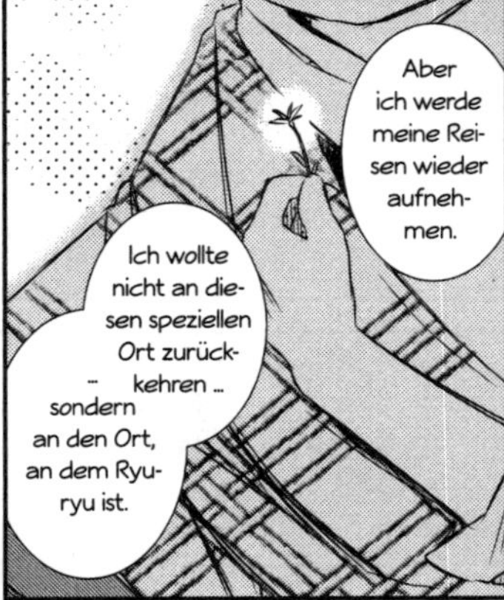
Aber ich werde meine Reisen wieder aufnehmen.
Ich wollte nicht an diesen speziellen Ort zurückkehren …
… sondern an den Ort, an dem Ryuryu ist.

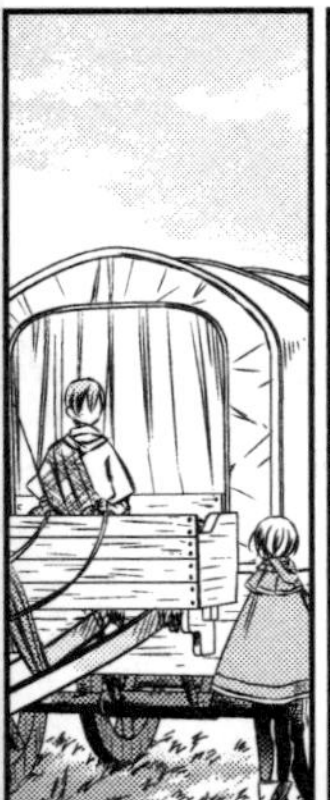

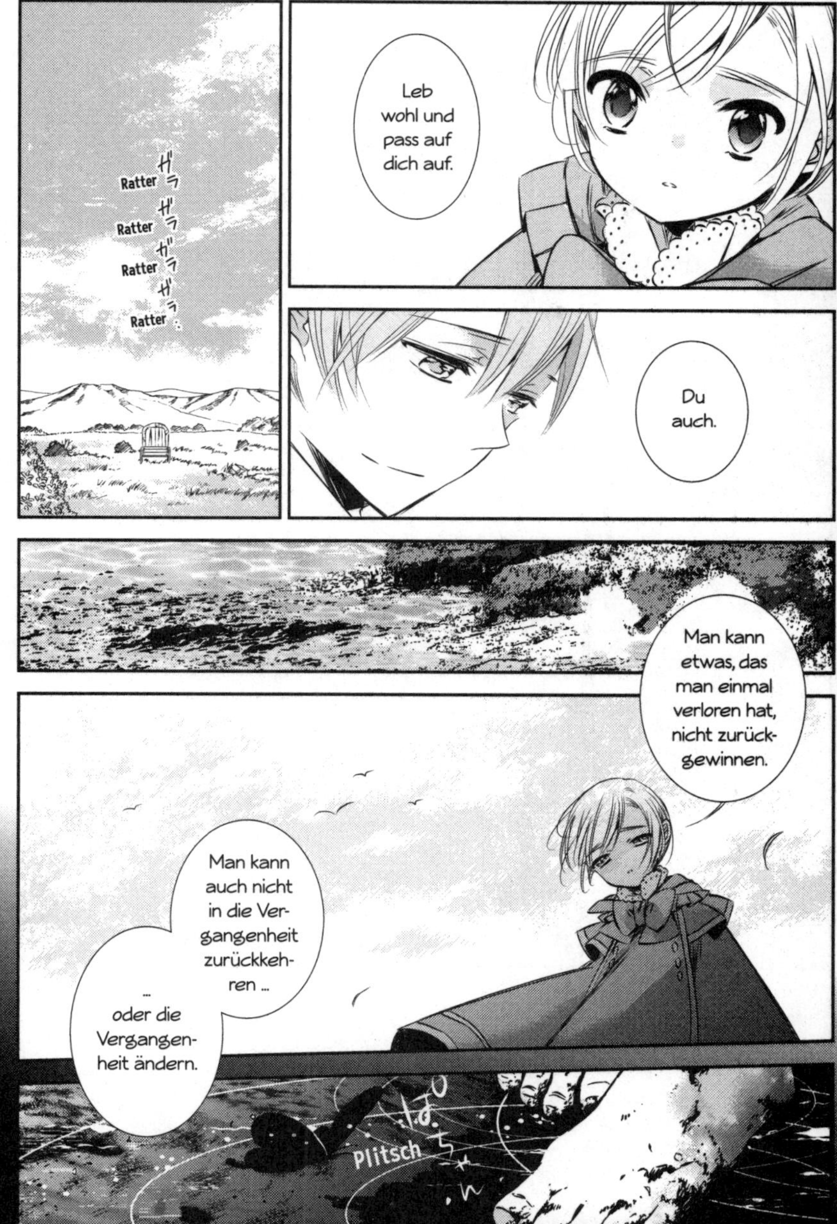

Leb wohl und pass auf dich auf.
Ratter
Ratter
Ratter
Ratter
Du auch.
Man kann etwas, das man einmal verloren hat, nicht zurückgewinnen.
Man kann auch nicht in die Vergangenheit zurückkehren ...
... oder die Vergangenheit ändern.
Plitsch

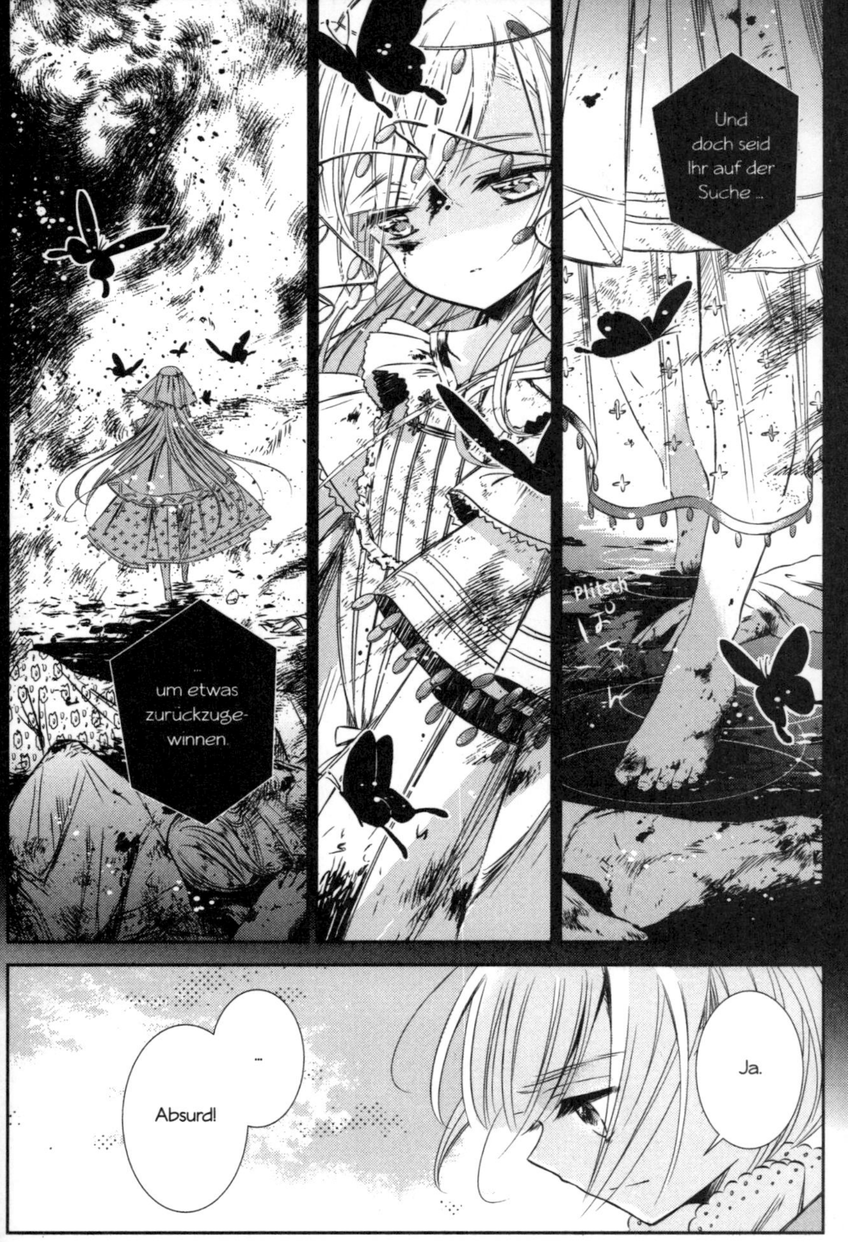
Und doch seid Ihr auf der Suche ...
... um etwas zurückzuge-winnen.
Plitsch
Ja.
... Absurd!

Das Herz einer Hexe

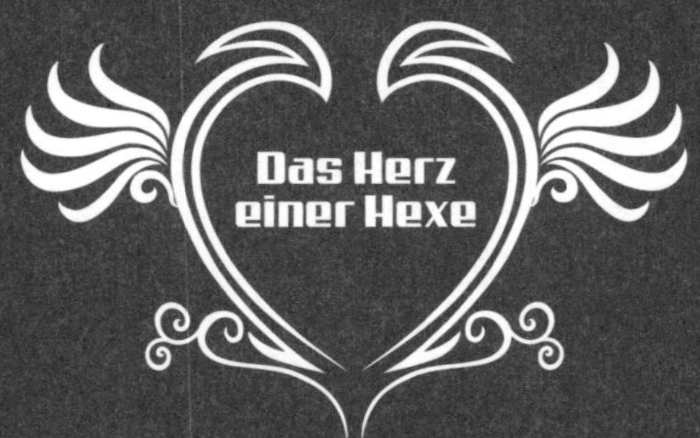
Das Herz
einer Hexe

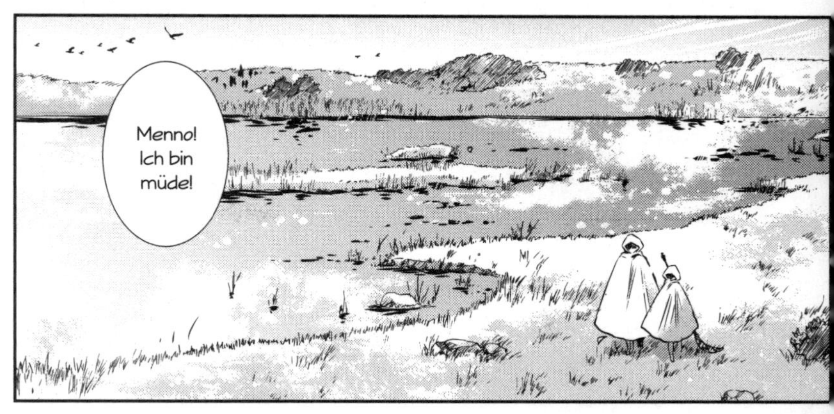
Menno! Ich bin müde!
Sag mal ...
... sind wir nicht bald da?
Bis zum Abend werden wir das Tor erreicht haben ...
... aber bei Eurem Tempo wird es schwierig, heute noch in die Stadt zu gelangen, Hoheit.
Uh ...!

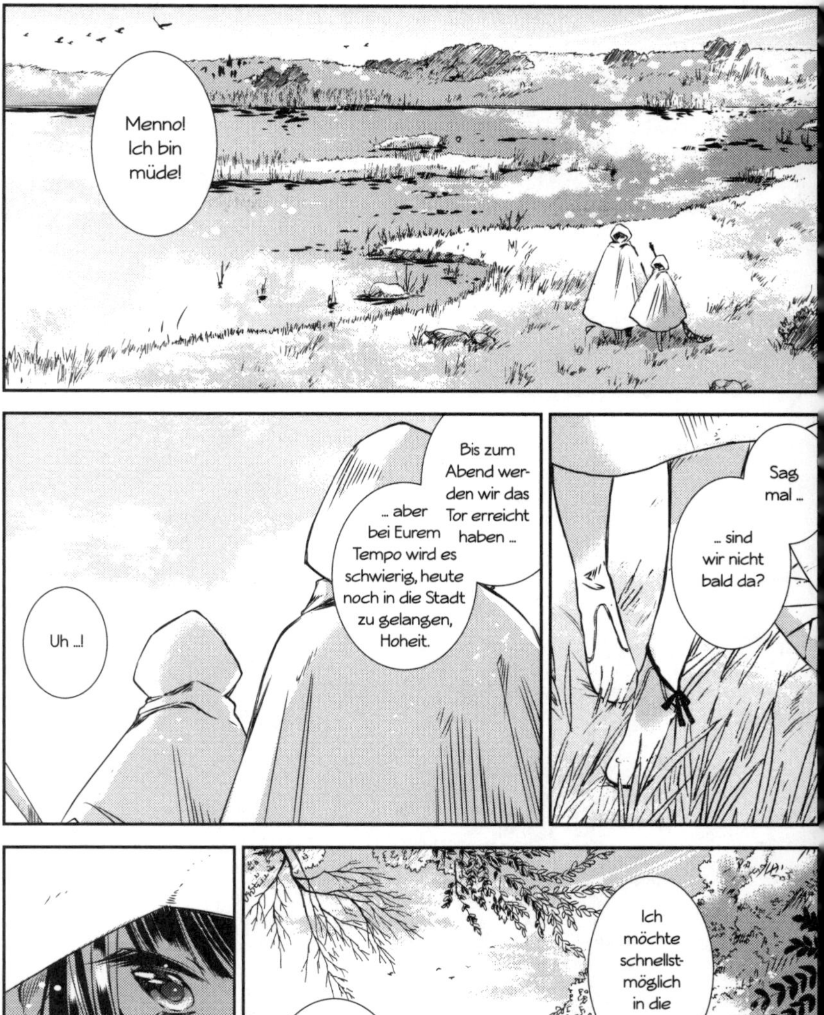

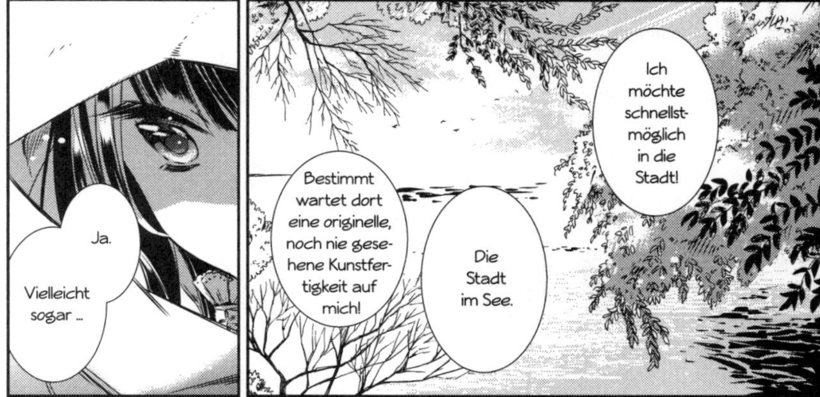
Ich möchte schnellstmöglich in die Stadt!
Die Stadt im See.
Bestimmt wartet dort eine originelle, noch nie gesehene Kunstfertigkeit auf mich!
Ja.
Vielleicht sogar ...

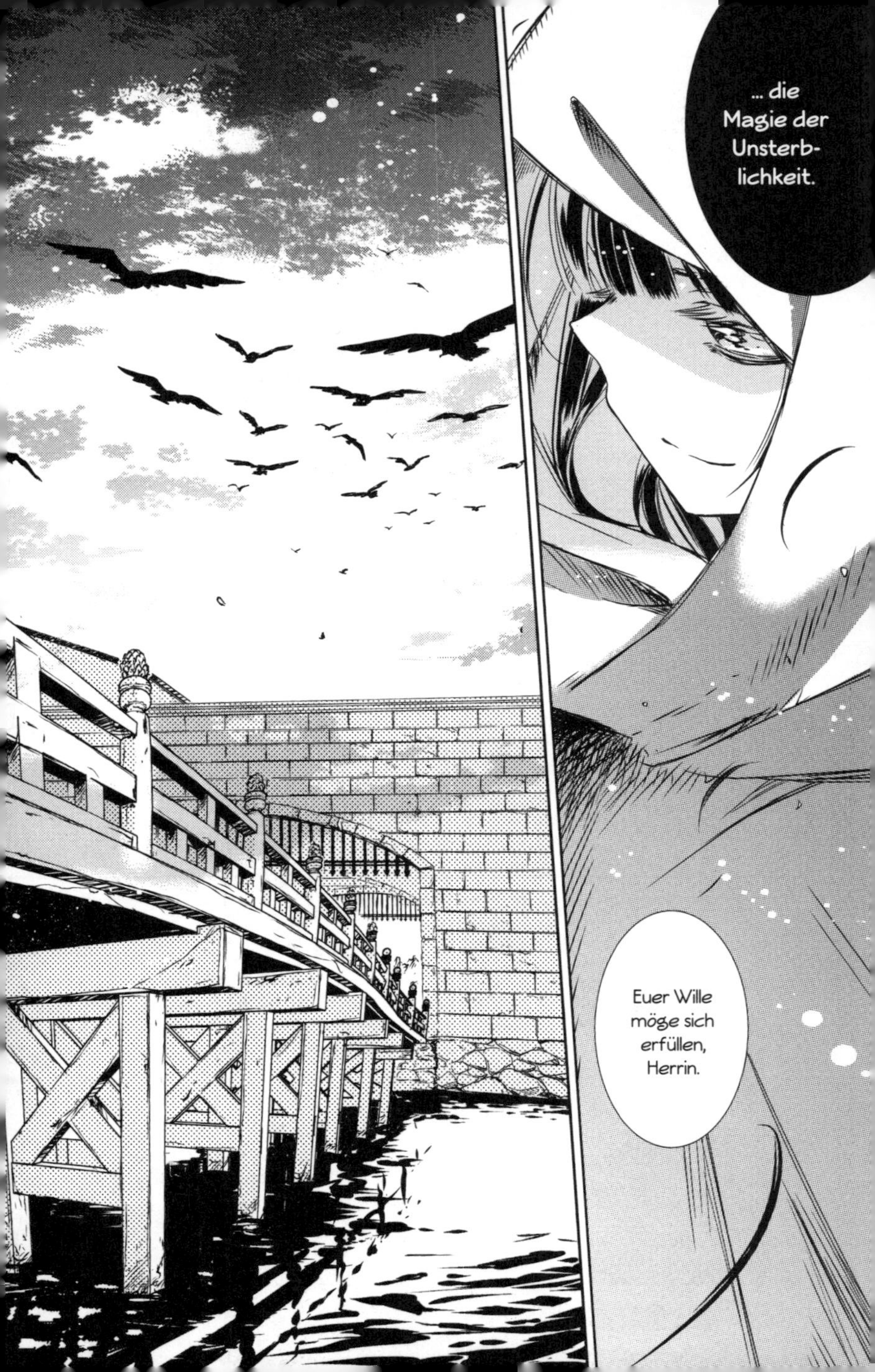
... die Magie der Unsterb-lichkeit.
Euer Wille möge sich erfüllen, Herrin.

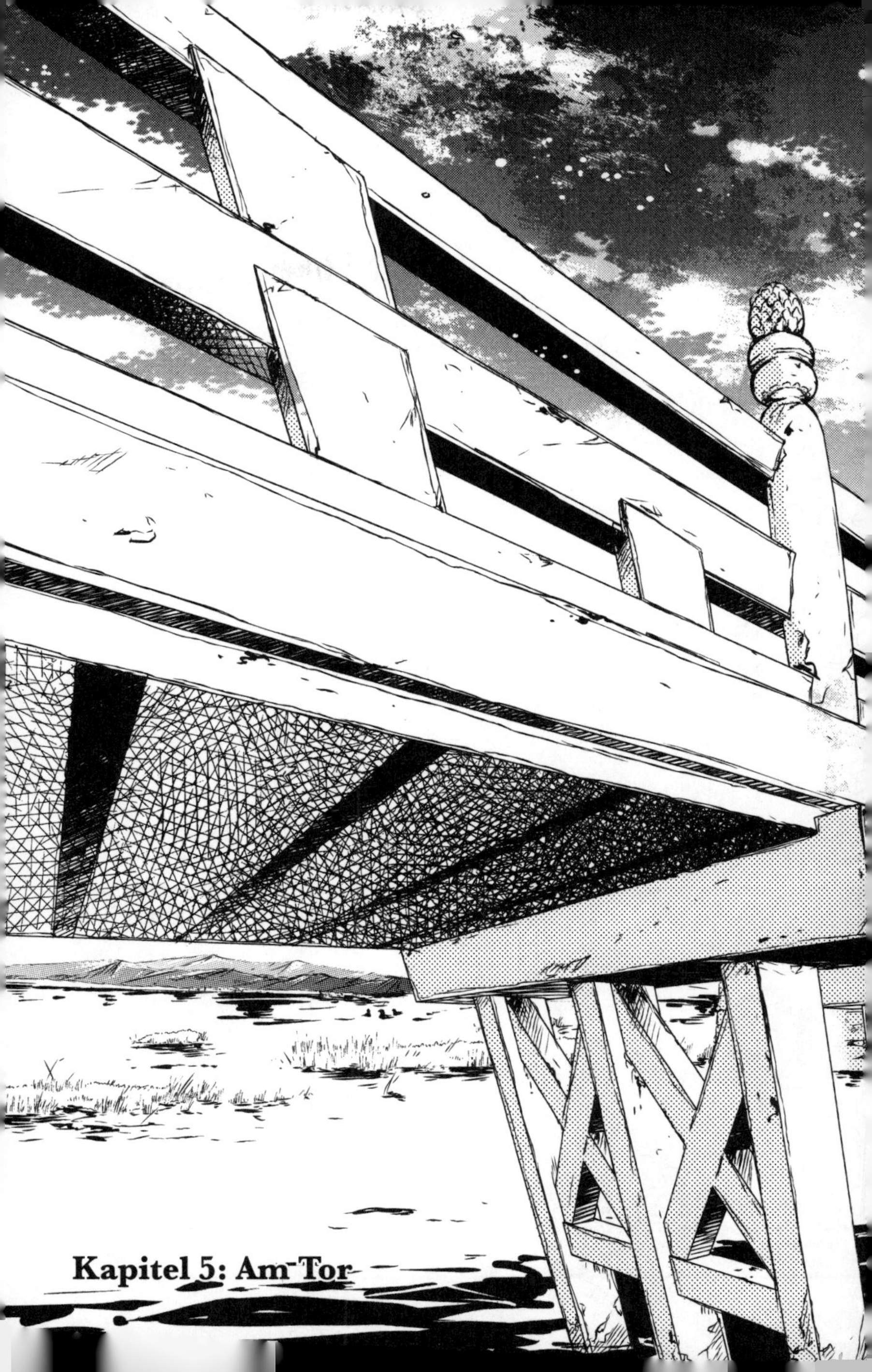
Kapitel 5: Am Tor

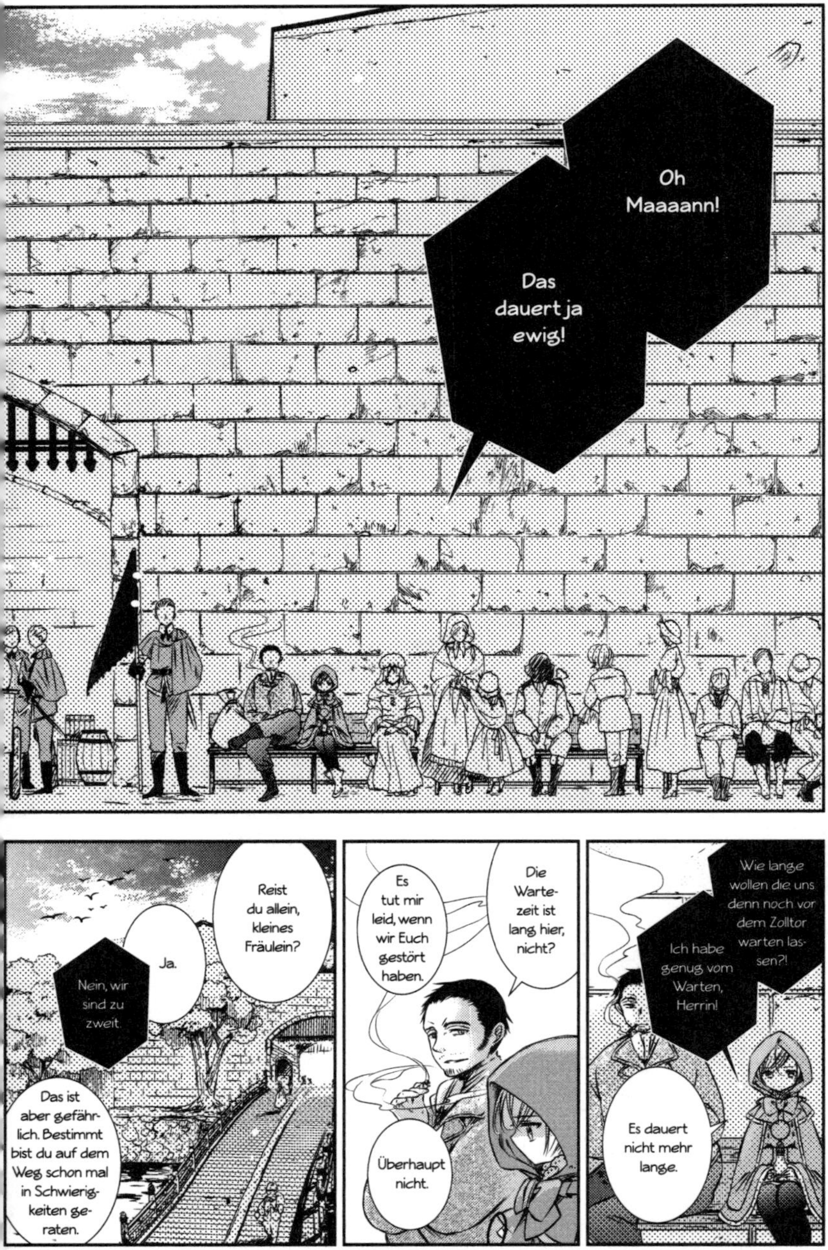

Oh Maaaaann!
Das dauert ja ewig!

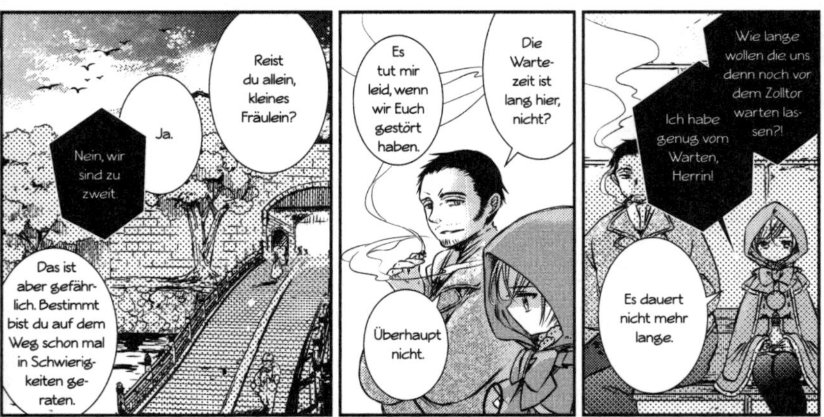

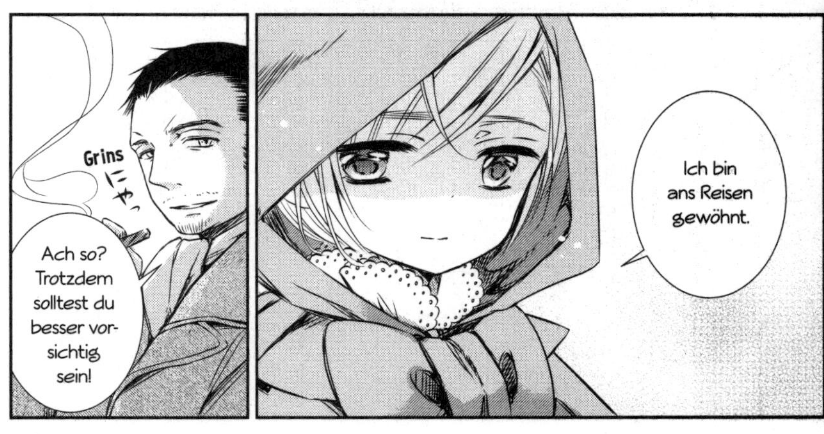
Ich bin ans Reisen gewöhnt.
Grins
にやっ
Ach so? Trotzdem solltest du besser vor-sichtig sein!

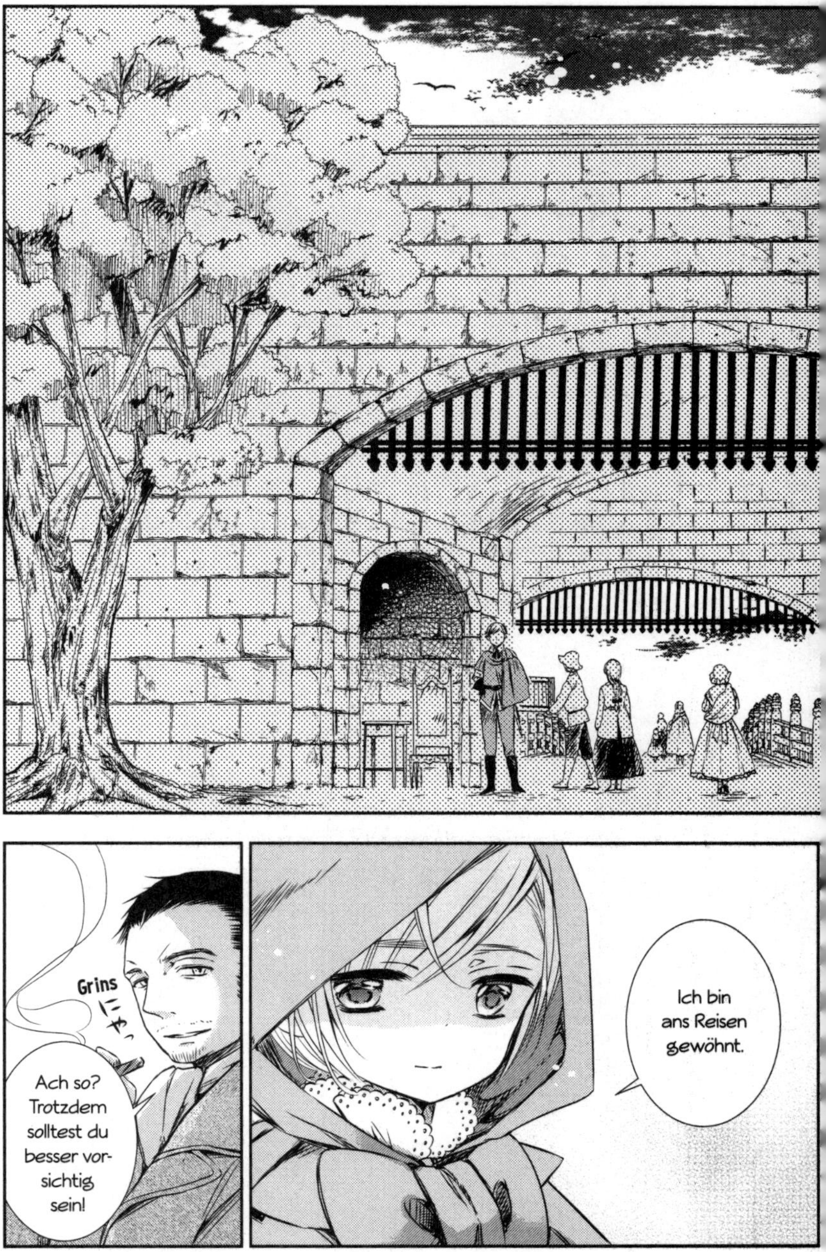

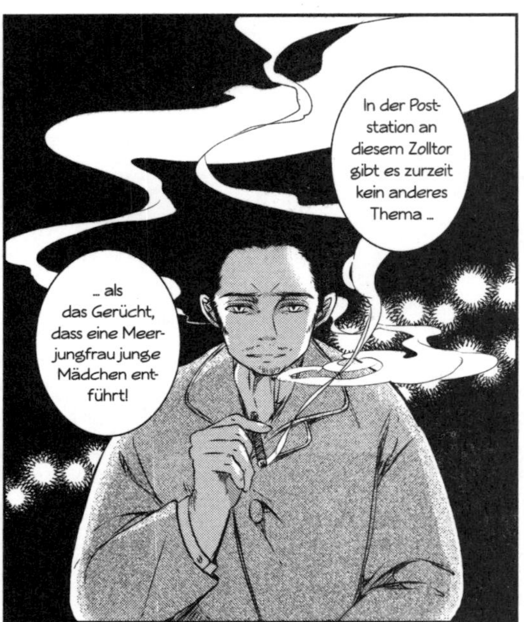
In der Poststation an diesem Zolltor gibt es zurzeit kein anderes Thema ...
... als das Gerücht, dass eine Meerjungfrau junge Mädchen entführt!

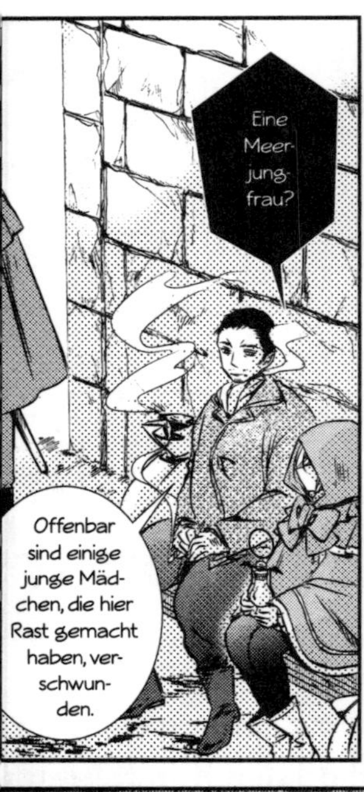
Eine Meerjungfrau?
Offenbar sind einige junge Mädchen, die hier Rast gemacht haben, verschwunden.

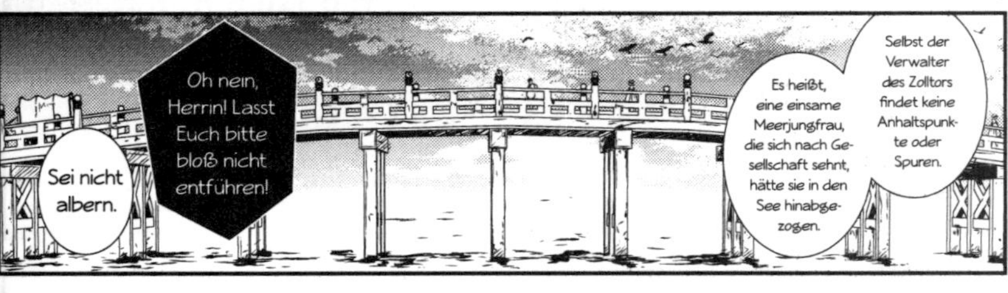
Selbst der Verwalter des Zolltors findet keine Anhaltspunkte oder Spuren.
Es heißt, eine einsame Meerjungfrau, die sich nach Gesellschaft sehnt, hätte sie in den See hinabgezogen.
Oh nein, Herrin! Lasst Euch bitte bloß nicht entführen!
Sei nicht albern.

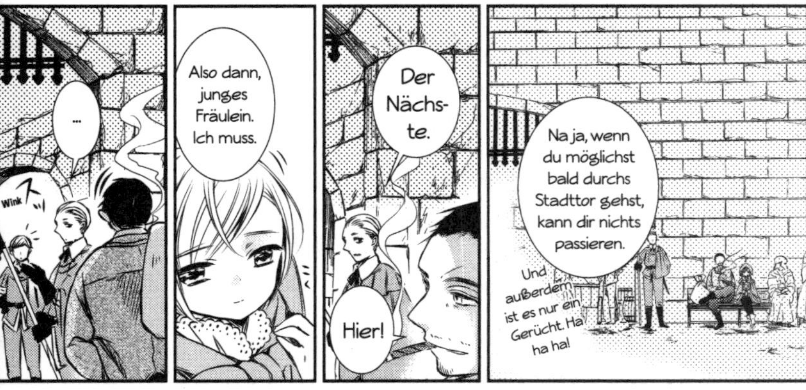
Na ja, wenn du möglichst bald durchs Stadttor gehst, kann dir nichts passieren.
Und außerdem ist es nur ein Gerücht. Ha ha ha!
Der Nächste.
Hier!
Also dann, junges Fräulein. Ich muss.
...
Wink

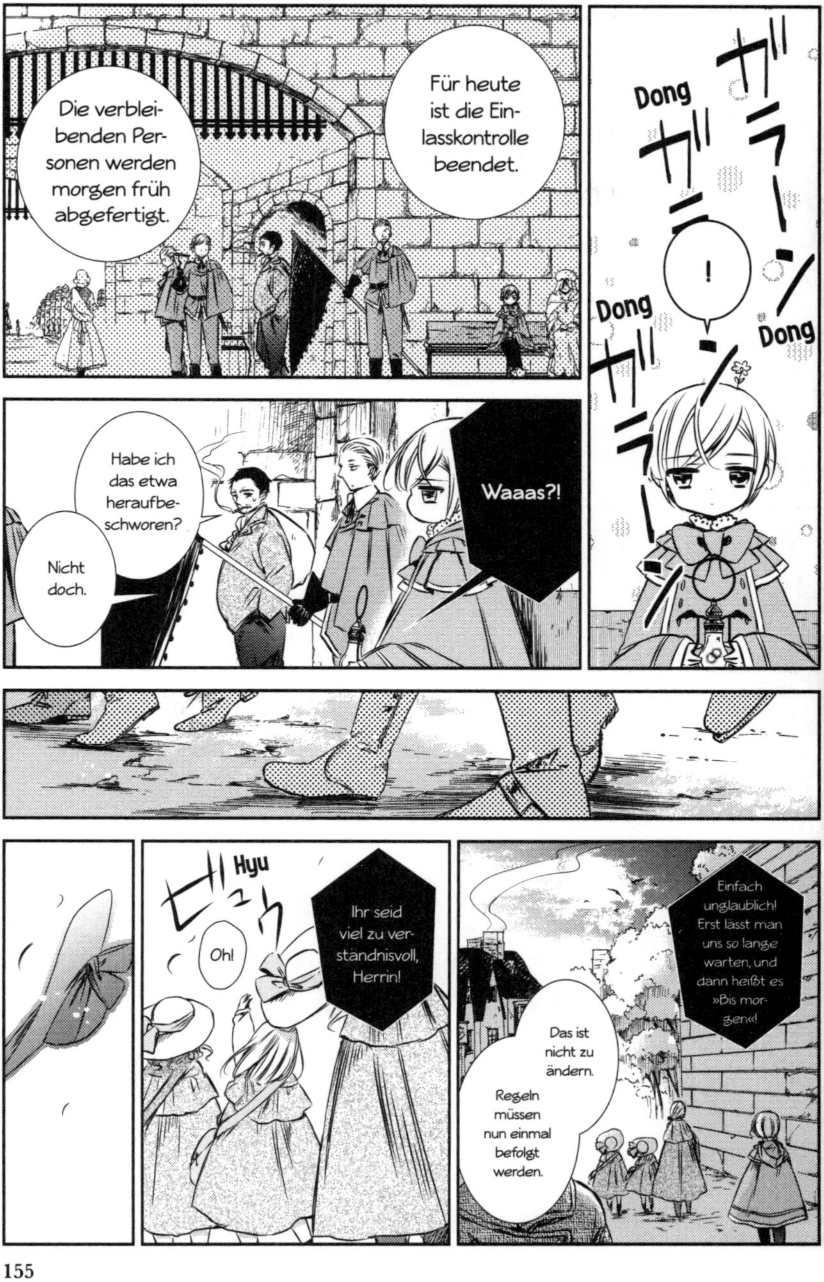

Für heute ist die Einlasskontrolle beendet.

Die verbleibenden Personen werden morgen früh abgefertigt.

Dong

ガラーン

Dong

ガラ

Dong

ガラ

!

Waaas?!

Habe ich das etwa heraufbeschworen?

Nicht doch.

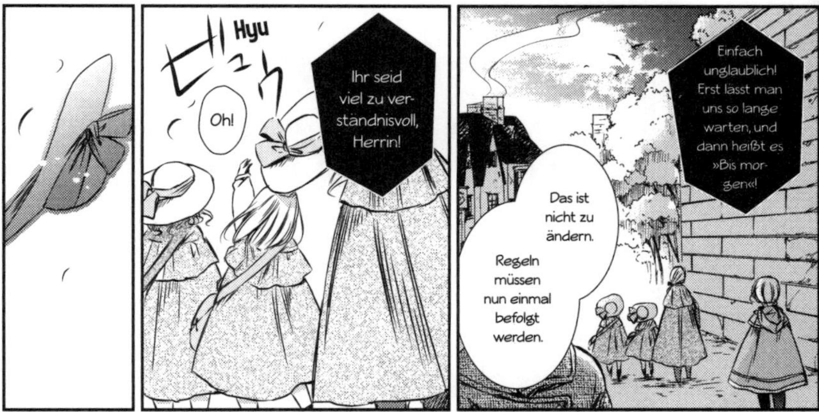

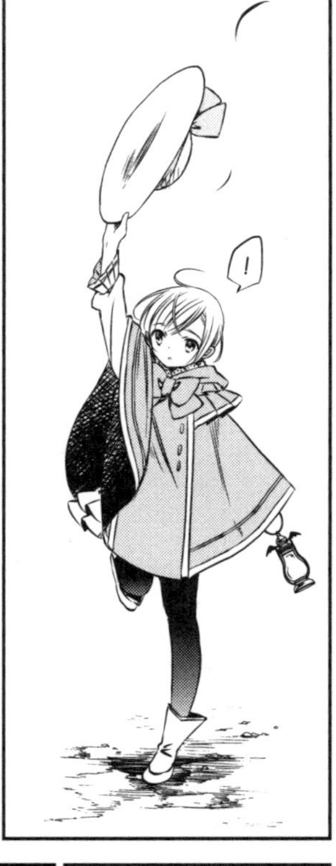
!

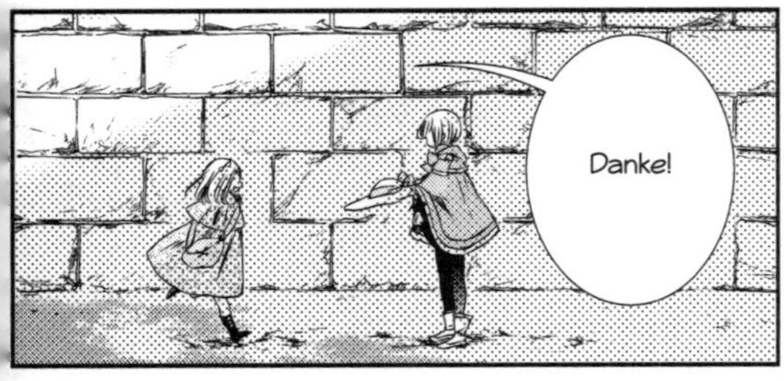
Danke!

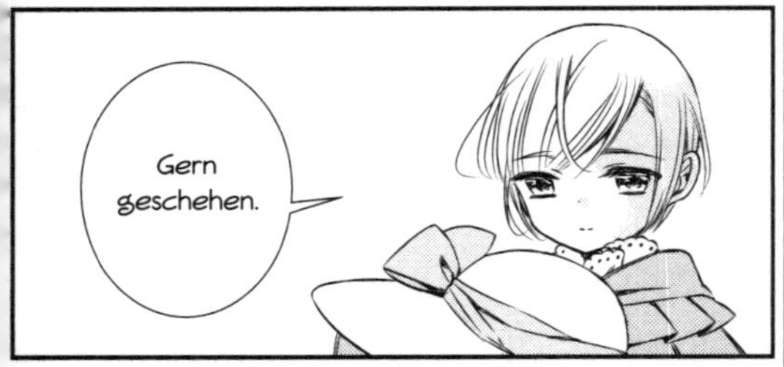
Gern geschehen.

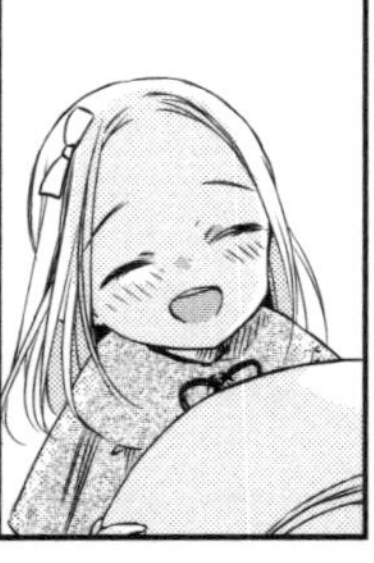

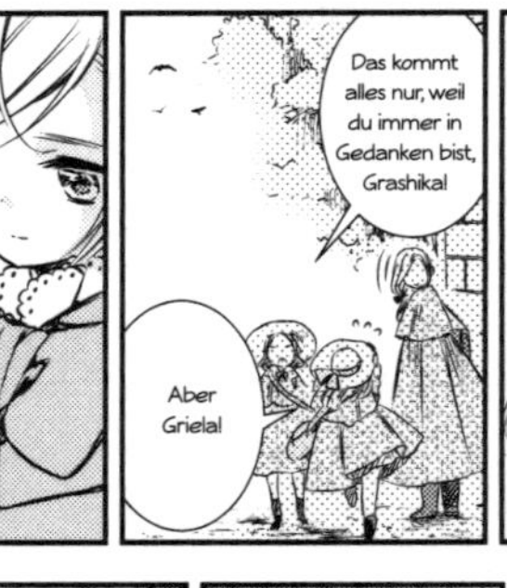
Das kommt alles nur, weil du immer in Gedanken bist, Grashika!
Aber Griela!

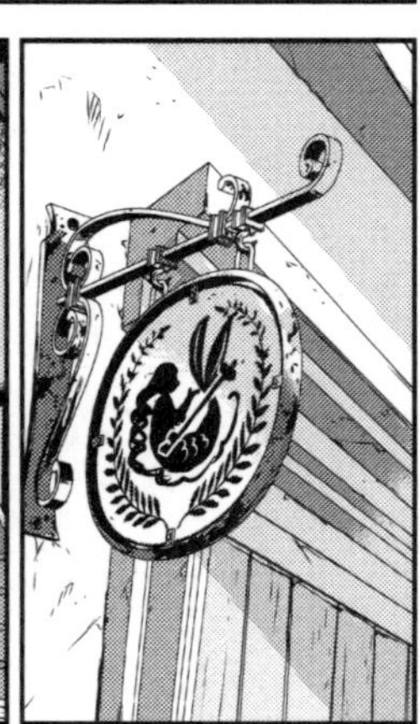

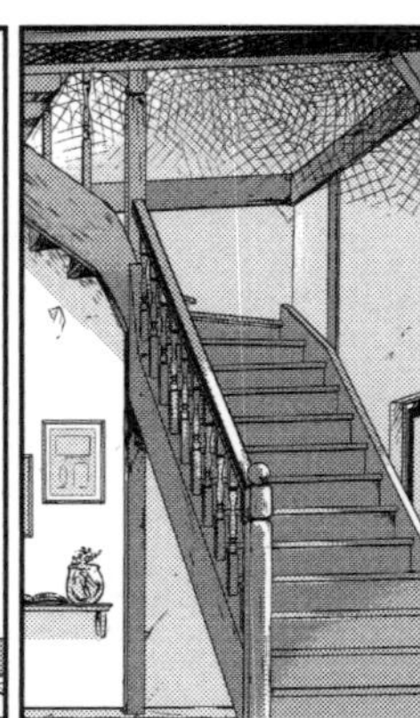

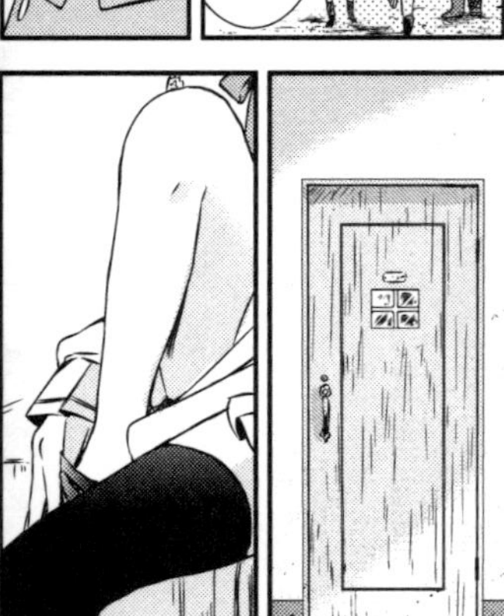

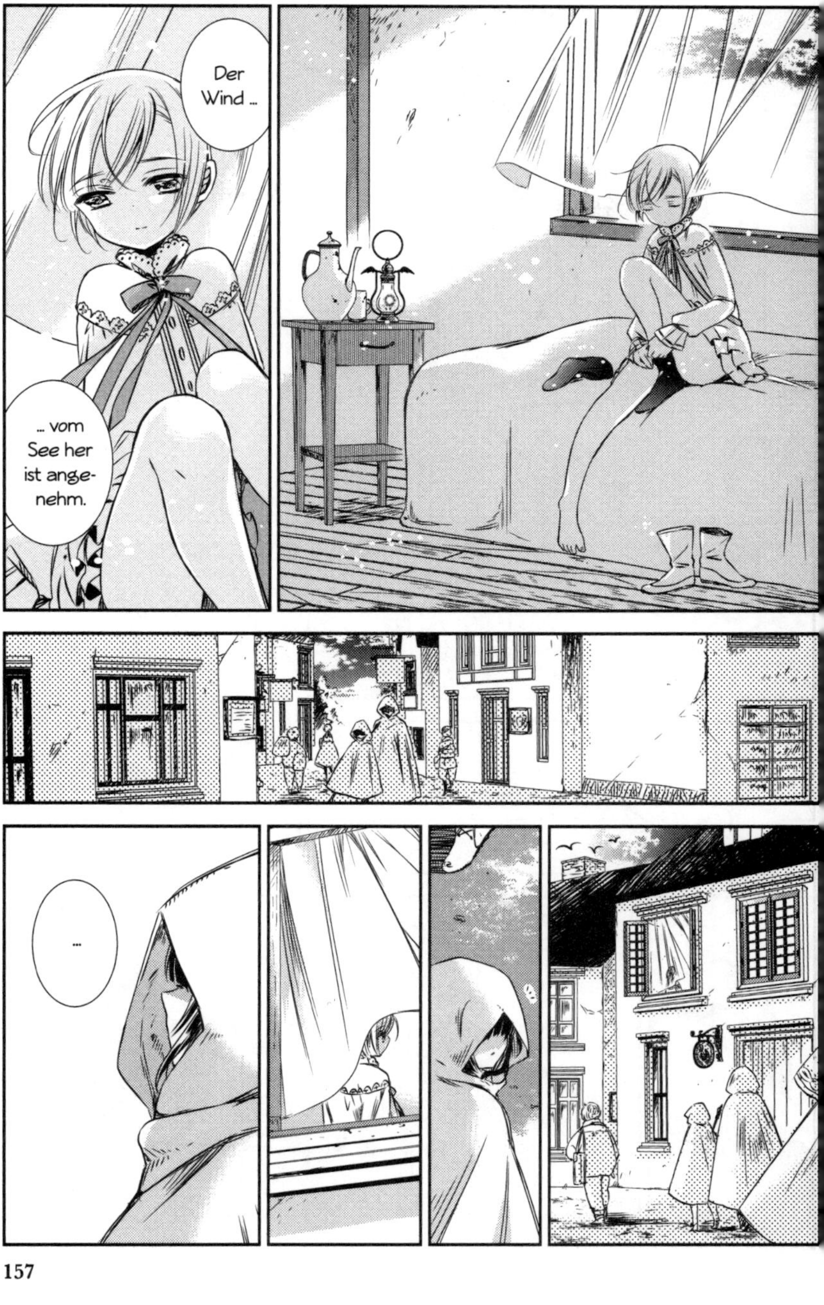

Der Wind ...
... vom See her ist angenehm.
...

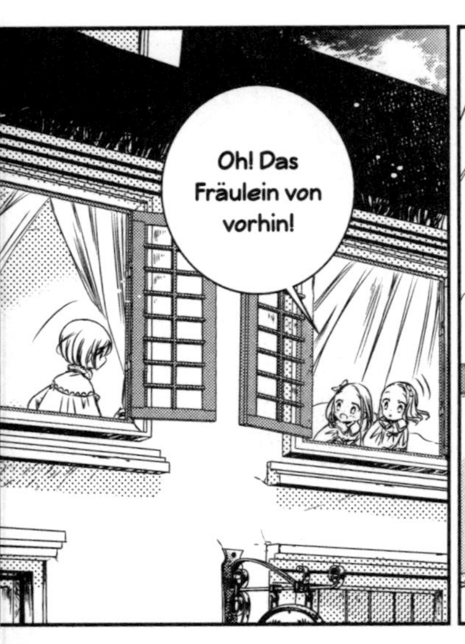
Oh! Das Fräulein von vorhin!
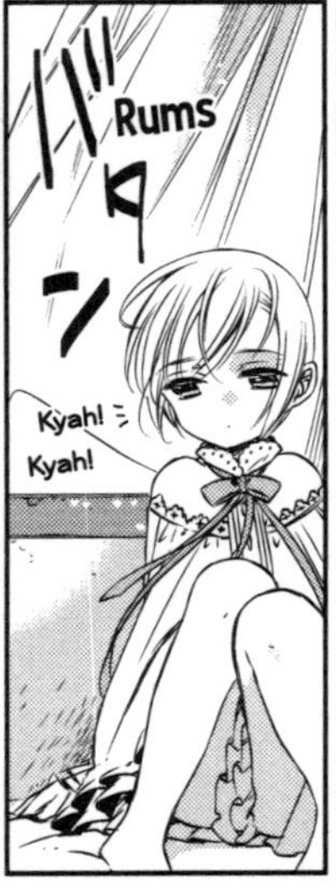
Rums
Kyah! Kyah!
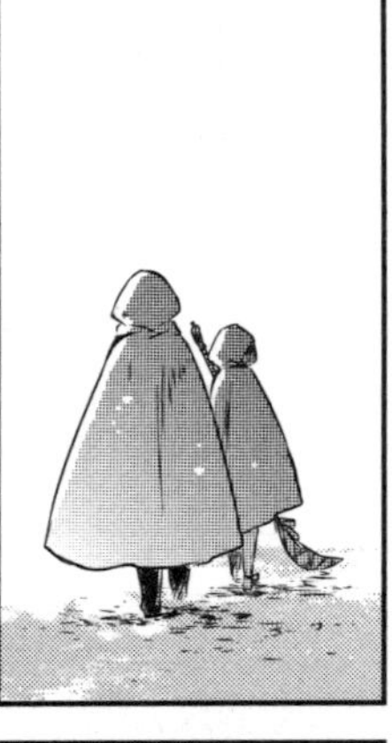
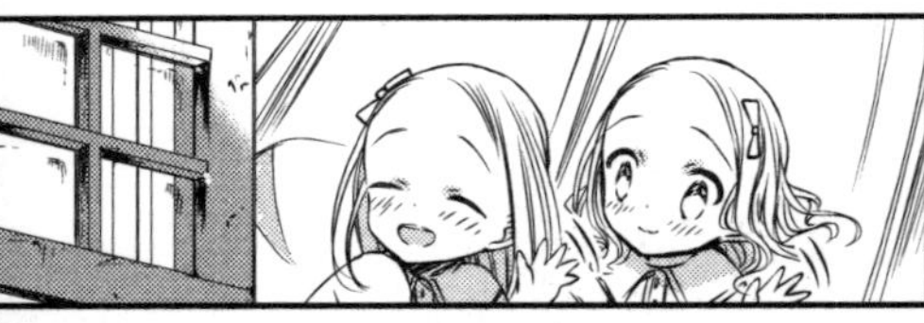
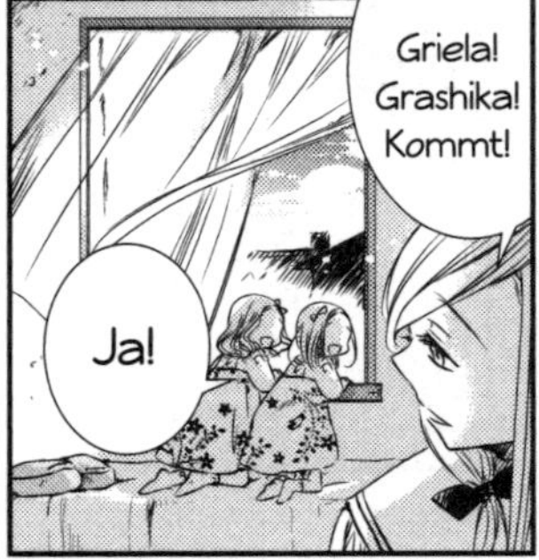
Griela! Grashika! Kommt!
Ja!
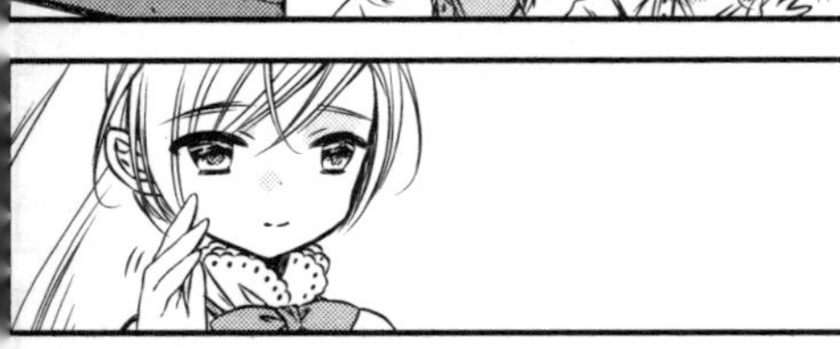
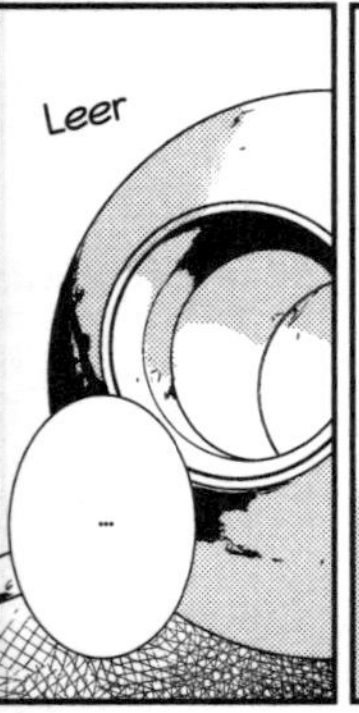
Leer
...
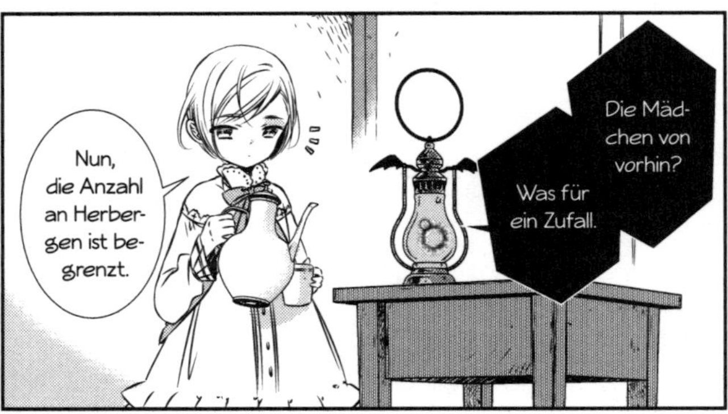
Die Mädchen von vorhin?
Was für ein Zufall.
Nun, die Anzahl an Herbergen ist begrenzt.

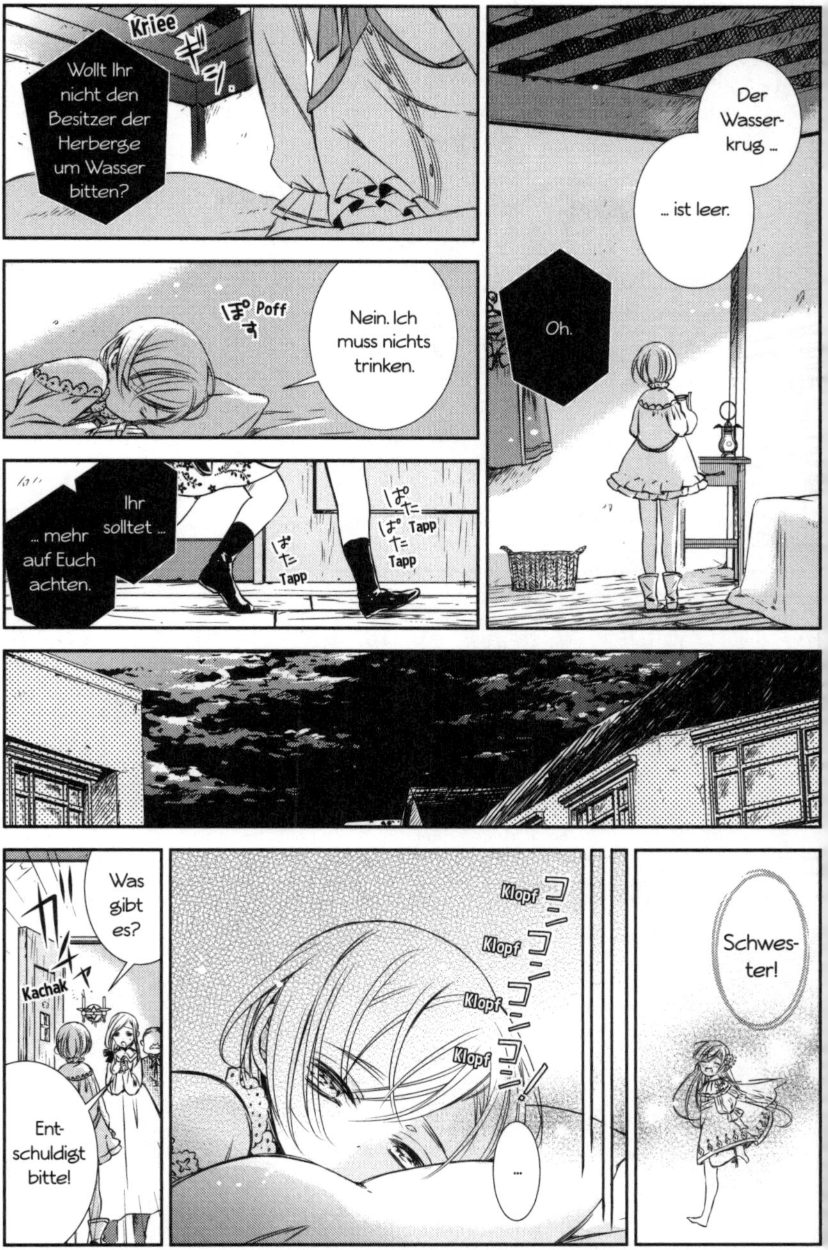

Der Wasserkrug ...

... ist leer.

Oh.

Kriee

Wollt Ihr nicht den Besitzer der Herberge um Wasser bitten?

Poff

Nein. Ich muss nichts trinken.

Tapp

Tapp

Tapp

Ihr solltet ...

... mehr auf Euch achten.

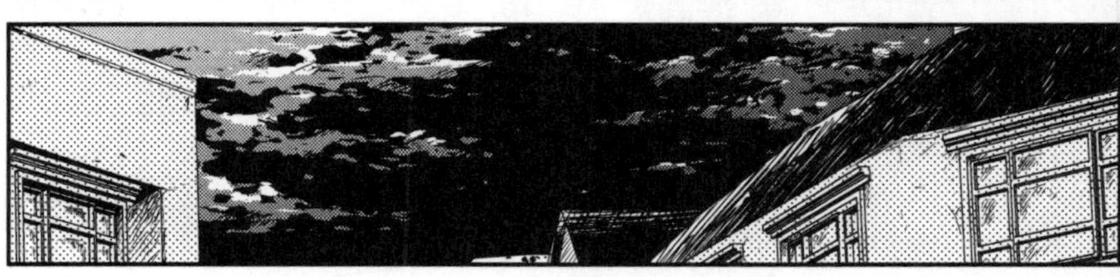

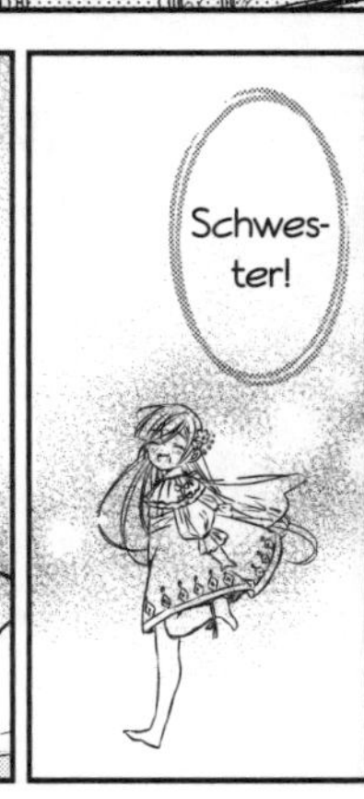

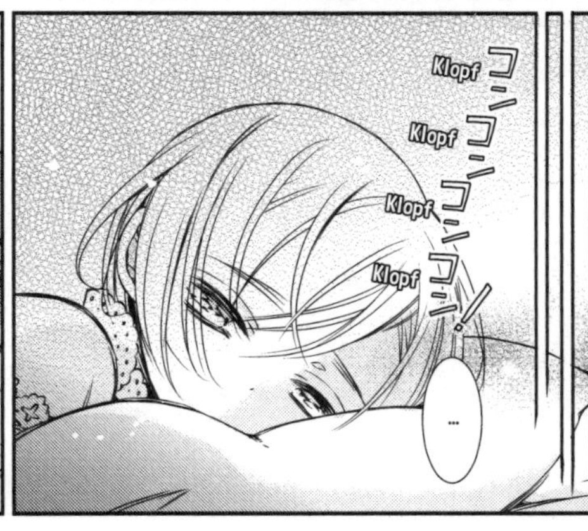

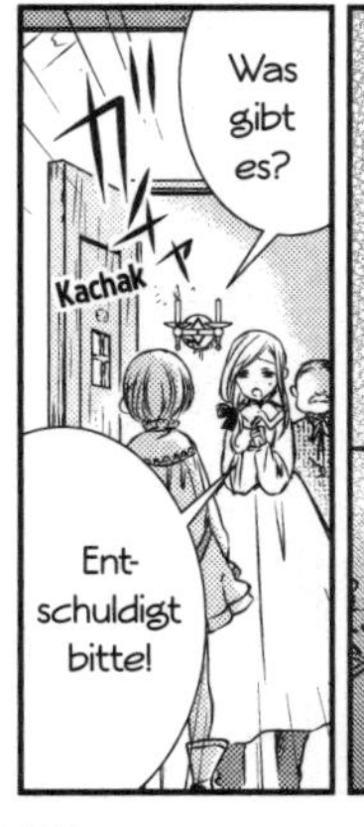

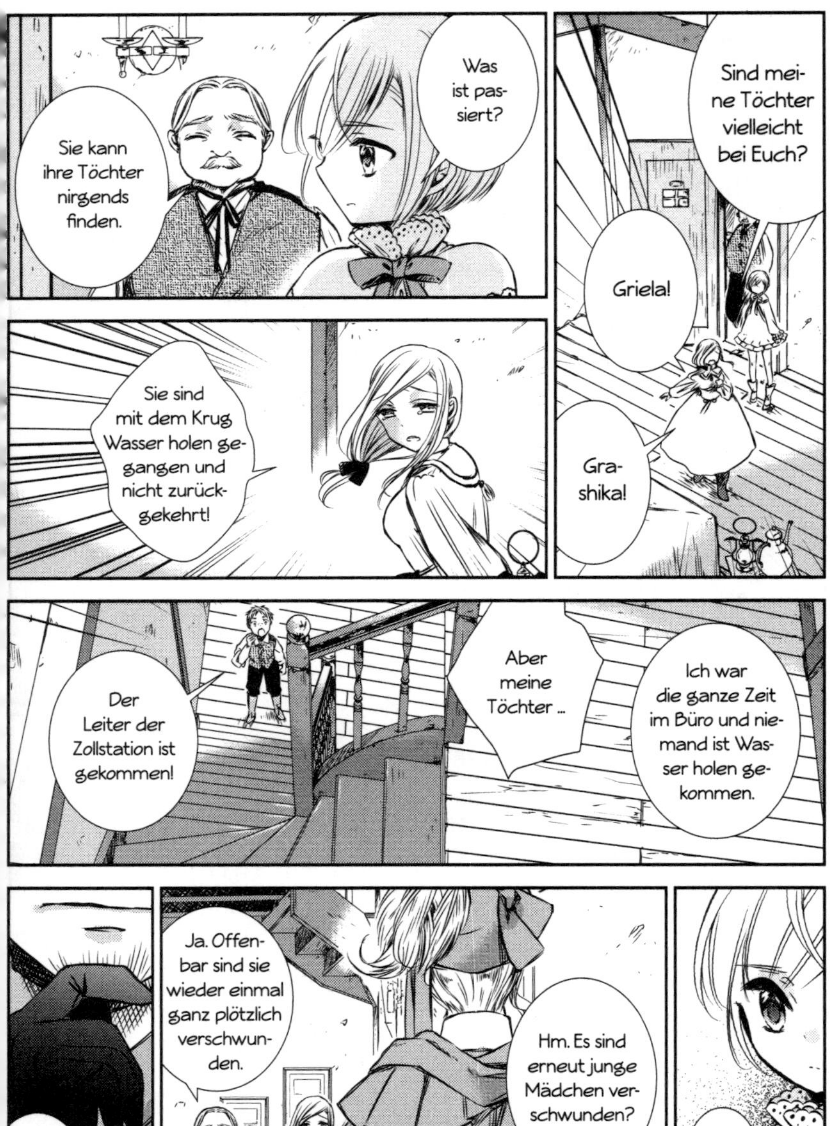
Sind meine Töchter vielleicht bei Euch?
Griela!
Grashika!
Was ist passiert?
Sie kann ihre Töchter nirgends finden.
Sie sind mit dem Krug Wasser holen gegangen und nicht zurückgekehrt!
Ich war die ganze Zeit im Büro und niemand ist Wasser holen gekommen.
Aber meine Töchter ...
Der Leiter der Zollstation ist gekommen!
...
Hm. Es sind erneut junge Mädchen verschwunden?
Ja. Offenbar sind sie wieder einmal ganz plötzlich verschwunden.
Verstehe.

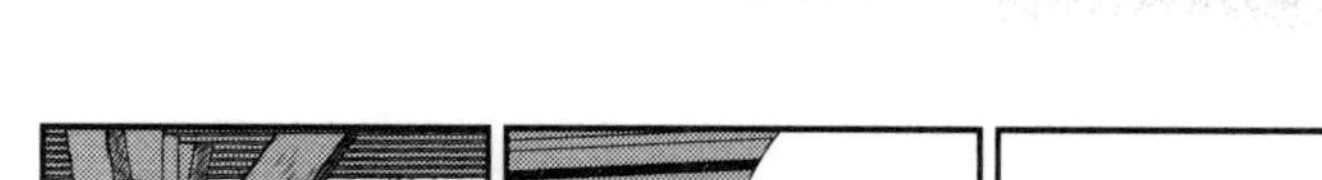

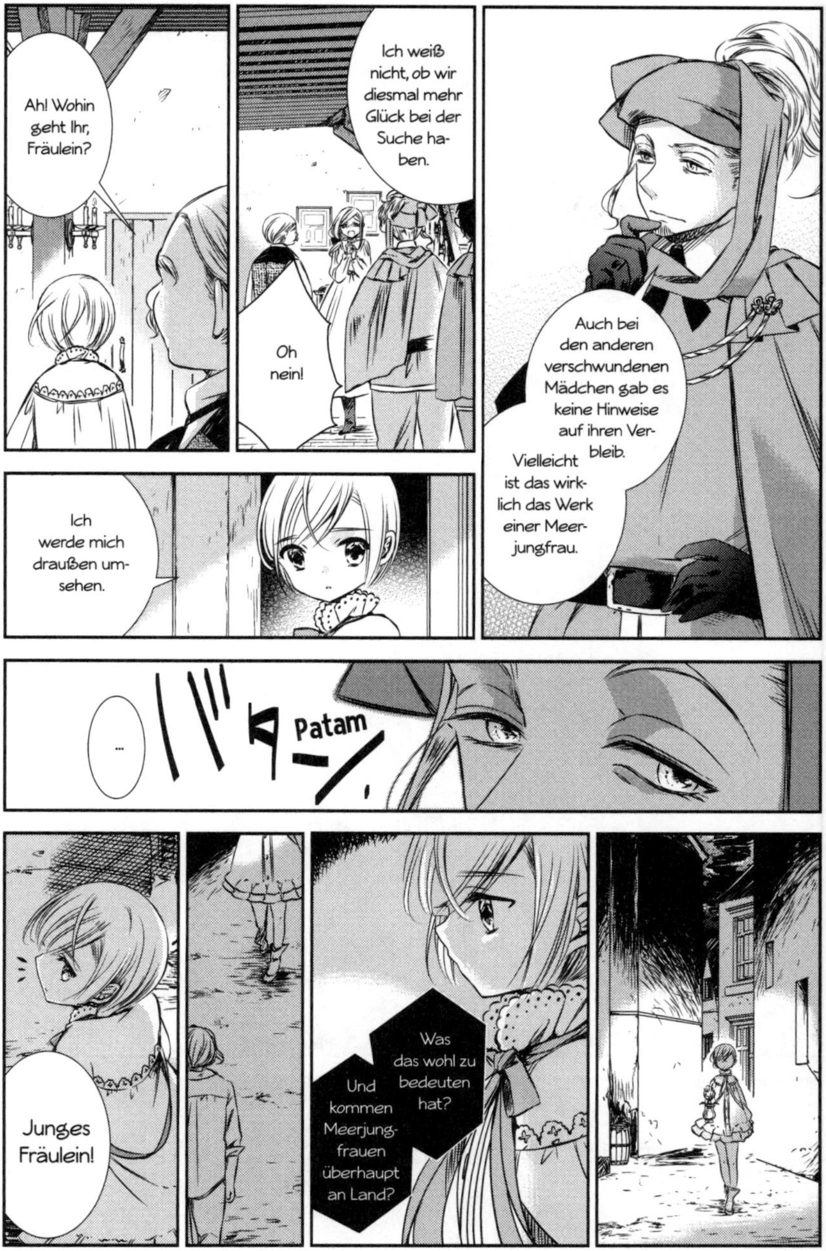

Auch bei den anderen verschwundenen Mädchen gab es keine Hinweise auf ihren Verbleib.

Vielleicht ist das wirklich das Werk einer Meerjungfrau.

Ich weiß nicht, ob wir diesmal mehr Glück bei der Suche haben.

Oh nein!

Ah! Wohin geht Ihr, Fräulein?

Ich werde mich draußen umsehen.

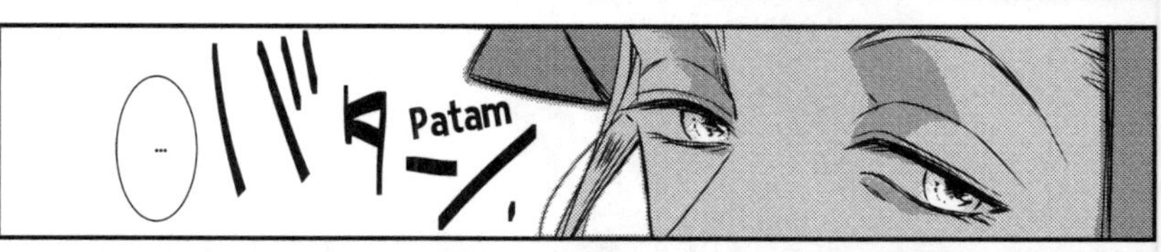

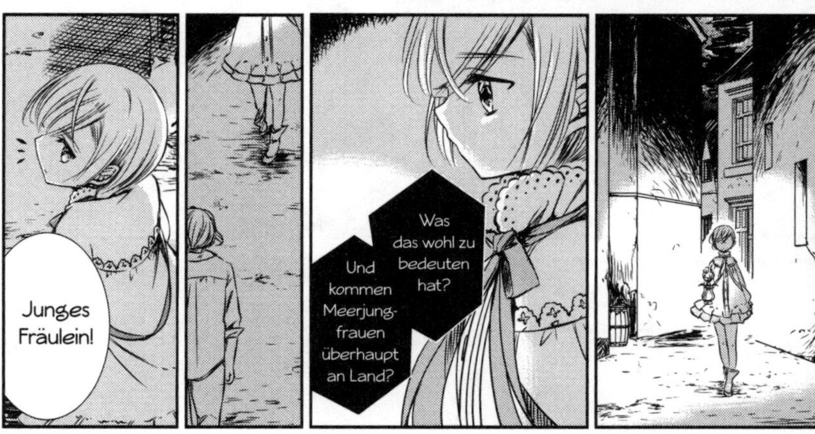

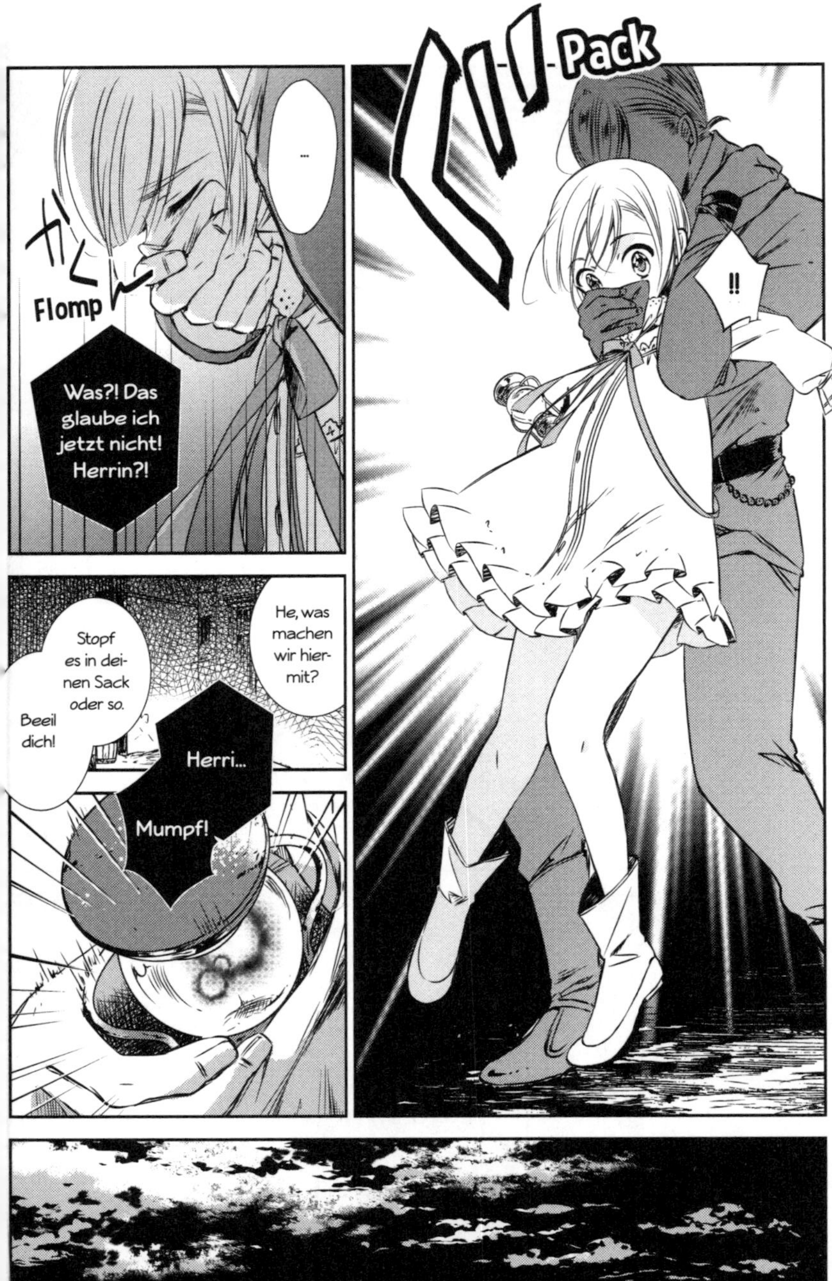

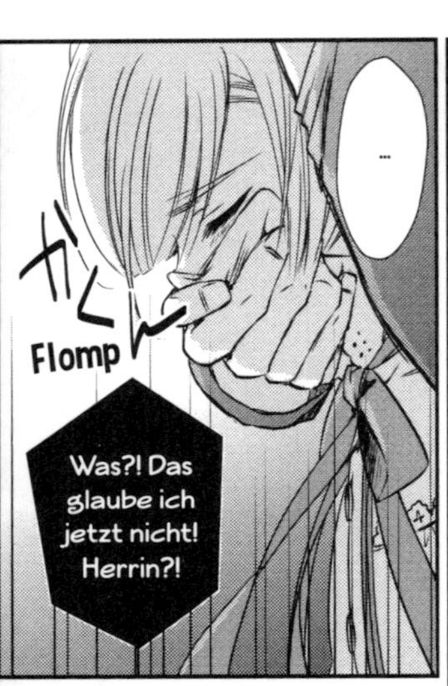
Pack
!!
…
Flomp
Was?! Das glaube ich jetzt nicht! Herrin?!

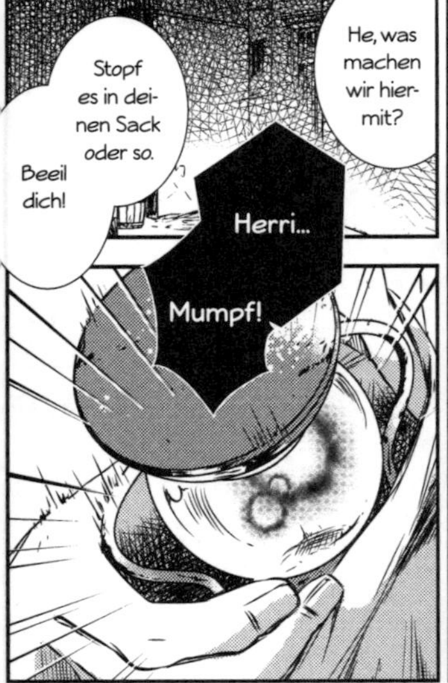
He, was machen wir hiermit?
Stopf es in deinen Sack oder so.
Beeil dich!
Herri…
Mumpf!

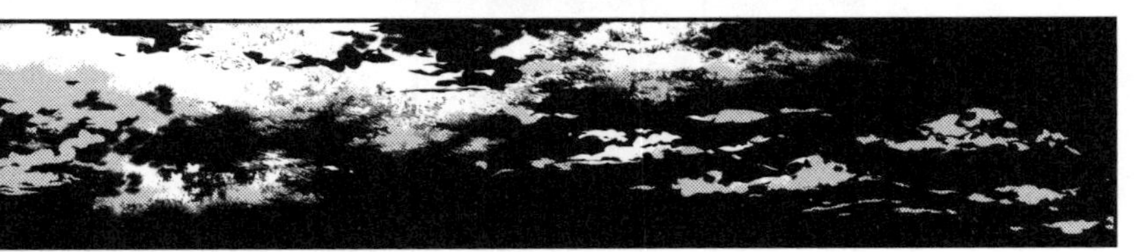

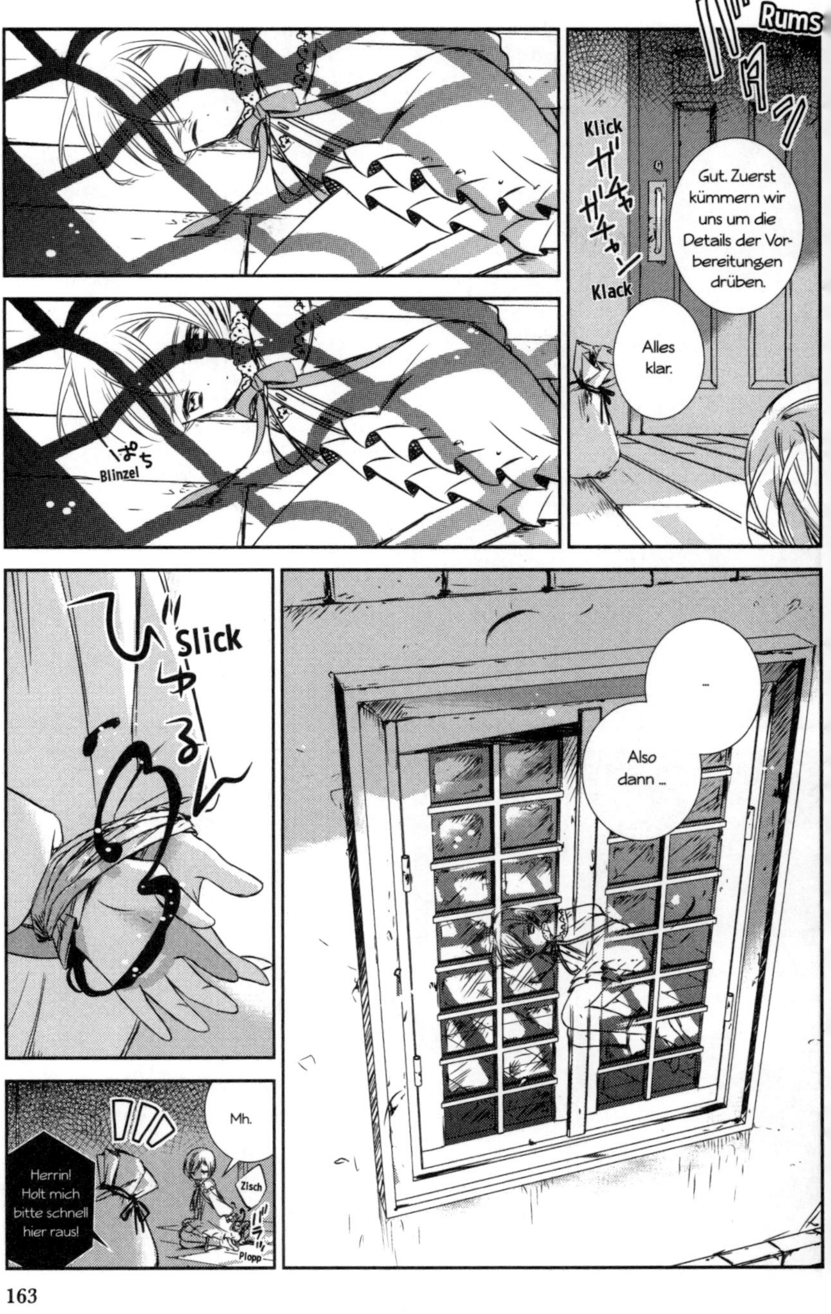

Rums

Klick

Klack

Gut. Zuerst kümmern wir uns um die Details der Vorbereitungen drüben.

Alles klar.

Blinzel

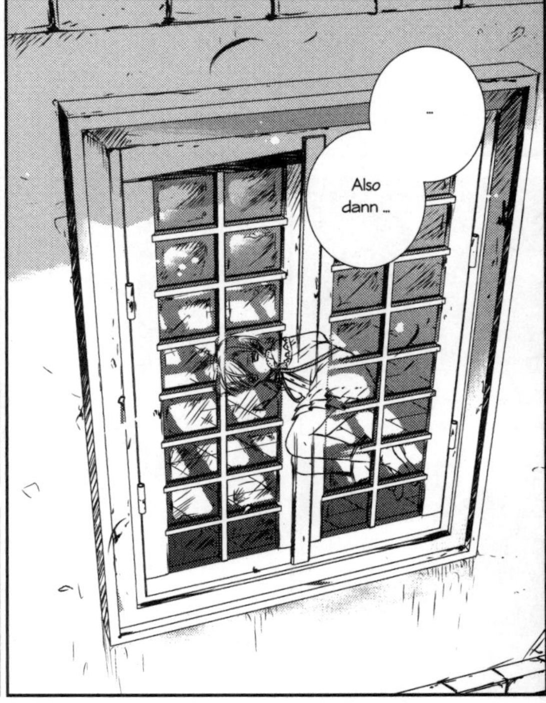

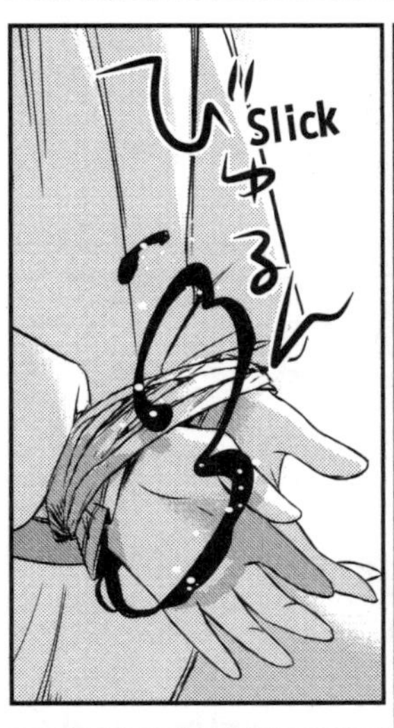

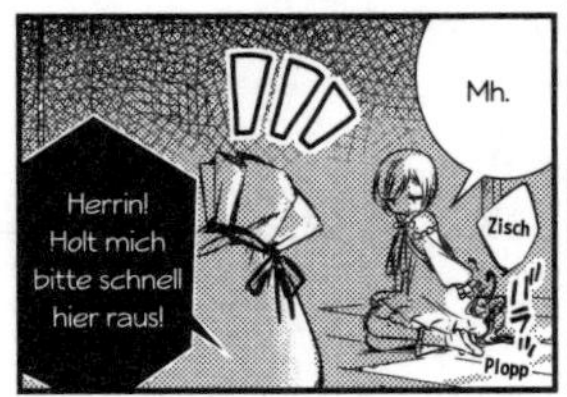

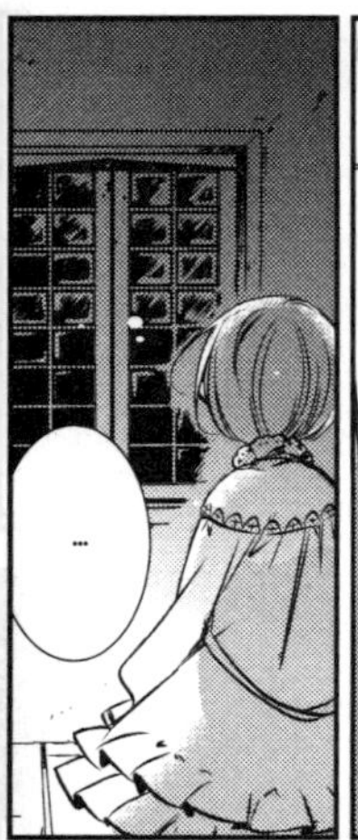
...

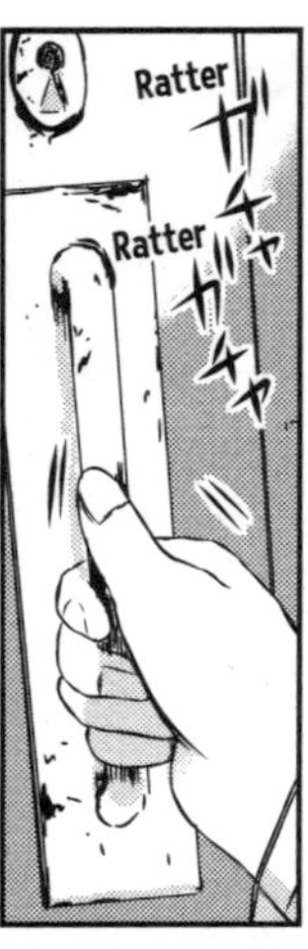
Ratter
Ratter

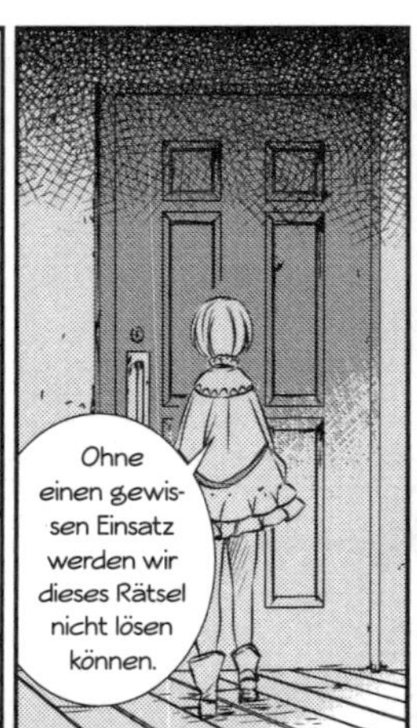
Ohne einen gewis-sen Einsatz werden wir dieses Rätsel nicht lösen können.

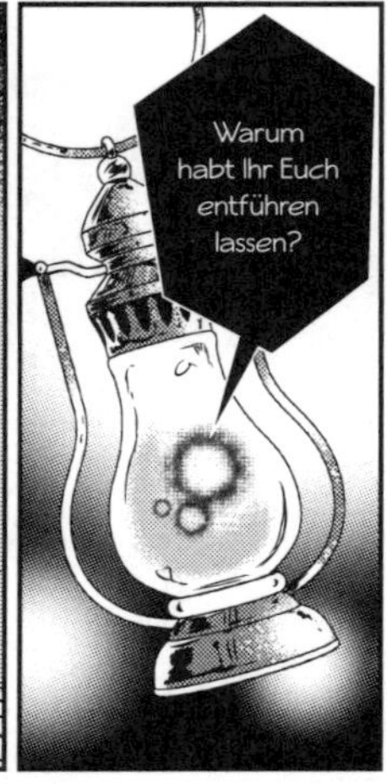
Warum habt Ihr Euch entführen lassen?

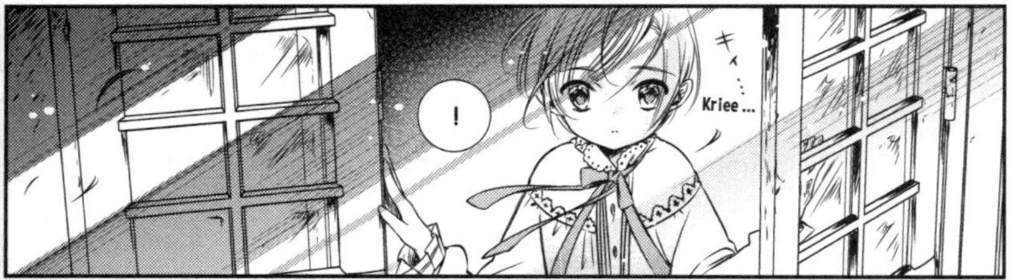
!
Kriee ...

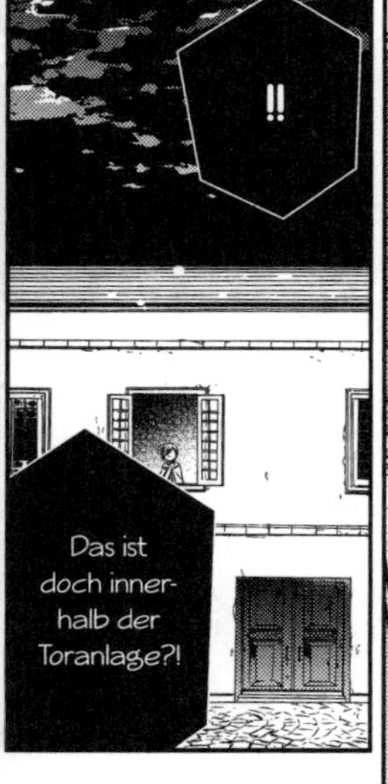
!!
Das ist doch inner-halb der Toranlage?!

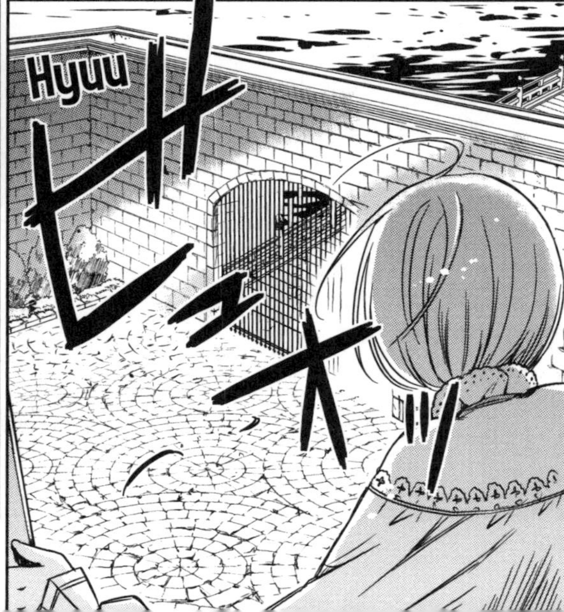
Hyuu

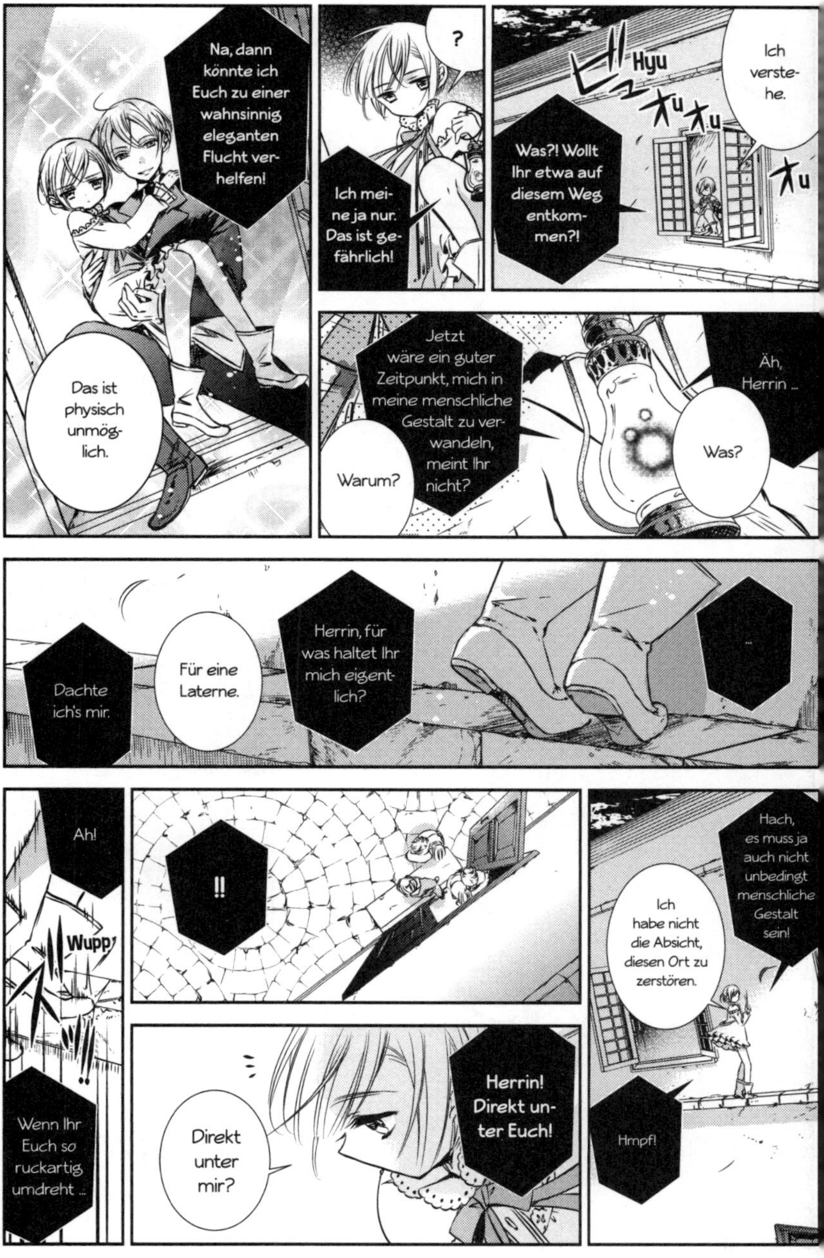

Ich verste-he.

Hyu

Fu Fu Fu

Was?! Wollt Ihr etwa auf diesem Weg entkommen?!

?

Ich mei-ne ja nur. Das ist ge-fährlich!

Na, dann könnte ich Euch zu einer wahnsinnig eleganten Flucht ver-helfen!

Das ist physisch unmög-lich.

Äh, Herrin ...

Was?

Jetzt wäre ein guter Zeitpunkt, mich in meine menschliche Gestalt zu ver-wandeln, meint Ihr nicht?

Warum?

...

Herrin, für was haltet Ihr mich eigent-lich?

Für eine Laterne.

Dachte ich's mir.

Hach, es muss ja auch nicht unbedingt menschliche Gestalt sein!

Ich habe nicht die Absicht, diesen Ort zu zerstören.

Hmpf!

!!

Herrin! Direkt un-ter Euch!

Direkt unter mir?

Ah!

Wupp

!!

Wenn Ihr Euch so ruckartig umdreht ...

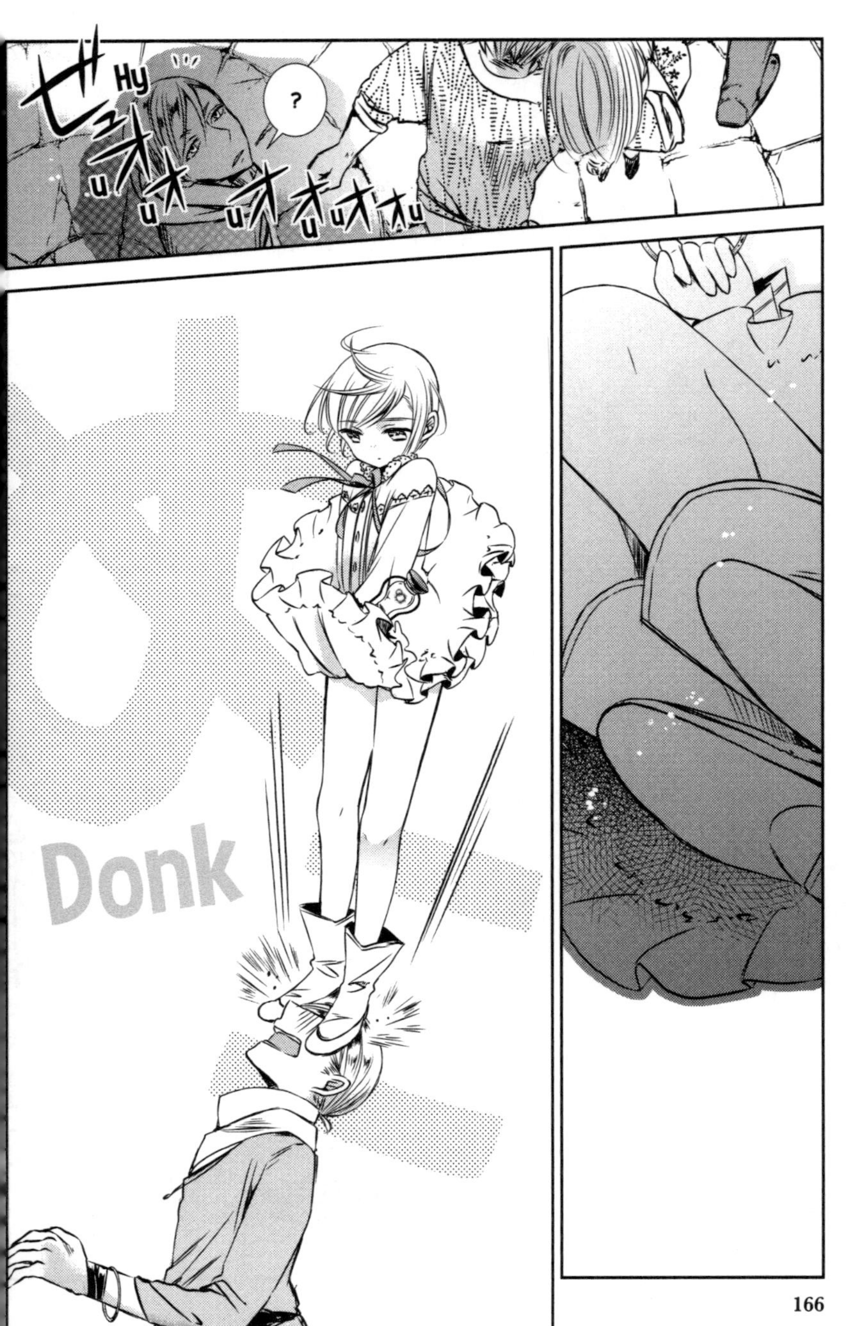
ゼュオオオオオォ
Hyuuuuuuu
?
Donk

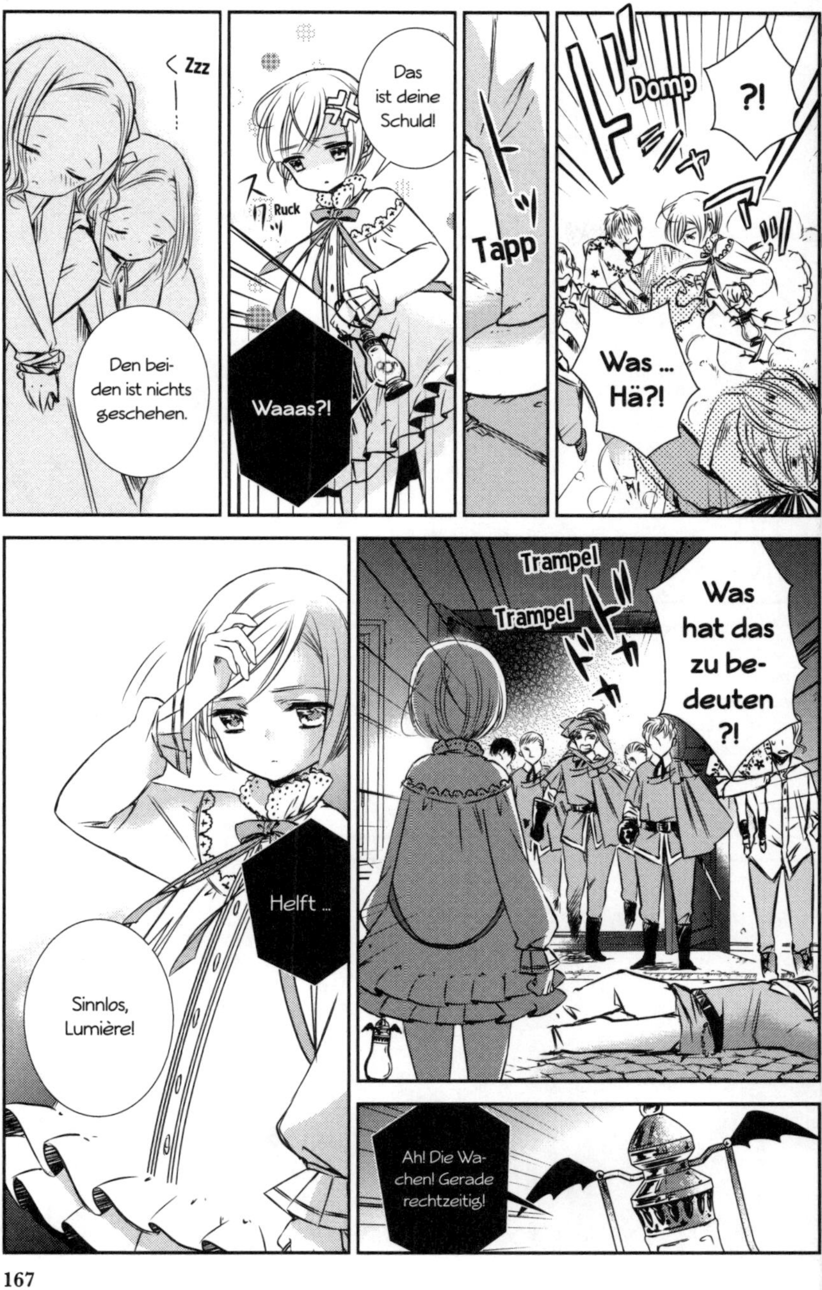

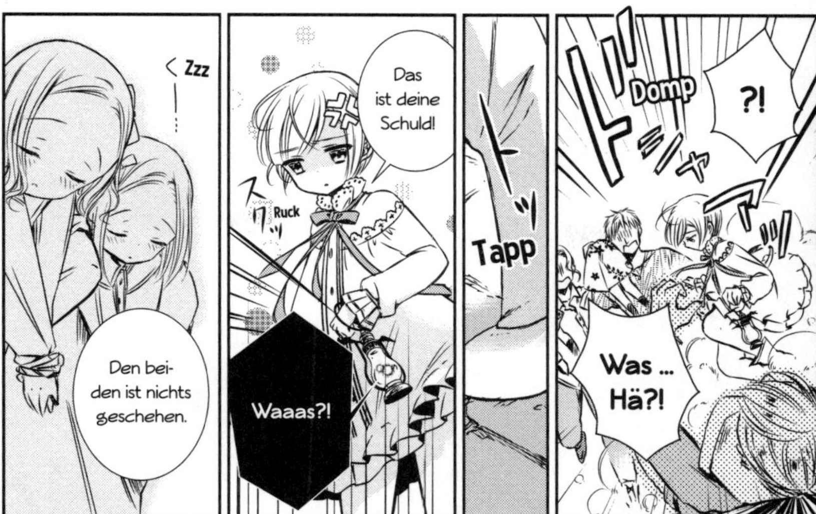

Trampel
Trampel
Was hat das zu bedeuten?!
Ah! Die Wachen! Gerade rechtzeitig!
Helft ...
Sinnlos, Lumière!

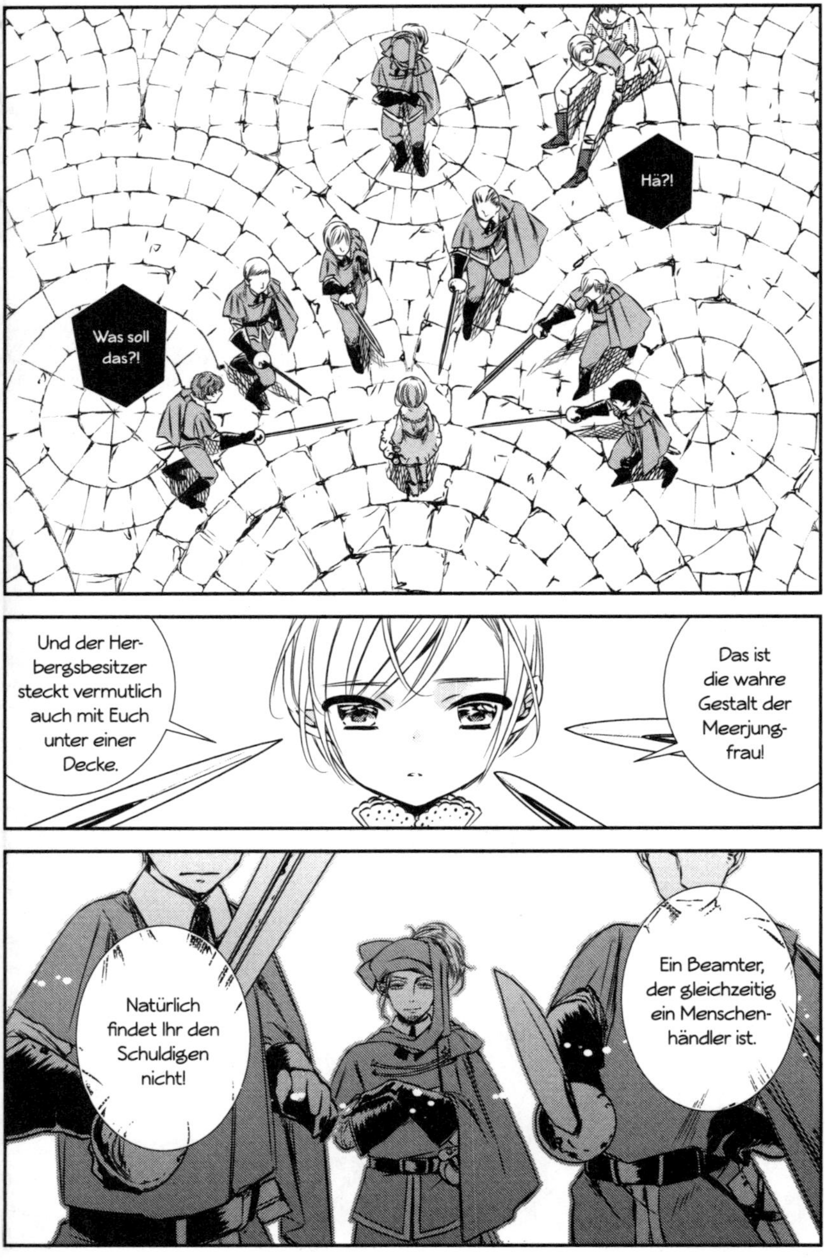

Hä?!
Was soll das?!

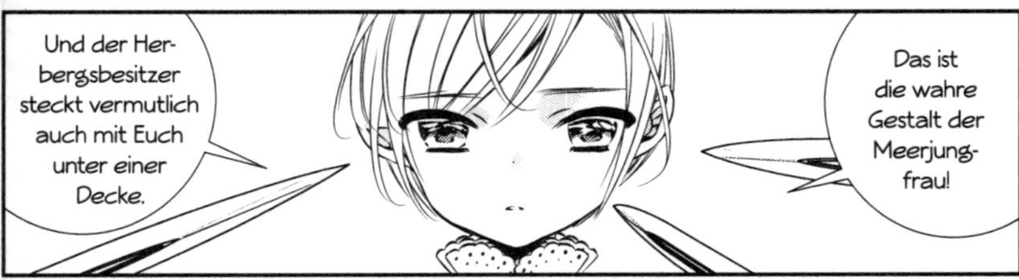

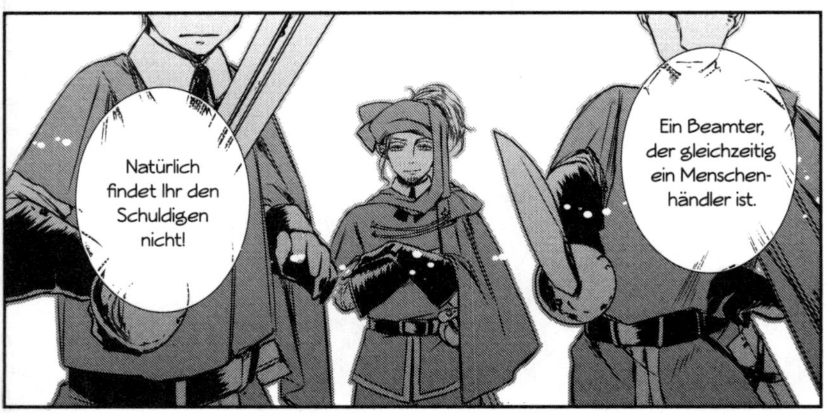

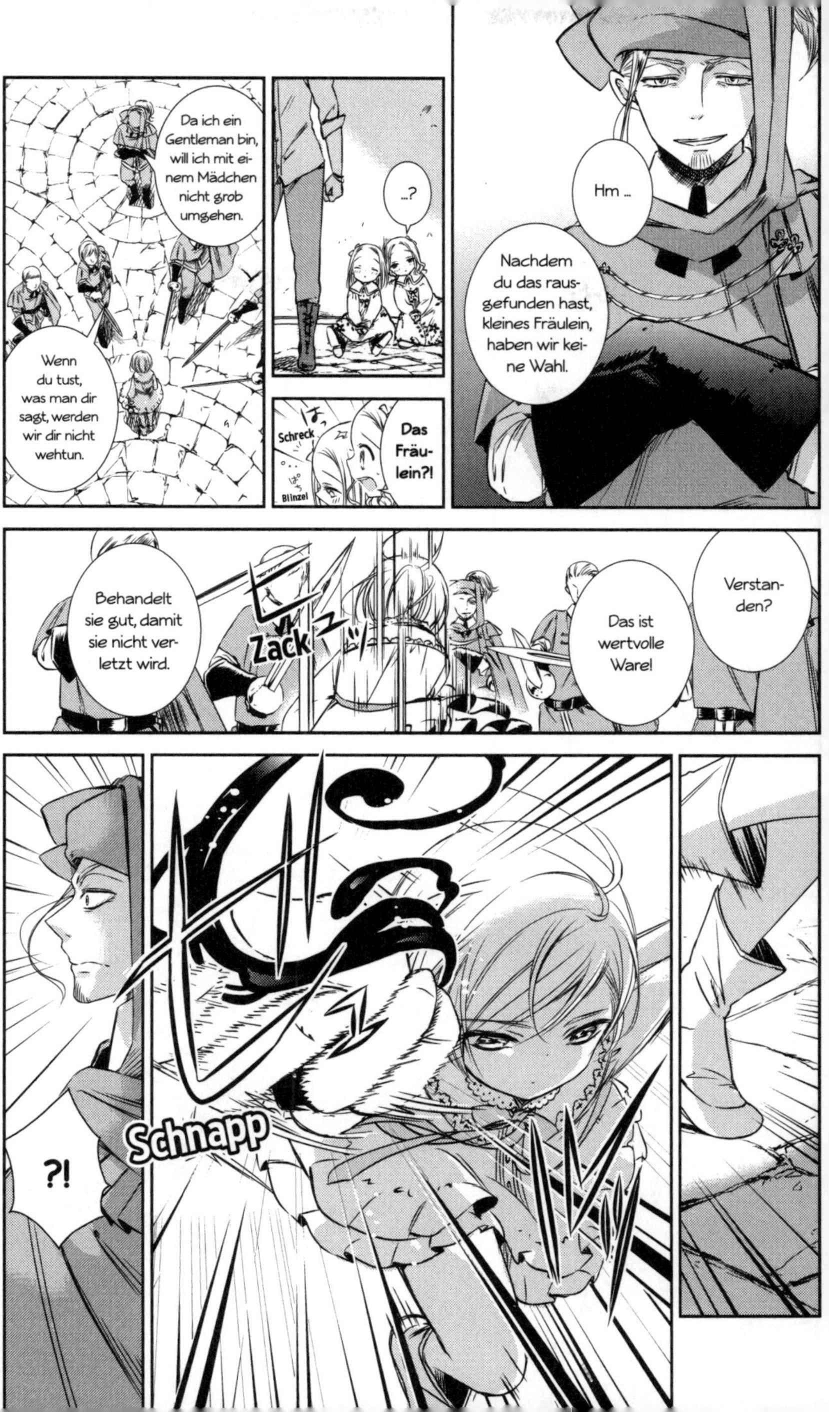

Hm ...
Nachdem du das rausgefunden hast, kleines Fräulein, haben wir keine Wahl.
...?
Das Fräulein?!
Schreck
Blinzel
Da ich ein Gentleman bin, will ich mit einem Mädchen nicht grob umgehen.
Wenn du tust, was man dir sagt, werden wir dir nicht wehtun.

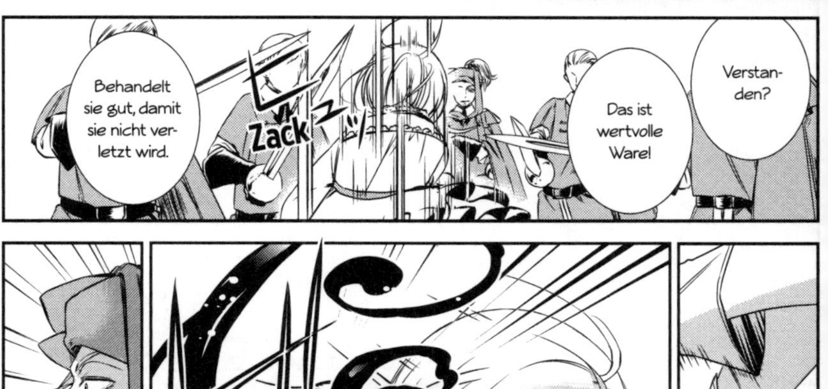

Schnapp
?!

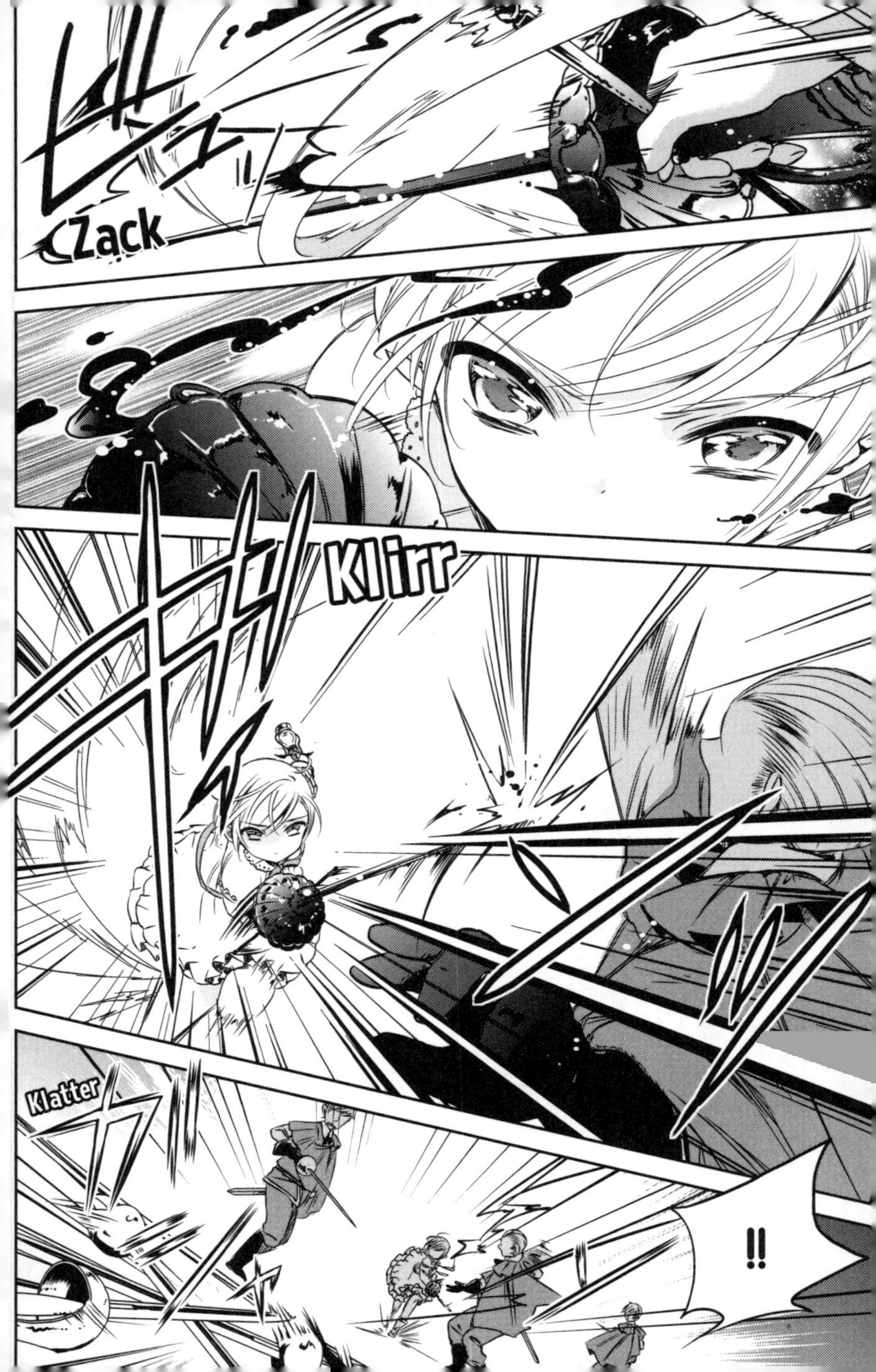
Zack
Klirr
!!
Klatter

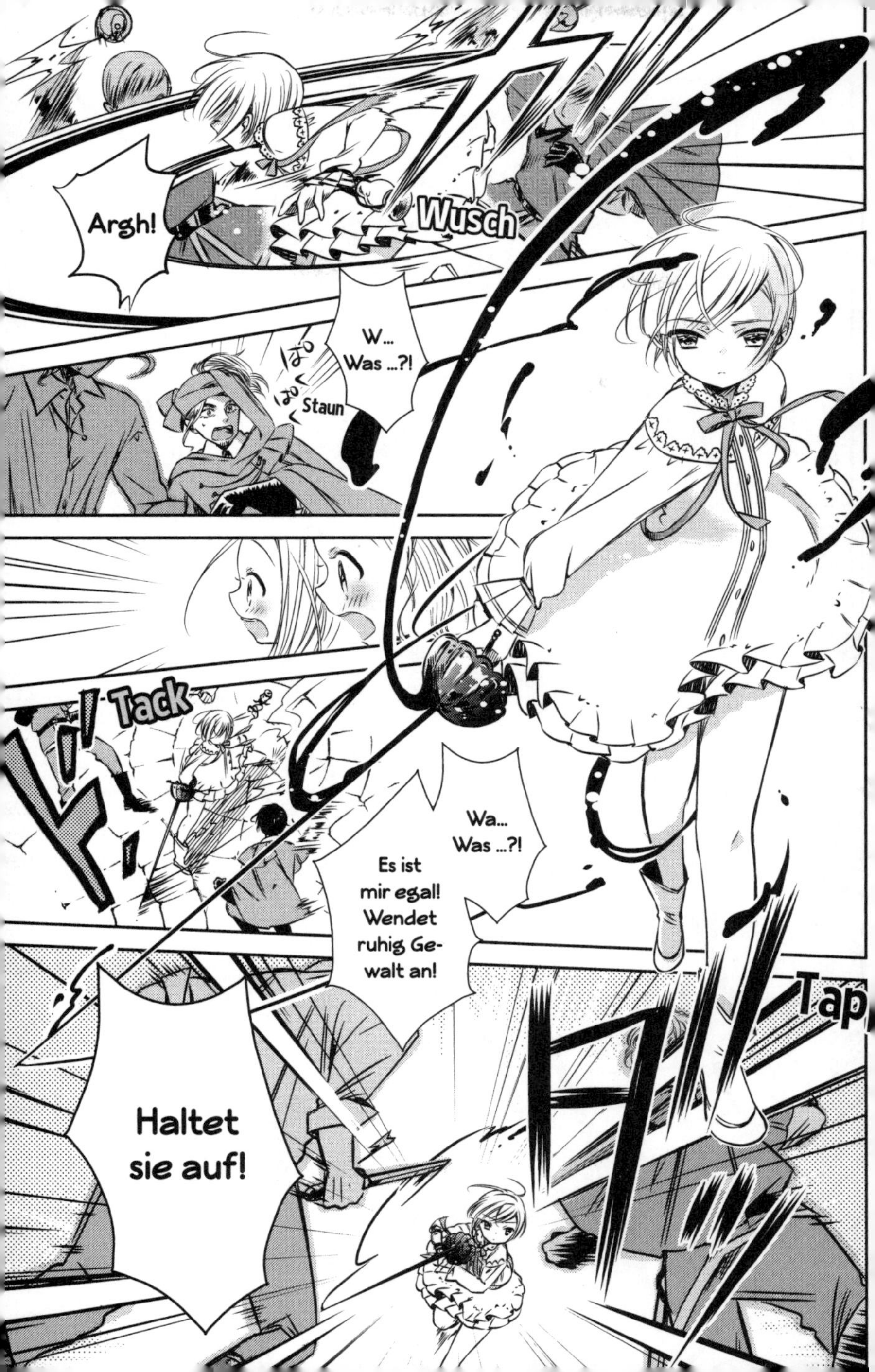
Wusch
Argh!
W...
Was ...?!
ぱくぱく
Staun
Tack
Wa...
Was ...?!
Es ist mir egal! Wendet ruhig Gewalt an!
Tap
Haltet sie auf!

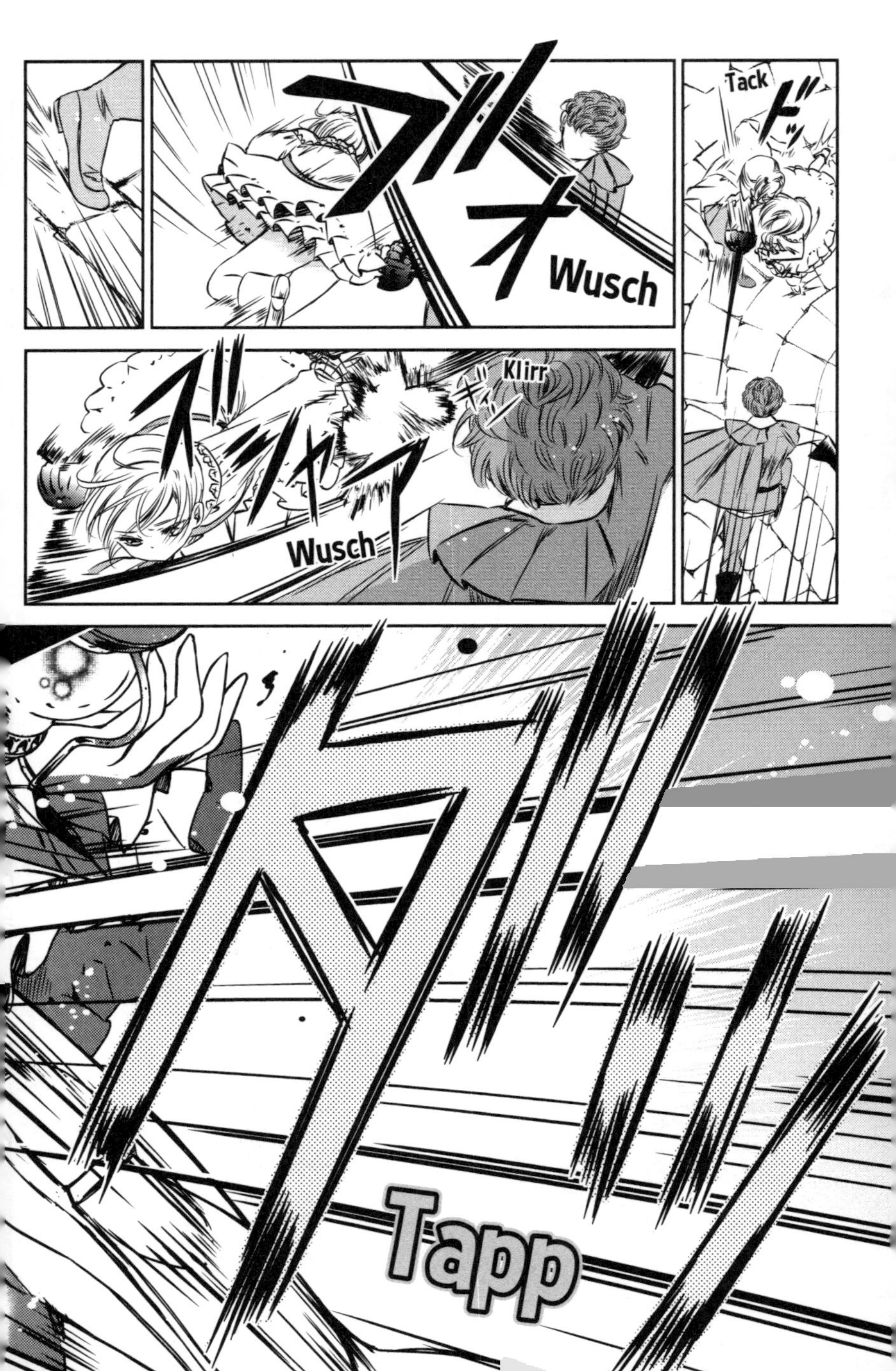
Tack
Wusch
Klirr
Wusch
Tapp

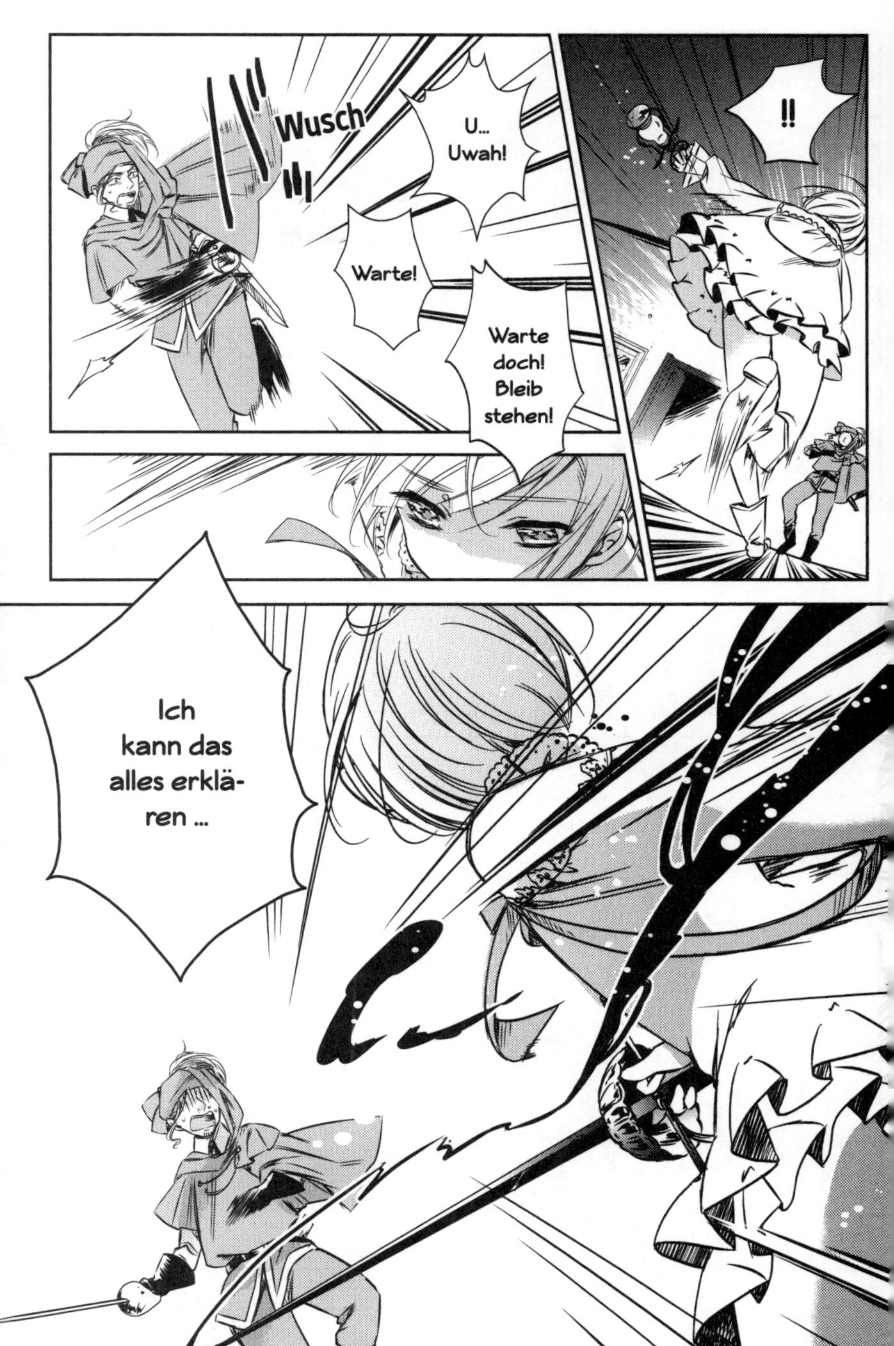
!!
Wusch
U... Uwah!
Warte!
Warte doch! Bleib stehen!
Ich kann das alles erklä-ren ...

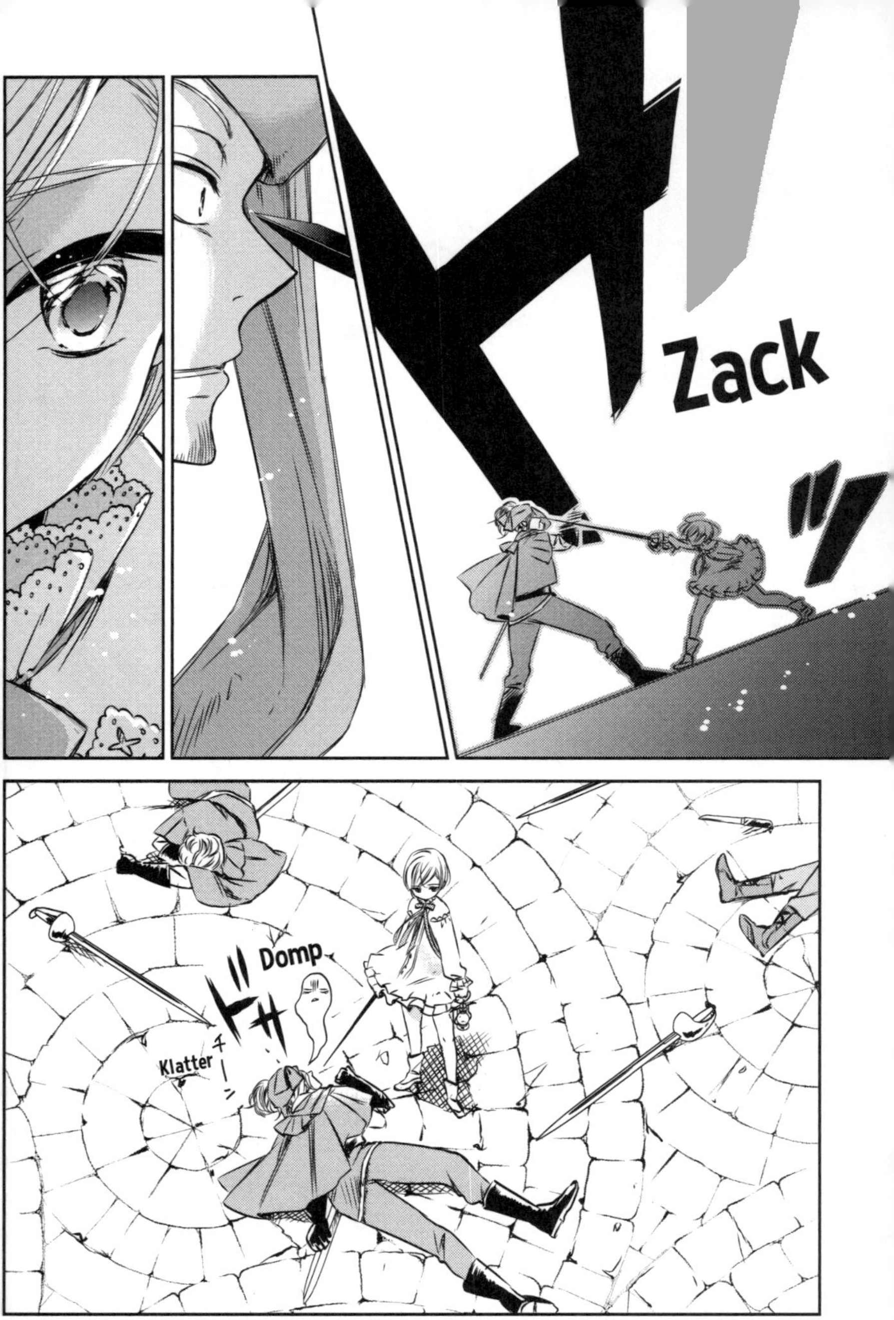

Zack

Domp

チーン

Klatter

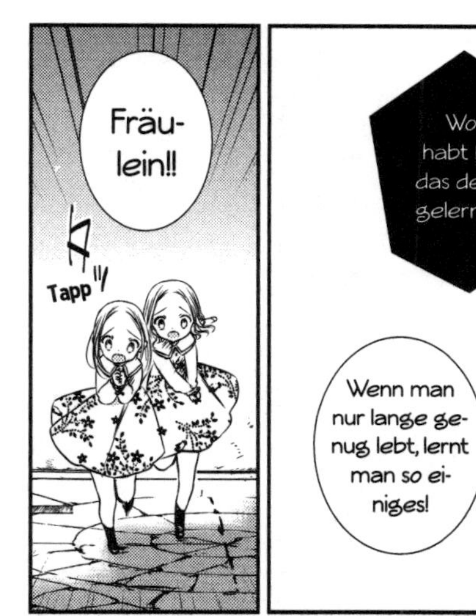

Fräulein!!
Tapp

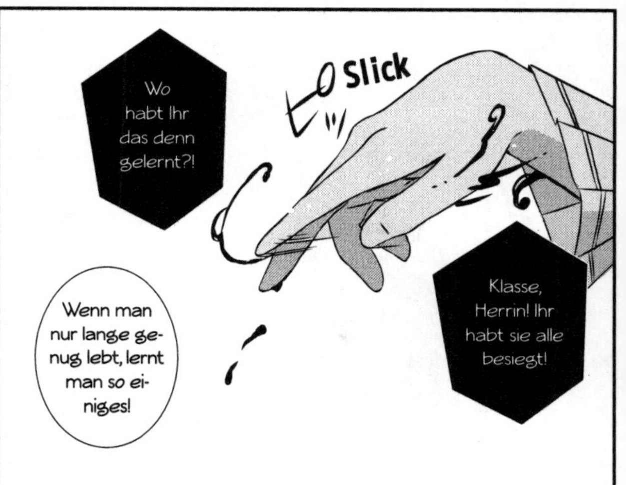

Slick
Wo habt Ihr das denn gelernt?!
Wenn man nur lange genug lebt, lernt man so einiges!
Klasse, Herrin! Ihr habt sie alle besiegt!

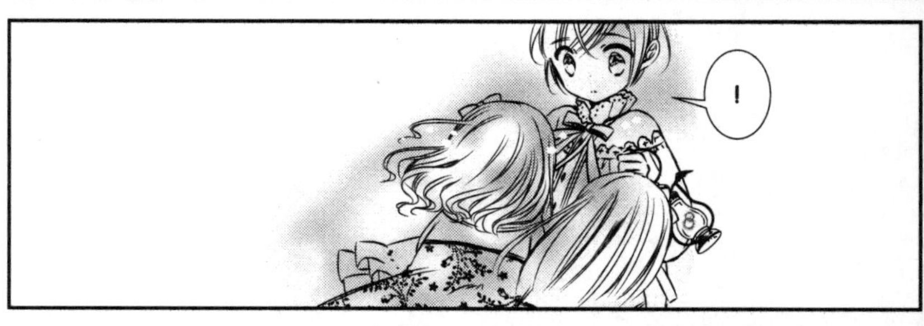

!

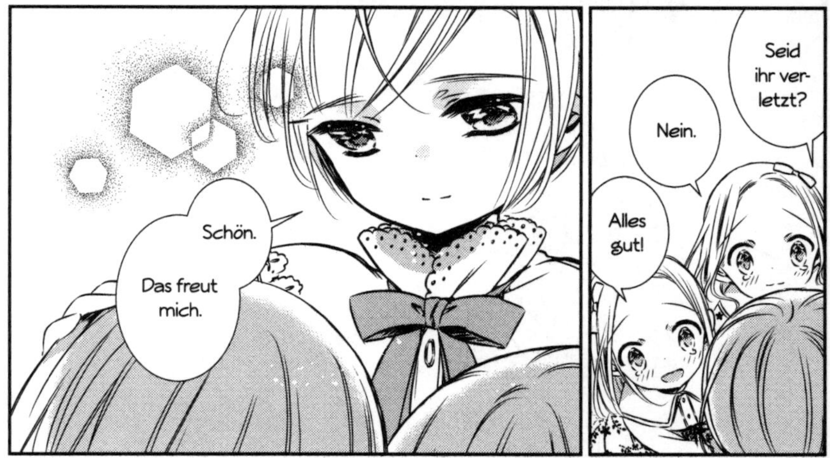

Seid ihr verletzt?
Nein.
Alles gut!
Schön.
Das freut mich.

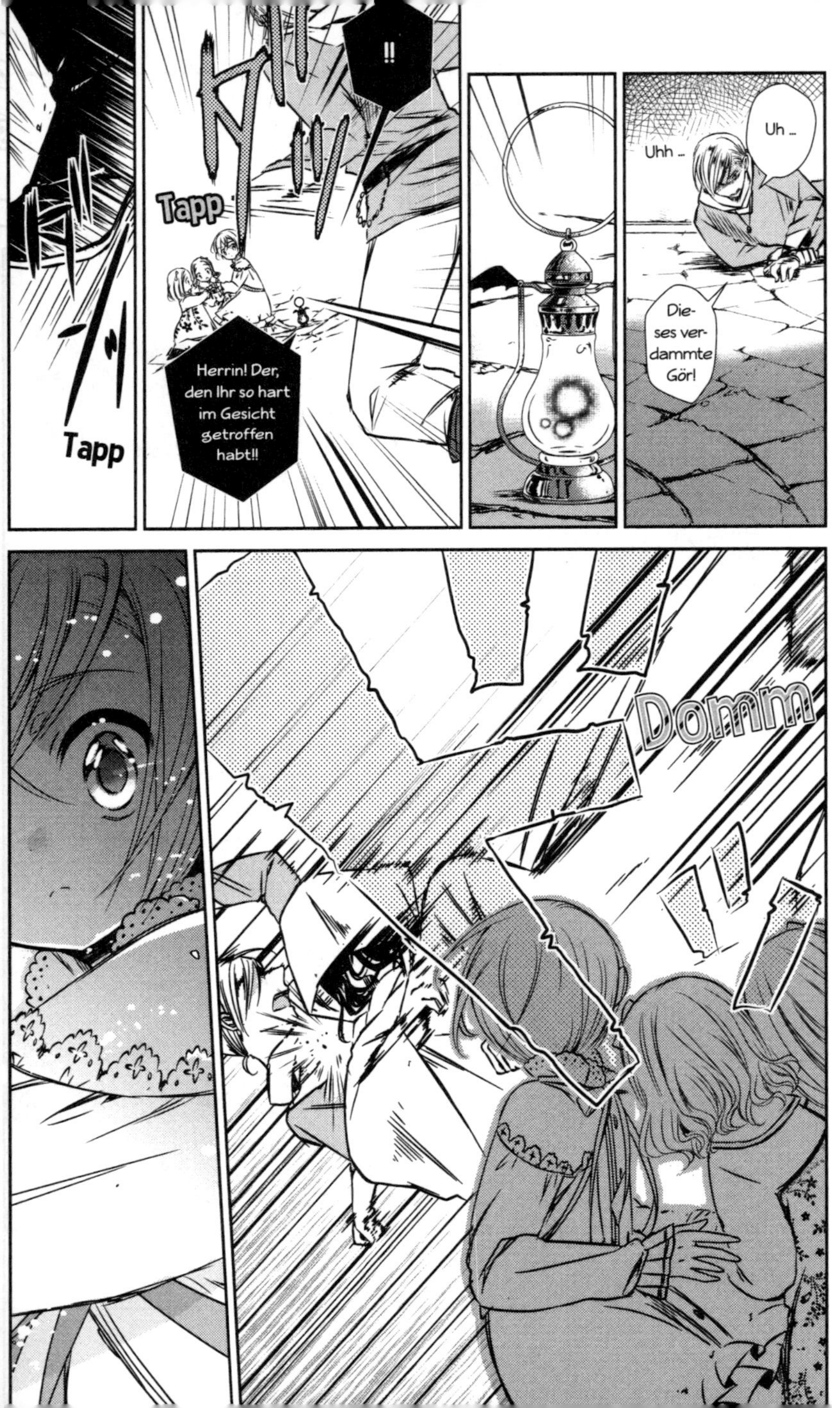

Uh ...
Uhh ...
Dieses verdammte Gör!
!!
Herrin! Der, den Ihr so hart im Gesicht getroffen habt!!
Tapp
Tapp
Domm

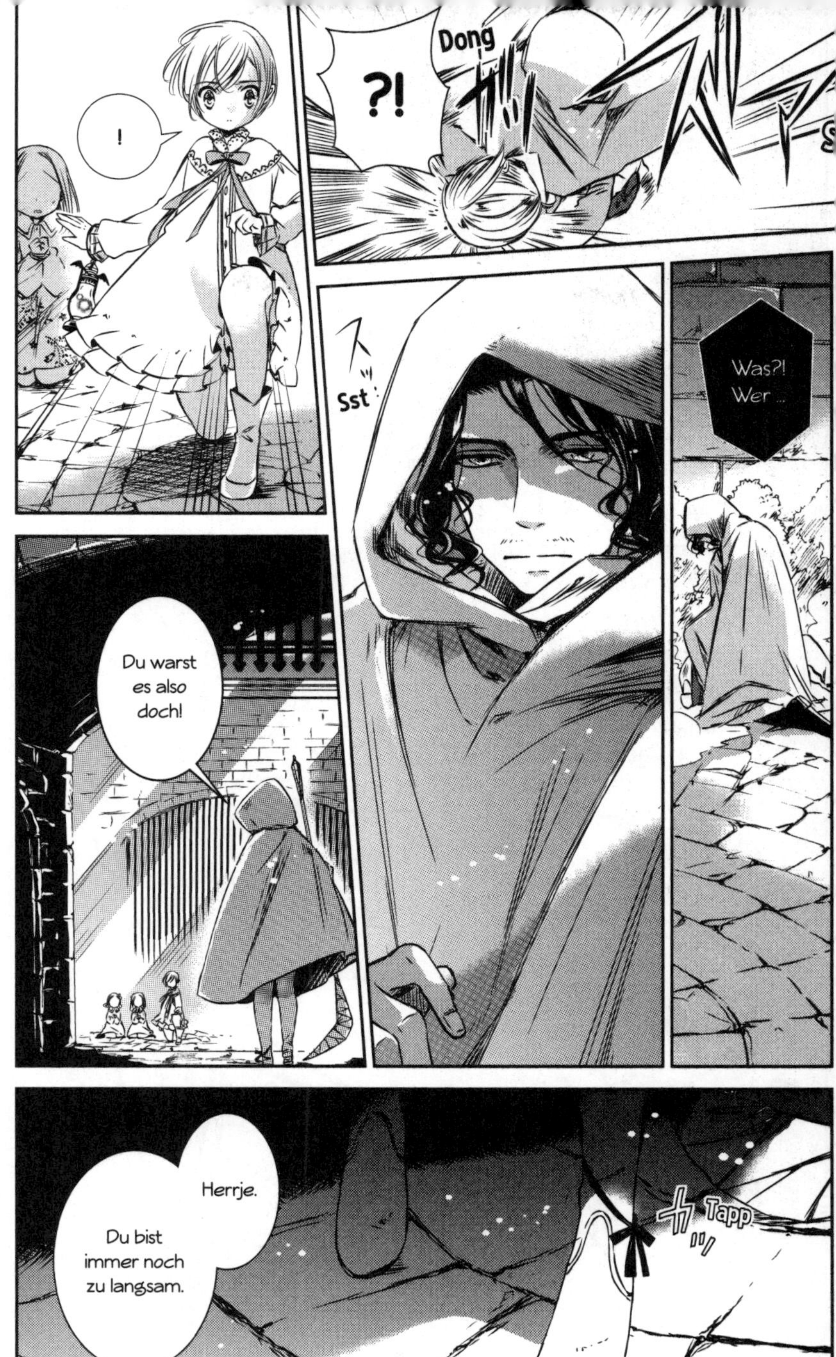

Dong
?!
!
Was?! Wer ...
Sst
Du warst es also doch!
Herrje.
Du bist immer noch zu langsam.
Tapp

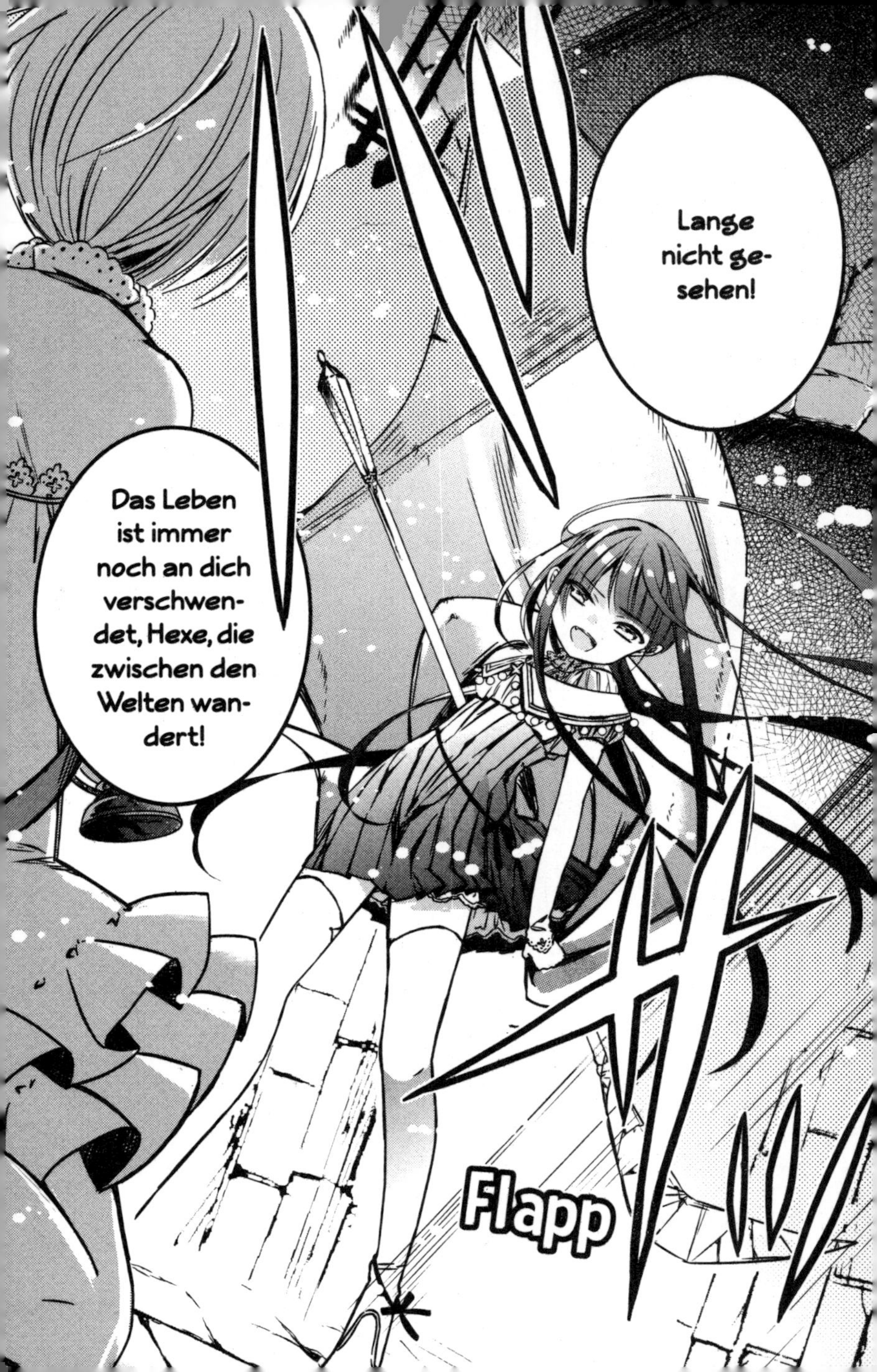
Lange nicht gesehen!
Das Leben ist immer noch an dich verschwendet, Hexe, die zwischen den Welten wandert!
Flapp

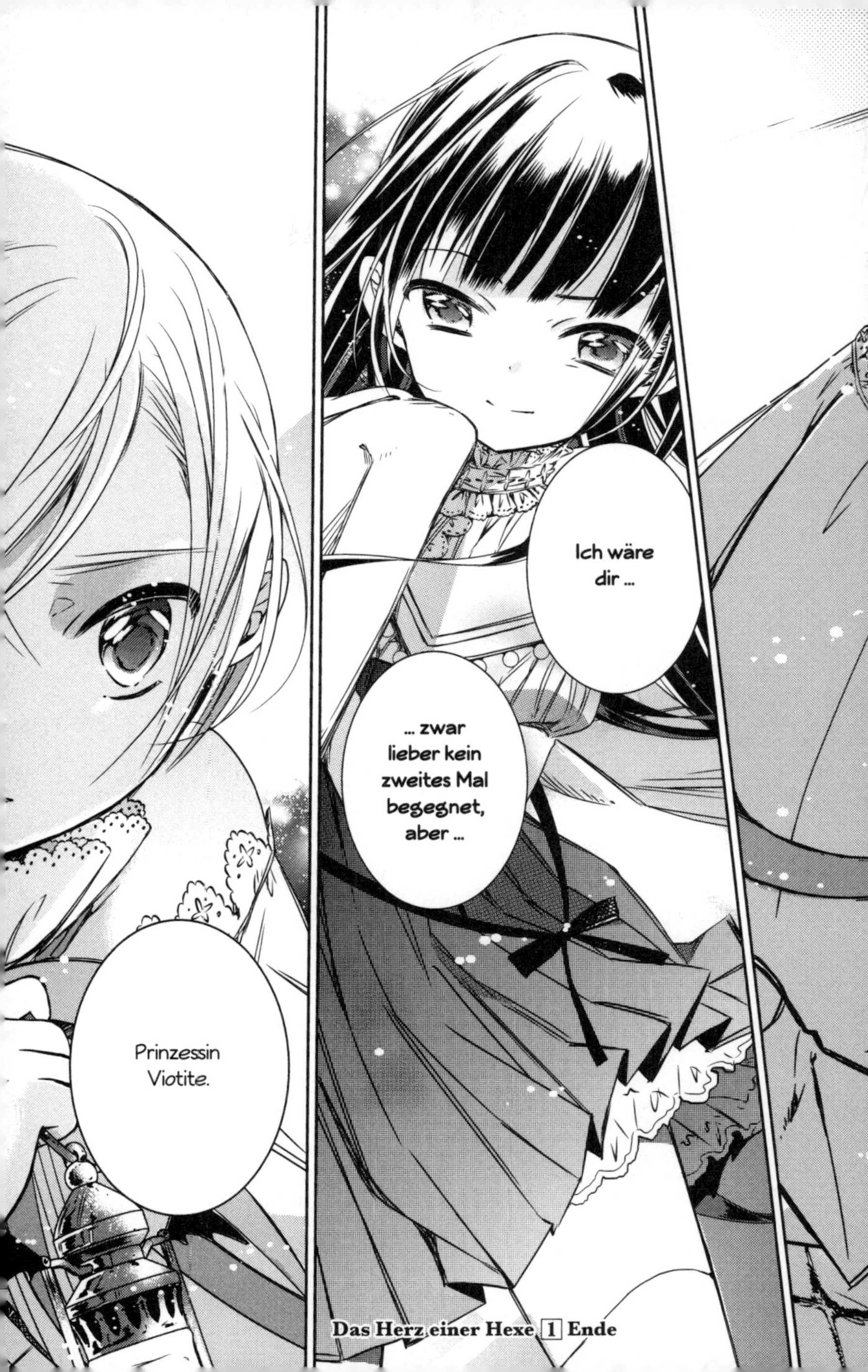

Das Herz einer Hexe 1 Ende

Das Herz einer Hexe

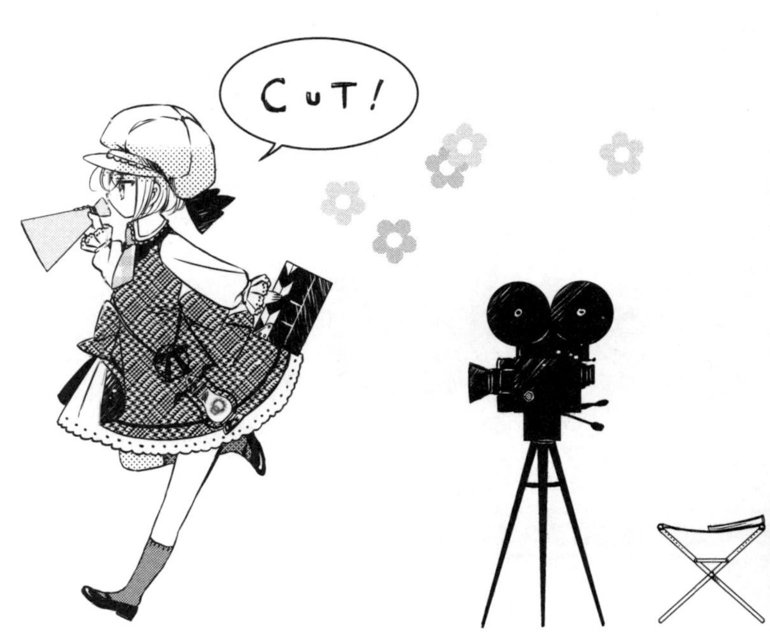
CuT!

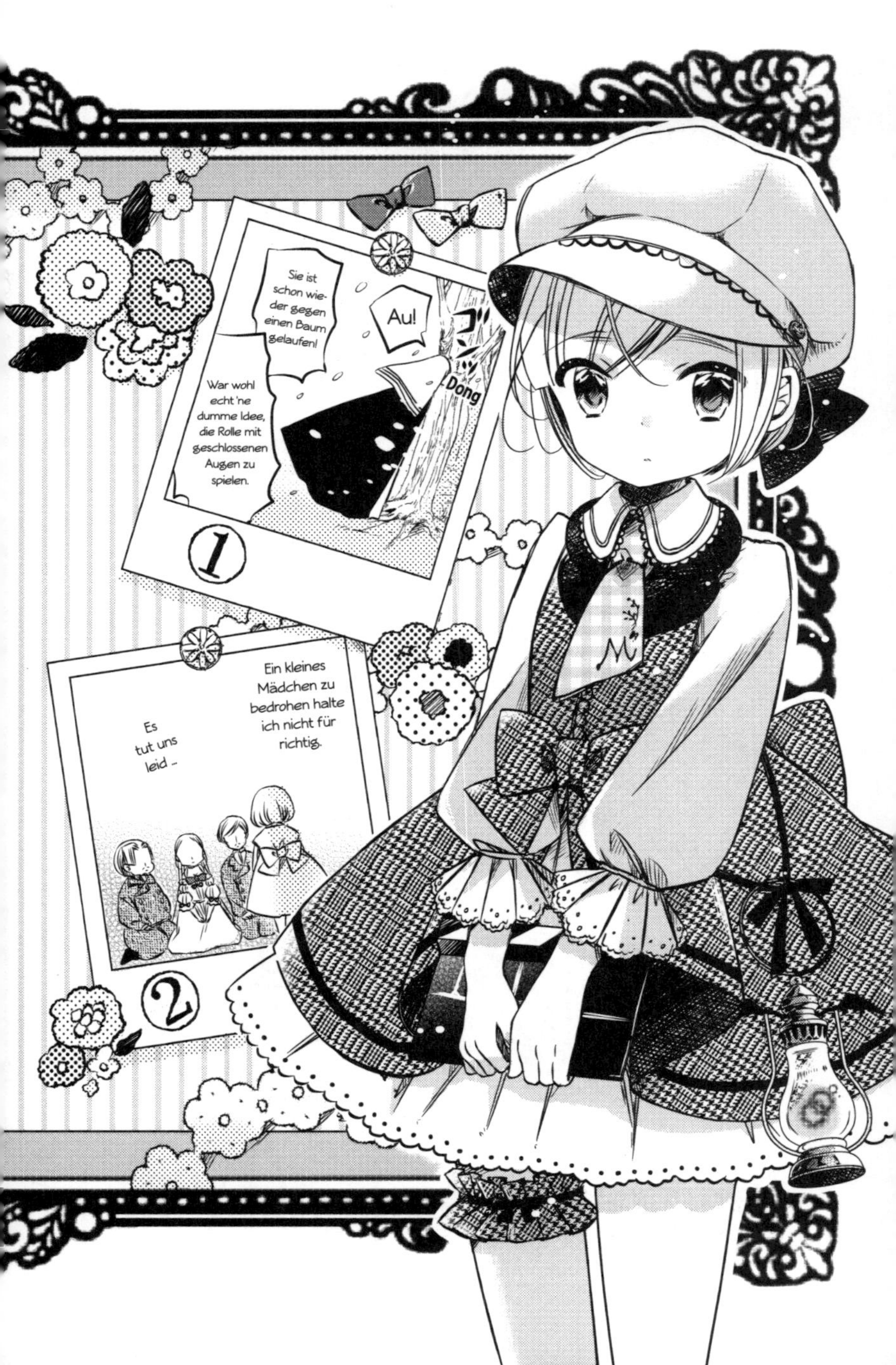
Au!
Dong
Sie ist schon wieder gegen einen Baum gelaufen!
War wohl echt 'ne dumme Idee, die Rolle mit geschlossenen Augen zu spielen.
1
Ein kleines Mädchen zu bedrohen halte ich nicht für richtig.
Es tut uns leid ...
2

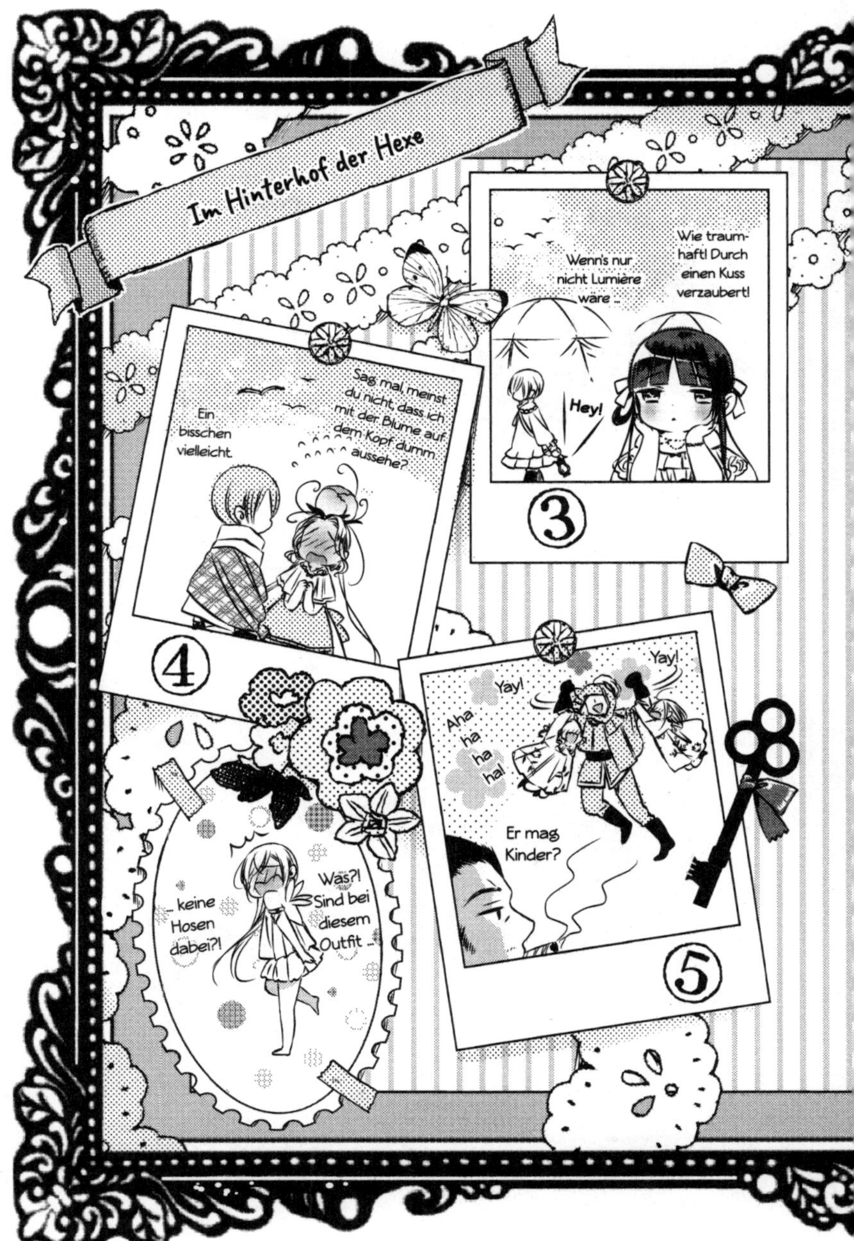
Im Hinterhof der Hexe
Wie traumhaft! Durch einen Kuss verzaubert!
Wenn's nur nicht Lumière wäre ...
Hey!
3
Sag mal, meinst du nicht, dass ich mit der Blume auf dem Kopf dumm aussehe?
Ein bisschen vielleicht.
4
Yay!
Yay!
Aha ha ha ha!
Er mag Kinder?
5
Was?! Sind bei diesem Outfit ...
... keine Hosen dabei?!

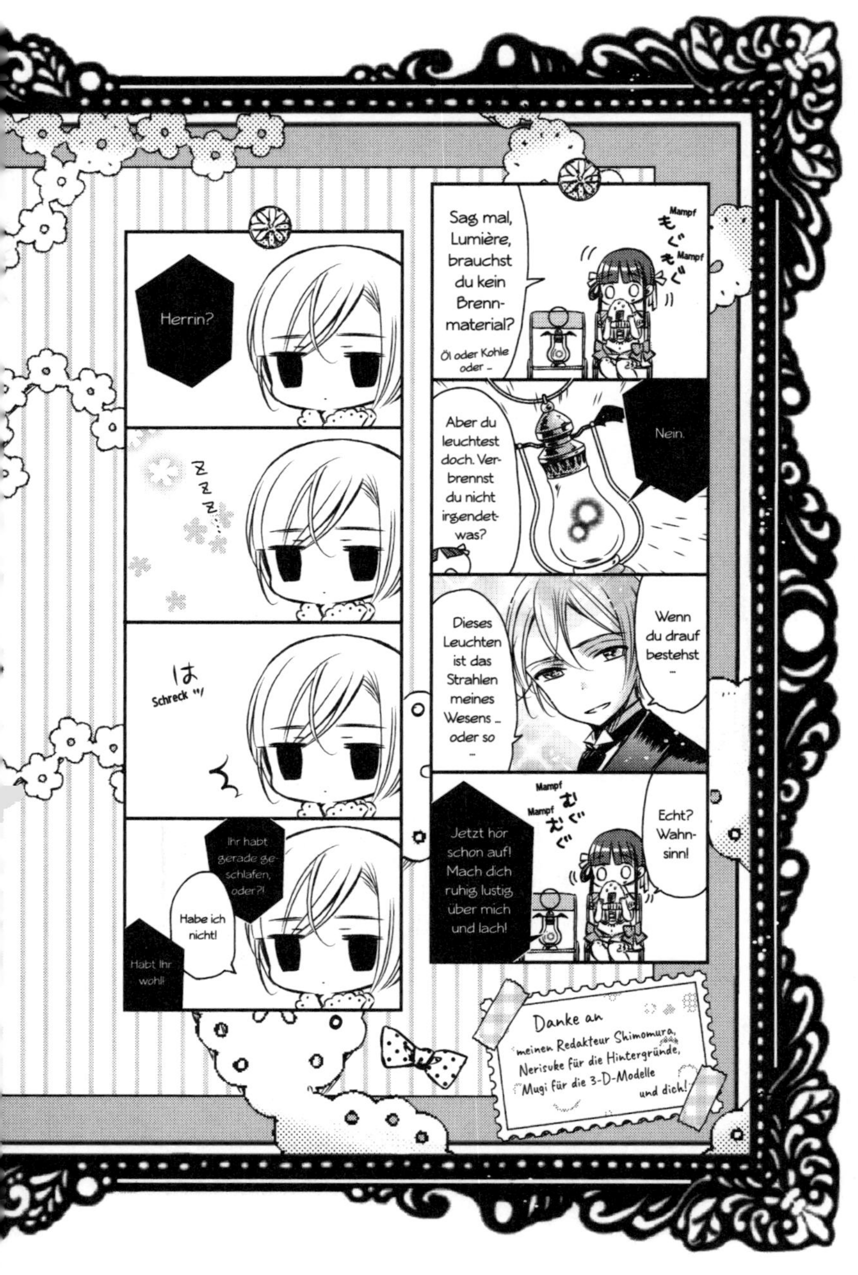
Sag mal, Lumière, brauchst du kein Brennmaterial?
Öl oder Kohle oder ...
Mampf
Mampf
Nein.
Aber du leuchtest doch. Verbrennst du nicht irgendetwas?
Wenn du drauf bestehst ...
Dieses Leuchten ist das Strahlen meines Wesens ... oder so ...
Echt? Wahnsinn!
Jetzt hör schon auf! Mach dich ruhig lustig über mich und lach!
Mampf
Mampf
Herrin?
Z Z Z
は
Schreck
Ihr habt gerade geschlafen, oder?!
Habe ich nicht!
Habt Ihr wohl!
Danke an meinen Redakteur Shimomura, Nerisuke für die Hintergründe, Mugi für die 3-D-Modelle und dich!

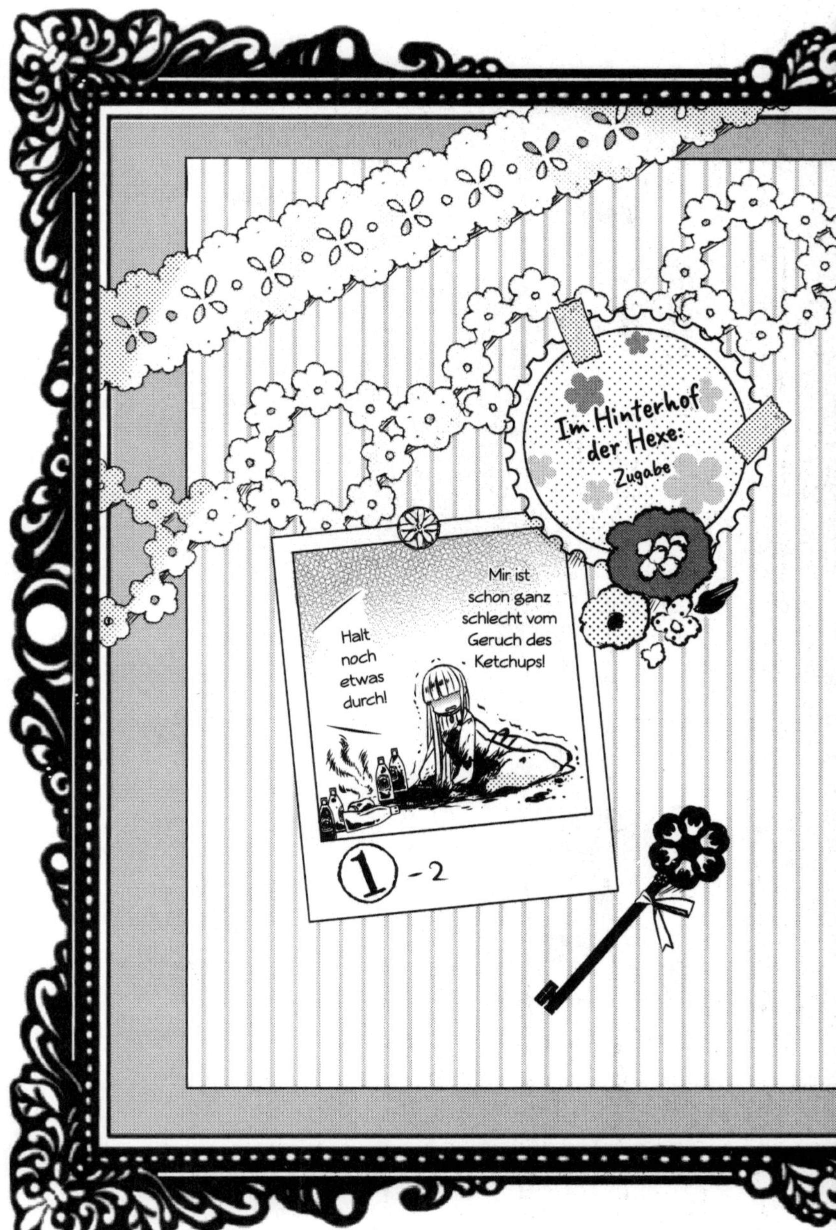
Im Hinterhof der Hexe:
Zugabe
Mir ist schon ganz schlecht vom Geruch des Ketchups!
Halt noch etwas durch!
1 -2

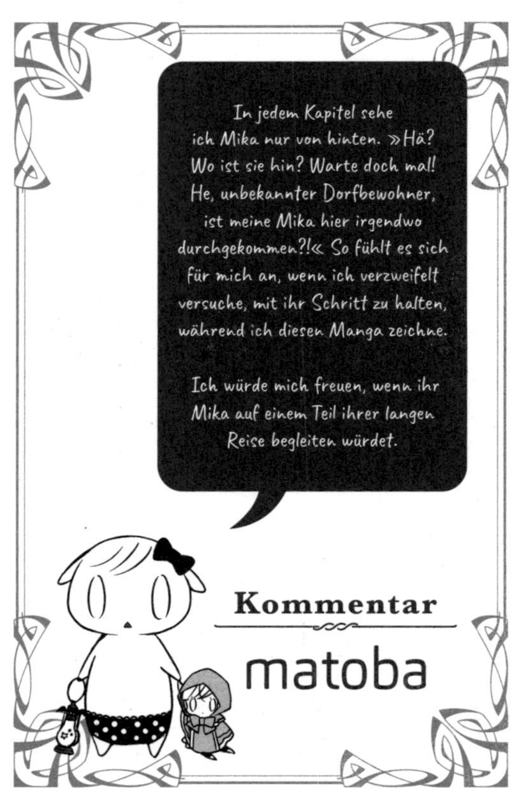
In jedem Kapitel sehe ich Mika nur von hinten. »Hä? Wo ist sie hin? Warte doch mal! He, unbekannter Dorfbewohner, ist meine Mika hier irgendwo durchgekommen?!« So fühlt es sich für mich an, wenn ich verzweifelt versuche, mit ihr Schritt zu halten, während ich diesen Manga zeichne.
Ich würde mich freuen, wenn ihr Mika auf einem Teil ihrer langen Reise begleiten würdet.
Kommentar
matoba

Im nächsten Band

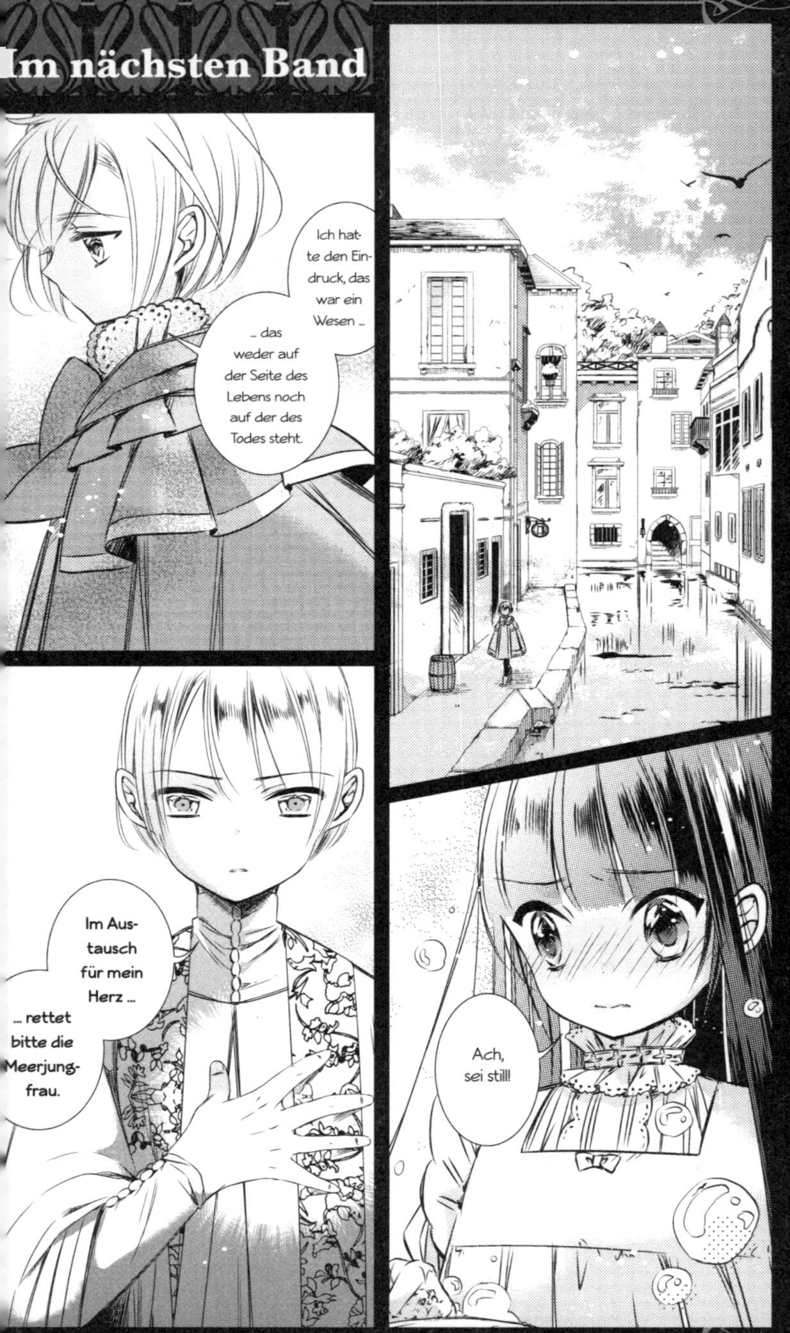

In der schönen, vom See umgebenen Stadt ...

… trifft die Hexe auf eine Meerjungfrau.

2 Das Herz einer Hexe

Ich werde Euer Glas sofort mit Blut füllen.

Comedy 15 +

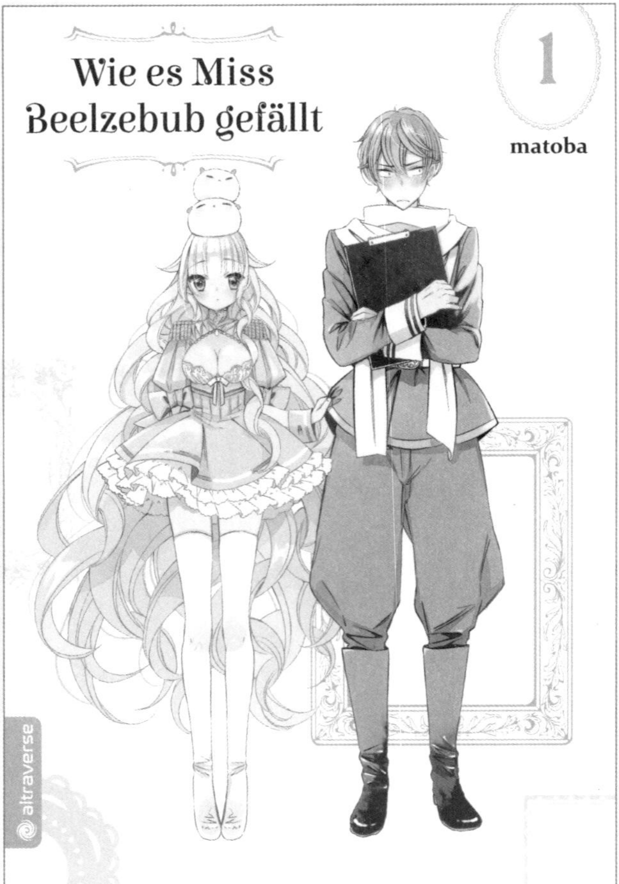

Wie es Miss Beelzebub gefällt

1

matoba

altraverse

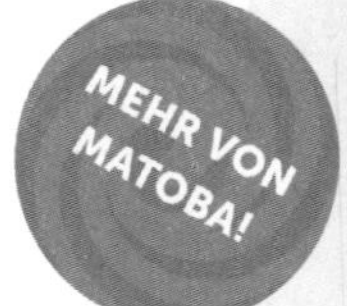

Wie es Miss Beelzebub gefällt

matoba

Die Unterwelt wird von der schönen Beelzebub regiert. Doch die Hölle ist nicht so finster, wie man vielleicht denken würde, denn ihre Herrscherin hat eine Vorliebe für alles Niedliche und Flauschige. Und mit ihrer zerstreuten Art hält sie ihren armen liebeskranken Diener Mullin ganz schön auf Trab ...

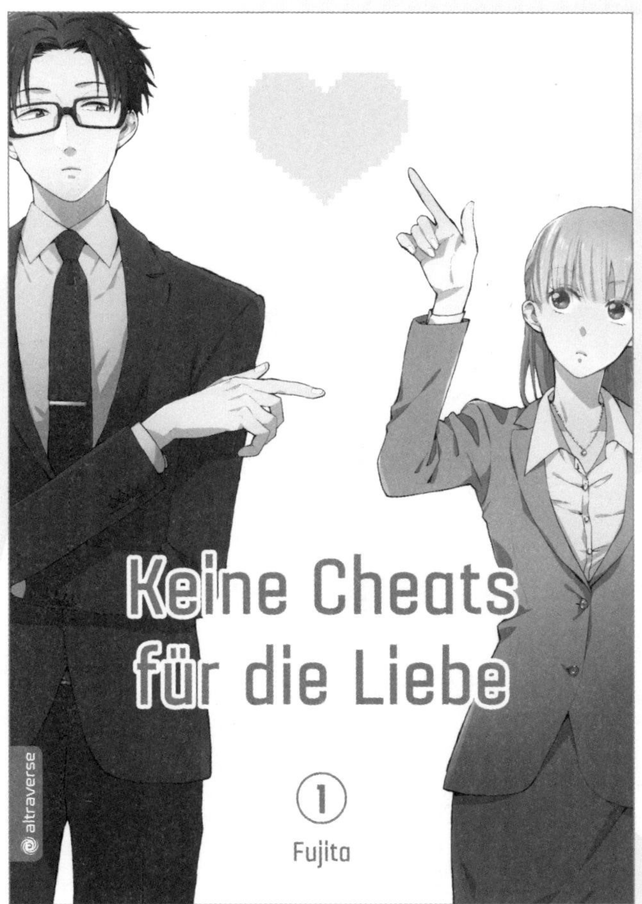

Keine Cheats für die Liebe

Fujita

Nerd sein ist nicht leicht! Sobald die Männer erfahren, dass Narumi ein Fangirl ist, nehmen sie Reißaus. Die Lösung: Ein Nerd muss her – meint zumindest ihr Kindheitsfreund Hirotaka, selbst eingefleischter Gamer, und stellt sich auch gleich zur Verfügung. Ist dies der Beginn einer mangareifen Romanze oder heißt es am Ende doch Game over?

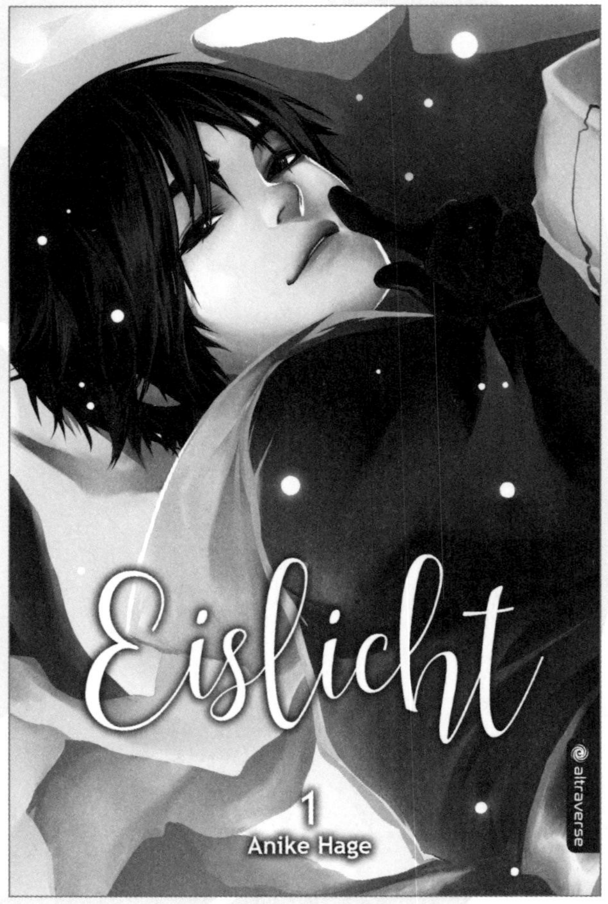

Fantasy 13 +

Eislicht

Anike Hage

Peruna soll im Haushalt von Meister Halvard dienen, obwohl das neugierige Mädchen ganz andere Träume hegt. Die Dinge entwickeln sich jedoch auch ganz anders als erwartet: Ihr neuer Herr entpuppt sich als Zauberer und sein Zuhause wird von unheimlichen Geisterwesen heimgesucht. Zum Glück schreckt Peruna vor neuen Herausforderungen nicht zurück ...

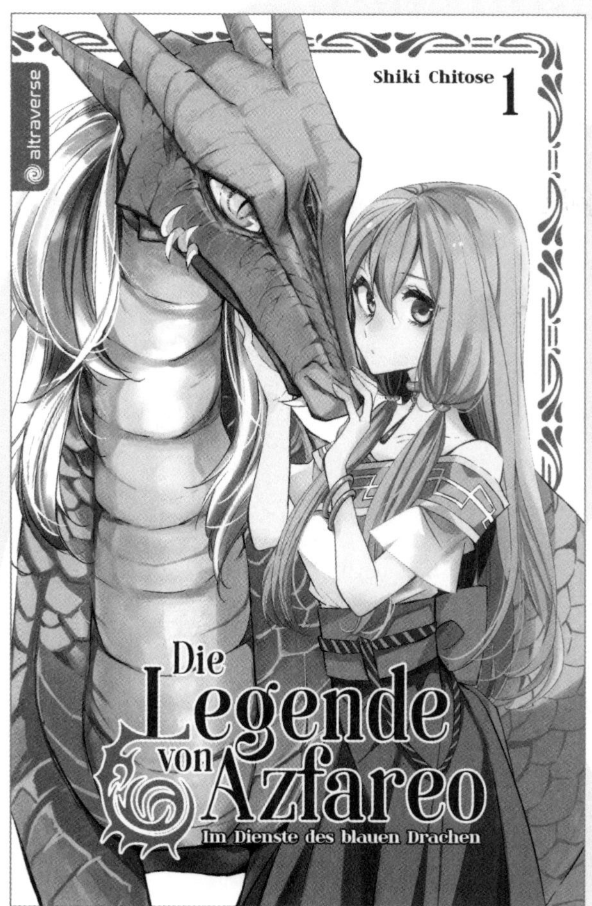

Die Legende von Azfareo

Shiki Chitose

Im Schloss des Königreichs Azfareo haust ein fürchterlicher Drache. Rukul wird auserwählt, ihm zu dienen. Das aufbrausende Temperament der Bestie verschreckt sie zunächst, doch sie bemerkt schnell, dass sich hinter seiner rauen Schale eine sanfte Seele verbirgt. Jedoch rankt sich um den Drachen und den verschwundenen König noch ein großes Geheimnis ...

Fantasy 13 +

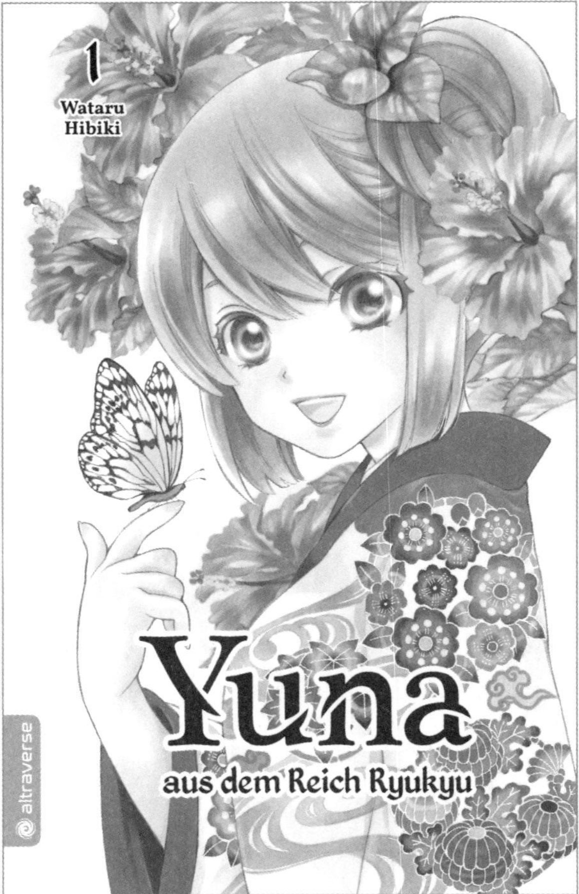

Yuna aus dem Reich Ryukyu

Wataru Hibiki

Mit ihren roten Haaren und wundersamen Kräften hat es Yuna nicht leicht. Von den Menschen als ein arglistiges Geistwesen verschrien, bleibt ihr oft nur die Gesellschaft ihrer Wächterlöwen Shi und Sa. Zumindest bis sie auf den jungen König von Ryukyu trifft ...

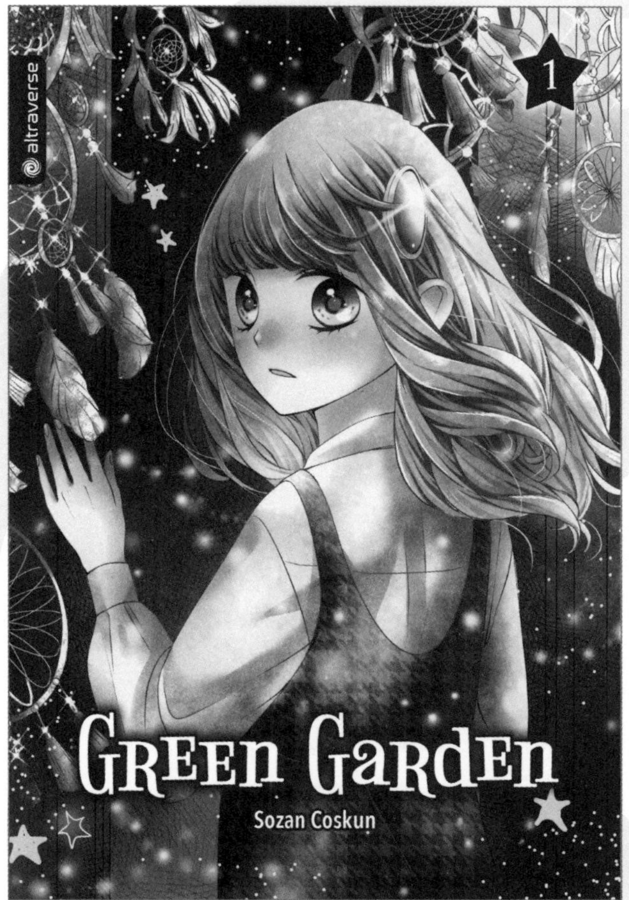

Green Garden

Sozan Coskun

Auf der Suche nach ihrem Vater begibt sich Mai zur legendären Traumwerkstatt von Professorin Vendricks, die mit Mais Vater an einem Forschungsprojekt gearbeitet hat. Die beiden kamen dem dunklen Geheimnis einer schier unerschöpflichen Energiequelle auf die Spur, für die die Menschheit einen sehr hohen Preis zahlt. Als Mai den Laden betritt, ahnt sie nicht, dass dies der Beginn einer Reise ist, die ihr ganzes Land verändern wird …

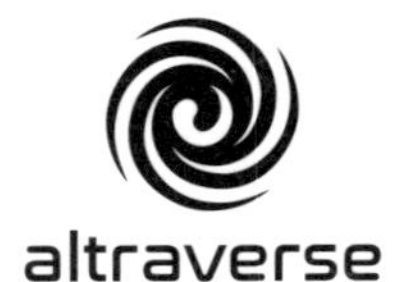

Deutsche Ausgabe / German Edition
Altraverse GmbH – Hamburg 2020
Aus dem Japanischen von Alexandra Keerl

MAJO NO SHINZO vol. 1

First published in Japan in 2012 by SQUARE ENIX CO., LTD.
German translation rights arranged with SQUARE ENIX CO., LTD.
and Altraverse GmbH through Tuttle Mori Agency, Inc.

Redaktion: Katrin Aust
Herstellung: Jacqueline Bradtke
Lettering: Vibrant Publishing Studio

Druck: CPI books GmbH, Leck
Printed in Germany

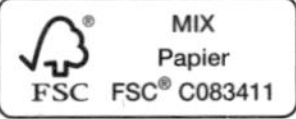

ISBN 978-3-96358-167-0
2. Auflage 2020

www.altraverse.de